UN
INSTITUTEUR
ALSACIEN

PHILIPPE HUSSER

UN INSTITUTEUR ALSACIEN

Entre France et Allemagne, journal, 1914-1951

Préfacé par Frank Ténot.
Présenté et annoté par Alfred Wahl.
Traduction des passages en allemand par M.-L. Leininger.

HACHETTE
La Nuée Bleue / Les Dernières Nouvelles d'Alsace

Je remercie tout particulièrement ma cousine Anne-Marie Girardin — née Bronner — d'avoir bien voulu relire le manuscrit et d'y avoir apporté d'utiles compléments et corrections.

Frank TÉNOT.

AVANT-PROPOS

Je n'avais pas encore trois ans, lorsqu'un soir de fête on me demanda quels étaient mes jouets favoris. Après avoir cité quelques objets, train mécanique, cubes, soldats de plomb et livres, j'ajoutai : « ... et aussi un grand-père ». C'était Philippe Husser, le père de ma mère, auteur des témoignages rassemblés dans ce livre.

Après avoir allumé sa pipe, tous les matins il lisait « le » journal, puis écrivait le sien, éphéméride que seule la mort a interrompue. Il a occupé une place essentielle dans mon enfance. Obligé de prendre sa retraite en 1928, après avoir éduqué des centaines de gamins, en allemand jusqu'en 1918, en français ensuite, il consacra alors tout son temps libre à mon éducation et à mes divertissements. Avec d'autant plus de passion et de joie que, père de trois filles, pourtant charmantes et intelligentes, il aurait aimé avoir aussi un fils, la misogynie de l'époque favorisant ce travers.

Jusqu'à l'âge de treize ans, j'ai passé plus d'heures en sa compagnie qu'en celle de mes parents, Lucie et Charles, bousculés par leur métier d'enseignant et par leurs loisirs surchargés de réunions amicales et de voyages. Me confier à grand-père et à grand-mère, c'était l'idéal pour leur tranquillité. Je me souviens fort bien du petit appartement qu'ils louaient au 27, rue de l'Horticulture à Mulhouse, non loin de la gare et au pied du Rebberg, colline résidentielle, agréable par ses jardins privés et publics. C'était, dans un immeuble très modeste, un rez-de-chaussée avec l'usage d'un potager partagé entre plusieurs locataires. Trois petites pièces, pas de salle d'eau (on se lavait dans la cuisine), les « commodités » étaient sur le palier. Les murs étaient encombrés de livres allemands — Goethe, Schiller, Heine —, d'encyclopédies et d'atlas. La rue était calme, les gamins du quartier jouaient le soir à la balle sur la chaussée, rarement dérangés par un véhicule. De temps en temps, bonheur inespéré, ma grand-mère se précipitait avec un seau et un petit balai pour ramasser le crottin qu'un aimable cheval avait bien voulu lâcher devant ses fenêtres : l'économie était la règle.

Le souvenir des restrictions durant les années de guerre situait le gaspillage dans la liste des plus graves péchés. À chacune de nos promenades, il y avait cueillette des fruits de la nature : fraises sauvages, mûres, pissenlits et mâche, myrtilles, voire des prunes ou des cerises lorsque l'arbre qui les portait semblait abandonné par ses propriétaires. Ma grand-mère n'oubliait jamais de remplir son cabas de pommes de pin et de bois mort pour allumer le feu. On prenait le tram, ou le train, et on marchait le long du canal, du Rhin, de l'Ill, au Tannenwald et dans les Vosges pendant l'été. Toutes ces excursions étaient prétexte à enseignement : le mécanisme des écluses, le fonctionnement des locomotives, du moteur à explosion, des avions, la revue du 14 Juillet, au cours de laquelle Philippe Husser applaudissait plus les pompiers que les artilleurs. Il était particulièrement calé en botanique. Aussi rassemblions-nous feuilles et fleurs en des herbiers soigneusement répertoriés. Nous rapportions également, au grand dam de ma grand-mère, des chenilles qui, dans un bocal, se transformaient en chrysalides avant de s'envoler papillons, et nous plantions dans de la ouate humide un haricot qui devenait plante grimpante.

Certains dimanches, Philippe Husser me conduisait au temple, avouant à la sortie qu'il n'avait rien compris au sermon : « Ces pieuses phrases commencent à m'ennuyer, comme elles doivent ennuyer le bon Dieu lui-même, s'il daigne les écouter. » Sincèrement croyant, il tenait le Seigneur pour le créateur de l'Univers, mais pas pour un dictateur ni un censeur. S'il m'avait appris à réciter le Notre-Père tous les soirs et à bénir le pain avant les repas, curieusement il n'insista pas lorsque, contestant l'utilité de l'enseignement religieux au lycée, je refusai d'être confirmé, l'équivalent protestant de la communion. Dans les moments difficiles, stoïcien, épicurien et fataliste, il grommelait, entre deux bouffées de pipe : « Cela aurait pu être pire. » Il m'a appris à vivre, à être heureux. D'autres sorties étaient consacrées aux musées, aux expositions, au jardin zoologique. Si, dans le large sac à main de ma grand-mère, il y avait toujours une pomme ou un morceau de kougelhopf pour nourrir mon estomac, elle laissait à son mari le soin de s'occuper de ma tête. Tout cela sans pédanterie, sans ennui. Il était mon ami, mon guide, mon protecteur. La cuisine était bonne, riche en spécialités alsaciennes. On ignorait le mouton, les crustacés, les épices, l'ail, les grillades. En revanche, choucroute, volailles, charcuterie, pommes de terre, bouchées à la reine étaient au menu. Les poissons — sauf la morue salée — venaient des rivières (truites, perches et carpes). En saison, du gibier, surtout le lièvre au sang, accompagné de nouilles fraîches (hasepfaffer). Les desserts, ah ! les tartes aux pommes, restent dans ma mémoire comme des moments privilégiés. Pas de repas d'anniversaire sans un vacherin avec force meringue et crème Chantilly et du champagne pour la lecture du poème ! Grand amateur de bière et de crus locaux, plutôt des blancs, Philippe Husser préférait, quant aux rouges, le vin d'Oran aux meilleurs bordeaux. Il concluait ses repas avec un petit verre d'alcool de fruits ou de cognac. Nourriture et boisson étaient très importantes dans leur mode de vie. Profondément attachés à la terre par leur parenté de Sundhoffen, ils recevaient presque toutes les semaines du ravitaillement agreste envoyé par des oncles et cousins. Comme beaucoup d'instituteurs en retraite, ils n'avaient pu se débarrasser du rythme des années de labeur. Donc ils passaient leurs vacances, à Pâques et en été, au village natal et devenaient alors paysans, participant à la vie des champs, aux récoltes et aux vendanges, à la traite des vaches, moissonnant les foins, et craignaient la sécheresse et les orages.

Enfant, je ne m'étais jamais rendu compte de l'austérité de leurs mœurs puisqu'il y avait des livres et que l'on mangeait à sa faim et même trop. À tel point que ma grand-mère faillit me faire mourir en me gavant de lard et de chocolat pour essayer de me guérir d'une jaunisse. Les chiffres notés dans le journal de mon grand-père témoignent de la modicité des recettes/dépenses. En 1934, Philippe Husser reçoit 17 000 francs pour l'année (soit environ 50 000 francs actuels) et en débourse 12 000. Donc une économie de 5 000 francs, qu'il distribue en grande partie à ses filles, surtout à Jeanne et à Marie, en situation financière plus difficile que celle de Lucie. Avec le surplus, il achetait des bons du Trésor, qui perdaient vite toute valeur, ce dont il ne se plaignait même pas. Il ne possédait rien d'important. En ce temps-là, on pouvait déjeuner pour 20 francs, un complet de médiocre qualité valait 300 francs, un poste de radio 6 000 et une automobile 40 000 francs. L'achat d'un réfrigérateur par mes parents parut être une folie complètement inutile. En revanche, Philippe Husser soignait sa tenue : chapeau, cravate, faux col, petit gilet, chaîne de montre et canne pour les sorties en ville. Il avait beaucoup regretté que mon père ait refusé de porter gibus et redingote pour se marier. Lorsqu'il avait envie de musique, il sortait son violon de la boîte et jouait avec beaucoup d'élégance du classique, des valses de Strauss, des airs tziganes. Il m'avait offert un gramophone, et n'a jamais critiqué le choix de mes disques modernes (Ray Ventura, Charles Trenet, et déjà du jazz). L'éclectisme de son goût était surprenant. En 1919, il avouait aimer les étranges mélopées des tirailleurs marocains en campement à Sundhoffen. Il parlait français avec mon père et moi, allemand ou alsacien avec sa femme, ses filles et ses amis.

Hélas ! dès 1938, paniqué par les bruits de bottes du voisin allemand, mon père assiégeait les bureaux parisiens du ministère de l'Instruction publique pour obtenir une mutation à « l'intérieur ». Mobilisé au moment des événements de Munich, il ne se faisait aucune illusion. La guerre était inévitable et l'Alsace allait redevenir un champ de bataille. En juillet 1939, il fut nommé principal de l'école primaire supérieure de Talence en Gironde. Notre déménagement fut un choc pour Philippe Husser : « Je suis seul, maintenant. » Mais s'il perdait son petit-fils, l'année suivante sa petite-fille allemande allait lui rendre visite plus souvent. Toutes ces péripéties, et l'âge, le fatiguent. Les lignes écrites après 1940 reflètent son cafard.

Je l'ai revu en 1945, à Sundhoffen, où il s'était replié après la destruction du logis mulhousien. Il aimait toujours la bière, le vin, le scaferlati, les jeux de cartes, les rives de l'Ill et le spectacle des Vosges et de la Forêt-Noire. Après la mort de ma grand-mère, ses promenades se limitèrent à des visites à l'auberge et au cimetière du village. Peu de temps avant de nous quitter, il me confia les gros cahiers d'écolier qui contenaient sa prose et ses poèmes. Je ne saurai jamais s'il avait écrit ces notes avec l'espoir de les voir ainsi publiées par Hachette et *Les Dernières nouvelles d'Alsace*, éditeurs prestigieux pour l'instituteur qu'il avait été. Au-delà du temps perdu et retrouvé, je tiens à lui adresser ce message d'amour.

Frank Ténot

INTRODUCTION

Les notes écrites au jour le jour constituent une source précieuse de l'histoire sociale, culturelle et politique. Cependant, en Alsace comme ailleurs, les journaux parvenus jusqu'à nous sont presque toujours de la plume de notables dont la formation et l'expérience, les références et la culture sont celles de l'élite. Du fait même de leur statut social, l'image qu'ils délivrent, les idées qu'ils expriment ne sont pas représentatives de l'ensemble de la population. La plupart ont écrit leur journal avec l'idée de le publier, ce qui implique un contrôle de la plume, voire une réécriture postérieure. Dès lors, les recherches stylistiques risquent d'oblitérer la qualité du témoignage originel. Celui-ci est limité enfin, par la volonté consciente ou inconsciente de justifier un engagement passé ou en cours au sein de la société. Cela est encore plus net dans le cas de la rédaction de mémoires.

Il n'en va pas de même du journal de l'instituteur Philippe Husser. Il n'a jamais songé à publier ses notes, car il ne faisait pas partie du cercle de l'élite pour qui une telle entreprise est naturelle. Il espère simplement que ses descendants et plus particulièrement ses petits-enfants trouveront du plaisir à lire ce journal, lui assurant ainsi une forme de survie. Et, comme il le dit lui-même, sa postérité pourra mieux percevoir les difficultés rencontrées par l'Alsacien de sa génération, tiraillé et même écartelé entre la France et l'Allemagne et ainsi mieux comprendre la tragédie alsacienne.

Au total, cela donne des descriptions et des récits agrémentés de références littéraires, des réflexions souvent empreintes de naïveté, mais combien sincères, parfois teintées de scepticisme ou d'ironie. Quoi qu'il en soit, le regard porté sur les choses de la vie et de la politique par Philippe Husser trahit une rare authenticité et constitue donc un témoignage d'une valeur inestimable sur les mœurs, la mentalité, les préjugés et l'imaginaire d'une partie du milieu alsacien, celle qui se situe à la charnière du cercle des notables de la bourgeoisie et du monde des couches populaires et rurales, celle aussi qui, par sa profession, assure la médiation entre ces deux mondes. Un dernier élément se révèle décisif : l'auteur du journal est protestant ; ses points de vue sont largement déterminés par son appartenance à ce milieu culturel spécifique, une des données originales du paysage alsacien d'alors.

Le journal de Philippe Husser s'apparente davantage à des éphémérides. Durant près de quarante années, du début du mois d'août 1914 jusqu'au terme de sa vie, en mai 1951, il a noté ses occupations quotidiennes, les événements familiaux ; il a transcrit le temps du jour et plus épisodiquement ses dépenses, ce qui en fait aussi un livre de comptes. S'agissant de notes au jour le jour, celles-ci ont un caractère lapidaire et toujours allusif. Pour en saisir toute la richesse et toute la saveur, il est indispensable, dès lors, d'en tracer le cadre, c'est-à-dire de les resituer dans l'évolution historique de l'Alsace, qu'il convient de résumer sommairement. Comme Philippe Husser est né en 1862, qu'il a vécu la première annexion en 1871 et comme l'ensemble de sa culture et de ses références proviennent de sa formation allemande, il importe de débuter cette courte fresque en 1871 et de la poursuivre jusqu'à la fin de la Seconde Guerre mondiale.

Le fil conducteur du journal est constitué par le récit de la guerre de 1914-1918, puis des multiples difficultés de la réintégration dans l'ensemble français, de la montée des périls à partir de 1936, de la nouvelle guerre entre 1940 et 1945 et de l'annexion, puis du retour de la France. L'auteur a vécu ces moments clés avec intensité car il y a toujours été fortement impliqué, à titres divers.

Philippe Husser est né à Sundhoffen, commune d'environ 1 200 habitants à la fin du second Empire, située à quelques kilomètres de Colmar, sur la ligne de chemin de fer inaugurée en 1878 entre cette ville et Neuf-Brisach, la forteresse bâtie sur le Rhin par Vauban.

Longée par l'Ill, Sundhoffen est une des onze communes de l'ancien comté de Horbourg qui revint aux comtes de Wurtemberg en 1324 ; elle passa au protestantisme au moment de la Réforme. Les protestants de cette région, ceux de la vallée de Munster, de Mulhouse et de Colmar ne représentent que le sixième environ de la population haut-rhinoise.

C'est un village mixte où vivent une minorité de catholiques, ce qui a conduit à l'introduction du *simultaneum* sous Louis XIV. Cela signifie que les deux communautés confessionnelles utilisent le même édifice, à des heures différentes, pour l'exercice de leur culte.

La famille Husser a des racines à Sundhoffen et dans les villages protestants environnants. Le père de Philippe était tisserand, comme la plupart des ancêtres qui ont pu être repérés. Les artisans cultivaient parallèlement un lopin de terre. Pourtant, un de ses oncles exerce le métier d'instituteur à Sundhoffen même. A-t-il joué un rôle dans l'ascension du neveu ?

Philippe Husser fréquente d'abord l'école primaire française jusqu'à l'âge de neuf ans, en 1871. Certes, l'école n'était pas encore obligatoire, mais l'Alsace compte parmi les régions les plus alphabétisées du pays. Le pouvoir politique y encourage la scolarisation dans le but de franciser un territoire où la langue parlée, l'alsacien, est proche de l'allemand littéraire.

Il n'a pas neuf ans lorsqu'en 1871, l'Alsace est annexée à l'Empire allemand par le traité de Francfort du 10 mai. Ajoutée à une partie de la Lorraine, annexée elle aussi, la province devient un Reichsland (territoire d'empire) administré par le Kaiser et son chancelier, au nom de tous les États allemands, et non pas un État allemand comme les autres. Un président supérieur représente le pouvoir central à Strasbourg.

Plus de 100 000 Alsaciens ont préféré, grâce à la clause d'option insérée dans le traité de Francfort, revendiquer la conservation de la nationalité française ; quelques dizaines de milliers ont transféré effectivement leur domicile hors du territoire annexé avant la fin de 1872. L'immense majorité de la population s'est accommodée des conditions nouvellement établies.

L'Alsace bénéficie d'un important développement démographique, dû à l'afflux continu d'immigrés allemands dans les villes, ce qui ouvre la voie à de vastes réalisations urbaines, particulièrement à Strasbourg qui passe de 85 654 habitants en 1871 à 178 891 habitants en 1910, mais également à Mulhouse dont la population double pour atteindre 95 041 habitants en 1910. Elle profite aussi du système de protection sociale introduit dans le Reich après 1880 et que la France ne connaîtra pas avant plusieurs décennies. Le statut politique lui-même évolue graduellement. Dès 1875, une première assemblée, la Délégation, composée de notables ralliés, est installée à Strasbourg. Elle est dotée d'un pouvoir de proposition ; la législation reste pourtant du ressort du Reichstag à Berlin. Dès 1877, elle vote les lois et le budget, mais sans en avoir l'initiative et, en 1879, un Statthalter entouré d'un véritable ministère est mis en place. Désormais, la législation dépend davantage des instances locales ; l'autonomie se précise, même si elle est loin d'être acquise. L'œuvre de la Délégation sera le thème de la thèse de doctorat soutenue et publiée par le gendre de Philippe Husser, Fritz Bronner, au cours des années 1920, à Francfort.

Les travaux de la Délégation modernisent progressivement les institutions et la législation d'avant 1870, gommant ainsi les traces de la présence française. Un nouveau code des impôts apparaît ; le nouveau code des lois allemand y est introduit, non sans une adaptation à la spécificité alsacienne. Si bien que, dès la fin du siècle, les institutions et la législation se trouvent largement germanisées, avec toutefois une marque particulariste et moderne, ce qui devait contribuer à éloigner toujours davantage l'Alsace de la France.

En 1911, enfin, le Kaiser accorde une constitution au Reichsland qui transforme le territoire alsacien-lorrain (Elsass-Lothringen) en un État confédéré, doté d'un Landtag dont la deuxième chambre est élue au suffrage universel. Le Landtag dispose de l'initiative et du vote des lois régionales. Cependant, l'autonomie n'est pas totale car, faute de souverain, c'est le Kaiser qui conserve la fonction de chef de l'État, toujours déléguée au Statthalter. Il garde aussi le droit de veto sur le vote des lois. En 1914, le Reichsland ne jouit pas du même degré d'autonomie que les autres États allemands, tels le grand-duché de Bade, le royaume de Wurtemberg ou celui de Bavière.

Philippe Husser a terminé le cycle d'enseignement élémentaire après 1871, date à laquelle la langue allemande est introduite dans les écoles. Il entre ensuite à l'école préparatoire, puis à l'école normale d'instituteurs de Colmar. Il joue du violon et du piano. À la fin de ses études, en 1882, il obtient un prix spécial, en récompense des progrès réalisés dans la langue allemande, la nouvelle langue écrite après l'abandon forcé du français. À peine âgé de vingt ans, Philippe Husser a déjà l'expérience d'un changement de langue officielle à l'école alors que l'alsacien est sa langue maternelle et courante.

Il ne reste que trois ans dans son premier poste à Munster. À partir de 1885, il gagne Mulhouse qu'il n'a plus quitté jusqu'à sa retraite en 1928, mettant fin à une carrière de plus de quarante ans. Proche de la terre par ses origines, Philippe Husser est resté en contact étroit avec Sundhoffen où résident les membres de sa famille. Les préoccupations des agriculteurs sont toujours restées siennes.

Le 24 août 1891, il épouse Marie Boeschlin, native elle aussi d'une famille d'agriculteurs de Sundhoffen. De son mariage sont issues trois filles : Marie, en 1892, qui devient institutrice, de même que Lucie, née en 1893 ; Jeanne, la troisième, qui voit le jour en 1898, n'exerça pas d'activité professionnelle.

L'évolution institutionnelle et législative de l'Alsace se déroule avec, en arrière-plan, le jeu de forces devenues bientôt d'authentiques partis politiques. Dans un premier temps et non sans résurgences ultérieures comme lors du scrutin au Reichstag de 1887, un puissant courant protestataire se constitue, alimenté par l'opposition des catholiques à l'annexion et au Kulturkampf de Bismarck, ainsi que par celle des libéraux-protestants francophiles implantés dans les villes et plus particulièrement à Mulhouse.

Trois tendances se structurent après 1890, au moment où la disparition progressive des générations formées sous le régime français favorise l'acceptation du fait allemand, ainsi que le basculement culturel perceptible parmi les générations montantes, dont fait partie Philippe Husser. La première de ces tendances est constituée par les libéraux qui représentent surtout la bourgeoisie protestante ; elle se divise en deux courants : les bourgeois, conservateurs acquis à l'annexion et proches des nationaux-libéraux du Reich, et les progressistes, plus réservés. Tous les deux comprennent des immigrés allemands. Leur clientèle électorale se compose de citadins et de l'ensemble des agriculteurs protestants.

Philippe Husser s'engage dans ce camp, dont il lit la presse. Après 1890, il devient un membre très actif au sein de l'association des instituteurs libéraux et entre au comité directeur de même qu'au comité de rédaction de la *Oberländische Schulzeitung*, puis de l'*Elsass-Lothringische Schulzeitung*, dont il sera rédacteur en chef à partir de 1916.

Les catholiques constituent la deuxième tendance et la force la plus puissante. La génération des prêtres irréductiblement opposés à la Prusse protestante cède la place à des dirigeants, y compris des prêtres, tel Cetty à Mulhouse, plus soucieux de combattre les sociaux-démocrates et moins tournés vers la France devenue laïque.

Certains même préconisent l'adhésion au parti catholique du Reich, le Zentrum. Les campagnes catholiques fournissent le gros bataillon des électeurs. Quant à la social-démocratie, elle s'implante solidement après 1890. Elle subit une forte influence allemande en raison de son organisation et de la présence de dirigeants immigrés. Parti ouvrier, elle reçoit cependant l'appoint d'un électorat anticlérical, après 1900, dans les campagnes protestantes y comprises.

Lors du scrutin pour le Reichstag de 1874, les catholiques et une partie des libéraux et des démocrates nouent un pacte autour d'un programme de protestation. Ils sont massivement suivis par l'électorat. Le député Teutsch lit le texte de protestation à la tribune du Reichstag à Berlin. Le mouvement s'affaiblit à partir de 1880, mais sans estomper totalement l'esprit protestataire. Celui-ci demeure vivace jusqu'en 1914, même si ses traductions au plan électoral sont plus rares après 1890.

L'annonce de la concession d'un statut d'autonomie déclenche une grande agitation politique en Alsace. Des catholiques comme l'abbé Wetterlé et des libéraux comme les Colmariens Preiss et Blumenthal tentent même de dépasser les clivages traditionnels au nom de l'intérêt national alsacien. L'autonomie est un enjeu dont l'importance est bien perçue. Ils ne sont pas suivis par la majorité des dirigeants, ni par l'électorat, habitué à se déterminer selon les critères anciens, notamment confessionnels.

En 1914, rares sont les Alsaciens qui militent encore en faveur d'un retour à la France. Chacun sait que cela ne pourrait se faire qu'au prix d'une guerre. En revanche, la volonté d'obtenir que le Reichsland devienne un État allemand comme les autres est largement partagée. La guerre allait pourtant modifier l'état de l'opinion. Le pouvoir militaire, qui agit quasiment comme en pays ennemi, sécrète à nouveau une image négative de l'Allemagne. Les résultats positifs de quarante années de présence sont du coup annulés. La défaite devenant très probable en octobre 1918, les concessions surviennent. Rudolf Schwander, un autochtone, devient Statthalter avec pour mission de fonder cet État autonome. Trop tard, les catholiques sont réservés et divisés ; les socialistes refusent. Tous savent que ce sont les armes qui trancheront.

Aux yeux des Français vainqueurs, le plébiscite ne s'impose pas, car 1918 efface purement et simplement 1871. L'Alsace est désannexée et retourne à une France centralisatrice, alors que les Alsaciens avaient pris l'habitude de gérer une grande partie de leurs affaires sur place. Déçu mais résigné, Philippe Husser s'en prend surtout à l'arrogance et aux erreurs du régime du Reich défait.

L'évolution politique alsacienne durant l'entre-deux-guerres comporte deux moments privilégiés : la période de réintégration d'abord, avec ses conséquences immédiates qui provoquent le fameux malaise alsacien, la crise autonomiste de 1926 jusqu'au début des années 1930 ensuite.

La population française ainsi que ses représentants partagent une perception de l'Alsace largement imaginaire ; ils n'ont pas conscience que les quarante années de présence allemande ont germanisé la culture, la législation et le mode de fonctionnement politique. Ils croient que les Alsaciens attendent d'être réintégrés dans le giron de la patrie sans aménagement d'aucune sorte. Cette ignorance est imputable aux histoires patriotiques, émouvantes, voire larmoyantes, dues à une certaine littérature ayant pour thème une Alsace inconsolable et qui fut largement diffusée dans les écoles de la République à la fin du XIXe siècle.

L'ensemble des services mis successivement en place par Paris indiquent la volonté de départementalisation, donc d'assimilation. L'incompréhension, puis le mécontentement se font jour aussitôt. Le commissariat général, installé à Strasbourg à titre de concession, n'empêche pas le processus d'assimilation de se poursuivre. Le poste est d'ailleurs supprimé en 1925. Cette dépossession accélérée des prérogatives chères aux Alsaciens forme l'une des données du malaise. Les autres sont liées à la mise en cause du statut des fonctionnaires, menacés dans leurs avantages acquis, par leur ignorance de la nouvelle langue officielle ou encore par l'arrivée massive de Français des autres départements qui devaient remplacer les Allemands chassés. La crainte de la laïcisation, propre aux catholiques surtout, intensifie ce malaise.

Au cours des premières années, les trois forces politiques traditionnelles connaissent peu de changement ; beaucoup de dirigeants anciens demeurent sur le devant de la scène. Les catholiques forment l'Union populaire et républicaine (UPR) avec une aile plutôt nationale (Wetterlé) et une autre davantage régionaliste (l'abbé Haegy) encadrant un centre (Michel Walter). Ce parti réclame le maintien des droits acquis à l'époque allemande, le respect du Concordat et du statut scolaire, la poursuite de l'enseignement de l'allemand, bref, il s'oppose à la rationalité centralisatrice. Les libéraux-démocrates partagent un point de vue proche, mais se montrent moins déterminés à défendre le Concordat et l'école confessionnelle, ce qui les rend moins hostiles à la centralisation et moins méfiants à l'égard de l'État français. Les changements les plus importants se produisent au sein de la gauche, où les socialistes, entrés à la SFIO, développent un programme d'assimilation pour tenter d'affaiblir le catholicisme politique. Les libéraux de gauche d'avant 1918 adhèrent au parti radical et suivent les socialistes dans leur approche des problèmes.

Le retour de l'Alsace à la France provoque d'importants changements dans la vie de Philippe Husser. Son activité militante cesse et il se heurte aux multiples difficultés de l'époque du malaise. Solidaire de ses collègues, il en partage les griefs. Loyal à l'égard du nouveau régime, il se remet, à cinquante-six ans, à la pratique assidue du français, qu'il est chargé d'enseigner. Contrairement à la majorité de ses collègues, des catholiques, il se prononce pour la laïcisation de l'école, tout en réclamant le maintien des avantages acquis, ainsi que de la langue allemande : programme illusoire face à ceux des deux puissants pôles qui s'opposent, les catholiques alsaciens et l'État français.

Pour les élections législatives de 1919, libéraux et catholiques forment ensemble la liste du bloc national, au grand mécontentement de certains protestants qui préfèrent voter socialiste. Cette alliance se reconstitue en 1924. Dans sa déclaration du 17 juin 1924, le gouvernement du cartel des gauches, dirigé par Herriot, laisse entrevoir l'imminence de l'assimilation totale ; en Alsace, elle met le feu aux poudres. La première grande crise éclate : toutes les instances catholiques se mobilisent pour défendre le Concordat et le statut de l'école. Un référendum, succédant à la grève scolaire, fait reculer Herriot qui dispose pourtant de la majorité dans les villes.

Les positions de Philippe Husser sur le problème alsacien le conduisent à condamner l'attitude de son ancien parti, les libéraux. Il se retrouve totalement isolé comme beaucoup de protestants haut-rhinois. Peut-être a-t-il voté pour la SFIO ou encore pour les radicaux aux élections municipales ?

Cette mobilisation de 1924-1925 débouche sur des courants résolument autonomistes. La parution de l'hebdomadaire *Die Zukunft,* en mai 1925, en donne le signal. Au même moment, se développent en Allemagne des structures visant à soutenir les noyaux allemands vivant dans les pays étrangers. Un Alsacien d'origine, Robert Ernst, coordonne les actions de propagande en direction des Alsaciens.

La publication, en juin 1926, du manifeste du Heimatbund (ligue de la patrie), signé par une centaine de personnalités, constitue l'acte de naissance du premier mouvement autonomiste. À ce propos, les catholiques se divisent. Certains, comme Rossé, le secrétaire général du syndicat des fonctionnaires, et l'abbé Haegy, se prononcent résolument pour l'autonomisme, alors que l'évêque de Strasbourg, Mgr Ruch, condamne le mouvement. L'État décide alors de passer à la répression. C'est ainsi que Rossé et quelques amis sont arrêtés à la fin de 1927. Par la suite, les autonomistes reçoivent l'appui des communistes dont les chefs parlent d'oppression de l'Alsace par l' « impérialisme français ».

La crise autonomiste atteint son apogée avec l'ouverture, en 1928, du procès de Colmar dirigé contre vingt-deux personnalités accusées de complot contre l'État. Les débats révèlent le rôle de l'Allemagne comme bailleur de fonds du mouvement.

Presque tous les partis sont affectés par la crise. L'entente UPR-parti communiste, nouée pour les élections municipales de Strasbourg en 1929, occasionne une scission au sein du parti catholique dont la tendance nationale fonde l'Action populaire nationale d'Alsace (APNA), alors que la direction nationale du parti communiste finit par exclure Charles Hueber, le maire de Strasbourg.

L'autonomisme est un mouvement pluriel où l'on distingue des tendances plus ou moins radicales et des revendications spécifiques. Ainsi, Camille Dahlet, un ancien radical, préconise exclusivement le maintien des droits acquis et la défense de la langue allemande. Il est le porte-drapeau d'une sorte d'autonomisme laïque dans lequel pouvaient se reconnaître les protestants du Bas-Rhin. Malheureusement pour Philippe Husser, ce courant ne s'est pas implanté dans le Haut-Rhin. Sa position resta donc inconfortable.

Le programme des autonomistes catholiques du Haut-Rhin est axé, au contraire, sur la défense du Concordat et de l'école confessionnelle. D'autres, tel Karl Roos, basculeront dans l'extrémisme de droite et seront aidés par les nazis. Ils fondent le Landespartei, à tendance séparatiste.

Les problèmes liés au changement de nationalité provoquent une situation critique au sein même de la famille Husser. Marie, la fille aînée, se lie avec Fritz Bronner, un instituteur originaire de Riquewihr, ancien combattant dans l'armée du Reich. Tous les deux gagnent l'Allemagne au lendemain du retour de la France et s'y marient. Après avoir obtenu un doctorat d'histoire à l'université de Francfort, Fritz Bronner milite activement dans le groupe des Alsaciens-Lorrains du Reich qui visent à maintenir vivante l'idée d'une Alsace-Lorraine allemande. Ses travaux historiques servent ce dessein. Peu après, les deux autres filles Husser épousent respectivement Charles Ténot, ancien poilu, professeur de mathématiques et son frère André, ingénieur et professeur de mécanique, tous deux originaires de la Charente.

Puisque Philippe Husser tient pour acquis le statut de l'Alsace issu de Versailles, il refuse de suivre les autonomistes et ne soutient pas l'attitude irrédentiste de son gendre Fritz, qui le lui reproche et condamne les mariages français. De longues années durant, les ponts sont coupés entre les deux hommes. Malgré ce chagrin, Philippe Husser vit des années heureuses grâce à la très bonne entente avec ses gendres charentais et leur famille. Sa retraite est agrémentée par la présence quotidienne de Frank, le fils de Lucie et de celle, plus rare, d'Anne-Marie, la fille de Marie.

En juin 1940, l'Allemagne réoccupe l'Alsace et c'est l'annexion de fait. Le Gauleiter Wagner exerce une dictature impitoyable en introduisant le système administratif et policier nazi. En incorporant de force dans les armées allemandes et même dans la Waffen SS les classes de 1908 à 1926, il suscite les évasions et la résistance. Wagner répond par la terreur ; il n'hésite pas à procéder à des exécutions. La guerre revient sur le sol alsacien même et la libération s'échelonne de novembre 1944 (Mulhouse et Strasbourg) à février 1945 (la poche de Colmar). Comme entre 1914 et 1918, cette guerre occasionne des dizaines de milliers de victimes, y compris dans les camps de prisonniers en URSS.

La Seconde Guerre mondiale ramène le drame en Alsace et dans la famille Husser qui songe un instant à partir pour Paris ou la Charente afin de rejoindre les deux couples Ténot qui ont pris les devants. Finalement, des relations plus suivies reprennent avec Fritz. Revenu en triomphateur dans son pays natal sous l'uniforme allemand, il devient directeur de l'école normale de Colmar et simultanément membre de l'appareil politique nazi en Alsace.

Au cours de l'été 1944, Philippe Husser et son épouse sont chassés de Mulhouse par la violence des bombardements alliés et se réfugient à Sundhoffen. Fritz et Marie sont entraînés dans la débâcle nazie à la fin de l'année et retraversent le Rhin. La séparation est définitive. Marie meurt en Allemagne à la fin de 1946. Au bout de cinq années de guerre et de séparation, ce sont les retrouvailles avec les « Français » installés à Bordeaux et à Paris. Mais, désormais, les relations seront très épisodiques.

Philippe Husser perd son épouse en 1949 et meurt lui-même en mai 1951 dans la nationalité qui l'a vu naître, après en avoir changé quatre fois au cours de sa vie et au moment où sont jetées les bases de la réconciliation franco-allemande qu'il a, toute sa vie durant, appelée de ses vœux.

Le journal qu'il a laissé comporte neuf cahiers de deux cents pages chacun. Les notes quotidiennes s'échelonnent sur presque quarante années. Elles font seulement défaut pour deux périodes très courtes : en novembre 1949, lors du décès de son épouse et au début de mai 1951, quelques jours avant sa disparition. Philippe Husser a laissé également un cahier comportant plusieurs compositions en vers.

Au total, le journal comporte environ mille huit cents pages manuscrites. Le texte allemand a été traduit, ce qui lui enlève sans doute une partie de sa saveur originelle. Sont généralement omis, à des fins d'allégement, les bulletins météorologiques quotidiens, la plupart des descriptions des événements familiaux anodins, les occupations de routine. Mais l'on a conservé les notes de toute nature apportant un éclairage significatif sur la vie politique, économique, sociale et culturelle ou même familiale, bref toutes celles qui révèlent des traits de mentalité de l'instituteur alsacien protestant entre 1914 et 1951.

Alfred WAHL

PREMIÈRE PARTIE

LA GUERRE

(1914-1918)

Mulhouse, dimanche 2 août

Début des vacances : c'est aujourd'hui la première journée de mobilisation. L'état de guerre est proclamé dans l'Empire allemand depuis vendredi. La déclaration de la guerre ne se fera pas attendre. Tous les espoirs de solution pacifique se sont envolés. On dit que l'ultimatum est reporté de vingt-quatre heures. C'est ce soir qu'il devait expirer. Il est impossible d'obtenir des informations dignes de foi sur la situation, sur l'évolution des pourparlers. Les journaux ne paraissent pas régulièrement : la *Volkszeitung*[1] n'est plus imprimée ; les gazettes locales ne savent rien de précis. Elles sont soumises à la censure. Tout ce que l'on peut entendre par ailleurs, ce sont des rumeurs incontrôlables. L'Angleterre ferait le blocus de la côte néerlandaise. L'Italie, quant à elle, aurait opté pour une neutralité bienveillante. Cent mille Français seraient stationnés à la frontière, et les officiers auraient du mal à contenir l'ardeur belliqueuse de leurs hommes et à les dissuader d'attaquer. On aurait constaté des violations de frontière à Montreux-Vieux et dans la vallée de Munster. L'Allemagne se verrait donc encerclée par des ennemis. Saura-t-elle résister à de tels assauts ? L'attitude de l'Angleterre est-elle conforme au droit international ? Et comment l'Italie respectera-t-elle ses engagements antérieurs[2] ? La boucherie

1. *Mülhauser Volkszeitung :* quotidien du parti social-démocrate paraissant à Mulhouse depuis 1904 sous la direction de Jean Martin.
2. Selon les termes du traité de la Triple Alliance signé avec l'Empire allemand et l'Autriche-Hongrie, l'Italie est tenue d'entrer en guerre si l'un de ses deux partenaires subit une agression et dans ce cas seulement.

va-t-elle commencer pour de bon ? Ne se trouvera-t-il personne pour dire une parole décisive en faveur de la paix ? Le tsar ? Il paraît qu'il est à bout. Le grand-duc Nicolas serait à la barre. Jaurès assassiné ? Ainsi, le destin suivra son cours, s'il ne se produit pas un miracle au dernier moment. Et dire que l'on construit des palais et que l'on réunit des conférences pour la paix [1].

Même les plus optimistes prennent conscience de la gravité de la situation. Partout des yeux gonflés de larmes. Des scènes d'adieux, discrètes ou bruyantes. Le père M. a hurlé de douleur en prenant congé de son fils. Que faire ? Où trouver refuge ? À Sundhoffen, au pays natal, dans la famille ? Le village est exposé à cause de la proximité de la forteresse de Neuf-Brisach. Avant-hier encore, on se moquait des pessimistes. On se consacrait calmement aux travaux de la moisson. Aujourd'hui, j'apprends par un collègue que les chevaux sont réquisitionnés, que trois cent cinquante pièces de bétail ont été rachetées, et que la moisson ne pourra plus être engrangée. La meilleure solution sera sans doute de rester ici et d'attendre avec patience et résignation les événements à venir. Et si jamais il se confirme que le Reichstag [2] doit décider mardi d'enrôler tous les hommes valides âgés de dix-sept à cinquante-cinq ans, il sera toujours temps pour moi d'envoyer ma famille à Sundhoffen.

Quelle organisation ! On est émerveillé de voir à quel point les moindres détails ont été prévus. Pour l'instant, la machine de guerre fonctionne impeccablement. Mais qu'en sera-t-il de l'intendance ? Les vachers ne fournissent que la moitié des quantités de lait habituelles. En trouvera-t-on toujours ? Aurait-il fallu faire des réserves ? Et pour combien de temps ? Les marchés hebdomadaires sont supprimés. Les commerçants et les marchandes demandaient

---

1. Le libéral Philippe Husser exprime sa solidarité avec l'Allemagne, dans laquelle il se sent bien intégré ; l'hostilité envers ses ennemis est modérée. Il garde le silence sur la France.
Mais, chez la plupart des Alsaciens, les sentiments pacifistes l'emportent nettement. Dès le 13 mars 1913, des manifestations avaient eu lieu devant la montée de la tension et notamment à Mulhouse. Cette même année (11 mai), des élus catholiques et socialistes ont participé à une réunion de parlementaires allemands et français à Berne, qui a débouché sur la commission interparlementaire de la conférence de la paix. Parmi eux, le député socialiste de Mulhouse, Emmel. Les députés socialistes du Landtag ont adressé un manifeste au « prolétarien parisien » dans lequel ils récusent l'usage de la force pour obtenir la désannexion de l'Alsace-Lorraine.
2. Chambre des députés du Reich élue au suffrage universel. Partage avec le Bundesrat (chambre des États) le vote des lois.

des prix exorbitants pour leurs produits. 1 F 20 le pot de pommes de terre. Les ménagères indignées n'avaient pas envie de se laisser faire. Nous aurions bien de quoi tenir quelques jours ; mais pour un cantonnement, cela ne suffira pas. Or, celui-ci ne tardera pas. Des Allemands pour commencer, et ensuite ? Comment tout cela finira-t-il ? Elles commencent bien, ces vacances !

3 août

... Les sentinelles postées aux passages à niveau ont été retirées cette nuit. À minuit, on a entendu des grondements d'artillerie. On dit que le viaduc de Dannemarie a sauté. Les mères et les épouses versent des torrents de larmes. Notre voisine sanglote ; elle envoie deux fils au combat. La territoriale est convoquée.
Avec cela, un temps magnifique. Au cours de la nuit, il a plu un peu. À présent, le ciel est tout bleu. Si le ciel politique pouvait lui ressembler ! Le miracle ne semble pas vouloir se produire. Une carte nous demande de venir à Sundhoffen. Les deux beaux-frères sont appelés sous les drapeaux. Que faire ? Devons-nous abandonner notre ménage ? Notre place n'est-elle pas plutôt ici ? Ne devons-nous pas rester à notre poste ? Et le cantonnement annoncé ? À qui demander conseil ? Il circule de nouveau des rumeurs de toutes sortes en ville : atterrissage forcé d'un avion français, dix-huit blessés au Hasenrain [1], plusieurs prisonniers ? Paris, Lyon, Lunéville, seraient en flammes. La France souhaiterait rester neutre... L'assassinat de Jaurès est confirmé...
On continue à faire des stocks : de lard, de sel, de bacon, de thé, de café, de riz, de farine, de biscottes, de cakes, de chocolat, d'arôme Maggi, de conserves, de pois secs, etc. Dans la liste, des produits jamais vus dans notre ménage. le maire de Saales [2] aurait été fusillé sur ordre du conseil de guerre. On dit qu'il a donné asile à trois espions français déguisés en religieuses. L'une par 40 voix, l'autre par 70 voix, la Chambre et le Sénat se seraient déclarés opposés à la

1. Hôpital de Mulhouse.
2. La rumeur relative au maire de Saales, un petit bourg-frontière du fond de la vallée de la Bruche à l'ouest de Strasbourg, est née de la spécificité de cette zone géographique : elle est francophone et tout naturellement francophile. La partie de la vallée située entre Wisches et Saales a été détachée du département des Vosges en 1871 pour être annexée au Reich.

guerre contre l'Allemagne. L'espoir renaît. Nul ne veut de cette guerre ; on ne voit pas pourquoi il faudrait se battre[1].

4 août

Je suis parti pour Sundhoffen à 12 h 37. Comme dans tous les trains maintenant, la plupart des voyageurs sont des appelés. Nous en croisons deux, interminables, bondés de familles italiennes expulsées.

Les deux beaux-frères sont déjà partis. Mes cartes ne sont pas arrivées. Tout le monde est désolé, affligé, de mauvaise humeur. Je me sens comme un proscrit. La douleur rend injuste et grossier. J'ai failli perdre mon flegme habituel. Voici ce que j'ai entendu et lu : « Nous avons besoin de vous, venez. En des temps plus favorables, nous mettions en commun nos joies et nos peines. La famille se doit d'être unie. On se réjouit ensemble, on pleure ensemble, et, s'il le faut, on est prêt à mourir ensemble. » Voyons, ce ne sera pas aussi dramatique. Qui sait ? Mais j'ai pris la décision d'aller chercher ma famille, coûte que coûte. À Sundhoffen, j'ai donc été accueilli par une douche froide. Pluie exécrable. Nous traversons la forêt à pied[2]. Nos livrets militaires — un collègue m'accompagne — nous donnent accès aux ponts[3] et aux barrières. À la maison forestière, nous buvons un coup avec un sous-officier originaire de Sundhoffen qui est en poste ici. C'est un filleul de mon collègue. Les Alsaciens ne sont donc pas tous à la frontière russe[4].

---

1. Charles Spindler, peintre, marqueteur et écrivain alsacien, note, le même jour (*L'Alsace pendant la guerre*, Strasbourg, 1925), que ses jeunes concitoyens appelés à l'armée ne manifestent pas l'enthousiasme qui est de rigueur à Berlin. Selon lui, les enrôlés ne pouvaient pas non plus se soustraire à l'appel, en particulier parce qu'ils ne savaient rien de la France et ne comprenaient même pas sa langue.
2. La forêt du Neuland sépare Colmar de la commune de Sundhoffen.
3. Le pont sur la Thur, un affluent de l'Ill, qui traverse la forêt du Neuland.
4. La rumeur a fait son chemin : les enrôlés alsaciens seraient envoyés sur le front russe. Il y aurait des raisons à cela. Les soldats alsaciens ne seraient-ils pas tentés de passer à l'ennemi comme l'ont déjà fait plusieurs notables ?
Lors de l'engagement de Saint-Blaise, au tout début de la guerre, sept cent trente Alsaciens sont passés à l'ennemi ; les populations locales ne sont pas mises au courant. L'idée d'envoyer les enrôlés sur le front russe est née au début de 1915. Au printemps débute le transfert des éléments considérés comme les moins sûrs. À compter de 1916, tous les Alsaciens sont envoyés à l'est, puis écartés des postes sensibles. Après la fin de la guerre contre la Russie, ils sont de nouveau affectés au front occidental, mais soumis à une surveillance spéciale, puis, vers la fin,

5 août

Quatrième jour de mobilisation. Un jeune collègue, D., toujours plein d'entrain, d'humour et d'esprit, vient faire ses adieux. Tondu à ras comme un kalmouk...
... Encore un avion mitraillé. Cette fois, il s'agit d'un Français. L'Angleterre vient de déclarer la guerre à son tour. Mon moral est au plus bas. Mes nerfs craquent. Je vide une bouteille de gros rouge. Déjà je me sens mieux. Nous sommes prêts à voyager demain. En prendrons-nous la décision, demain ? On ne se résout pas de gaieté de cœur à abandonner son domicile. Allons-nous pouvoir nous rendre utiles, là-bas ? Ne serons-nous pas à charge, en ces temps difficiles ? Du travail, il y en aura certainement. Qu'apportera la matinée de demain ?

6 août

L'horaire des trains n'a pas changé. Mais la liaison ferroviaire avec Sundhoffen est coupée. Où laisserons-nous nos bagages, à Colmar ? Comment les ferons-nous parvenir à Sundhoffen ? Y a-t-il des moyens de transport ? L'agitation croît à mesure que l'heure du départ approche. Midi sonne. Nous sommes prêts. Mais les garçons ne sont pas là avec la charrette. Ils trouvent sans doute que cela n'a pas de sens. Mes femmes sont tout à fait soulagées. Elles respirent. Le journal publie un appel pour que des secouristes bénévoles se mettent à la disposition de la Ville. Ai-je le droit de me soustraire à cet engagement, de même que mes filles ? J'envoie une carte chez nous pour leur demander de patienter un peu.
Les rues se vident. La 15e territoriale n'est pas encore enrôlée. On dit que les familles italiennes campent à l'entrée de Bâle. Elles sont bloquées. Il paraît qu'il règne là-bas une misère indescriptible. J'ai fait réexpédier le courrier et les journaux à Sundhoffen. Nous-mêmes, nous n'arrivons pas à nous y expédier ! La direction des chemins de fer fait afficher : « Voyageurs, surveillez les ponts et les tunnels ! » Il ne manquait plus que cela. Les ecclésiastiques ne

---

systématiquement isolés dans des unités allemandes. Ils n'auront plus l'autorisa tion de retourner en permission en Alsace. Enfin, un contrôle spécial est instauré pour leur courrier, qui doit être remis ouvert.

doivent pas parler français, ordonne l'évêque de Metz. En quoi cela peut-il être utile ou nuisible en ce moment !

7 août

Tout est calme. Le calme avant la tempête ? Ciel dégagé. Il va faire chaud. Cette fois, nous sommes fermement décidés à partir. Nous prenons le train à 12 h 37, avec des bagages à main contenant l'indispensable. À Colmar, nous les mettons à la consigne. Nous rejoignons Sundhoffen à pied [1].

8 août

À minuit, on entend des roulements de tambour ; des militaires arrivent : quarante hommes et un officier. Les hommes de troupe dorment sur la paille, dans la grange.

À 6 heures du matin, encore le tambour : tous les hommes valides doivent se présenter avec des pioches, des bêches, des houes, etc., pour creuser des tranchées. Les troupes restent sur place et creusent aussi. On dit qu'il y a eu un combat à Cernay. Les choses sérieuses commencent. Ce cantonnement est ce qu'on appelle un cantonnement d'alerte. On a installé un poste de secours. On dresse des fortifications. Au « Anwander [2] », on étête des arbres, des vignes. C'est triste à pleurer pour ces beaux fruits, ces beaux raisins. Ici et là des barbelés, des meurtrières. La tension monte. On envisage de prendre la fuite. On imagine le village en flammes. Soudain, vers 11 heures, c'est la détente. Le commandant et le sous-lieutenant félicitent le maire. Le danger est passé. Tout le monde pousse un soupir de soulagement. Les troupes se préparent à partir pour Munster. Une compagnie reste sur place. Les femmes et les jeunes filles épluchent des pommes de terre. Le maire est le premier à tuer son bœuf. Tous les frais sont payés, tout le monde est indemnisé. La cuisine roulante bouillonne [3].

1. L'offensive française sur Mulhouse a été lancée le 7 août. Toute la famille a ainsi échappé au va-et-vient des troupes qui vont successivement occuper la ville : entrée des Français le 8 août, retour des Allemands le 10 ; seconde entrée des Français le 16 et, enfin, retour durable des Allemands, le 24 août.
2. Partie du terroir située à proximité du village.
3. D'autres témoins attestent que la population a nourri les troupes allemandes avec empressement. Dans *Tagebuch einer Colmarerin während des Weltkrieges 1914-*

J'écris une supplique pour demander la mise en disponibilité de mon beau-frère. Sa présence ici est nécessaire, indispensable. Je me rends à Colmar à bicyclette pour la remettre au chef du bureau de recrutement. Fermé jusqu'à 15 heures. Je réussis à me faire recevoir. Mais ma requête n'est pas prise en considération. Un non brutal. Je parlemente en vain. Bataillon territorial ? Non, impossible ! Un train militaire entre en gare. Un train qui n'en finit pas. Ce sont des hommes du 15ᵉ. Les soldats sont assis ou couchés dans ou sur les wagons. Toutes les voitures sont décorées de verdure. Un enthousiasme délirant prédomine. « En route pour la France », lit-on sur chaque wagon. Ce sont les troupes de Deumling qui ouvrent la campagne. Le village a retrouvé son calme. À 16 heures, il n'y a plus un soldat. Des grondements de canons éloignés laissent supposer que l'on se bat du côté de la Schlucht.

9 août

La mobilisation est terminée. Les troupes commencent à se mettre en route. Toute la nuit, des canons passent par le village en faisant beaucoup de bruit. Des convois militaires arrivent : de l'artillerie de campagne, des voitures de munitions ; des sapeurs défilent sur le Herrenweg[1]. Au loin, les canons tonnent. On dit qu'une bataille s'est engagée du côté de Mulhouse. Une promenade au sud du village nous a fait découvrir un spectacle triste mais intéressant. Pour dégager un espace de tir, on a supprimé les vignes et les arbres fruitiers, les murets des jardins et les clôtures. Le sol est jonché de fruits verts : pommes, poires, quetsches, raisins, pêches. C'est malheureux de voir ce gâchis de beaux fruits, les premiers après plusieurs mauvaises récoltes. L'avoine, le blé, ont été fauchés ou enfouis sous les levées de terre. Les ruelles sont barrées et barricadées. Ces mesures n'auraient certainement pas empêché la progression de l'ennemi, mais elles l'auraient retardée. Avant l'assaut du village, devenu sans doute la proie des flammes, les troupes auraient eu le temps de faire sauter le pont et de protéger

---

1918, six vol., Colmar s.d. — 1947, E. Levy note à la date du 14 août que les soldats wurtembergeois ont reçu de la nourriture et des boissons des habitants de Colmar. Si l'échec de l'avance française est accueilli avec soulagement, c'est parce que le contraire eût signifié la guerre sur place.

1. Une rue du village où se situe la maison familiale de Marie Husser. C'est là que réside toute la famille.

leur retraite. Et tout cela pour rien. Espérons du moins que c'était pour rien. On s'en accommoderait volontiers.
Le bruit des batteries s'intensifie. Tonnerre en montagne, tonnerre dans le Sud. Vers le soir, on perçoit de véritables salves. Tout le monde est saisi d'angoisse et d'émotion. On sent qu'une bataille décisive est en cours. Quelle en sera l'issue ? Les bourdonnements persistent jusqu'à la tombée de la nuit. Nul ne songe au repos. Enfin, une dépêche arrive : bataille de Mulhouse gagnée. Les Français se retirent. La nouvelle provoque un soulagement général. Je vais la porter au village. On respire. Dieu merci[1]. Et déjà on entend le bruit de nouvelles voitures de munitions qui traversent le village. Une chaîne sans fin... Des soldats confiants et sûrs de la victoire.

10 août

On ne dispose pas de précision sur la bataille qui vient de se dérouler. Les Français compteraient huit cents victimes, les Allemands quatre cents. Les trains roulent de nouveau jusqu'à Lutterbach, aux portes de Mulhouse. Les troupes ont ramené des blessés et des prisonniers. Parmi eux des paysans qui auraient caché des Français. Wetterlé serait en prison, de même que Blumenthal[2]. Les hommes de la défense territoriale vivent bien ici. On ne sent pas les contraintes de la guerre. Ce qui leur manque, c'est la bière. Il n'en reste plus. De Fribourg-en-Brisgau, il n'en arrive plus. Je me mets donc en quête[3]. À la brasserie de *L'Ancre*, à Colmar, on se montre compréhensif. J'en obtiens quatre tonneaux et la promesse de livraisons ultérieures. Il faut encore des laissez-passer pour franchir les ponts et les barrières. À Colmar aussi l'atmosphère est calme. La Croix-Rouge ne chôme pas.

---

1. La nouvelle a une « action tranquillisante sur la population », note le curé Postina de La Wanzenau, près de Strasbourg dans son journal : *Wanzenauer Kriegschronik*, Strasbourg, 1931.
2. Émile Wetterlé (1861-1931) est d'abord curé à Mulhouse, puis directeur du journal catholique *Le Nouvelliste* de Colmar. Il accède à la députation en 1898, se réfugie en France en 1914 et devient membre de la conférence d'Alsace-Lorraine (voir plus loin).
Daniel Blumenthal (1860-1930) est avocat. Il fonde l'Elsässische Volkspartei en 1893. Député de Strasbourg-campagne entre 1903 et 1907, il accède à la mairie de Colmar en 1908. Il s'évade en 1914 puis fait partie de la conférence d'Alsace-Lorraine.
3. Il rend service à son beau-frère Émile, qui tient le restaurant près de la gare.

11 août

... On dit que Mulhouse est en ruine. J'espère que non. La punition serait trop forte pour quelques têtes brûlées[1]...

15 août

Durant toute la nuit, les canons grondent à la Schlucht. On les entend encore à 7 heures. Cantonnement annoncé : vingt chevaux dans la grange. Ils vont vers Brisach. Battent-ils en retraite pour assurer la protection du Rhin ? Dans ce cas, gare au village ! On est en train de construire un barrage sur l'Ill au niveau du pont. Le village et la gare sont reliés par téléphone. On déverse des tas de fumier sous le pont. À Sainte-Croix, les habitants ont été avisés qu'ils devaient se tenir prêts. Je me rends à Colmar à bicyclette pour passer une commande de bière. Le camionneur et la brasserie m'opposent un refus. Pendant ce temps, le grondement des canons persiste et s'intensifie. Le champ de bataille se déplace vers le sud, du col de Sainte-Marie par Saint-Dié vers la Schlucht. Vers 3 heures, le tonnerre se calme. On démonte la ligne téléphonique. On interrompt les travaux de terrassement. Les détachements et les compagnies du secteur et du cantonnement reçoivent leur ordre de marche. La nouvelle arrive : la bataille du Bonhomme a été gagnée. Les Français sont battus. De même que samedi et dimanche, tout le monde respire et pousse un soupir de soulagement...

16 août

Les cloches ne sonnent pas encore. Tout est calme. Je vais en profiter pour mettre par écrit toutes sortes de réflexions.

---

2. Les têtes brûlées étaient bien plus nombreuses que ne le croit Philippe Husser. Un officier français raconte l'accueil chaleureux réservé à ses troupes dans les villages jalonnant la route de Belfort à Mulhouse : « Notre entrée en Alsace », *Alsace française*, 1930, pp. 291-293.
Pour l'entrée à Dornach, faubourg de la ville et lieu de résidence de Philippe Husser, il note : « Une foule énorme, rangée sur les trottoirs, enthousiaste et ardente ; tous les ouvriers sont tête nue ; beaucoup s'empressent pour me serrer la main. Sans arrêt, le cri : " Vive la France ! " » Des témoins vieux-allemands de la ville (les Allemands immigrés) corroborent le fait et soulignent que les Mulhousiens se promenaient dans les rues, fêtant cela avec les soldats français.

La grange de grand-père porte encore les traces du cantonnement. C'étaient des Alsaciens. Grand-père n'est pas enchanté de leur comportement. D'après lui, ils se seraient montrés plutôt arrogants et autoritaires, contrairement aux troupes d'outre-Rhin, dont la conduite et l'attitude auraient été irréprochables à tout point de vue.

On constate de plus en plus que notre village est dans une situation dangereuse, exposé aux tirs des canons de Neuf-Brisach. Nous risquons à tout moment la catastrophe du fait de la proximité de la voie ferrée.

Le danger est-il écarté ? Définitivement ? Les Français ont-ils été contraints de renoncer à leur projet d'envahir et de traverser l'Alsace ? Espérons-le ! Espérons que les armées allemandes vont continuer leur marche victorieuse. Non par haine de la France, mais par amour pour notre pays natal qui ne mérite pas d'être dévasté. D'après tous les indices, nous devons nous attendre à des jours difficiles. Cette guerre était-elle bien nécessaire ? Fallait-il vraiment que la France s'oppose à l'Allemagne ? Quel que soit le point de vue d'où l'on se place, l'Allemagne est innocente[1]. Avec étonnement et consternation, on voit des nations évoluées s'allier à des barbares[2] pour anéantir une civilisation raffinée. A-t-on le droit de pousser aussi loin la haine et la jalousie ? À vrai dire, si les rumeurs qui circulent sont confirmées, des rumeurs sur le compor-

---

1. Des distinctions subtiles se font jour, typiquement alsaciennes : l'Allemagne n'est pas responsable de la guerre ; elle doit gagner ; non point par haine de la France, mais parce que cette issue préserverait le sol de la patrie alsacienne, ce qui importe avant tout. Philippe Husser développe ici ce qui fut sans doute la position moyenne et majoritaire des Alsaciens en ce mois d'août 1914. Lecteur du *Strassburger Post*, journal libéral, il en partage les vues, avec quelques nuances : son indulgence proclamée pour la France. À la date du 8 août, ce quotidien constate que les Alsaciens sont désormais bien intégrés au Reich et qu'ils prennent position pour lui. Divers autres témoignages viennent corroborer celui de Philippe Husser et soulignent l'attitude loyale et même patriotique ainsi que l'absence d'animosité à l'encontre de la France. Dans leur majorité, les Alsaciens sont convaincus que l'Allemagne n'a pas voulu cette guerre et qu'elle y a été contrainte. Selon Spindler, c'est le résultat du conditionnement par la presse ; la population répercute ce qu'elle lit.

L'enthousiasme décelé ici ou là est le fait des Vieux-Allemands. En revanche, dans les régions francophones, parmi la population mulhousienne, dans une partie de la bourgeoisie, chez quelques catholiques, au sein de la classe ouvrière également, les francophiles ne manquent pas mais se taisent.

2. Par « barbares », il faut comprendre les Russes et peut-être les peuples colonisés combattant aux côtés des puissances de l'Entente. Les mêmes rumeurs concernant des horreurs perpétrées par des soldats circulent aussi en France et mettent en cause, cette fois, l'armée allemande.

tement des Français envers des femmes, des enfants, des blessés, des Alsaciens, alors cette alliance paraîtra moins anormale. Je ne veux pas transcrire ces rumeurs, car je n'y crois pas. Peut-être y a-t-il du vrai dans ce qui se raconte à propos de la Belgique ; mais des Français ne feraient rien de tel ; encore que l'on trouve de la racaille partout : la racaille des assassins, des violeurs, des assoiffés de sang et de butin, des détrousseurs de cadavres. Il (ne) se vérifie (pas, Dieu merci !) qu'un tel personnage a été arrêté en possession d'un sac à dos rempli de doigts, de mains et de lobes d'oreille portant des anneaux. On l'aurait assommé à coups de crosse, car il ne valait pas le prix d'une balle...

... La discipline, l'équipement matériel, l'ardeur guerrière, l'enthousiasme des Allemands compenseront-ils la supériorité en nombre des Français et permettront-ils de remporter la victoire ? La discipline militaire ? C'est là qu'elle doit faire ses preuves. C'est maintenant que l'on pourra dire si le laxisme français est préférable à la rude discipline de fer allemande. Les droits de l'homme, c'est bien joli. Mais en cas de guerre, ils subiront forcément des entorses. L'individu est contraint de se soumettre, de se plier aux règlements si la machine doit fonctionner. Aucune nation n'est encore assez mûre pour une liberté totale. Pas même la nation française. Il reste toujours un risque de voir la liberté dégénérer en licence. L'individu doit sans cesse garder le contrôle de lui-même et dominer ses instincts ; il en va de même pour la nation dans son ensemble. De ce point de vue, la France me paraît être devenue rétrograde...

Et nos agriculteurs ? Il n'est pas facile de renoncer à se montrer mesquin quand on vit un grand moment de l'Histoire. Ces gens-là se donnent du mal pour porter le poids de la guerre avec patience. Chacun en a sa part. Ce qui n'empêche pas de jeter un regard plein d'envie et de jalousie sur les privilèges d'autrui. Un tel a pu garder un cheval, tel autre est à même de rentrer son foin. Celui-ci a de l'aide, celui-là de l'argent. Il est bien vrai que plus d'un fera sa pelote. Surtout parmi les fournisseurs. Mais les petites gens aussi aimeraient tirer quelque profit de la situation et faire des affaires. Il faut dire que les autorités ont mis le holà aux pratiques de prix illicites sur les aliments. Mais cela n'empêche pas toutes sortes de petites astuces. La tentation est bien trop forte, et l'on trouve des personnages envieux et cupides partout.

16 août (après-midi)

La bataille du Bonhomme/Schlucht ne semble pas avoir été couronnée de succès. Dès hier soir, on nous a rapporté que les trains ne dépassent pas Colmar. Et cet après-midi, on apprend que la gare de Colmar doit être évacuée. Une partie du personnel a quitté Colmar avec les familles, pour se réfugier à Fribourg. Les employés des stations ont également été avisés qu'ils devaient se tenir prêts. À ce qu'on dit, les Français déferlent par les vallées de la Liépvrette et de Munster et seraient déjà aux portes de Sélestat [1]. Plusieurs heures se passent dans une tension extrême et une attente angoissée. On envisage de fuir. Mais où ? Muntzenheim et Fortschwihr auraient déjà reçu des consignes d'évacuation… On dit que les Français battent en retraite. On dit aussi que les Allemands ne seraient pas fâchés de voir les Français descendre pour combattre dans la plaine. Ils cherchent à les faire sortir des Vosges. Les Français ont-ils deviné le stratagème ?

17 août

… Une décision serait la bienvenue ; quelle qu'elle soit. Mieux vaut une fin en catastrophe qu'une catastrophe sans fin…

Je ressens le besoin d'écrire ici quelques lignes sur mes filles et leurs relations avec nous. La petite Jeanne nous appartient vraiment. C'est une enfant très affectueuse. Mais les deux autres se sont détachées de nous intérieurement. Je le ressens plus fort de jour en jour. Elles ont perdu le sens de la solidarité familiale, et ce qui les lie encore à nous, c'est la loi de la nécessité. C'est à contrecœur qu'elles nous ont accompagnés à Sundhoffen. J'ai commis une erreur regrettable en les mettant au pensionnat, dans un environnement qui ne correspond pas à notre condition modeste. Elles ne se sentent plus à l'aise dans notre milieu et ne se dérident qu'en compagnie de personnes de la bonne société. Avec nous, elles se donnent des airs, nous contredisent, se montrent grincheuses, excitées et renfermées. C'est à peine si elles vous font l'honneur de

1. L'accalmie a été de courte durée. Dès le 15 août, l'offensive française reprend en haute Alsace. Les troupes descendent de la ligne des crêtes, c'est-à-dire de la frontière établie en 1871 vers les vallées, ce qui doit les mener à Mulhouse et à Colmar.

vous dire bonjour. Les méthodes éducatives du pensionnat ont certainement des aspects positifs ; mais l'on y néglige un point important : l'éducation du cœur. Je m'en aperçois un peu tard. La fierté et le plaisir[1]...

19 août

Je donne un coup de main pour le trèfle. Il n'y a plus de train pour Mulhouse. Je vais essayer d'y aller en vélo. Il paraît que la ville est de nouveau occupée par les Français[2]. De Brisach, on entend des explosions. Nous sommes sans informations.

20 août

Tout est encore calme le matin. Vers midi, des nouvelles alarmantes se répandent. La gare de Colmar est en cours d'évacuation. Quatre trains passent en direction de Brisach. Le dernier emmène aussi le personnel de notre station. Le courant est coupé, et l'armée emporte son matériel. Une grande perplexité règne aux alentours. On fait sauter le pont de la Thur. Bientôt, ce sera le tour des nôtres[3]. Tout est prêt. Ceux qui travaillent aux champs sont invités à rentrer. L'événement pourrait se produire le soir même ou peut-être demain matin. Il s'agit d'un sursis. Deux compagnies de la garde bavaroise arrivent. Ils examinent le pont. Ils sont épuisés. Nous leur apportons des rafraîchissements. Ils viennent de Kaysersberg ; les Français ne sont pas loin.

21 août

À 2 heures, les Bavarois se mettent en route. En direction de Colmar, paraît-il. Il y en a beaucoup qui toussent. À 7 heures, des canons se mettent à tonner. On entend nettement siffler les projectiles. Un avion se fait mitrailler. Cela nous tire du lit. Pas de nouvelles péripéties. Il ne nous arrive plus d'informations. Nous sommes complètement coupés du monde : pas de trains, pas de

1. La suite, figurant sur la page suivante, a été arrachée.
2. Les Français ont repris Mulhouse dès le 16 août.
3. Les ponts sur l'Ill reliant la rive droite, où se situe la gare ainsi que le restaurant du beau-frère Émile.

courrier, pas de journaux. Des patrouilles françaises viennent faire des rondes jusque dans Colmar. Les ponts n'ont pas encore sauté...

22 août

À 10 heures du matin, on entend des grondements d'artillerie du côté de Colmar. Une batterie se trouve près du pont de l'Ill à Horbourg. De là, on bombarde les positions ennemies à Logelbach et Wintzenheim. Il s'agit d'artillerie lourde ; le sol tremble à sept kilomètres à la ronde.
L'après-midi, nous allons à Colmar à pied. Les grondements d'artillerie et les coups de fusil ne cessent pas... Il n'y a plus de sentinelles. Nous arrivons à Colmar sans encombre. Tout est calme. Certains magasins sont fermés. Dans la matinée, les obus sifflaient encore au-dessus de la ville. Trois cuirassiers français se sont risqués jusque dans la rue de Bâle[1]. Des enfants ont couru autour d'eux, si bien que les Bavarois qui arrivaient en face n'ont pu tirer.

23 août

De bonne heure, les canons se remettent à tonner. Il est interdit de sortir du village. La situation redevient critique. Que va apporter ce dimanche ? — Il a apporté un certain nombre de blessés légers de l'engagement de Logelbach/Wintzenheim. La plupart pouvaient encore marcher. Quelques-uns souffraient de blessures, dans un état critique, à la tête ; beaucoup étaient blessés à la jambe ou au bras. Il semblerait que les troupes allemandes aient subi de lourdes pertes. Pour la plupart, ils appartiennent à la défense territoriale. On n'apprécie pas la témérité de Deumling[2]. Il sacrifie trop de vies humaines inutilement. Les Français ont des positions retranchées dans les villages et en montagne. Ils ne se découvrent pas. On dit que le comte Haseler est en route avec deux corps d'armée. Le ban de Horbourg doit être évacué. L'après-midi, je vais à Brisach. Dès Wolfgantzen, on trouve des fortifications avec des barbelés, des souterrains en béton et des tranchées. Devant Brisach, les bois et les arbres isolés ont été étêtés. La forteresse a l'air imprenable. Elle

1. À l'entrée est de la ville.
2. Officier allemand commandant les troupes territoriales.

grouille de soldats et de manœuvres. À Appenwihr, la boutique est vide. Je distribue toute ma provision de cigares et de cigarettes, ce qui m'attire beaucoup de gratitude. Wernicke[1] me montre sa vitre en éclats et les cratères des mines. J'ai l'impression que certains se sont enfuis avec trop de précipitation. Tout s'est fait à la hâte, la destruction des ponts, la fermeture de la ligne de Fribourg. Quelle panique !

24 août

... L'après-midi, je vais à Colmar. Là aussi, tout est calme. Je rencontre des collègues. Ils parlent des événements, des blessés, des angoisses, des patrouilles. Le *Tagblatt* et le *Kurier*[2] annoncent la mort du pape, les victoires en Lorraine, etc. Ils ne font pas allusion aux lourdes pertes infligées aux Bavarois et aux Wurtembergeois dans les combats à la frontière alsacienne. On dit que la voie ferrée est française jusqu'à Herrlisheim, et que les Français ont des positions fortifiées à Meyenheim. Mulhouse est occupée par des troupes françaises qui vendent bon marché à la population de la viande, de la farine, du vin rouge. Tout cela doit être de pure invention[3].

27 août

Il y a un temps de pluie exécrable. Nous avons encore des troupes à loger. C'est le premier régiment de la défense territoriale bavaroise qui revient. Mon Dieu, quels assoiffés de bière ! Il n'existe pas de récipients assez grands à leur goût. L'un de ces Bavarois boit sa bière au litre.

29 août

Je ne peux pas partir pour Mulhouse. Je ne trouve pas de vélo. Ceux qui sont à ma disposition sont en trop mauvais état pour parcourir une aussi longue distance[4]. Ce sera donc pour demain.

---

1. Forestier habitant à l'orée de la forêt séparant Appenwihr et Wolfgantzen.
2. *Mülhauser Tagblatt :* journal des démocrates ; *Elsässer Kurier :* journal catholique de l'abbé Haegy.
3. Le mythe du Français très largement pourvu en viande, pain blanc et vin rouge demeure vivace en Alsace.
4. 40 km séparent Sundhoffen de Mulhouse.

31 août

Je suis parti en pédalant avec entrain par Sainte-Croix, Meyenheim, Ensisheim jusqu'à Mulhouse. J'ai déjeuné à Reguisheim. Trois fois, j'ai passé des postes de gardes allemands. Entre Ensisheim et Wittenheim, on tombe sur des fortifications. Jusqu'à la sortie de Kingersheim, c'est l'aspect habituel. Mais en arrivant à Bourtzwiller, je sens mon âme se remplir d'effroi : des croisées de fenêtre vides me regardent. L'annexe a été ravagée par un incendie et non par des tirs. Les Allemands y ont mis le feu. Pour quelle raison ? Parce qu'on aurait tiré sur eux depuis les maisons, en tuant un dragon dont j'ai vu la tombe au bord de la route ? Mais tous ceux que j'interroge prétendent qu'il s'agit d'une erreur, que le village et l'usine auraient été victimes d'un malentendu. Un vieillard a été abattu d'un coup de fusil alors qu'il ouvrait son volet. Des hommes, des femmes, des enfants, à peine vêtus, souvent dépourvus du strict nécessaire, ont été expulsés des maisons et jetés à la rue sans aucun moyen de subsistance. Puis l'œuvre de destruction a suivi son cours. À présent, on fait la quête pour les malheureuses victimes : vêtements, nourriture, argent. J'ai aussi versé mon obole. — Mulhouse n'a pas trop souffert dans l'ensemble. Notre maison de la rue de Lutterbach est encore là, intacte à part l'impact d'une balle de fusil dans la mansarde. Mais elle a vu le danger de près. Les Français s'étaient retranchés à l'arrière, dans le jardin, et avaient étêté et mutilé les arbres pour dégager un espace de tir. Mais aucun engagement n'a eu lieu par ici. Sinon, le numéro 95 ne serait sans doute plus debout. En ville, beaucoup de maisons portent des traces plus ou moins visibles des combats, mais il n'y a pas eu de dégâts importants : la ville s'en est tirée sans trop de mal. Mais pourquoi donc a-t-on si peur des Allemands ? Cela doit tenir aux combats de rues au cours desquels les soldats allemands ont pris très peu d'égards pour la population. Je n'arrive pas à comprendre cela. Pourtant, les Mulhousiens ne sont pas si mauvais bougres. Alors, pourquoi faire payer à toute la population les crimes commis par quelques têtes brûlées ? L'Alsace-Lorraine n'est tout de même pas un territoire ennemi[1] ! On peut dire que la population a eu un

1. Il est fait référence ici aux multiples incidents qui ont marqué les deux batailles de Mulhouse. Dans la nuit du 9 au 10 août, lors du premier affrontement, des Allemands ont échangé des coups de feu entre eux, les Français ayant déjà évacué la ville. Ils accusèrent des Alsaciens d'avoir tiré d'une fenêtre : d'où les représailles

comportement exemplaire lors de la mobilisation. Les vieux se sont présentés de bon gré, les jeunes comme engagés volontaires. Hansi et Wetterlé n'ont pas d'amis politiques, ou si peu[1]. À la guerre comme à la guerre. On ne peut pas éviter toute violence et toute mesure pénible. Mais il est regrettable d'en arriver à craindre ses propres soldats. À Dornach aussi on se plaint. La loi martiale a été appliquée avec plus ou moins de rigueur. Là aussi, on a très peur des Allemands. Je sens mon cœur saigner lorsque j'entends leurs récits. J'aimerais crier aux Allemands : « Vous faites erreur en suspectant tout le monde de sentiments anti-allemands. Arrêtez de terroriser les gens. » Je m'installe et j'écris un poème pour le journal. Peut-être sera-t-il lu par les officiers qui pourront voir ainsi ce que pense la population ; peut-être s'efforceront-ils d'être moins durs. Comment peuvent-ils cautionner cela, eux qui ont leur part de responsabilité dans cette guerre, qui l'ont appelée de leurs vœux et de leurs écrits jusqu'à ce qu'elle éclate réellement ? Il faudrait les mener sur ces lieux de désolation et de désespoir familial pour leur faire prendre conscience de ce qu'ils ont déchaîné. Par deux fois, les Français sont arrivés à Mulhouse et dans les environs. Ils sont moins craints que nos propres troupes. C'est là ce qui m'effraie et me désole : Mulhouse, terre ennemie[2]. Je suis passé chez les Ortlieb. Ils sont en bonne santé, mais se font du souci pour Ernest et Jacques. Ils ont passé les journées terribles à la cave. Une balle

---

évoquées, à savoir les incendies d'immeubles. Désormais les troupes allemandes raidissent leur position. Et bien que les Mulhousiens soient restés distants lors de la seconde entrée des Français, le 16 août, par peur des représailles, des incidents éclatent encore et les Allemands fusillent des civils suspects.

1. Évadés en France dès le début du conflit, en même temps que d'autres personnalités comme Blumenthal, Helmer ou Grumbach, Hansi et Wetterlé représentent des courants minoritaires. L'abbé Wetterlé n'est approuvé que par une partie des catholiques. Le Colmarien Jean-Jacques Waltz, dit Hansi, est né en 1873. Peintre, journaliste et surtout caricaturiste, il a publié des ouvrages illustrés sur le folklore alsacien. Il y brocarde les fonctionnaires allemands présents en Alsace, assimilés aux Prussiens. Ses dessins satiriques lui valent une grande notoriété, particulièrement en France où l'on retrouve dans son œuvre une image idéalisée de l'Alsace francophile et protestataire. La position irréductible de Hansi n'était plus guère de mise en 1914. Mais tout va changer.

2. Les Allemands suspectent désormais les Alsaciens de vouloir leur tirer dans le dos, de mieux soigner les blessés français. Finalement, comme le note aussi Spindler, les Alsaciens deviennent tous des suspects. Officiers et soldats allemands se croient en pays ennemi. Ils se comportent désormais en conséquence, terrorisant la population locale. Quarante années d'efforts en vue de l'assimilation sont ainsi anéantis. Cela vaut sans doute davantage pour Mulhouse. Tout cela désole l'instituteur libéral au point qu'il reconnaît maintenant que les militaires allemands ont leur part de responsabilité dans le déclenchement du conflit.

est aussi entrée chez eux (une relique). Ortlieb m'emmène dans le vignoble de Dornach, à la recherche des traces de la bataille : un lieu dévasté, une série de fosses communes. On reste bouleversé devant ces témoignages d'une civilisation chrétienne, et l'on est saisi par le doute en se demandant : où donc est Dieu ? Pourquoi laisse-t-il faire ?...

1er septembre

... J'écris une nouvelle supplique. Peut-être aura-t-elle de l'effet, cette fois. J'adresse ma lettre au commandant de la compagnie des deux beaux-frères en le priant de bien vouloir user de son influence. Il a été si aimable, la dernière fois. La requête ne concerne qu'Émile. Je sais bien qu'on aurait tout autant besoin d'Eugène, plus encore peut-être ; mais une demande étendue aux deux risque de se heurter à un refus. Et la requête d'Émile est la plus facile à motiver. Il est l'aîné...

... Dans l'intérêt de la justice distributive, il vaudrait peut-être mieux n'en avantager aucun. Il est exact que l'on aurait du travail pour tous. Et si l'on écoute les femmes, c'est toujours « le mien » qui est le plus indispensable. S'il en revenait un sur simple réclamation, sans certificat médical, la jalousie se déchaînerait, le maire et le secrétaire de mairie seraient taxés de partialité ; il y aurait de toute manière un grand tumulte. L'envie, la malveillance, dorment d'un sommeil trop léger dans les cœurs de nos ruraux. Dans un tel cas, ce n'est pas la personne qui compte, ce ne sont que les affaires, les revenus. Et si Émile rentrait, ou Eugène, ou les deux et pas les autres, ce serait la zizanie au village. Ici, les sentiments altruistes n'ont cours que dans la mesure où l'on y trouve son compte pour sa petite personne...

2 septembre

... Il est évident que l'on cherche à nettoyer les Vosges, et cela exige un lourd tribut en hommes et en matériel. Les chasseurs alpins français sont trop bien retranchés et camouflés. Hansi serait auprès d'eux. À Turckheim, il a fait l'important en se prétendant comme membre de l'Administration. Lui et Helmer, de même que le dentiste Huck, ont été déclarés hors la loi pour haute trahison[1]. D'après la presse, Wetterlé et Blumenthal se sont réfugiés en France et publient là-bas des articles incendiaires contre l'Allemagne...

... On annonce de grandes victoires en Prusse orientale, où les corps de l'armée russe ont été jetés dans les marécages de Masurie et dans la partie russe de la Pologne, où une grande bataille décisive est en cours sur quatre cents kilomètres de front[2]. À l'ouest, l'armée est parvenue aux portes de Paris, qui se prépare déjà au siège.

4 septembre

La journée sera très chaude. Très chaude aussi pour les troupes qui se battent contre les Français dans la vallée. Une bataille importante semble s'être engagée. Depuis le début de la matinée, un fracas épouvantable de canons roule sans interruption vers nous...

... La bataille se prolonge jusqu'à la tombée de la nuit. On suppose que les Allemands sont parvenus à installer de l'artillerie lourde sur la crête, dans la région du lac Blanc et du lac Noir.

... Le journal publie le *Quand même* de Blumenthal. Je ne perdrai pas mon temps à le commenter. Là aussi, l'Histoire jugera[3]...

5 septembre

Des éditions spéciales annoncent la reddition de Reims ainsi que la fuite du gouvernement français de Paris. On commence à ne plus s'en faire, à considérer tous les succès des armes allemandes et autres comme allant de soi.

Dans chaque numéro, les journaux publient des poèmes patriotiques et guerriers. J'attends en vain de voir paraître ma production. Ou les rimes étaient trop bancales ou la censure n'a pas trouvé le texte assez inoffensif. Que l'on en juge :

---

1. Paul Helmer (1874-1929), avocat proche des catholiques, animateur de l'Union nationale en 1911, se réfugie en France en 1914. Sénateur du Haut-Rhin durant l'entre-deux-guerres.
2. Le général Hindenburg a remporté la célèbre victoire du Tannenberg contre les Russes (26-29 août 1914)
3. Aucune trace de cet article car les collections de la presse mulhousienne pour cette période comportent d'importantes lacunes.

Alsaciens.
Celui qui ne savait pas encore quelle est l'opinion de l'Alsacien
A pu l'apprendre maintenant avec précision.
Et là-bas, où la provocation manipulait les foules,
Et de ce côté-ci, où les doutes offensaient la fidélité,
Cela se révéla[1]...

6 septembre

Tout est calme. Au sujet des combats dans la vallée de Munster, on apprend que deux mille Français se seraient rendus et que la vallée serait nettoyée. Ils ont l'air d'avoir fait pas mal de dégâts là-bas. L'après-midi, il arrive d'autres rumeurs. Il ne serait pas question de succès. Les Français auraient repris Munster et viendraient en patrouille jusqu'à Logelbach. On aurait enterré hier cinq officiers d'état-major morts au combat. On confirme qu'un régiment wurtembergeois a été pratiquement anéanti dans ce combat sanglant, qu'il a perdu tout son état-major et que le commandant se serait suicidé[2].

9 septembre

Une carte d'Ortlieb nous annonce la mort de son fils Ernest. Il a été tué à Traville, près de Raon-l'Étape, le 26 août. Ses deux camarades Schuhmacher et Schneevoigt sont morts aussi. La nouvelle nous ébranle profondément. Que représentent face à la mort d'un fils aimé et admirable les privations matérielles qu'entraîne cette guerre ? Comment pourront-ils supporter cela ? Je le vois encore, en

---

1. Texte original :

Elsässer.
Wers noch nicht gewusst, wie der Elsässer denkt,
Der konnt es jetzt deutlich erfahren :
Und drüben, wo Hetzen die Menge gelenkt,
Und hüben, wo Zweifel die Treue gekränkt,
Da tat es sich offenbaren,

La suite est illisible ; on devine des bribes de phrase comme « peuple conscient de son appartenance ethnique... »

2. Les combats pour la possession de la ligne des crêtes des Vosges dureront quatre ans, au prix de pertes énormes mais sans succès décisif d'aucune part.

esprit, tel qu'il était venu nous faire ses adieux, le soir du 6 août : un vaillant guerrier, plein de bravoure et de confiance en la victoire. Et le voici mort. Tombé au champ d'honneur ; mais pour quoi donc ? Pour une juste cause ? Pour défendre notre civilisation ? Pour l'Alsace ?…

14 septembre

… Sur tout le trajet, les sentinelles ont disparu[1]. En revanche, la ville est occupée par des militaires. Les gardes ont mis baïonnette au canon. Devant l'*Hôtel central,* le trottoir est barré. Mulhouse est toujours considérée et traitée comme un territoire ennemi. Les abus de la délation semblent avoir fleuri abondamment, aussi bien ici qu'en face, et c'est dans ces abus qu'il faut sans doute chercher une bonne part des causes de certains incidents regrettables. La population est énervée et se méfie de tout le monde, amis ou ennemis. Une partie des immeubles est encore pavoisée depuis la victoire du 11[2]. La reprise des travaux aux fortifications du Moenchsberg et l'envoi de nouvelles équipes de terrassiers à Morschwiller font naître la crainte et l'espoir dans la population. Tous espèrent le meilleur, tous craignent le pire. L'atmosphère est très différente ici de celle de Sundhoffen et des environs.

15 septembre

La classe a repris dans les écoles primaires et les collèges. À vrai dire, nous faisons plutôt de la garderie que de l'enseignement. On a regroupé des classes et institué un horaire à mi-temps. Chez nous, il manque quatre maîtres seulement. Beaucoup d'élèves absents séjournent hors de la ville. Il circule des rumeurs selon lesquelles les combats dans les Vosges prendraient une tournure défavorable, de même que ceux de Lemberg[3] et d'Épinal. Nul ne sait d'où elles viennent ; on n'y croit pas et pourtant elles créent un sentiment angoissant d'incertitude.

---

1. La rentrée des classes doit avoir lieu le 15 septembre. C'est le départ pour Mulhouse, en voiture à cheval, car la ligne de chemin de fer est toujours fermée aux civils.
2. Hindenburg a achevé la défaite des Russes lors de la bataille des lacs de Masurie.
3. Lemberg en Galicie ; aujourd'hui Lwow en URSS. L'armée austro-hongroise y a subi un échec contre les Russes.

16 septembre

Quatorze élèves sont absents dans ma classe. Il n'est pas question d'assurer un enseignement normal.

17 septembre

... Nous hésitons à commencer le programme. La situation est redevenue critique. Des rumeurs prétendent que les Français projettent une offensive. Le combat s'engagera peut-être dès aujourd'hui. Ce serait la troisième édition pour Mulhouse. Riedisheim et le Rebberg ne sont plus accessibles qu'avec un laissez-passer. M. l'inspecteur scolaire Hauptmann en établit. On dit qu'il a vertement tancé les membres du personnel enseignant qui n'avaient pas pris leur service à temps. Je ne me prononcerai pas sur le bien-fondé de ses réprimandes. Ce soir, c'est notre rendez-vous de scat[1]. Mais nous n'avons pas le cœur à jouer. Nous échangeons nos impressions : sur notre état d'esprit, sur celui de la population, sur l'évolution de la guerre. De longues colonnes de recrues arrivent des villages environnants. Ce sont des hommes de dix-sept à quarante-cinq ans qui sont mobilisés pour éviter que les Français ne les emmènent. Les Français se trouvent à huit kilomètres au sud et au sud-ouest de Mulhouse...

18 septembre

On s'attend à un accrochage. Au sud-ouest de la ville, on entend tonner des canons. L'intensité augmente vers le soir. Une batterie monte le chemin de Galfingue. Des voitures de munitions suivent. Vers le soir, des cyclistes redescendent. Peu de temps après, de l'artillerie. À 8 h 30, des fantassins passent en chantant. On n'y comprend rien. Allez donc faire classe dans ces conditions. Devant des bancs à moitié vides. M. l'inspecteur scolaire fait savoir et ordonne que :

1° Des événements marquants de la guerre doivent constituer le centre d'intérêt des leçons d'histoire et de géographie.

---

[1] Scat : jeu de cartes qui correspond au jeu de l'écarté.

2° En cas de maladie, un certificat médical doit être présenté immédiatement ; consignes pour des remplacements éventuels dans les activités annexes.
3° L'administration locale avertira les écoles en cas de danger.
4° Les réunions de concertation ne devront en aucun cas donner lieu à la suppression d'heures de classe.
5° À la cloche, les conversations privées ont à cesser immédiatement et les classes sont à prendre en charge sans délai.
6° Toute familiarité avec les concierges est interdite.
7° Le personnel enseignant ne doit admettre aucune insulte. (Très conforme à l'air du temps, et très stimulant.)

19 septembre

... Les journaux font état d'une « victoire décisive » près de Paris. Je lis la dépêche correspondante à la poste [1]...

20 septembre

Il paraît qu'à Mulhouse aussi, la territoriale va être convoquée incessamment. Le vide sera encore plus sensible. On avait espéré que la ville serait épargnée grâce à l'industrie. Comment allons-nous faire classe ? Après tout, il est juste que Mulhouse participe aussi à la formation de la défense territoriale. Il y a longtemps que les familles des appelés sont jalouses de ceux qui ont été épargnés. Il y a une semaine que je suis de retour à Mulhouse, et je me remets à envisager l'avenir avec plus de confiance. Je ne parviens pas à comprendre la population. Elle est d'un pessimisme extrême et ne croit pas à la victoire. D'après elle, il y a trop d'ennemis. Qu'un grand nombre, un très grand nombre même, ne la souhaite pas, on le sent plus que l'on ne l'entend dire. De plus en plus, j'ai l'impression que des erreurs de tactique ont été commises. En tout cas, l'opération de charme des Français, qui se sont employés, par calcul et sur ordre, à gagner l'estime de la population et à se présenter sous un jour des plus favorables, a été en contraste flagrant avec les rudes mesures disciplinaires généralisées des troupes allemandes qui se croyaient entourées de traîtres.

1. Les journaux allemands présentent comme une victoire l'arrêt de la contre-offensive française. Ils ont totalement occulté la victoire française de la Marne.

21 septembre

La défense territoriale est convoquée. Quatre-vingt-deux enseignants s'en vont dont seize de l'école centrale. Je prends les élèves de Hertzog dans ma classe. Cela est possible puisqu'il y a 50 % d'absents. Ils restent à la maison pour prendre congé de leur père ou de leur frère qui devront se trouver à midi au plus tard à la gare de l'Île-Napoléon. La route de Bâle est noire de monde : des épouses, de la parenté, des grands-parents, des enfants, qui accompagnent les partants. Je trouve ma propriétaire en larmes. Elle est désespérée. Pourtant, son cas est l'un des moins douloureux. L'autre locataire, concernée elle aussi, est nettement plus calme. Les deux maris sont partis à Stauffen [1].

22 septembre

Il faudra sans doute renoncer à faire paraître le journal pendant la durée de la campagne. Raeppel et Brand sont appelés sous les drapeaux.

23 septembre

On va continuer à enseigner le français. Et pourquoi ne le ferait-on pas ? Le collègue Ehlinger a été dénoncé comme francophile et devra comparaître aux assises. Infâme dénonciation anonyme ; dénuée de tout fondement. Comment peut-on ajouter foi à de tels torchons ?...

24 septembre

... À ce qu'on dit, les adversaires sont face à face à Altkirch, Thann, Guebwiller. On a également entendu tonner les canons. À Mulhouse, la situation fait penser à des manœuvres ; la guerre dans la paix. Les troupes partent le matin et rentrent le soir. Seules les nombreuses ambulances qui passent en trombe rappellent la gravité de la situation...

1. Près de Fribourg-en-Brisgau.

27 septembre

Il paraît que c'est de l'issue de la bataille de Mulhouse que dépendra le retour éventuel des appelés de la défense territoriale de la ville âgés de plus de trente ans. Hier soir, il en est rentré beaucoup, mais seulement pour une permission. La nouvelle bataille de Mulhouse s'est déroulée hier en deux endroits : près d'Altkirch et près de Thann. Les troupes ne sont pas rentrées, au grand désespoir des nombreuses femmes badoises venues rendre visite à leur mari. Elles ont passé la nuit à la caserne. Les rumeurs les plus folles se sont remises à circuler. La ligne Mulhouse-Müllheim est ouverte. Si possible, nous irons là-bas à 11 h 36. Le laissez-passer a été délivré hier par le commissariat de police et le bureau de la place.
Nous partons à 11 h 36. La station d'Île-Napoléon est en ruine. Le pont a sauté. Les morceaux de ferraille traînent encore, déchiquetés, brisés et tordus par des forces gigantesques. Notre long convoi passe lentement le pont provisoire. Avant Eichwald, les papiers sont contrôlés et les vitres relevées. Mon laissez-passer mentionne deux filles ; elles sont trois à m'accompagner. À Neuenburg, des affiches signalent que, sur le tronçon Eichwald-Neuenburg, on tire sur toute vitre baissée. Nous arrivons à Müllheim à 14 heures. Les couloirs vers Fribourg et la sortie sont envahis. Tout Mulhouse était dans ce train. Müllheim grouille de soldats, en uniforme ou en civil, de classes récentes ou plus anciennes, à qui leurs familles viennent rendre visite. On ne donne pas de permissions pour Mulhouse. Ils sont logés dans les villages situés entre Müllheim et Fribourg…

29 septembre

Sur le théâtre des opérations, la situation est inchangée. D'ailleurs, on n'entend plus de coups de feu. En ville, on voit un peu plus d'animation. À l'école centrale, des travaux de peinture ont été entrepris. Le tram de Bourtzwiller a été remis en circulation. Autant de signes encourageants. Et pourtant, on murmure toutes sortes de propos pessimistes qui n'excluent pas l'éventualité d'une nouvelle offensive des Français, étant donné qu'ils sont toujours présents dans les Vosges. L'industriel Behr, de Thann, serait préfet là-bas. Beaucoup prennent sans doute pour des réalités leurs désirs et leurs suppositions les plus fantaisistes. Le *Strassburger Post,* le *Türmer*[1] et d'autres journaux ou revues publient de temps en temps des échantillons de communiqués étrangers. Ceux-ci sont mis en circulation et parfois mal interprétés, rapportés comme des informations dignes de foi, en dépit de toutes les invraisemblances. La population me semble avoir complètement perdu l'équilibre : elle craint de voir se répéter les journées tragiques des 9 et 18 août. Nous autres Alsaciens, cette guerre nous a mis dans une situation étrange. Pas plus tard qu'à la dernière fête impériale, un collègue a fait allusion, dans un discours, à la question alsacienne. Il s'est placé résolument du point de vue de l'Alsacien citoyen allemand convaincu ; il a relevé avec gratitude combien « notre empereur est attaché à la paix », et il lui a rendu tout particulièrement grâce de nous « avoir longtemps épargné une guerre ».

Il se trouve que cette guerre était tout de même inéluctable et qu'elle a éclaté subitement. L'Alsacien en ressent une souffrance physique et morale. Il aime l'Allemagne et ne parvient pas à haïr la France. Il se sent comme un enfant qui aime ses deux parents et souffre de voir qu'ils ne s'entendent pas ; bien plus, de voir qu'ils se frappent mutuellement et qu'ils vont se séparer. On le confie à son père, un homme sévère, rigoureux, autoritaire. Il s'en trouve fort bien, prend exemple sur lui, il le respecte et l'aime, mais il ne parvient pas à oublier sa jolie maman, cette femme si charmante. Le père sait qu'elle s'efforce par tous les moyens de reprendre son enfant ; soupçonneux et jaloux, il va surveiller tous les faits et gestes de l'enfant, toutes les démarches de sa rivale. Celle-ci réussit à rendre visite à l'enfant, qui la reçoit avec une joie sans doute trop manifeste, si bien qu'il se fait punir sévèrement par le père. N'était-ce pas une erreur ? La comparaison cloche un peu, et il se peut qu'elle ne soit adaptée qu'à Mulhouse ; car il paraît que les visites de Mme Marianne n'ont pas été partout aussi agréables que chez nous. Pourtant, elle devrait convenir pour décrire l'âme du peuple alsacien. Je ne veux pas dire par là que la majorité des Alsaciens souhaiterait un retour à la France. Même s'il y a encore des milieux où l'on prie pour la France et des indécis pour qui toutes les solutions se valent, le peuple alsacien dans son ensemble n'est pas de leur avis.

---

1. *Strassburger Post :* quotidien libéral de Strasbourg lu surtout par les Vieux-Allemands. *Türmer :* revue allemande.

1er octobre

... Il y a certaines idées dans l'air. J'ai pu écouter, sans être vu, une conversation entre des retraités d'office : incroyable, tout ce qu'ils s'imaginent, tout ce dont ils se laissent persuader ! Le prince héritier serait prisonnier, le prince Ruprecht mort au combat[1] ; lors des affrontements de Ferrette, la semaine dernière, quatre-vingt mille Allemands auraient pénétré en Suisse, vingt mille seraient morts. Les Français n'attendraient plus que la fin de la bataille de la Marne, dont l'issue ne peut que leur être favorable, pour déferler sur l'Alsace. Et deux cent cinquante mille Italiens seraient prêts à monter en ligne contre l'Autriche. Ces farceurs ne riaient même pas en disant cela... Peut-être le croyaient-ils pour de bon. C'est tout de même significatif quant à l'ambiance qui règne ici et aux espoirs du moment. Il me semble que le vin français bon marché y est pour quelque chose, c'est-à-dire celui que l'on pourrait se procurer éventuellement. Nos vignerons ne sont pas du même avis[2]...

2 octobre

J'envisage d'aller à Strasbourg. Raeppel n'envoie pas de manuscrits[3]. Et pourtant, il faut que notre journal reparaisse. Mais la durée considérable du voyage (six heures) me refroidit. J'écris une dernière fois et je remets le rendez-vous à la semaine prochaine.
M. l'inspecteur Hauptmann rend visite à quelques-unes de nos classes spéciales. J'appréhendais les jugements. Les commentaires positifs formulés par les collègues à son égard me surprennent.
On me raconte un épisode authentique de la bataille de Mulhouse, qui me permet de comprendre un peu mieux le revirement des opinions dans la population mulhousienne, jusque-là favorable aux Allemands. Un combattant blessé s'écroule devant un immeuble.

---

1. Le Kronprinz est le fils aîné de Guillaume II. Ruprecht est le prince héritier de Bavière.
2. Les viticulteurs alsaciens qui, depuis 1871, se sont orientés vers la production de vin blanc en quantité, à cause du vaste marché allemand, ont tout à craindre d'un retour de la France, pays où le vin est particulièrement abondant. De fait, la désannexion de 1918 provoqua une crise dans le vignoble régional ainsi qu'un retour très rapide vers la production de qualité.
3. Raeppel est le rédacteur en chef de l'*Elsass-Lothringische Schulzeitung*. Brand est un des rédacteurs.

On le découvre, on l'emporte à l'intérieur, on nettoie et on panse ses blessures, et on déclare le cas au premier poste rencontré. Un capitaine se présente avec quelques hommes... et accuse le bon Samaritain d'avoir lui-même tiré sur le blessé. La guerre est cruelle et soupçonneuse. Elle ne croit plus à une philanthropie sans parti pris.

4 octobre

Raeppel répond à mon télégramme. Brand n'est pas rentré. Mme Brand est très énervée. Il faut que nous mettions sous presse à tout prix. Des manuscrits vont arriver demain.

6 octobre

Plusieurs trains militaires se dirigent vers Mulhouse. Il semble tout de même se préparer quelque chose de sérieux là-haut. La dépêche de guerre fait état de progrès lents mais sûrs en Belgique et en Russie.
Il doit y avoir un problème avec la Suisse. On se raconte tout bas des histoires de violation de frontière et d'escarmouches de patrouilles.
Il n'y a toujours pas de nouvelles d'Ernest Ortlieb que l'on croyait mort. La liste des pertes le cite maintenant parmi les blessés graves. Mais quand et dans quelles circonstances ? Où ? Malheureux parents ! L'incertitude les met au supplice.
Un avis met la population en garde contre l'usage du français dans la rue et dans les lieux publics.

8 octobre

Enfin des manuscrits ! Le 15, notre journal va reparaître après dix semaines d'interruption. Cette activité familière m'a beaucoup manqué.

9 octobre

Des rumeurs folles circulent de nouveau en ville. Je crois qu'il s'agit d'une opération d'intoxication. Nous menons à peu près la même vie qu'en temps de paix. Les affaires reprennent peu à peu et l'on ajoute foi à des insanités telles que : l'armée de Kluck est prisonnière et Anvers dégagée[1]. Or, on annonce par ailleurs que Anvers est en flammes et que les positions de nos armées sont favorables à l'ouest comme à l'est. Mais ces informations-là, personne ne les juge véridiques.

10 octobre

Anvers est tombée. Les édifices publics pavoisent. C'est la grande nouvelle du jour. Il serait temps que les yeux des pessimistes s'ouvrent et se remplissent de larmes.
J'écris un article pour le journal sous la rubrique de Mulhouse, où je consacre une ligne à notre Hauptmann. Son comportement actuel ne me plaît pas trop. À vrai dire, je n'ai pas encore eu l'occasion de le voir en tête à tête. Les collègues vont peut-être taxer ce passage de flagornerie. Ce n'est pas mon intention. Ma visée est tout autre. Les autres passages survivront-ils à la censure et trouveront-ils l'approbation de Raeppel ?

11 octobre

Raeppel arrive sans laissez-passer. Nous sommes obligés d'aller le délivrer. À Strasbourg, ils n'ont pas idée des contraintes qu'impose la guerre. Après s'être procuré un passeport et avoir réglé les questions professionnelles, il prend le petit déjeuner chez O., le déjeuner chez nous, puis nous faisons une promenade à Bourtzwiller. Raeppel ouvre de grands yeux. Il reprend le train à 16 h 48.

12 octobre

La censure a accepté le passage en question. Mais il n'est pas permis d'aller au-delà. C'est la limite. Cela me suffit.

1. Von Kluck, général allemand, chef de la 1re armée, celle du Nord, et qui participa à la bataille de la Marne.

14 octobre

Le journal est prêt. Il sera expédié demain. Il passe du numéro 31 (1er août) au numéro 40 (17 octobre). Ainsi, neuf numéros n'ont pu paraître [1].

15 octobre

. On annonce de nouveaux progrès à l'ouest et en Belgique (Kluck et Hindenburg sont les héros du jour). Dans l'Est aussi, on avance. Le siège de Belfort serait commencé. On raconte qu'un officier français revêtu d'un uniforme de général allemand a pris des renseignements sur le fort d'Istein. Quand le vrai général est arrivé, l'autre était déjà loin. Des soldats se sont déguisés en paysannes ramassant des pommes de terre, mais ils ont été repérés à cause de la longueur de leurs pas. On prétend même qu'ils se sont cachés dans des sacs à pommes de terre, et que l'on aurait vu le spectacle surprenant de sacs de pommes de terre tirant des coups de fusil (fantasmes de guerre). On commence à se méfier des rumeurs provenant de Suisse, de Thann, etc.

---

1. Extraits de l'article rédigé pour la *E.-L. Schulzeitung :*
« Si la population voit que nous accomplissons notre devoir comme auparavant, que nous envisageons avec confiance l'issue de ce terrible affrontement des peuples sans nous laisser influencer par des rumeurs absurdes, alors elle considérera, elle aussi, avec plus de méfiance et appréciera à leur vraie valeur les prophéties d'une femme hystérique.
« Grâce au calme et à un examen des faits, nous pouvons bien mieux contribuer à l'appréciation de la situation. Soyons sans crainte ce que nous sommes : des Allemands d'Alsace. Personne ne nous en voudra si nous affirmons hautement que nous aimons l'Allemagne et que nous ne haïssons pas la France, que nous déplorons profondément la situation de guerre, que nous sommes hors de nous à l'idée qu'une perfide politique de boutiquiers ait pu réussir à jeter les uns contre les autres des peuples si hautement civilisés.
« Certes, la défense de cette position n'est pas un acte héroïque, mais elle correspond au sentiment de chaque Alsacien qui se caractérise par sa franchise. Cette position aurait sûrement pu contribuer à éviter bien des incompréhensions dommageables si elle avait été observée partout...
« ... Les Français nous regardent de travers parce que nous portons et diffusons l'idée allemande en Alsace. Que pouvions-nous faire d'autre ? Ils ne sont pas autorisés à nous mépriser pour autant. Et s'ils devaient pénétrer une troisième fois dans Mulhouse, ce dont Dieu et les armes allemandes veuillent nous préserver, nous pourrons leur présenter un honneur sans tache. »

20 octobre

... J'assiste à la conférence pédagogique pour les classes de troisième année. L'inspecteur la préside lui-même. Son exposé et son attitude me plaisent assez. Il sait ce qu'il veut. Et il veut changer pas mal de choses, tout en insistant sur le droit à la liberté individuelle. Néanmoins, j'ai le sentiment que, sous sa direction, il va falloir soumettre la jeunesse à un régime un peu plus strict. Je me suis déjà procuré une baguette.

23 octobre

On ne délivre plus de laissez-passer pour Müllheim. Il y a des rumeurs inquiétantes sur l'attitude de l'Italie. La presse dénonce les propos défaitistes.

25 octobre

Le pasteur Scheer commente la parabole du semeur. Notre temps est aussi un temps de semailles. Ce que l'on sème en ces temps tragiques va-t-il porter des fruits ? Le sentiment de solidarité entre les classes sociales, entre les confessions religieuses et les tendances politiques ne va-t-il pas disparaître dès que la paix sera rétablie ? La générosité continuera-t-elle de s'exercer ? La crainte de Dieu sera-t-elle durable et non un fétu de paille ?
L'assistance au culte est nombreuse : des militaires pour la plupart. Plus que jamais, je suis convaincu qu'un peuple aussi discipliné, aussi maître de soi, aussi fort, aussi uni, aussi soumis à Dieu, est invincible [1].

---

1. En note, on peut lire : « Du clinquant ! ce qui explique qu'il n'ait pas été aussi invincible que cela. »
Durant les semaines qui suivent, les indications quotidiennes relatives au temps sont plus circonstanciées : l'hiver approche, avec les premières neiges dès le milieu du mois de novembre. Reviennent aussi avec une grande régularité les mentions concernant le manque de lait, ainsi que de vin qui occupe une place notable dans la vie de Philippe Husser. Celui-ci semble, en revanche, s'habituer à la proximité du front.

5 novembre

Des défaitistes évoquent une vaste zone inondée où s'enlisent les Allemands. Cela doit être aussi juste que toutes les rumeurs du même genre qui ont couru ces temps-ci. On dit aussi que le Hohrodberg a été pris lundi par les troupes allemandes.
Aujourd'hui, je suis allé moi-même porter le journal à la censure. Quel temps perdu !
On ordonne d'abattre les pigeons [1].

7 novembre

On raconte que le docteur Schlumberger a été arrêté [2].

29 novembre

... Les inscriptions et les écriteaux en français devront être enlevés dans les dix jours [3]...

1er décembre

Vue nette. À 8 heures, l'artillerie se met à tonner. L'ennemi semble préparer une percée sur toute la ligne. On tire continuellement, avec de brèves interruptions. Sur les toits, sur les hauteurs, des spectateurs armés de longues-vues observent la zone des combats. Ils aperçoivent des villages incendiés. Vers 17 heures, les canons se taisent...

2 décembre

Temps printanier. Le concert des canons reprend vers 8 heures. D'abord, les coups partent isolément, puis à une cadence de plus en

1. Mesure d'ordre militaire car le pigeon voyageur demeure un moyen de transmission dans les armées.
2. En vertu de la législation de guerre, l'état de siège impliquant la suppression de toutes les libertés est introduit en Alsace. L'autorité militaire impose, en plus, une disposition nouvelle, la Schutzhaft, c'est-à-dire la détention préventive. En conséquence, des milliers d'Alsaciens sont arrêtés, parfois pour une courte durée seulement, quelques centaines sont expulsés et placés en résidence outre-Rhin.
3. Dès 1914, diverses mesures interdisent l'usage de la langue française. C'est en 1915 que la germanisation des noms de rue, de lieu, de la prédication, deviendra générale. Les militaires allemands ont cru pouvoir germaniser par la force.

plus rapide, et enfin des salves entières ébranlent l'air. On se bat en trois endroits. L'après-midi, je vais sur les hauteurs proches de Niedermorschwiller. Nous rencontrons de l'artillerie et de l'infanterie en train de se mettre en marche. Un escadron de dragons forme ses rangs dans un creux. Le fracas est effrayant : salves de canons. Des nuages de fumée recouvrent les villages. Est-ce Flachslanden ou Zillisheim ? Soudain, nous sommes entourés d'artilleurs qui vont prendre leurs positions à côté de Morschwiller. Nous faisons demi-tour. À 17 heures, les troupes sont de retour avec des chants et des vivats, accueillies par les gendarmes d'Ackermann qui leur souhaitent la bienvenue.

10 décembre

... Les noms français commencent à disparaître. Les Charles se cachent sous Karl, ou perdent leur -es, tout comme les Georges. Dans les églises aussi on s'attaque aux versets français. L'évêque a fait des recommandations en ce sens...

12 décembre

On nous annonce du cantonnement. Nous préparons une chambre pour un officier. Le soir, notre hôte arrive. C'est un lieutenant du nom de Greve, un monsieur charmant.
Un combat de nuit s'engage assez près pour que nous puissions l'entendre, vers le sud-ouest.

14 décembre

Il pleut à verse. Mais cela n'empêche personne de tirer. Toute la journée se déroule une bataille acharnée pour la possession de la route de Pont-d'Aspach à Cernay. Notre hôte est encore là. Toute la nuit, des troupes ont pris le départ. À 3 heures du matin, de l'artillerie lourde est montée par la route de Dornach. On dit que Schweighouse est aux mains des Français. M. le lieutenant vient passer une petite heure dans sa chambre et nous fait partager sa joie d'avoir reçu un paquet. Nous buvons ensemble une bouteille de son vin de Moselle.

16 décembre

... M. le lieutenant écrit pour faire ses adieux et nous envoie les trois instituteurs de sa compagnie : deux sous-officiers, Meyer et Maus, et un caporal, le bachelier normalien Rommelfangen. À ma demande de permission sans limitation d'heure, il répond en leur donnant quartier libre jusqu'à 10 heures. Nous passons trois heures agréables, que nous ne consacrons ni à la politique ni à la pédagogie, mais à manger, à boire, à plaisanter et à faire de la musique. Une idylle en pleine guerre, selon leur expression. Tous trois sont Rhénans, de la région de Trèves.

18 décembre

Belle journée hivernale. Gelée blanche. Les édifices publics et beaucoup d'immeubles privés sont pavoisés aujourd'hui. Les écoles ont eu congé pour l'après-midi, et toutes les cloches ont sonné à midi. Hindenburg a remporté une victoire décisive sur les Russes [1]. On dit qu'il y a eu cent trente mille prisonniers et un important butin en canons. Les nouvelles de Flandre sont favorables elles aussi. Voilà une raison suffisante pour fêter joyeusement la victoire et envisager l'avenir avec confiance. C'est la première fois que l'administration scolaire a donné un congé.

26 décembre

7 heures du soir : les tirs viennent enfin de s'arrêter. C'était tout simplement atroce. Toute la journée, depuis le matin de bonne heure, les canons ont tonné au sud, au sud-ouest et au sud-est de Mulhouse. D'immenses efforts ont été déployés pour tenir ou prendre des positions. Depuis hier, Cernay et Steinbach seraient aux mains des Français. Les deux communes ont-elles été reprises aujourd'hui ? Depuis la route de Morschwiller, la fumée monte des villages environnants. On voit les obus exploser et lancer des éclairs. Ils fendent l'air en sifflant, en crachant et en hurlant. Des voitures de munitions se dirigent vers Morschwiller et deux

1. En réalité, l'offensive allemande en Pologne, en Lituanie et en Lettonie n'a pas eu de caractère décisif.

bataillons de uhlans galopent vers le champ de bataille. Nous en connaîtrons peut-être le résultat demain.

28 décembre

La bataille n'est pas encore terminée ; car il faut bien nommer cela une bataille. On en voudra sans aucun doute aux Français d'avoir choisi justement les jours de Noël. Il n'est pas question de succès. Du sang versé inutilement, comme dans tous ces combats le long de la frontière. Je considère que c'est une erreur stratégique d'avoir laissé les Français pénétrer aussi loin, pour les prendre au piège, comme on le disait au début. Voilà déjà quatre jours que dure un combat d'artillerie des plus violents, jour et nuit. Le matin, de bonne heure, des uhlans sont montés en ligne. L'après-midi, on a vu passer un train sanitaire chargé de blessés. À 12 h 26, Marie et Lucie sont parties en vacances. Quant à nous, nous allons nous faire établir des laissez-passer pour jeudi. — D'après un arrêté du 18 courant, le courrier militaire et les récits de militaires participant aux opérations devront être soumis pour examen au commandant général en second à Karlsruhe. C'est ennuyeux.

31 décembre

12 h 26, départ pour Sundhoffen. Deux jeunes incorporés mulhousiens voyagent avec nous ; ils vont faire leurs classes à Stettin et à Kolberg[1]. Grondements de canon du côté de Cernay. On entend aussi des bruits sourds venant de la région Schlucht/Sainte-Marie-aux-Mines. Des colonnes de fumée indiquent que les villages sont en feu. Dans les gares, de longs convois de wagons sont prêts à embarquer les troupes. Deux corps d'armée vont être amenés sur place. Les villages de la zone de combat ont dû être évacués. Partout on rencontre des réfugiés emportant quelques effets, dans des sacs à dos, des ballots ou des poussettes d'enfant, avec l'inévitable carton à chapeau posé sur le dessus. À Colmar, c'est un contrôle approfondi. Nous n'avons pas le droit de prendre le train pour Sundhoffen, mais nous pouvons y aller à pied. Nous arrivons en bonne forme malgré tout.

1. En Poméranie.

1er janvier 1915

L'ambiance est déprimante. Les canons qui tonnent au sud et à l'ouest font supposer que les combats se prolongent et se prolongeront encore. Des réfugiés de Cernay sont arrivés jusqu'à Sundhoffen.

3 janvier

... Depuis le matin, nous entendons tonner ; parfois les grondements sont ininterrompus, comme le bruit d'un gros orage. Plus le train allait vers le sud, mieux on les percevait. Avant Bollwiller, nous avons aperçu, du train, des lueurs de villages incendiés. Des éclairs sillonnaient le ciel. Dans les gares de Bollwiller et de Wittelsheim s'amoncelaient des effets de réfugiés des communes évacuées de Wittelsheim et de Cernay. L'asile d'aliénés de Rouffach a dû, lui aussi, déménager ses pensionnaires. On dit que des milliers de réfugiés ont été hébergés à Mulhouse.

4 janvier

Il a tonné toute la nuit et toute la journée dans la région de Cernay. En ville, on croise partout des réfugiés, avec ou sans bagages. Un appel demande aux habitants de leur offrir le gîte, le couvert ou des vêtements.
Les lettres du front et autres récits de guerre, envoyés pour examen à Karlsruhe avant publication dans notre journal, sont revenus avec quelques coupures sans importance.

7 janvier

Le combat continue pendant l'après-midi, avec une violence particulière. Rien que des salves de feux roulants. Une formidable explosion se produit à midi. Les fenêtres vibrent, les maisons sont ébranlées, des vitres volent en éclats. On dirait un tremblement de terre. Un obus a, semble-t-il, fait exploser une voiture de munitions.

9 janvier

Les combats autour de Burnhaupt et à Cernay se poursuivent encore aujourd'hui. L'après-midi, l'on entend de nouveau tonner les canons dans la direction habituelle. D'après le communiqué officiel, nous avons fait cent quatre-vingt-dix prisonniers hier. Je n'ai toujours pas pu en voir.

20 janvier

De sourds grondements de canon résonnent au loin. Le temps magnifique invite à la promenade. Nous prenons le chemin de Lutterbach-Pfastatt. Plusieurs avions tournoient au-dessus de la zone de combat, entre Mulhouse et Thann. Ils sont mitraillés. Je ne distingue pas si c'est par les Français ou par les Allemands. Les shrapnels explosent très haut dans les airs, mais sans atteindre les avions.

22 janvier

Le combat d'artillerie se poursuit à l'ouest. Il paraît que le Hartmannswillerkopf a été pris. On a fait de nombreux prisonniers. Les transports de troupes continuent. Un bataillon de Bavarois défile en chantant rue de Dornach.

23 janvier

Il arrive continuellement des troupes fraîches. Dans tous les villages des environs, jusqu'à Ensisheim, il y a du cantonnement. Les soldats ont l'air frais et dispos. L'équipement est neuf. Le harnachement est d'excellente qualité. En ville, on mange du pain de guerre à présent. Beaucoup ne le digèrent pas.
Les ressortissants étrangers venus des États neutres devront quitter le pays entre le 1er et le 10 février. Cela pose des problèmes à beaucoup de gens, en particulier à notre boulanger.

27 janvier

La fête impériale à l'école Hipp est belle, empreinte de simplicité et de dignité. MM. les curés de la paroisse Saint-Joseph sont présents.

M. Hauptmann, l'inspecteur primaire, prononce le discours d'usage qui porte sur « les causes d'une haine aussi féroce contre les Allemands ». J'ai lu dans le *Türmer* une partie des idées qu'il expose.

31 janvier

... Dès le matin, on entend résonner des coups sourds dans la zone habituelle des combats. Un long train sanitaire passe, se dirigeant vers Mulhouse. On se bat en trois endroits. L'après-midi, un avion français est mitraillé. C'est toujours un beau spectacle — du moins, un spectacle intéressant — que celui des volutes de fumée qui montent vers l'avion, ou celui des shrapnels qui explosent. Il n'a pas été touché. On dit qu'il a lancé des bombes. Selon une autre version, un shrapnel qui n'avait pas éclaté en l'air aurait fait des morts et des blessés à Lutterbach.

15 février

Les concierges n'ont plus le droit de prendre les livraisons de lait pour le personnel enseignant. Les femmes des enseignants n'ont qu'à faire la queue comme tout le monde. Ainsi le veut la populace. Et on fait ce qu'elle veut...

26 février

Des nouvelles nous parviennent du collègue Romelfangen qui avait, en son temps, passé une si agréable soirée chez nous avec ses compagnons Meyer et Maus. Or voici qu'après Maus, Meyer vient d'être tué à son tour. C'est bien triste.
Ernest Bœglin nous envoie, lui aussi, un bonjour des tranchées. La population mulhousienne, y compris celle de Dornach, est encore de 89 000 habitants. Près de 20 000 sont partis soit à la guerre, soit à la suite d'une expulsion ou de l'émigration.

17 mars

Les leçons particulières de français ne sont plus autorisées.
Nos garçons sont invités à faire la collecte des métaux.

27 mars

On se bat toujours pour le Hartmannswillerkopf, annoncent depuis plusieurs jours les communiqués du quartier général. Aujourd'hui encore, on entend tonner dans cette direction. Trois de nos compagnies semblent encerclées.

28 mars

Le paysage est hivernal ; la neige recouvre les rues. Il se confirme que le Hartmannswillerkopf a été pris par les Français. Nos troupes occupent encore les abords du Grand Ballon.

29 mars

À partir d'aujourd'hui, il faut des tickets pour acheter son pain. Chaque personne a droit à une demi-livre par jour ainsi qu'à 20 g de farine.

7 avril

Le canon tonne toute la nuit ainsi que durant la journée. Les combats font rage pour la possession du Hartmannswillerkopf. Le temps est exécrable.
Ernest Ortlieb est mort le 17 octobre dans un hôpital militaire français. Le journal local publie cette information dans la liste des pertes du 112ᵉ. Elle doit bouleverser ses parents. L'idée qu'il lui a fallu souffrir du 26 août au 17 octobre, loin des siens, est horrible. On s'indigne aussi de constater que, malgré les recherches entreprises, il n'a pas été possible aux parents d'obtenir le moindre renseignement sur le lieu où se trouvait leur fils. C'est vraiment tragique.

23 avril

J'ai lu les *Aventures d'une déportée en France*, de Lienhard et Kannengiesser. C'est atroce. Toute ma sensibilité m'interdit d'y croire [1].

1. Lienhard, P. Kannengiesser, *Leidenfahrten verschlepter Elsass-Lothringer von ihnen selbst erzählt*, Strasbourg, 1915. L'ouvrage qui sert la propagande allemande aura cinq éditions jusqu'en 1917. En 1918, paraît une traduction française : *Le martyre des A.L. La déportation. Témoignages et récits des victimes*, Berne, 1918.

26 avril

Une nouvelle surprenante est arrivée aujourd'hui. Nous avons repris le Hartmannswillerkopf. Il a été pris d'assaut dans la nuit. Un grand nombre de prisonniers, sept cents environ, et plusieurs officiers sont tombés entre les mains des assaillants. On les a fait défiler aujourd'hui à travers la ville. Vers le soir, un train militaire est venu prendre des uhlans à Dornach. La jeunesse a acclamé avec des hourras les cavaliers qui arrivaient à la gare en musique. Dans les Vosges, à la tombée de la nuit, des shrapnels explosent. Pour la première fois, j'aperçois des fusées éclairantes. C'est un spectacle intéressant. Je n'ai toujours pas vu de prisonniers français.

29 avril

On raconte que les Français ont repris le Hartmannswillerkopf. Il semble d'ailleurs que nos troupes aient subi, lors de leur tentative de reconquête, des pertes énormes, totalement disproportionnées par rapport aux sept cents prisonniers ramenés vers l'arrière. Dans les deux camps, on prend ses désirs pour des réalités.

30 avril

Le commandement affirme que les communiqués français sont faux et que nous tenons le Hartmannswillerkopf[1].

1er mai

Le soir, nos militaires en cantonnement m'ont fait une surprise à l'occasion du 1er Mai ; ils m'ont offert une douille de shrapnel polie avec art[2].

1. Depuis la fin de l'année 1914, les combats pour la possession du Hartmannswillerkopf ne cessent plus. Ils dureront sans discontinuer jusqu'en janvier 1916. Voir plus loin.
2. Polir les douilles de tout calibre pour en faire un objet de décoration, telle était l'une des activités du soldat de 1914-1918 au repos.

3 mai

... Il circule des rumeurs concernant une troisième grande victoire sur les Russes. À l'instant, les cloches se mettent à sonner. On dit que les Russes auraient évacué les Carpates en toute hâte. Débordés de part et d'autre, ils fuient la Galicie[1]. Le fracas sourd des batteries sert de basse au concert des carillons.

4 mai

Aujourd'hui nous avons eu congé. Après avoir entendu une brève information sur la victoire dans les Carpates, les écoliers ont été renvoyés, non sans avoir repris en chœur le chant de Hindenburg.

8 mai

Le torpillage du *Lusitania* fait grande impression[2]. L'attitude de l'Italie est de plus en plus inquiétante[3].

24 mai

... L'Italie déclare la guerre à l'Autriche. Dans les derniers jours, la zone opérationnelle a connu un calme relatif. Peut-être était-ce le calme avant la tempête. Tous les regards se tournent vers l'Italie ; ce pays présente au monde un exemple abject d'infidélité. Il n'y a encore jamais eu rien de tel dans l'Histoire universelle. Vraiment, c'est un serpent qu'ils ont élevé en leur sein. Et quelle raison vitale pour renoncer à sa neutralité ! Dorénavant, la « fidélité » des Italiens sera proverbiale. Voilà dix mois que dure cette guerre épouvantable. Toutes ses horreurs n'ont pas suffi à faire entendre raison aux bellicistes italiens, ni à leur montrer que la responsabilité est beaucoup plus lourde pour eux aujourd'hui, qu'il y a dix mois pour les coupables d'alors.

---

1. Premiers résultats de la grande offensive commencée le 2 mai. Celle-ci permettra de repousser les troupes russes de Galicie, de Pologne et de Lituanie.
2. Transatlantique britannique ayant des passagers américains à son bord, coulé par les sous-marins allemands.
L'incident marque le début du processus d'entrée en guerre des États-Unis aux côtés de l'Entente.
3. L'Italie s'apprête à procéder à un renversement d'alliance.

Ceux de maintenant sont de vrais criminels qui, intentionnellement et avec préméditation, sacrifient leur pays et leur peuple pour obtenir des avantages qu'ils auraient tout aussi bien pu avoir sans verser de sang. Le roi a donné son accord contraint et forcé. Le parti belliciste l'a emporté sur les pacifistes. Il a des visées sur le trône et l'autel. Car le pape va avoir chaud à son tour, au Vatican. Vont-ils maintenant remporter des victoires ? Comme ils sont frais, courageux, reposés, bien équipés, le succès ne se fera pas attendre. Il faut bien dire qu'ils ont toujours été gagnants. Quant à nous, nous avons confiance en Dieu et en nos troupes, tout en déplorant que l'infidélité de l'Italie retarde la conclusion de la paix et exige de nouveaux sacrifices, tant matériels qu'humains [1].

27 mai

Raeppel veut s'engager et me confier la direction du journal. Pourvu qu'il change d'avis. Il sera aussi utile à la rédaction qu'au front.

28 mai

... Ce n'est pas encore la famine ; mais on peut bien parler de disette : la miche de pain coûte 1 mark, la livre de bœuf, 1 M 35, de porc 1 M 60, de veau 1 M 60. La saucisse coûte 10 pfennigs, le cervelas 15 pfennigs et la saucisse fumée 25 pfennigs. Le litre d'huile revient à 2 M 20, le sac de 100 livres de pommes de terre à 7 M 5, la livre de beurre à 2 marks. Le vin et la bière ont augmenté dans les mêmes proportions, mais les prix ne sont pas encore exceptionnellement élevés : 25 pfennigs le demi-litre de vin et on peut encore en trouver un d'un bon cru pour 1 M 20...
... En revanche, les prix du cuir, des articles photographiques et vestimentaires ont augmenté de 10 à 20 %. Notre traitement est versé régulièrement, y compris les rémunérations annexes [2].

1. Après s'être déclarée neutre le 3 août 1914, l'Italie entre en guerre le 20 mai 1915. Entre-temps, elle a mené une action diplomatique intense en direction des deux camps en guerre. But de la manœuvre : obtenir un maximum d'avantages territoriaux de l'un ou de l'autre. Finalement l'Italie signe le traité secret de Londres (26 avril 1915) avec les pays de l'Entente et s'engage ainsi à entrer en guerre à leurs côtés contre des promesses territoriales sur la côte dalmate.
2. L'augmentation moyenne est de 10 % depuis juillet 1914. Le processus inflationniste qui va perturber l'Allemagne après 1919 a commencé dès le début de

1er juin

... On stocke du sucre car il paraît qu'il va se faire rare[1].

2 juin

La guerre fournira-t-elle encore assez d'informations et d'événements pour remplir ce second cahier ? Espérons que non. Il est vrai que la fin n'est pas encore en vue. À l'ouest, en particulier, la situation semble prendre un caractère statique. Nos troupes ont fortifié leurs positions de manière à pouvoir opposer constamment une riposte sanglante aux assauts les plus violents. C'est là leur objectif pour le moment. On dit que des troupes italiennes vont maintenant être utilisées pour renforcer les effectifs ennemis. Selon une rumeur tenace, tout le 14e corps d'armée doit être transféré en haute Alsace comme renfort contre les attaques françaises prévues à la frontière. À l'est, la situation prend un tour plus prometteur. En Russie, la débâcle des forces armées est imminente. Les pertes épouvantables en hommes et en matériel auront à la longue des conséquences funestes pour le rouleau compresseur russe. Le charbon fait souvent défaut, le souffle aussi[2].

3 juin

À 15 h 30 : Przemysl est tombée[3] !

Les cloches sonnent, les drapeaux flottent. La reconquête de cette place forte annonce peut-être un tournant à l'est. Adossées aux Carpates, avec la citadelle pour point d'appui essentiel, nos troupes réussiront à chasser les Russes de Galicie et à se rapprocher de Varsovie par le sud également. À moins que tous les signes ne trompent, les cloches sonneront au cours des prochaines semaines pour une nouvelle victoire capitale. Pourvu que l'Amérique reste raisonnable.

---

la guerre. Désormais, les notations relatives au coût de la vie et aux problèmes d'approvisionnement en nourriture sont au premier plan.

1. Fin du premier cahier.
2. En dépit de la censure, Philippe Husser a compris que les troupes allemandes n'avançaient plus à l'ouest.
3. À l'ouest de Lemberg (Lwow) ; forteresse enlevée aux Austro-Hongrois par les Russes le 22 mars, puis reprise par les Allemands le 3 juin.

18 juin

La cour martiale condamne de nouveau plusieurs personnes à de sévères peines de prison : Wunnenburger, Mlle Schaeffer, le jeune Ingold[1]...

Vers le soir, des grondements de canon se font entendre. Nous sortons un peu dans la campagne. Le garde champêtre nous rend attentifs à l'interdiction de pénétrer dans les champs, du fait des risques de dégradation des cultures dus à l'attitude déraisonnable et au manque d'égards de personnes venant cueillir des fleurs. Les chemins sont poussiéreux, le sol sec. Certaines parcelles portent des épis atteints de rouille. Seul le seigle se présente bien dans l'ensemble. Il faudrait à tout prix qu'il pleuve.

19 juin

13 h 40 : départ pour Sundhoffen, en tramway, par Ensisheim — Sainte-Croix. Le certificat de l'inspecteur de circonscription scolaire attestant que l'on est fonctionnaire tient lieu de laissez-passer. Depuis six semaines déjà, des collègues utilisent cette attestation pour circuler sans être inquiétés.

Cependant, à Colmar, nous n'obtenons pas de billets pour Sundhoffen qui est dans le secteur de la place forte de Brisach. Nous allons à pied.

Le voyage de Mulhouse à Ensisheim et à Colmar est plutôt long. On en a pour son argent. Par une chaleur et une poussière accablantes, on ne peut pas le compter parmi les agréments de la vie : 13 h 40 — 16 h 30. Mais c'était un voyage intéressant. À Ensisheim, j'ai enfin vu les premiers Français, des prisonniers venant des combats de la vallée de Munster. C'étaient des chasseurs alpins, des chasseurs à pied, des personnages à l'allure pas du tout martiale, sauf quelques exceptions, franchement décevants pour certains. Le seul à me plaire, à m'en imposer du point de vue militaire, était le capitaine, un homme vraiment beau, svelte, à la barbe noire. Ils devaient être environ deux cents. Ils ont été transférés à Mulhouse.

---

1. Ces condamnations frappent généralement des autochtones accusés d'avoir une attitude profrançaise ou d'avoir tenu des propos hostiles à l'Allemagne. De plus en plus méfiants, les militaires allemands accentuent la répression.

J'ai aussi vu des prisonniers russes qui travaillent ici comme ouvriers agricoles...

... À Sundhoffen, tout le monde va bien. Le beau-frère Émile est là pour une brève permission. Mais l'ambiance ne me plaît plus. La présence de réfugiés de la vallée de Munster, les travaux de terrassement et de défense entrepris par les militaires logés chez les habitants inquiètent les villageois. Par ailleurs, l'obligation de nourrir les troupes les met de mauvaise humeur. Beaucoup de travail au-dehors, toutes les denrées rares et chères, et des soldats à loger et à entretenir, cela douche le patriotisme.

Je dors au village ou plutôt je tente de dormir car je passe le plus clair de mon temps à me bagarrer avec les moustiques.

20 juin

Grand-papa n'est pas édifié par les militaires qu'il loge. Ce sont deux Berlinois. Ils ne me paraissent pas encombrants. Mais je crois qu'ils ne se sentent pas vraiment chez eux. Et pour un peu, il en irait de même pour moi. Le temps me paraît long jusqu'au départ.

25 juin

Diverses personnalités se présentent de façon inattendue à la porte de ma classe. M. le conseiller Fischer, M. l'inspecteur Hauptmann et M. l'inspecteur Nüsslin. Leur visite concerne l'école à statut spécial ou, plutôt, les maîtres qui y enseignent. Quels sont les motifs qui animent ces messieurs ? L'existence de l'école spéciale serait-elle menacée ou bien les maîtres seraient-ils devenus suspects[1] ?

17 juillet

Le député Brogly a été condamné hier pour trahison à dix ans de réclusion. Pauvre type. Victime de ses ambitions et de ses amis[2].

1. Dans les classes de l'école spéciale, les maîtres enseignent encore le français. Cet enseignement est effectivement menacé.

2. Né en 1878, Médard Brogly fut d'abord instituteur, puis professeur à Colmar et Mulhouse. En 1911, il est élu au Landtag comme candidat du centre catholique. Il n'est pas connu alors comme francophile. Et pourtant le motif de sa condamnation est l'espionnage au profit de la France. Autonomiste résolu après 1918, Brogly a été élu député, puis sénateur.

21 juillet

Vers le soir, les tirs sur Lutterbach reprennent. Environ cent obus tombent sur la voie ferrée. Un ballon captif français dirige le tir. Deux ballons allemands sont montés, l'un au-dessus de Lutterbach, l'autre au-dessus de Morschwiller. On entend les obus partir, siffler, puis éclater. Un énorme nuage de poussière et de détritus s'élève du point d'impact de l'obus ; quelques secondes plus tard, on entend la déflagration. La gare et la voie ont dû souffrir. Les trains ne passent plus. Des centaines de personnes sont montées au Rebberg pour voir le spectacle. Les plus téméraires — dont nous bien sûr — se risquent à 500 mètres des points d'impact.

30 juillet

Le matin, on entend tirer sur un avion. Le soir, des obus passent au-dessus de nous en hurlant et se dirigent vers Dornach. C'est une affaire très sérieuse. Notre appartement est dans l'axe de tir. Deux obus tombent sur le pré tout proche ; ils n'éclatent pas. Un autre touche la maison Wallach, dans la ruelle des Juifs. L'émotion est grande. Que va-t-il arriver demain ?

2 août 1915

Rétrospective

Voilà donc une année de guerre passée. Qui eût dit que cela durerait aussi longtemps ? Et il n'est toujours pas possible d'en prévoir la fin. On parle déjà d'une campagne d'hiver. L'empereur adresse un appel à son peuple, dans lequel il souligne le succès des armes allemandes et de celles de leurs alliés. Il remercie la population d'avoir manifesté un tel dévouement, et l'exhorte à tenir ferme. Et il a tout lieu d'être fier de son peuple et de son armée. « Pauvre Allemagne » — c'est ainsi que j'écrivais il y a un an dans mes considérations — « vas-tu résister à l'assaut de cette coalition ? » Jusqu'ici, elle ne s'est pas contentée de repousser les attaques, elle a même occupé de vastes territoires : la Belgique, le nord de la France, la Courlande, la Pologne. Seuls quelques petits secteurs de haute Alsace et de Galicie n'ont pas encore été nettoyés. Certes, lorsque la guerre a éclaté, l'on escomptait une évolution rapide. Le télégraphe annonçait victoire sur victoire, place forte sur place forte. Puis ce fut la stagnation. À l'est et à l'ouest, nos troupes furent même contraintes de se retirer. Les ennemis étaient bien mieux préparés, ils avaient fourbi leurs armes depuis très longtemps, en secret, bien mieux que nous ne l'imaginions. Il se développa alors une sorte de guerre de position dans laquelle les tranchées, la sape et les mines tenaient une place primordiale. À l'ouest en particulier, la progression ne se faisait que lentement et sur une voie sanglante. Dans les forêts de l'Argonne, devant Verdun, à Ypres, il y eut et il y a encore des combats acharnés, lourds de pertes des deux côtés. De même dans les Vosges, au fond de la vallée de Munster, autour du Hartmannswillerkopf, dans la région entre Thann et Dannemarie. Dans ces régions, les Français occupent des positions bien fortifiées desquelles il n'est pas possible de les expulser pour le moment. Mais le gros de nos troupes est employé vers le nord et à l'est. Là, l'évolution a été plus rapide et plus favorable. Quand Hindenburg eut nettoyé la Prusse orientale, trempé les Russes dans les lacs de Masurie, la poussée vers Varsovie commença sur l'ensemble du front, et ils se trouvent aujourd'hui aux portes mêmes de cette ville. Au sud, les cols des Carpates furent pris d'assaut, on put enlever Lemberg et libérer la Galicie.

L'entrée de l'Italie n'apporta que des modifications minimes. Après la première émotion devant l'incroyable trahison, les poings se refermèrent avec d'autant plus de brutalité à gauche et à droite et l'on se défendit à coups de pied contre les assauts de l'ancien allié félon. Les ennemis avaient placé de grands espoirs dans l'intervention de l'Italie. Ils croyaient pouvoir ainsi réaliser leurs visées sur les Dardanelles et Constantinople. Mais les Turcs, qui se sont déclarés favorables à l'Allemagne, assurèrent une garde vigilante, et l'entreprise échoua lamentablement. Certains affirment que les alliés ne seront pas en mesure de prendre les Dardanelles ni Constantinople sans l'appui des États balkaniques. C'est ce qu'ils s'efforcent d'obtenir en ce moment [1]. Le Japon a été le bienvenu.

1. Allusion à l'expédition des Dardanelles organisée par l'Entente afin de prendre l'adversaire à revers. Elle débuta en février 1915 et prit fin en août, sanctionnée par un échec.

Pourquoi pas aussi la Roumanie, la Bulgarie, la Grèce ? Mais les États balkaniques sont méfiants et restent dans l'expectative. Les défaites russes ne contribuent pas à attirer les États balkaniques dans le sillage des trois alliés, bien que la Roumanie et la Bulgarie paraissent en avoir plutôt envie. C'est étrange. Tout le monde est sur le dos de l'Allemagne. Et en Alsace ? Là aussi, des sympathies compréhensibles (et des liens familiaux) avec la France en ont conduit beaucoup à oublier leur serment et leur devoir, comportements que le conseil de guerre a réprimés avec sévérité. Ces incidents lamentables ont eu un effet démoralisant, même sur les Alsaciens germanophiles. Ceux-ci se voient mis dans le même sac que les étourdis, les écervelés et les aveuglés ; ils auraient souhaité trouver plus de compréhension envers l'Alsace, une approche plus psychologique pour le traitement des cas particuliers et un jugement moins sommaire sur nous autres Alsaciens. C'est ce que nous aurions souhaité en tant qu'instituteurs.

C'est donc aujourd'hui que commence la seconde année de guerre. À l'instant même, les canons grondent, les mitrailleuses crépitent tout près d'ici. Qu'apportera cette nouvelle année ? Les États balkaniques vont-ils prendre parti pour ou contre nous ? L'Amérique va-t-elle à son tour nous faire l'honneur de son inimitié, en prenant pour prétexte l'affaire du *Lusitania* ? L'avenir le dira. Puisse-t-il nous être propice !

Les conditions économiques ont été supportables jusqu'ici. On ne peut pas parler d'une situation de détresse, même s'il est indéniable que la vie est chère. Les mesures du gouvernement ont permis de mettre un frein à toutes les spéculations en fixant des prix limites et en distribuant des tickets pour le pain et le lait. Le traitement a été payé jusqu'à présent sans déduction, l'enseignement assuré sans faille et on a travaillé dans la plupart des usines, même si les horaires ont parfois été réduits. La *Schulzeitung* a paru régulièrement jusqu'ici ; il a simplement fallu la réduire parfois à huit pages, la perte des annonces et de nombreuses contributions contraignant à réduire la dépense.

13 septembre

Des affiches murales annoncent que le transporteur Meyer a été fusillé sur ordre de la justice militaire pour crime de haute trahison[1]...

15 septembre

Réunion générale d'établissement : on nous recommande de remplir notre tâche avec une conscience extrême (recommandation superflue). On attire notre attention sur la nécessité d'adapter l'enseignement aux événements de la guerre, de manière à faire intérioriser aux élèves leur expérience vécue de cette guerre (c'est d'ailleurs ce que nous avons toujours fait). En particulier, l'enseignement de la littérature et de l'histoire devront être en harmonie avec notre grande époque. La collecte d'or devra être poursuivie. 200 marks rapporteront un jour de congé.

23 septembre

Comme tous les jours de beau temps, on voit arriver des avions au-dessus de la ville. Les canons grondent au loin.
Hier, Sa Majesté a inspecté les troupes stationnées à Pulversheim. Il se trouvait en compagnie du Kronprinz. En ville, on ne l'a appris qu'en fin d'après-midi.
Le collègue M. aurait été dénoncé pour avoir tenu des propos anti-allemands. Pourvu que ce ne soit que de la calomnie malveillante.

26 septembre

Les jours de notre école à statut spécial paraissent comptés. Après l'avis favorable émis par le conseil des Douze sur le principe de la suppression, la fermeture a été décidée. Un membre du conseil municipal a fait savoir que, d'après une lettre de M. l'inspecteur,

1. Quarante-trois condamnations à mort ont été prononcées par les tribunaux militaires contre des civils alsaciens au cours de la guerre. À cela, il faudrait ajouter les exécutions d'appelés ayant tenté de déserter. Mais on n'en connaît pas le nombre.

les élèves n'ont pas atteint les objectifs de l'enseignement primaire à cause du français.
Il a fait cette constatation en pleine année de guerre 1914-1915, un an à peine après avoir pris son service. Jamais je ne l'aurais cru capable d'une telle explication. Les écoles à statut spécial ont été créées à une époque où les bureaux réclamaient des jeunes gens possédant quelques notions de français. À présent qu'un changement bénéfique est intervenu dans ce domaine, on n'a plus besoin de jeunes gens de ce type. Notre école a rempli sa tâche. Avec la disparition de la correspondance en français dans les secrétariats de nos entreprises commerciales et industrielles, elle a perdu sa raison d'être. Elle n'a plus d'objet. Mais de là à prétendre que ses résultats ont été médiocres pendant toute cette période, qu'elle n'a pas atteint le niveau du primaire, c'est aberrant.
Un grand nombre de ses élèves lui doivent leur pain et leur emploi et on leur donnait bien souvent la préférence pour des postes intéressants. Pour accélérer la dissolution, les classes de quatrième année ont été transférées au collège. Il y a eu cinq et sept élèves volontaires ; les autres ont été informés qu'ils devaient soit opter pour l'école primaire, soit passer au collège où leur écolage serait réduit, sur demande, au montant actuel pour la durée de la guerre [1].

1er octobre

	Prix	
	au 1er octobre	le 28 mai
pain	1 mark	1 mark
porc	2 marks	1 M 6
veau	1 M 6	1 M 6
beurre	2 M 3 à 2 M 8	2 marks
huile	3 marks	2 M 2
savon	rarissime	

1. Après 1871, les entreprises de Mulhouse ont continué à utiliser le français pour la gestion et la comptabilité jusqu'au tournant du siècle. D'où l'existence de cette école à statut spécial qui continue à dispenser un enseignement en français, même au-delà de 1900, grâce à la tolérance de l'Administration allemande. Philippe Husser, qui se réjouit des progrès de l'allemand parmi le personnel de l'industrie mulhousienne, n'est cependant pas dupe. C'est la volonté de germaniser à outrance qui explique l'interdiction.
Au même moment d'ailleurs, les écoles restées jusque-là bilingues parce qu'elles étaient fréquentées par 20 % de francophones subissent le même sort.

16 octobre

Des Français faits prisonniers au Hartmannswillerkopf traversent Mulhouse.
L'après-midi, des obus sont envoyés sur Lutterbach. L'un d'eux éclate près de la brasserie Bock. Au restaurant voisin, *Spony*, les vitres volent en éclats. Les habitants terrorisés prennent la fuite. Deux femmes ont été tuées et un enfant grièvement blessé.

21 octobre

Lucie prend aujourd'hui son premier poste de remplaçante dans l'une des écoles de filles de Dornach. Elle commence par un jour de fête, la journée des Hohenzollern, célébrée dans toutes les écoles de l'empire. Trois heures pleines — la matinée entière — sont prévues pour cela. On n'a pas donné de congé.

22 octobre

C'est aujourd'hui l'anniversaire de l'impératrice. Dans tout l'empire, on collecte des sucreries pour les blessés à cette occasion. Les écoles y participent aussi. Notre contribution a été de neuf bocaux de bonbons.

28 octobre

... Le calme règne, à part des tirs d'artillerie de temps en temps. Cela n'inquiète plus personne. On est plus soucieux devant la hausse croissante des prix des denrées alimentaires. Il y a aussi pénurie de lait. C'est la chasse au lait en conserve, en poudre et en bouteilles. Chacun se met en quête de beurre, de saindoux et de graisse. Il paraît qu'on va introduire des tickets de matières grasses analogues aux tickets de pain et de farine. À partir du 1er novembre, des restrictions entreront en vigueur pour la viande. La vente de viande de porc sera interdite le samedi.

1er novembre

Samedi, l' « instituteur » Adam a été condamné à mort par le conseil de guerre pour haute trahison. On dit qu'il a eu un comportement cynique devant le tribunal. Adam est un de mes camarades de classe, sorti en 1882 de l'école normale II. Pendant cinq ans, nous avons usé ensemble les bancs des classes préparatoires et de formation. Il n'était pas peu doué, mais déjà un peu écervelé à l'époque. C'est pourquoi on eut assez vite des échos négatifs sur sa conduite, et aucun de ses collègues ne fut surpris d'apprendre que Adam avait « déraillé » et abandonné sa fonction d'instituteur au bout de quelques années. C'était il y a environ vingt ans. Il tomba de plus en plus bas, fut condamné à plusieurs reprises, et termine à présent sa carrière en tant que criminel. Mais on se demande bien pourquoi les gazettes continuent à lui donner de l' « instituteur ». Stoll aussi, disparu depuis des années, eut droit à ce titre lorsque sa désertion fut annoncée. On peut pour le moins considérer qu'il y a tromperie sur la marchandise : cet homme n'est pas instituteur !

4 novembre

À midi, des avions ennemis apparaissent dans le ciel de Mulhouse et se font aussitôt mitrailler. Une bataille aérienne s'engage. On entend distinctement les coups de mitrailleuses. Les crépitements sont particulièrement furieux là où réside l'état-major. Une bombe touche l'usine Dollfus-Mieg et blesse quelques ouvrières. Il n'y a pas de morts... Rue Goldschmidt, un shrapnel éclate en retombant et provoque des dégâts aux toitures et aux vitres. Une bombe atteint le pont de Bourtzwiller et endommage la voie... L'espion Adam a été fusillé ce matin.

28 novembre

Il fait froid : − 11 °C ; le temps est dégagé et ensoleillé, c'est-à-dire propice aux avions. Vers 14 h 30, une escadrille ennemie apparaît au-dessus de la ville. Des bombes sont larguées. Aussitôt, un furieux échange de coups de feu commence. Les oiseaux géants aux reflets jaunâtres planent majestueusement au-dessus de nous, auréolés de douzaines de fumées de shrapnels.

30 novembre

Les communiqués français évoquent la visite aérienne de dimanche et la présentent comme un succès : un avion détruit à Habsheim, un incendie, un autre avion allemand abattu près de Lutterbach. Ici, on n'a rien vu de tout cela.

8 décembre

Le collègue Miesch a été acquitté par le conseil de guerre. Dieu merci. Mais il n'a pas dû être à la fête. Le procureur avait réclamé trois mois de prison.

10 décembre

Rien de significatif aujourd'hui non plus. L'espion Lettermann de Guebwiller a été fusillé ce matin.

11 décembre

D'Altkirch et des environs arrivent des réfugiés, des voitures de déménagement et des bétaillères. Les troupes aident au déménagement. Des renforts de troupes sont annoncés. De Sundhoffen arrive la triste nouvelle que grand-père est gravement malade. Pourrons-nous partir demain ?

12 décembre

Nous pouvons partir. J'ai droit à une autorisation de voyage pour moi-même et pour maman, valable jusqu'au 18. Au bureau de la place, ils sont très prévenants ; ils télégraphient à Brisach pour l'autorisation d'entrée, et nous pouvons même partir en vacances. J'avais envoyé une dépêche à 11 h 30 pour me faire prendre à Sainte-Croix [1]. Elle arriva à bon port le lendemain matin à 6 heures. Rien d'étonnant à ce que personne ne soit venu nous attendre. Nous fîmes le chemin à pied. Le temps resta passable, et nous ne fûmes pas trop mouillés. À Sundhoffen, nous trouvons grand-père dans un état désespéré. Cet homme plein de force avait été terrassé par une hémorragie cérébrale. Sans aucun signe annonciateur, de

1. La ligne de chemin de fer de Mulhouse à Colmar est désormais interdite aux civils. Les voyageurs empruntent la ligne de tramway, plus à l'est, qui mène à Sainte-Croix-en-Plaine.

manière tout à fait subite, ce chêne avait été abattu. Paralysé du côté droit, incapable de parler, il gisait sans connaissance depuis jeudi, ne pouvant se nourrir, alimenté artificiellement, gémissant de temps à autre dans de brefs instants de lucidité. Les deux beaux-frères sont aussi présents. On ne peut lui apporter ni aide ni réconfort.

14 décembre

Froid, vue nette. Un vrai temps à avions. Et ils ne tardèrent pas. Ils arrivèrent vers 14 heures. Tout un troupeau. Mais cette fois-ci, des avions allemands furent présents tout de suite. Des combats aériens s'engagèrent, au cours desquels un avion français s'abattit en flammes et un autre fut contraint à atterrir. Un appareil allemand fut aussi endommagé. Il volait à basse altitude et dut se poser.
Une affiche rouge annonce que l'espion Binder d'Oderen a été fusillé. Beaucoup de militaires traversent la ville vers le sud. Gustave[1] participe à l'évacuation d'Altkirch. C'est aujourd'hui le dernier jour. Il doit y avoir eu des scènes dramatiques. On sait combien les paysans ont du mal à se détacher de leur bien. Pourvu qu'ici, nous restions épargnés.

23 décembre

Lors de l'enterrement de mon beau-père à Sundhoffen, le pasteur Issler trouve des paroles de réconfort au domicile, au cimetière et en chaire. Le lieutenant Wassmann, du dépôt de chevaux, assiste à la cérémonie et transmet les condoléances du capitaine de cavalerie Wiedemann et du brigadier-chef Becker.
Le soir même, nous rentrons à Mulhouse. En route, déjà, j'apprends que le Hartmannswillerkopf a été un moment aux mains des Français, mais qu'il a été repris aussitôt. Il paraît aussi que le spectacle était horrible. De notre côté, les pertes se montent, sans compter tous les morts, les blessés et les disparus, à environ onze cents hommes. Les Français ont laissé entre nos mains vingt-trois officiers et mille cinq cent trente hommes de troupe. Ils sont ramenés à Mulhouse.

1. Soldat en cantonnement.

25 décembre

L'artillerie tonne sans arrêt, de même qu'hier et que les jours précédents. Le commandement suprême annonce que le Hartmannswillerkopf est complètement revenu en notre possession. Le soir, je me rends un moment au foyer du soldat avec Gustave.

29 décembre

Il tonne et il gronde sans interruption... Sur tout le front, d'Ammerzwiller jusqu'à la vallée de Munster, les canons tonnent sans arrêt (environ sur cinquante kilomètres). C'est dans la région de Thann que le bruit est le plus fort, sans doute autour du Hirzenstein[1].

27 janvier 1916

Une démonstration aérienne a lieu à l'occasion de la fête impériale... Les cloches sonnent pour un office spécial. Le pasteur célèbre le culte solennel et trace un portrait de l'empereur qui contraste avec les insultes des ennemis.

---

1. Les combats de la ligne de crête des Vosges et en particulier ceux du Hartmannswillerkopf ou de Vieil-Armand qu'évoque ici Philippe Husser constituent le couronnement d'une longue bataille, particulièrement intense de décembre 1914 à janvier 1916. Durant toute la guerre, les deux armées étaient enterrées parfois à moins de dix mètres l'une de l'autre. Ce sont les Français qui prirent généralement l'offensive, afin d'occuper les sommets.
Les combats les plus meurtriers se déroulèrent en trois lieux. La Tête-des-Faux, qui commande la route de Saint-Dié vers la plaine d'Alsace par le col du Bonhomme. Les Allemands se contentèrent d'empêcher la descente des troupes françaises. Le second champ de bataille se situait sur les sommets couronnant la vallée de Munster et partiellement dans la vallée elle-même que les Français réussirent à occuper. Ils cherchèrent aussi à s'emparer du secteur autour du col du Linge, en août 1915. Un gain de quelques centaines de mètres coûta ici la vie à près de dix mille combattants. Au total, jusqu'en 1918, le col du Linge vit mourir trente mille combattants dans les deux camps. Plus au sud, au-dessus de Guebwiller, les Français et les Allemands se disputèrent le sommet du Hartmannswillerkopf qui offre une vue exceptionnelle sur la plaine d'Alsace et permet de diriger le feu sur la ligne de chemin de fer Colmar-Mulhouse. Le sommet est resté possession des Français. Ils tentèrent d'avancer au-delà de la ligne de crête à partir du 21 décembre 1915. Le 9 janvier 1916, ils sont contraints de retourner à leur point de départ. Ce secteur fut l'un des plus meurtriers du front occidental. Sur un espace extrêmement réduit, on compta soixante mille victimes !

28 janvier

Le calme est total aujourd'hui ; c'est angoissant. Le collègue Schaffner est de retour de Berlin. Là-bas aussi tout est en ordre, comme chez nous. Les rumeurs concernant des émeutes provoquées par la famine sont sans fondement.

29 janvier

Faudra-t-il évacuer Mulhouse ? La rumeur revient régulièrement. On dit que Gaede[1] l'aurait souhaité.

30 janvier

Calme. Est-ce le calme avant la tempête ? Une jeune femme de Dornach qui est allée voir son mari blessé à l'hôpital militaire de Francfort revient pleine d'éloges. Cela ne convient pas du tout aux détracteurs professionnels.

3 février

Un avion français lance des tracts au-dessus de la ville. Le contenu en est débile.

5 février

La semaine s'est passée sous le signe de l'exode des réfugiés. À présent, la rumeur dit que les villages autour de Ferrette devront être évacués aussi. Mais il n'est plus question de Mulhouse. Des personnalités influentes auraient eu gain de cause contre Gaede. Parmi les enseignants, on commente abondamment l'affaire M. La suspension de la jeune institutrice à la suite de manifestations de sympathie imprudentes envers la sœur de prisonniers français alimente aussi les conversations.

1. Général allemand commandant les troupes de haute Alsace.

7 février

L'après-midi, un conférencier nous entretient de la nécessité de la lutte contre l'état d'abandon et l'abrutissement de la jeunesse. Il n'en sortira sans doute pas grand-chose.

8 février

Le prince héritier est arrivé. Il passe des troupes en revue. Debout dans une automobile qui descend la rue du Sauvage, il salue avec grâce. Il est accueilli ici avec enthousiasme. Des avions lui rendent hommage.

10 février

La situation devient inconfortable. Les Français tirent dans notre direction. Des obus tombent sur le vignoble de Dornach. La nuit, nous en entendons exploser. C'est la riposte aux projectiles que notre artillerie a envoyés sur Belfort.

11 février

C'est de plus en plus inconfortable. Pendant la nuit on a entendu des explosions. À 8 heures, des obus ont hurlé sur la ville. De même à 14 heures. Ils ont éclaté devant l'école Kléber, dans la rue Magenta, aux alentours de Dornach. L'émotion est grande. À Dornach, des familles s'en vont.

14 février

Il tonne toute la journée, avec de brèves interruptions, et jusque tard dans la nuit. À Morschwiller, il y aurait eu des morts et des blessés hier. À propos des obus de la porte du Miroir, les avis sont partagés. Certains prétendent que c'étaient des projectiles de défense et font la moue, tandis que d'autres voient dans cette interprétation un refus de reconnaître les capacités de l'artillerie française.

— Ce n'en étaient pas, ils ne le feraient pas, disent les uns.

— C'en étaient, ils en sont capables, affirment les autres.

21 février

L'après-midi, arrive une escadrille de quinze avions. Des bombes sont lâchées. Entre 13 et 14 heures, un combat aérien d'une violence inouïe s'engage au-dessus de la ville. Là-haut, les mitrailleuses crépitent. C'est un spectacle intéressant, mais tout à fait inédit. Un shrapnel défensif passe à travers le toit de l'école centrale, puis du plafond de l'étage supérieur avant d'arrêter sa chute au bord de l'escalier, devant la salle de dessin. Il n'explose pas. Les dommages ne sont pas très importants, mais toute l'aile est jonchée de gravats. Les élèves sont renvoyés chez eux. Il s'agit du premier congé pour cause de chute de bombes. Il y a eu des blessés rue de Pfastatt ; une fillette a eu les deux jambes déchiquetées. À la gare du Nord aussi, les secouristes ont eu du travail.

18 mars

Il était un peu plus de 16 heures lorsque deux avions français se présentèrent. Ils furent vivement mitraillés et firent demi-tour. Deux avions allemands montèrent pour un vol de reconnaissance. C'est alors que l'ennemi fit irruption à douze ou plus. Certains disent en avoir compté quatorze. Ils s'avançaient en planant majestueusement, ces grands oiseaux géants. Mais notre aviation était sur ses gardes. Au-dessus de Mulhouse s'engagea alors un combat aérien qui ne pourra sans doute pas trouver d'équivalent par ses épisodes passionnants.

Au vrombissement des canons de la DCA et aux explosions des shrapnels se mêlèrent bientôt les crépitements des mitrailleuses. Des Taube allemands[1] apparurent et, soudain, on vit piquer un appareil français entouré de flammes, le moteur en premier. La machine tournoya encore quelques secondes dans les airs, puis suivit la même trajectoire que le moteur. Et déjà un panache de fumée sortait d'un autre appareil qui prit feu à son tour et piqua vers le sol. L'un des Taube se précipita sur les avions français comme un faucon sur des lapins. Rapide comme l'éclair, il se lança à la poursuite des oiseaux géants et en descendit un troisième qui

1. La bataille aérienne du 18 mars 1916 fut la plus importante de la guerre dans la région de Mulhouse. Les Allemands pilotaient en réalité des Fokker, des avions de chasse. Mulhouse a connu trente-quatre raids aériens au cours de la guerre.

vint s'abattre en flammes sur le champ de foire, derrière la route de Lutterbach. Le pilote a été précipité dans la rue de Guebwiller et son corps fut déposé chez les Barthel. Il avait la tête fracassée. Des milliers de personnes ont accouru, d'autres viendront encore demain pour voir les lieux. Pour nos aviateurs, cette journée aura été excellente et mémorable. Un quatrième Français aurait été abattu au-dessus de Lutterbach.
Jamais je n'oublierai cette journée. Cette manière de donner la mort en plein vol restait à inventer. Je sentis mes genoux trembler quand le premier avion en flammes perdit l'équilibre et que le moteur se détacha. Pauvres aviateurs, telle fut ma première pensée. Puis l'intérêt pour le Taube prit le dessus. Un vrai ramier n'aurait pas évolué dans les airs avec plus d'agilité.

19 mars

Le combat aérien d'hier préoccupe les esprits et alimente toutes les conversations. À ce que l'on dit, six ou même sept avions auraient été abattus. L'Allemand si agile pilotait un Fokker et non un Taube.
Pour ceux qui souffrent de sympathie pour l'étranger, cette victoire aérienne aura été une fête des Trépassés, peut-être aussi une illumination.

20 mars

Les gamins ont beaucoup à raconter. L'un d'eux a failli se trouver pris sous l'avion abattu au Tannenwald. Il a tout juste été frôlé. La passion de collectionneur de mes élèves leur a permis de trouver un butin particulièrement intéressant.
Le résultat de l'emprunt d'État auprès de mes garçons m'a déçu. Je n'ai ramassé que 32 marks[1].

Le collègue Landwerlin fait ses adieux. Il est muté à Brinkheim pour attitude antiallemande, sur ordre de Gaede, alors qu'il se

1. Tout au long de la guerre, le gouvernement allemand a lancé successivement plusieurs emprunts auprès des particuliers. Les Alsaciens qui y souscrivaient avec empressement manifestaient ainsi leur souhait de voir l'Allemagne remporter la victoire.

prétend totalement innocent. À l'origine, c'est le collègue Miesch qui devait rejoindre le poste de Brinkheim pour des motifs identiques. Mais comme sa famille est protestante, on ne pouvait pas bien l'y muter. On lui cherche donc un autre poste[1].

21 mars

... Le labourage des terrains en friche a été entrepris avec énergie par nos garçons. Deux après-midi libres (mardi et vendredi) sont réservés à cela...

22 mars

... Notre emprunt auprès des élèves du primaire a rapporté 12 500 marks...

---

1. Le pluralisme religieux a conduit, dès l'époque française, à l'instauration de l'école confessionnelle (loi Falloux, 1850). Dans chaque commune, catholiques, protestants et juifs doivent disposer d'une école propre, quel que soit le nombre des membres de la communauté.
S'appuyant sur un article de la loi Falloux, les Allemands ont encouragé, après 1871, l'instauration de l'école simultanée, y compris dans les petites communes de confession mixte. Les enfants de toutes les confessions fréquenteront la même école. Ce système devait permettre d'étoffer les classes de même niveau et mettre fin à des situations aberrantes comme celle de Sundhoffen avant 1871 : l'école protestante comprenait une classe pour chaque tranche d'âge ; mais, à côté d'elle, fonctionnait une école catholique à classe unique ou parfois à deux classes.
L'école simultanée avait pour objectif avoué un accroissement de l'efficacité de l'enseignement, de même qu'un but politique : lutter contre la pérennisation des deux cultures dans l'État en instaurant une éducation unique.
Dans cette école, les élèves de même confession étaient réunis à heures convenues pour recevoir un enseignement religieux distinct. Ainsi, l'école simultanée n'est pas l'école laïque ; elle se définit d'ailleurs en tant que chrétienne.
Refusant que des élèves catholiques soient mêlés aux non-catholiques, la hiérarchie ecclésiastique s'opposa à l'école simultanée, créant ici et là de sérieux incidents ou des grèves scolaires. Il est vrai que dans les classes simultanées ou interconfessionnelles, le maître avait tendance, pour ménager la susceptibilité des protestants, à gommer de son discours tout ce qui était spécifiquement catholique : le culte de la Vierge et des saints, le pape, etc.
L'État allemand tint bon. Le problème revient à l'ordre du jour après 1918 sous le régime français.
La nomination des maîtres est liée à ces particularités de l'école allemande. Les postes ont une définition confessionnelle partout. Dans le cas de l'école simultanée, la communauté confessionnelle majoritaire a droit à un plus grand nombre de maîtres. Mais, généralement, un poste au moins est réservé à la communauté minoritaire afin que l'enseignement religieux puisse être assuré.

25 mars

… Un espion est condamné à mort : un certain Bolz de Buhl…

28 mars

… Deux sœurs enseignantes de Guebwiller condamnées à cinq mois de prison chacune…

19 avril

… Rien à signaler ; sinon que tout coûte cher et que tout se fait de plus en plus rare.

7 mai

Je me mets en route pour Strasbourg afin d'assister au comité directeur de notre organisation professionnelle. À Neuenburg, le contrôle est très pointilleux. Je monte dans le rapide pour Strasbourg, en passant par le pays de Bade. Le trafic est dense ; les campagnes sont luxuriantes. Nous croisons des trains de ravitaillement, de fourrage et de bestiaux qui forment de longs convois. Le départ de Mulhouse s'est effectué à 6 heures ; nous sommes arrivés à Strasbourg à 10 heures. J'ai aussitôt rendu visite à M. Koenig, le directeur de l'école normale : un homme remarquable. Il a bien vieilli. J'ai retrouvé aussi de bons vieux camarades, ce qui a rendu le séjour agréable.
La ville n'est pas du tout éclairée la nuit. Strasbourg, c'est aussi l'occasion de goûter des petits pains et de retrouver ses tartes à l'oignon[1]…

8 mai

… À Strasbourg. Un peu fatigué. Ici, on ne voit pas grand-chose de la guerre. Dans les vitrines, beaucoup de marchandises. Dans le

1. Le déplacement pour Strasbourg se fait par le pays de Bade, sur la rive droite du Rhin, parce que l'Alsace est coupée en deux par l'armée allemande. Une barrière quasi hermétique s'étend en moyenne Alsace, depuis Marckolsheim, à l'est, jusqu'à Aubure par Ribeauvillé et sépare le 14e corps de haute Alsace du 15e. La circulation entre les deux secteurs est interdite aux civils.

tram, beaucoup de gens. Beaucoup de soldats. Beaucoup d'hôpitaux militaires.

26 mai

On colporte une histoire d'espions, une sorte de bouffonnerie à la Köpenick. Les Mulhousiens sont de grands enfants, ils croient tout sans problème[1].
Jean, le fils du pasteur, vient me voir. Sa grave blessure le défigure un peu. Mais il a bon moral et prend son sort avec humour.

10 juin

C'est le départ pour Eisenach où se tiendra la vingt-sixième assemblée des délégués de notre organisation professionnelle[2].

19 juin

Une véritable révolution éclate au marché couvert devant les stands de pommes de terre.

29 juin

Les pommes de terre sont rares. Il n'y a pas de lait mais un peu de pain.

1er juillet

Au marché, les prix sont taxés. Mais la cohue est telle devant les cerises, les groseilles, etc., que les ménagères de milieu convenable n'ont aucune chance de passer.

---

1. Allusion à un épisode rocambolesque survenu en 1906 à Köpenick, dans la banlieue de Berlin. Un cordonnier, Wilhelm Voigt, en uniforme de la garde, réquisitionne plusieurs grenadiers, entre avec eux à l'hôtel de ville, arrête le bourgmestre et l'expédie sous bonne garde à Berlin. Il se fait remettre la caisse municipale. Il n'est arrêté que huit jours après ! L'événement a couvert de ridicule l'armée et ses règles de discipline.
2. Ce séjour fait l'objet de peu de commentaires, malgré une visite de la Wartburg, haut lieu du luthéranisme, un passage à Weimar et à Iéna, puis, sur le chemin du retour, à Nuremberg et Heidelberg.

14 juillet

Il pleut et il fait froid ; des pommes de terre nouvelles ont fait leur apparition sur le marché ; elles ne sont pas à la portée de tout le monde.

19 juillet

À partir de maintenant, les enfants vont aussi ramasser les orties et les noyaux de cerise.

26 juillet

Les journaux publient l'ordonnance relative au changement de nom de nombreuses rues de la ville.

8 août

Deux ans de guerre.
Le 1er août, cela faisait deux ans que l'incendie mondial a éclaté. On ne peut toujours pas en prévoir la fin, malgré tous les propos et propositions de paix. L'Angleterre ne veut pas. Elle préfère que des peuples perdent leur sang, en premier lieu la France. Et pourtant, cette grande offensive récente n'a produit, elle aussi, que des résultats médiocres et passagers, succès bien faibles au regard des pertes énormes subies par les ennemis sur tous les fronts. Combien de temps encore ? Combien de temps les peuples, et les Français en particulier, se laisseront-ils leurrer sur la situation réelle et sur l'évolution de la guerre ? Il était déjà question, à mots couverts, de souhaits de paix séparée formulés par les Russes et par les Français. Notre « muraille de fer » les fait douter de leurs succès militaires, notre flotte commerciale d'outre-mer de l'efficacité du blocus et l'ampleur de nos récoltes désespérer de la réussite du plan prévu pour nous affamer. Mais l'Angleterre ne veut pas. L'Angleterre est la force motrice. L'Angleterre cherche sans cesse à inciter de nouveaux peuples à entrer en guerre, après l'Italie, la Grèce et la Roumanie. Pour l'Italie, elle y a réussi. Pour la Grèce et la Roumanie, pas encore. Quant au peuple allemand, il lutte et garde espoir, et se soumet patiemment aux sacrifices imposés par la

guerre. La pénurie de denrées alimentaires se fait sentir de plus en plus. La disette sévit dans le pays. Il s'agit de gérer et de restreindre. Le cinquième emprunt de guerre est imminent et une troisième campagne d'hiver probable.

25 août

Nous fêtons nos noces d'argent. Nos filles nous ont préparé toutes sortes de surprises choisies avec soin. Dommage que ce soit la guerre, sinon nous aurions fait la fête. Mais ce n'est pas le moment. Eh bien ! nous allons tout de même nous réjouir et être reconnaissants !

12 septembre

... J'ai trouvé toute une pile de papiers concernant la rédaction de la revue. L'article « Lettre de la petite Alsacienne » n'est pas encore autorisé. M. le capitaine Ruhland n'a pas encore réglé cette affaire. C'est un monsieur très occupé. Mais le *Kehlois* vient de sortir la Lettre ! Difficile de comprendre les scrupules de M. le censeur. Le *Journal des armées* fait paraître la Lettre. Celui de Kehl le reproduit. Mais, à nous, on interdit de la publier. Ne t'en fais pas mon vieux !

13 septembre

La sécheresse de cœur des services de censure m'agace. Maintenant cela tient du caprice ; j'ai dit : « C'est ainsi ! » Telle est la règle. Et pourtant cet article ne pouvait avoir qu'un effet apaisant. Il aurait même pu permettre de concilier des points de vue contraires.

14 octobre

Le ramassage des faines se poursuit. Des écoles entières vont en sortie au Tannenwald. Le bureau de ravitaillement de Strasbourg encourage l'action par des appels et des annonces.

22 octobre

Il était une fois une époque où ... l'on buvait le vin nouveau pour 1 mark et moins, aujourd'hui il faut 1 M 60 à 2 M. Et on l'achetait de 10 à 20 marks, aujourd'hui de 60 à 100 marks les 50 litres. Alors, on se procurait de la nourriture où, quand et comme on voulait ; à présent, ce n'est plus que sur tickets, en quantités limitées et très cher, et souvent on n'en trouve pas. Alors, on avait de la viande à 1 mark la livre, à présent c'est 2 marks, du poisson à 0 M 50 (à présent à 2 M 80) ; des harengs à 0 M 10 (0 M 50) ; des œufs à 0 M 08 la pièce (0 M 40). On prenait pension pour 36 à 60 marks, à présent pour 120 marks. On avait du lait à volonté pour 18 pfennigs le litre. Actuellement, on n'en trouve pas, au tarif de 50 pfennigs. Du beurre à 1 M 20, actuellement rien à moins de 3 marks. L'huile était à 2 marks, aujourd'hui à 8 marks le litre. Et tout cela, à condition d'avoir de la chance.

Il y avait alors du jambon, de l'oie rôtie, du gâteau, du pain blanc, des petits pains. Aujourd'hui, 200 grammes de viande par personne et par semaine, du gros pain, deux œufs toutes les trois semaines, trois demi-quintaux de pommes de terre jusqu'en avril.

On avait du sucre, du pétrole, des matières grasses, de l'alcool en abondance ; aujourd'hui, c'est à dose homéopathique. En ce temps-là, on avait la possibilité de voyager comme, quand et où l'on en avait envie ; aujourd'hui, ce n'est plus possible qu'avec un laissez-passer et sous surveillance constante. Alors, on achetait des vêtements et des chaussures à des prix abordables, aujourd'hui, on n'en trouve que sur bons d'attribution et on paie très cher ; 100 marks pour une paire de chaussures montantes est chose courante. Bref, c'est la disette, le bon vieux temps n'est plus réalité. Et nos petits-enfants, un jour, ouvriront tout grand leurs oreilles, quand grand-père leur racontera cette époque, les soldats, les avions, les canons, les mines, les sapes, l'héroïsme au front et à l'arrière, la conduite héroïque des femmes et des enfants dans les campagnes, les privations, les restrictions et la faim.

5 novembre

... Un royaume de Pologne : la *Kölnische Zeitung* ainsi que le *Télégramme* publient la proclamation des deux empereurs instituant le retour de la Pologne au rang d'une monarchie héréditaire. Stupéfaction générale [1].

---

1. C'est l'état-major allemand qui a réclamé la reconstitution d'un État polonais, vassal du Reich, afin d'y lever des troupes et de résoudre ainsi le problème des effectifs. La proclamation d'un royaume de Pologne, protégé par les empires centraux mit aussi fin aux tentatives de paix séparée avec les Russes.

12 décembre

Le *Télégramme* publie le texte communiqué par l'empereur à l'armée et à la marine sur ses propositions de paix. Il peut se permettre cette offre. Son armée est victorieuse. Les adversaires vont-ils accepter ? Difficilement. Une fois de plus, ils vont sans doute flairer là-dessous des signes de lassitude et d'épuisement [1].

22 décembre

Entre 11 heures et midi, tous les non-aptes de moins de soixante ans sont convoqués chez M. l'inspecteur en vue de l'enrôlement dans les services auxiliaires pour la patrie : travaux agricoles ou de bureau, encadrement de la milice des jeunes. Le service de presse est un service auxiliaire [2]...

5 janvier 1917

La censure me fait des histoires pour l'article de Zein sur le destin du Reichsland. Le courrier des lecteurs fait problème, lui aussi, et doit être supprimé. Quel plaisir d'être rédacteur en chef ! Ce que chacun peut lire dans la *Deutsche Warte*, la *Schulzeitung* n'a pas le droit de le publier.

10 janvier

On ne peut plus acheter de chaussures sans bon. Les prix ont augmenté de 100 %. Des lieux de collecte ont été prévus pour l'achat et la vente de vêtements et de chaussures d'occasion. On procède à la réquisition des tuyaux d'orgue en étain.

18 janvier

Une milice de jeunes doit être mise sur pied. La rumeur dit qu'en cas d'émeute, prévisible vu la famine, on armera cette milice pour

---

1. La proposition de paix allemande est rédigée sur un ton arrogant et ne contient aucune offre précise. L'opinion alsacienne n'a pas cru à sa sincérité.
2. Le « Vaterländischer Hilfsdienst » a été institué fin 1916 pour tous les non-enrôlés. Le recensement a commencé le 5 décembre. Le service de presse étant considéré comme un service auxiliaire (Hilfsdienst), Philippe Husser, rédacteur de la *Schulzeitung*, se trouve dispensé.

la faire tirer sur la population car les soldats s'y refuseraient. Il y a des gens pour le croire.

1er février

On annonce un durcissement de la guerre sous-marine[1]. Les aliments se font de plus en plus rares. Il n'y a plus de beurre. À la place, on distribue du saindoux d'importation. Il n'arrive plus de lait. On ne livre plus de pommes de terre non plus. Elles sont remplacées par des raves et des légumes secs.
Il est interdit de déposer des colis jusqu'au 3 de ce mois. C'est la conséquence des nombreux envois de précaution.

4 février

On ne parle plus que de la faim, du froid et du renforcement de la guerre sous-marine. Les journaux en sont pleins et publient des cartes de la zone interdite. En cas de succès, l'Angleterre et la France ne tarderont pas à connaître la faim à leur tour.

12 février

Le bruit court que les usines seront évacuées le 15 de ce mois. Tout le matériel, tous les tissus prendraient le chemin d'en face. Les ouvriers seraient libres de suivre[2].

13 février

Les autorités procèdent à l'inspection des caves à pommes de terre, afin de débusquer d'éventuels accapareurs.

---

1. La guerre sous-marine à outrance a été décidée par l'Allemagne le 31 janvier 1917, à l'instigation de Ludendorff, le quartier-maître général.
2. La proximité du front entrave considérablement l'activité des industries de Mulhouse : manque de matières premières, de coton en particulier, réquisitions dès 1914-1915. Les usines de coton ferment et le matériel est déménagé outre-Rhin, afin qu'il ne tombe pas entre les mains des Français lors d'une offensive. Début 1917, toutes les usines lainières s'arrêtent. L'impression continue encore jusqu'au printemps. Tout le matériel de cuivre est alors saisi à des fins militaires. Puis tous les stocks sont acheminés vers l'Allemagne, ainsi que les courroies, les huiles, les moteurs électriques, etc.
Au milieu de l'année 1917, toute la production cesse. Les ouvriers chôment au moment où les denrées atteignent des prix démentiels. D'où l'instauration d'un système généralisé d'assistance.

22 février

Les rumeurs d'évacuation persistent. La fonderie va fermer le 1er mai. Les machines et les ouvriers vont être transférés de l'autre côté du Rhin. On retire même du sol les câbles inutiles.

15 mars

... De Saint-Pétersbourg, on annonce une révolution...

16 mars

... De Saint-Pétersbourg arrive la nouvelle de la victoire de la révolution... Le tsar aurait abdiqué[1].

18 mars

D'après les gazettes, la révolution de Saint-Pétersbourg serait d'inspiration anglaise et la joie de l'Angleterre serait grande. Cela aurait pour conséquence un renforcement du parti belliciste et de l'énergie guerrière du pays. L'avenir dira si ce n'est pas, malgré tout, un affaiblissement et le commencement de la fin.

29 mars

La censure ne veut pas accepter l'article de Mertz intitulé « Réflexions pascales ». En tant que rédacteur en chef, je le défends avec un maximum d'endurance. Les « Souhaits de Pâques » devront aussi être modifiés, à cause des critiques concernant la suppression du courrier des lecteurs.

---

1. La révolution russe de février s'est déroulée entre le 23 et le 27 février 1917. Le tsar a abdiqué le 2 mars. Mais ces dates sont celles de l'ancien calendrier julien utilisé en Russie jusqu'en février 1918 et qui retarde de treize jours sur le calendrier grégorien, généralisé en Europe occidentale. Finalement la nouvelle de la révolution a été connue par Philippe Husser au moment où elle avait déjà triomphé. Mais il signale l'abdication du tsar le lendemain du jour où elle s'est produite (2 mars/15 mars).

7 avril

Les États-Unis en état de guerre [1]

18 avril

... Le bureau de transport exprime ses regrets d'avoir dû rejeter ma demande de laissez-passer du 6 mars, les vacances étant terminées. Il n'y a donc ni suspicion d'ordre politique, ni procès d'intention. Mais ces regrets *a posteriori* sont bien typiques...

29 avril

Superbe journée d'été. Dès le matin, les avions entrent en action. L'après-midi, un avion est mitraillé au-dessus de nous. Des éclats de shrapnels s'abattent en crépitant. Un assez gros morceau vient s'enfoncer en sifflant dans le sol d'un jardin voisin. À part cela, calme relatif. Au sujet de la bataille de l'Aisne, on acquiert de plus en plus la conviction qu'elle surpasse tout ce qui a été vu jusqu'à présent et qu'elle restera la bataille la plus importante de l'histoire mondiale.

30 avril

Temps splendide. Avions isolés. Une circulaire invite à traiter la bataille de l'Aisne [2] avec toute l'attention requise dans les classes. La distribution de soupe à nos élèves prend de plus en plus d'ampleur. L'extension, demandée et prévue, de la distribution à l'ensemble des élèves se heurte à l'insuffisance des denrées disponibles.

1. Après de longues réflexions, Wilson fait entrer son pays dans la guerre aux côtés de l'Entente, le 2 avril 1917, à la suite de la déclaration de guerre sous-marine à outrance.
2. Philippe Husser ne manifeste plus aucun espoir à propos de la grande offensive franco-anglaise de l'Aisne de ce mois d'avril 1917. Comme s'il ne croyait plus à la victoire allemande ; ou parce que les problèmes de survie avaient occulté tout le reste. Il ne signalera même pas l'échec de cette offensive.

16 mai

Les provisions de Sundhoffen nous redonnent des forces. Sans aide de la campagne, on ne tiendrait pas. Ce qu'on trouve ici n'est pas assez abondant pour vivre et tout juste suffisant pour empêcher de mourir. La ration de viande pourrait à la rigueur aller. Ce qui est très bon, c'est le miel synthétique qu'on nous attribue à raison de 250 grammes tous les quinze jours. Cette semaine, on a aussi droit à 100 grammes de fromage[1].

27 mai

Un détachement d'artisans boulangers et bouchers est cantonné à Sundhoffen. Ils viennent de Roumanie et sont pleins d'éloges pour le vin de ce pays. Ici, à Sundhoffen, on ne manque pas encore de nourriture ; il y a du beurre, du lait, du fromage, du pain, de la viande, sinon en abondance, du moins en quantité suffisante. Les gens ont l'air bien nourris.

28 mai

À Widensohlen, un stratège de bistrot prévoit la fin de la guerre pour le mois d'août ; sinon ce sera pour 1927. La défaite allemande ne ferait pas de doute. Le dernier acte se jouerait à la frontière suisse. L'Allemagne y concentrerait ses troupes en dégarnissant le front oriental. C'est conforme aux prévisions de l'Entente. Les Russes et les Roumains déclencheront alors leur offensive conjointement avec les Français et les Anglais et c'en sera fait de l'Allemagne.

---

1. Au cours de cette troisième année de guerre, les conditions de l'approvisionnement en produits alimentaires accompagnées de vie chère se sont régulièrement dégradées. Circonstances aggravantes : l'est et le nord de la ville sont des zones infertiles tandis que l'ouest est zone de guerre. Le conseil municipal a introduit la taxation et les cartes de ravitaillement pour un nombre croissant de produits. C'est ainsi que la ration de pain n'atteint plus que 1 kg 5 par semaine environ et celle de viande à peine plus de 100 grammes. Au lendemain du conflit, une enquête a permis de découvrir que d'importantes sommes du trésor de la ville avaient été détournées à des fins militaires par les autorités allemandes, qui exerçaient la tutelle sur le conseil, par l'intermédiaire du maire nommé.

8 juin

Il fait très chaud. En conséquence, nous avons droit à un congé pour cause de chaleur.
À minuit, on entend de violents tirs d'artillerie. À 7 heures, un avion français s'aventure au-dessus de nous.
On apprend que l'empereur est venu hier. Il aurait promis la paix pour dans deux mois. Puisse-t-il avoir raison ! Une nouvelle campagne d'hiver serait terrible. Il est vrai que l'on voit encore des individus bien nourris. Si bien nourris qu'ils agacent. Mais il y en a beaucoup aussi qui souffrent visiblement de la faim, tels certains collègues maigres comme des clous. Quiconque n'a pas de relations à la campagne est sous-alimenté.

11 juin

Je reçois une visite étrange ; celle d'un agent des services secrets qui vient procéder à une enquête.

12 juin

Cette histoire d'agent paraît de plus en plus bizarre. Il doit s'agir d'une méprise monumentale des services secrets chargés de la surveillance du courrier aux armées. En tout cas, de tels procédés ne contribuent pas à atténuer d'éventuelles frictions.

16 juin

Tous les indices laissent prévoir une nouvelle campagne d'hiver.
La profession de foi progermanique de notre parlement régional fait grande impression auprès de la population locale [1].

---

1. Philippe Husser se réfère aux déclarations du docteur Ricklin, le président du Landtag, qui, dans son discours d'ouverture du 5 juin, a proclamé que le peuple veut « mener à bonne fin les développements de sa situation constitutionnelle dans le cadre du Reich ». Ce qui constitue une déclaration de fidélité mais exprime aussi la volonté d'obtenir que l'Alsace-Lorraine devienne un État allemand comme les autres, c'est-à-dire comme le royaume de Wurtemberg, le grand-duché de Bade ou la Bavière, etc. Le 12 juin, Ricklin précise sa pensée en déclarant : « ... Je considère comme notre devoir de conscience de déclarer que le peuple d'Alsace-

17 juin

La presse publie un article polémique d'une institutrice contre les congés pour cause de chaleur. Cette dame semble avoir déjà pris un sérieux coup de chaleur.

19 juin

Aujourd'hui comme hier, il y a eu congé pour cause de chaleur. L'ennemie des congés pour cause de chaleur est envoyée sur les roses avec esprit par un professeur d'université.

21 juin

Il paraît que Sundhoffen est un repaire de francophiles. C'est ce qu'un soldat mal embouché s'est permis d'affirmer à Illzach.

22 juin

Le numéro 13 de notre journal est sorti des presses de la nouvelle imprimerie. Il a plutôt bonne allure pour un premier essai. Je relève cependant quelques coquilles.

23 juin

Les nouvelles cartes d'alimentation sont distribuées ainsi que les tickets pour les pommes de terre. Le marché est démuni de tout.

Lorraine repousse avec détermination l'idée que cet atroce carnage soit poursuivi pour l'amour de nous et qu'il n'aspire à rien d'autre qu'à cultiver et encourager, dans une appartenance indissoluble au Reich, son avenir culturel, économique et constitutionnel dans le maintien de ses particularismes… » Il ajoute une revendication : l'obtention de « l'égalité des droits et l'assimilation à un État fédéral allemand ».

Cette déclaration n'a pas obtenu l'assentiment général. Au contraire, le centre, le puissant parti catholique, celui de Ricklin, s'est divisé, ce qui montre que le loyalisme n'y est plus général. La satisfaction de Philippe Husser en aurait sans doute été diminuée si la censure avait laissé passer l'information.

Le problème de l'avenir constitutionnel restait aussi à l'ordre du jour à Berlin. Fallait-il incorporer le Reichsland (terre d'empire) à la Prusse ? Laisser tout en l'état ? Conférer l'autonomie à l'instar des autres États ou même attribuer des parties aux États allemands les plus proches ? Finalement le *statu quo* dura jusqu'à l'extrême fin du conflit.

Le pain est quasi immangeable. On paie des prix astronomiques pour le beurre et les œufs : deux douzaines d'œufs et deux livres de beurre coûtent 35 marks. C'est dire qu'il y a des gens qui ont de l'argent et pour qui rien n'est trop cher. Et voici que viennent les soucis de charbon.

15 juillet

Bethmann-Hollweg s'en va. Michaelis lui succède. Ce n'est pas précisément un changement de ligne. Le monde entier aspire à la paix. On ne voit pas trop pourquoi Hollweg devait partir. Il était droit, intègre et engagé au service de la paix. Peut-être prenait-il trop d'égards, était-il trop conciliant, trop confiant ? Michaelis a une réputation d'homme fort[1].

1er août

Trois ans de guerre.
Une troisième année de guerre est derrière nous. Une année pleine de privations, d'espoirs et de déceptions.
Privations : La population manque de tout. Elle souffre de la faim. Certains plus que d'autres, selon les relations et le porte-monnaie. On voit des silhouettes vraiment décharnées et d'autres insolemment épanouies. Qui n'a rien d'autre que les rations officielles est bien mal loti. Seule la viande est acquise en quantités à peu près

1. Bethmann-Hollweg a cherché à négocier avec la Grande-Bretagne et avec les Russes, acceptant par avance d'amender le programme annexionniste. Il s'est ensuite opposé à la guerre sous-marine à outrance, mais sans pouvoir imposer son point de vue. De même, il a préconisé l'introduction du suffrage universel direct pour l'élection des députés au Landtag de Prusse ; en vain ; mollement soutenus par le Kaiser, ses projets achoppent devant l'attitude de l'état-major de plus en plus influent, se heurtent à l'hostilité de certains groupes industriels et des hobereaux de l'Est, tous partisans de la poursuite de la politique annexionniste. Bethmann-Hollweg quitte le pouvoir le 15 juillet et cède la place à Michaelis, un inconnu, futur jouet des militaires.
Philippe Husser partage donc spontanément les positions nouvelles de Bethmann-Hollweg qu'il ne pouvait connaître avec précision en raison de la censure. Mais c'est le libéral en butte à l'hostilité des hobereaux réactionnaires qu'il apprécie.
En revanche, il n'évoque pas la résolution de paix du Reichstag votée à l'initiative du député du Zentrum, Erzberger. Ce vote a conduit à la formation de la Vaterlandspartei (parti patriotique) par les pangermanistes conduits par l'amiral von Tirpitz et a débouché sur une violente campagne belliciste. Il est vrai que la presse régionale n'en a guère parlé.

correctes. Mais le pain, les pommes de terre, sont très insuffisants. De plus, pendant un certain temps, le pain a été presque immangeable. On ne donne du lait que sur présentation de cartes de priorité, parfois un peu de lait écrémé et de fromage blanc ; de temps à autre, il est possible d'obtenir des matières grasses, des œufs, de l'huile, des pâtes, de la confiture, du miel synthétique, rarement du beurre.

Bref, les temps sont durs. On peut se procurer certains produits par des voies détournées. Mais à quel prix ! Dix marks et plus pour du beurre ou des œufs ; des pommes de terre de conservation jusqu'à 100 marks le setier [1]. Tout cela en infraction au règlement limitant les prix : un véritable Eldorado pour les usuriers et les stockeurs. On commence aussi à ressentir la pénurie de vêtements, de chaussures et de charbon.

Espoirs : de paix, bien entendu. On s'est mis à espérer après la défaite roumaine, lors des offres de paix, au début de la guerre sous-marine, après la révolution russe, après l'échec de la tentative de percée dans les Flandres, et récemment lors de la progression victorieuse de nos troupes en Galicie. Ce n'était pas fondé. Autant d'espoirs, autant de

Déceptions : Mais la population ne perd pas courage, elle se prépare à supporter le quatrième hiver de la guerre. Ce sera dur.

20 août

Je fais une visite à Würtz à Fortschwihr. Ses fils sont partis tous les quatre à la guerre. Eugène vient seulement d'être mobilisé. Il n'a pas reçu l'autorisation de venir embrasser ses parents avant de partir. Habitant Sainte-Marie-aux-Mines, il n'a pu obtenir la délivrance d'un laissez-passer pour venir à Fortschwihr. Le plus jeune des fils, Edmond, a écrit de Varsovie qu'il a souvent faim. Jean, l'aîné, est hospitalisé à Nuremberg. Quant au troisième, Gustave, il est sous-officier et titulaire de la croix de fer de deuxième classe.

27 août

Je suis retourné à Muntzenheim pour acquérir un lot de pommes et de quetsches pour 185 marks.

---

1. Setier : ancienne mesure de capacité pour les liquides et pour les grains d'environ 25 litres pour les matières sèches.

8 septembre

Afin de retirer le permis de transport des fruits et des légumes, je me déplace à Colmar. Pour les pommes de terre, en revanche, il faut demander l'autorisation à Mulhouse.
Le soir, Lucie revient de Herbitzheim[1].

21 septembre

Nous attendons avec impatience l'arrivée d'une vache[2].

24 septembre

J'ai bu le premier vin nouveau au prix de 5 marks.

26 septembre

On reparle d'évacuation. Ce serait dramatique à cause des fruits, du charbon et de la vache.

30 septembre

Nous prenons le train pour Strasbourg, Jeanne et moi. Le train nous y dépose à 11 h 40. Au cours de la réunion avec les membres du comité de rédaction, Raeppel a émis des considérations pessimistes sur l'avenir de l'association des instituteurs.

1er octobre

J'accompagne Jeanne à sa nouvelle école. Elle est au travail dès 9 heures. Je la reprends à la sortie à 11 heures. Son hébergement au foyer reviendra à 100 marks par mois. Il faut y ajouter les frais

1. Herbitzheim, où la seconde fille de Philippe Husser exerce les fonctions d'institutrice stagiaire, est située au nord-ouest de la basse Alsace, aux confins de la Lorraine allemande.
2. Il s'agit d'acquérir une vache et de la placer dans une étable d'une commune proche : une formule imaginée par l'Administration pour mieux assurer le ravitaillement en lait des citadins

d'électricité et de chauffage. Après le repas, viennent les adieux. Jeanne fait preuve de courage. Et maintenant, à la grâce de Dieu. Que la chère enfant puisse trouver ce qu'elle souhaite. À 16 h 50, le tortillard pour Mulhouse s'ébranle. Le voyage dure jusqu'à 22 h 15.

2 octobre

Nous n'aurons pas de vache. À l'issue d'une petite cérémonie en l'honneur du soixante-dixième anniversaire de Hindenburg, les élèves sont mis en congé.

7 octobre

Le marché est conclu pour la vache : 1 775 M[1].

10 octobre

La crise parlementaire est suivie avec beaucoup d'intérêt[2]. On est autorisé à mettre des pommes de terre en cave ; mais pas plus de 175 kilos. Maintenant, nous avons du lait.

16 octobre

Les denrées atteignent des prix fabuleux. Pour dix litres d'huile, une dame aurait payé 1 000 marks. La farine de froment coûte

1. Le mot Kuhhandel (Kuh-Handel) signifie littéralement commerce de vaches. Il est employé seulement au sens figuré et désigne un marché de dupes. Philippe Husser lui donne ici à la fois le sens propre et le sens figuré : d'où un jeu de mots.
1. C'est le grand quartier général dirigé par les généraux Hindenburg et Ludendorff qui avait imposé le chancelier Michaelis, afin de pouvoir poursuivre la guerre totale et de procéder aux annexions prévues. Avec les autres piliers de l'État conservateur, les militaires cherchaient aussi à consolider les structures politiques et sociales qui assuraient leur prépondérance. Ils pouvaient espérer y parvenir grâce aux énormes moyens de propagande qui leur permirent d'obtenir l'appui du peuple qui ignorait les positions plus modérées du Kaiser et de la majorité du Reichstag.
Michaelis dut se retirer devant l'hostilité du Reichstag. Le nouveau chancelier, Hertling, un membre de la droite du Zentrum, lui succéda sur la base d'un programme de recherche de la paix et d'un début de parlementarisation. Ce programme resta lettre morte et Hindenburg et surtout Ludendorff continuèrent d'exercer une véritable dictature sur le Reich.

maintenant près de 3 marks et la livre de pommes 60 pfennigs. Le beurre peut monter jusqu'à 10 marks.
Notre vache n'est pas autorisée à rester à Brunstatt. Les conditions stipulées par l'arrêté municipal ne sont apparemment pas remplies. Nous allons l'installer à Dornach. Maman rentre le soir tard, de retour de Sundhoffen. Elle rapporte une cane vivante.

19 octobre

Il n'y a toujours pas de perspective de paix. Les Russes et les Français sont prêts à se saigner à blanc pour les Anglais et espèrent en l'Amérique. Un quatrième hiver de guerre paraît inévitable. L'Alsace-Lorraine en sera l'enjeu. Nous finirons par avoir une guerre de Sept Ans[1].

28 octobre

C'est aujourd'hui que notre vache doit changer d'étable. Elle ira chez Kieny à Dornach. Ainsi, nous remplirons les conditions requises pour pouvoir prélever une chopine de lait par personne en tant que producteurs. Pourvu que cela dure.

8 novembre

J'entame un troisième cahier pour mon journal de guerre. Il est moins épais que le deuxième. Il faut espérer qu'il ne se remplira plus entièrement de faits militaires, mais que des négociations et des mesures prises en vue de la paix figureront au moins dans sa deuxième moitié. Puisse cet espoir se réaliser ! En attendant, rien n'est moins prévisible que la paix...
Le monde entier est ébahi de voir la force allemande aux plans militaire et économique. Sans moyens publicitaires extraordinaires, le septième emprunt va atteindre 12 milliards et demi : c'est un grand succès économique.
Tandis qu'à l'Ouest nos troupes font échec avec héroïsme à la percée franco-anglaise, elles s'emparent en même temps du golfe de

1. Référence à la guerre de Sept Ans (1756-1763) où la Prusse se heurta à une vaste coalition à laquelle participèrent la France et la Russie.

Riga à l'est et infligent, au sud, une cuisante défaite aux Italiens[1]. Les échos relatifs à la politique intérieure sont moins réjouissants. Voilà un moment que Bethmann-Hollweg a été obligé de partir pour céder la place au parti de Tirpitz qui se nomme aujourd'hui la Vaterlandspartei. Bethmann a été un bon chancelier, il avait un programme clairement défini qui correspondait bien à l'esprit allemand. Ses adversaires étaient les conservateurs, la vieille Allemagne, les partisans des annexions, les hobereaux[2], qui voyaient leurs droits seigneuriaux menacés par le projet de loi électorale[3]. Le successeur de Bethmann, Michaelis, leur a fait des concessions et s'est opposé en cela au parti majoritaire. Le chancelier actuel est Hertling. Mais ce centriste a été accueilli dès le début avec méfiance, à droite comme à gauche. Il rencontre actuellement des difficultés pour former son cabinet. Pourra-t-il les résoudre ? Sera-t-il le chancelier de la paix ?
L'inflation et le manque de nourriture se font sentir. On commence à avoir du mal à s'habiller. Les chaussures, les vêtements et le linge sont hors de prix et presque introuvables. Tout est vendu. Pour le moment, les réserves de pommes de terre sont suffisantes, mais on manque de matières grasses, de lait, de beurre, d'œufs, de sucre, bref, de tout. Heureux qui est copropriétaire d'une vache, qui a quelques relations à la campagne... On a aussi des difficultés à s'approvisionner en charbon. Nous aurons peut-être froid cet hiver. Les écoles ont été regroupées et les horaires des classes réduits de moitié : mesures d'économie de charbon. Mais il faudra chauffer d'autant plus à la maison.
L'industrie mulhousienne est paralysée. Les rares usines qui tournent encore sont au service de l'industrie d'armement. L' « Allemande » fabrique des tissus en papier. Les cafés se vident de plus en plus. La bière n'est pas bonne, le vin est cher : de 4 à 5 marks le

1. La victoire de Riga date du 5 septembre et celle de Caporetto en Italie du Nord du 27 octobre.
2. La droite conservatrice (la vieille Allemagne) était représentée au Reichstag par le parti conservateur dont les junkers, ces grands propriétaires terriens (hobereaux), constituaient la principale assise. Plus à gauche, se situaient les conservateurs libres, plus ouverts aux questions contemporaines. Bethmann-Hollweg était proche de ces derniers. Par sa politique, il s'est souvent rapproché des nationaux-libéraux du centre droit.
3. Pour les élections au Landtag, le gouvernement de Prusse ne connaît pas le suffrage universel, mais le système des trois classes. Celui-ci regroupait les sujets en trois catégories selon leur richesse et privilégiait les possédants au point de vue du nombre des sièges. Le projet de loi électorale visait à instaurer le suffrage universel.

litre. Alors, on reste à la maison et on joue les abstinents. Mais tout cela est supportable. On s'habitue — et l'on s'est déjà habitué — aux restrictions et aux privations. Les allocations de guerre permettent de faire face aux dépenses indispensables. Pourvu qu'elles ne se fassent pas trop attendre. Leur paiement est attendu avec une impatience anxieuse : il est suspendu depuis le mois de septembre. L'attribution des nouvelles subventions n'est pas encore faite. Elles devraient se monter pour moi à 540 marks, pour Jeanne à 180 marks, pour Marie et Lucie à 300 marks chacune, soit 1 320 marks et 110 marks par mois.

Ainsi, notre vie s'écoule entre la crainte et l'espoir, dans l'angoisse permanente d'une évacuation. Tout, mais pas cela ! Nous sommes bien en possession de nos autorisations de sortie, mais nous espérons toujours que nous n'aurons pas à nous en servir. Elles sont établies pour passer le Rhin. Mais après, où aller ? Avec cela, mes filles ne sont toujours pas titularisées. En tant que remplaçantes, elles seraient à la rue. Et il y a déjà plus d'un an que l'aînée a passé son certificat d'aptitude. M. le conseiller peut-il justifier ce comportement ?

9 novembre

De Russie, on annonce que Kerenski a été renversé et qu'un parti pacifiste avec Lénine est au pouvoir[1].

18 novembre

Une fois de plus, la famille d'accueil de notre vache n'était pas à la maison. Ma promenade habituelle me mène à travers le Tannenwald. En passant dans la rue du Sauvage, j'ai croisé un nombre considérable de militaires. Le soir, Mlle Meckelin est venue faire de la musique sur mon violon.

---

1. Depuis la révolution de février, le gouvernement de la Russie est demeuré instable. Mais la fidélité aux alliances et la volonté de poursuivre la guerre sont toujours restées la règle, y compris sous le dernier homme fort, le socialiste modéré Kerenski, qui a relancé les offensives. On comprend, dès lors, que la presse et, en conséquence, Philippe Husser se montrent prudents et n'accordent qu'une signification limitée à la nouvelle évolution à l'est. Néanmoins, le caractère pacifiste du mouvement bolchevik de Lénine est cette fois souligné.
Durant plusieurs jours, la révolution d'Octobre ne fait plus l'objet de commentaires. Sa véritable signification n'est pas encore saisie.

En Russie, les partisans de la paix (Lénine, les maximalistes, les bolcheviks) semblent l'emporter. En Italie, nos troupes ont battu en retraite en raison de la supériorité de l'ennemi dans le delta du Piave : les « patriotes » ont bon espoir [1].

24 novembre

Les bolcheviks demandent l'armistice.

2 décembre

Des propositions d'armistice émanent des Russes. Les puissances centrales les acceptent.

6 décembre

Il y a toujours des pourparlers avec la Russie en vue d'une trêve devant aboutir à un traité de paix. La Roumanie s'y associe. Les autres puissances de l'Entente ne veulent pas en entendre parler et rompent leurs relations avec la Russie.

13 décembre

J'ai assisté à la réunion de l'association du secteur de Habsheim présidée par Schulz de Ruelisheim. Litschgy de Thann a fait une conférence. L'assistance était assez nombreuse. Les instituteurs de la campagne montrent davantage d'intérêt pour leurs rencontres corporatives que ceux de la ville. Il faut dire que le sujet de la conférence avait de quoi les attirer : « Ma détention en tant qu'otage ». Litschgy a décrit et confirmé ce que nous connaissions déjà par la *Schulzeitung* sur le traitement réservé aux personnes déplacées en France et il a peint un tableau affligeant de l'état d'esprit qui domine dans la population française [2].

1. Il s'agit des éléments francophiles de la ville de Mulhouse.
2. Occupant les fonds de vallée de haute Alsace, l'armée française a déplacé des habitants connus pour leur germanophilie vers la France. Libérés, ceux-ci se sont parfois empressés de diffuser en Alsace une image négative de leur lieu de séjour, ce qui servait la propagande allemande.

22 décembre

C'est le début des vacances de Noël, qui dureront jusqu'au 8 janvier inclus. Le 8 janvier représente la récompense pour le succès de l'emprunt de guerre auprès des élèves. Le sous-lieutenant et collègue Bronner vient en visite[1]. Il arrive avec deux heures de retard. Le soir, Jeanne rentre à son tour, en provenance de Strasbourg avec une heure de retard. Nous voilà de nouveau tous réunis.

23 décembre

Il fait froid ; le temps est maussade ; c'est l'hiver. Le calme règne au front ; on n'entend pas le tintamarre habituel. Maman nous sert une oie rôtie pour le repas de midi. C'est un spectacle exceptionnel. Le soir, ce sont les traditionnels jeux : échecs, scat, etc. Pour conclure, on se distribue les cadeaux. C'est pour moi une avalanche de surprises, comme s'il n'y avait pas la guerre : une pipe en écume, des cigares, un stylo, un coffret de bonbons, un agenda.

24 décembre

Marie et Fritz m'annoncent leurs fiançailles. Nous aurons donc un fils, nous aussi. Ils ont l'air heureux tous les deux. À vrai dire, ce n'était pas une surprise pour nous. Puissent-ils rester heureux. Ils ont notre bénédiction. Ils partent aujourd'hui pour Riquewihr.

30 décembre

Heureusement que le train qui doit me conduire jusqu'à Sainte-Croix est chauffé ! Il fait moins 20 °C. Le traîneau m'y attend. À Sundhoffen, il y a toujours beaucoup de soldats en cantonnement ainsi que des prisonniers italiens. Ceux-ci sont affamés et mangent de tout, y compris des pommes de terre crues et des raves gelées. Ils sont occupés à des travaux de terrassement et sont logés dans les

1. Futur gendre de Philippe Husser, Fritz Bronner est né à Riquewihr d'un père propriétaire-viticulteur, en 1890. Il est instituteur en 1910. Durant la guerre, il sert comme sous-lieutenant (Leutnant) dans l'infanterie bavaroise. En septembre 1914, il fut grièvement blessé près de Saint-Quentin.

salles de danse des trois auberges. Ils ont droit à de la bière à volonté dont profite aussi la population locale, au grand dam des aubergistes.

31 décembre

Nous fêtons la Saint-Sylvestre à l'auberge. Une bande de vert-de-gris arrive d'Andolsheim, des jeunes gens pleins d'entrain qui nous font passer le temps en chantant des chansons d'étudiants, en récitant des monologues comiques. Pendant ce temps, ils boivent de la bière et du vin jusqu'à plus soif. Certains ont eu des malaises.

2 janvier 1918

Les cinq jours passés à Sundhoffen ont été fructueux. Nous avons retrouvé le goût de la viande de porc. La belle-mère avait tué le cochon. Il y avait du boudin, du foie, etc., ainsi que du vin. Les paysans ne se font pas trop de mauvais sang. Ils ont l'air plutôt satisfaits et nagent dans l'abondance. Tout se fait argent pour eux. Les oies, les canards, les œufs, le beurre, atteignent des prix fabuleux. La livre d'oie vaut 10 marks. Les poulains valent 1 000 marks, les jeunes chevaux jusqu'à 7 000 marks[1].

14 janvier

Il pleut des félicitations pour les fiançailles de notre Marie.

20 janvier

L'activité aérienne est intense au-dessus de la ville. Fritz arrive à l'improviste. Un transport de troupes vers le front ouest lui occasionne quelques jours de permission. On lui fait fête.

---

1. Dans un article de son journal syndical daté du 5 janvier 1918, Philippe Husser évoque ces thèmes et use d'un ton qui révèlent que l'enthousiasme n'y est plus. Mais il lui faut sacrifier aux impératifs de la censure :
« Les troupes allemandes ont appris à connaître depuis longtemps l'hospitalité alsacienne, le caractère alsacien comme une hospitalité allemande et un caractère allemand. Elles savent qu'elles protègent un pays allemand, un peuple allemand, une frontière allemande... »

23 janvier

On commence à avoir du mal à s'équiper. Tout est extrêmement rare et cher. Certains produits sont introuvables, sinon au marché noir et à des prix usuraires. Une bobine de fil vaut 10 marks contre 30 à 40 pfennigs autrefois. Un chapeau de feutre coûte aujourd'hui 60 marks au lieu de 20 marks, le mètre de cheviotte 26 marks au lieu de 2 marks, le mètre de soie 35 marks contre 4 M 5. Une ardoise se vend 0 M 90 au lieu de 30 pfennigs. Le prix des chaussures a quadruplé.
Les denrées alimentaires ont connu une flambée inouïe. On achète le chocolat à un prix trente fois supérieur à la normale, l'huile à un prix quinze fois supérieur. Il en est de même pour le vin et le café. Un œuf vaut aujourd'hui plus cher qu'une douzaine autrefois. Et l'on pourrait continuer cette énumération sans trouver aucune exception.

2 février

Je subis un interrogatoire au bureau de censure des correspondances au sujet des photographies. « Le mieux est l'ennemi du bien », aurait-on envie d'inscrire dans l'album de ces messieurs[1].

5 février

Une visite à M. le sous-lieutenant du service de censure de la correspondance permet de résoudre le problème, à la satisfaction générale. La lettre ainsi que les photographies seront acheminées.

9 février

Lucie est convoquée, elle aussi, pour l'affaire des photographies.

1. Il s'agit sans doute des clichés faits au domicile de Mulhouse, à l'occasion des fiançailles de Fritz et de Marie et confiés, après tirage, à la poste afin de les faire parvenir à Fritz et à Lucie.

27 février

Des ballons français lancent des tracts avec le discours de Wilson [1].

3 mars

La paix avec la grande Russie est acquise [2].

23 mars

À 18 heures, deuxième alerte aérienne de la journée. Une bombe a touché une maison ; elle a tué un habitant et arraché la jambe à son épouse. Leur enfant est indemne.

24 mars

À l'ouest, une importante bataille a été remportée contre les Anglais [3].

25 mars

La ville est pavoisée pour fêter la victoire sur les Anglais [4].

---

1. Il s'agit sans doute des fameux quatorze points dans lesquels le président américain énonce les conditions de paix où figure la restitution de l'Alsace-Lorraine.
2. La paix de Brest-Litovsk (3 mars 1918) qui met fin à la guerre à l'est.
3. Premier grand succès de l'offensive allemande et qui va conduire à l'instauration du commandement unique confié à Foch.
4. Le numéro du 30 mars de la *Schulzeitung* contient un éditorial de Philippe Husser qui montre que celui-ci est désormais totalement blasé et démoralisé. Il n'évoque même plus l'éventualité d'une victoire alors que l'offensive allemande se développe dangereusement pour l'Entente. Il se contente de s'en prendre à la Grande-Bretagne :
« ... Ces messieurs les Anglais veulent fournir leurs bateaux neufs à l'ensemble du commerce mondial. Ils n'ont de cesse d'avoir coulé tous ceux qui datent... Il faut l'admettre ; ils ne manquent pas de courage pour continuer la guerre. Où le trouvent-ils, eu égard aux magnifiques succès de notre peuple et à l'échec de leur espoir de voir l'Allemagne s'écrouler politiquement ?... »

7 mai

Toute l'école prend la direction de la Grünhütte en train spécial afin d'y ramasser du feuillage. Les jeunes manifestent une grande joie. La cuisine du génie assure le ravitaillement : une soupe aux pâtes et au bœuf. Pour chaque demi-quintal, nous recevons 3 marks. Pour chaque repas, on nous retient 50 pfennigs. Finalement, il nous reste un bénéfice total de 1 mark[1].

12 mai

La ration de pain va être réduite à cent quatre-vingts grammes. Le ramassage des feuilles a été interrompu car la pousse n'est pas terminée. Il doit reprendre après la Pentecôte. Ce n'est pas évident.

20 juin

Maussade, pluvieux. Nous sommes tout de même sortis en forêt pour ramasser du feuillage. Le temps s'est à peu près maintenu. On n'étale plus les rameaux pour les faire sécher ; on les lie directement en bottes à l'aide de fils de fer, puis on les transporte à Morschwiller pour le séchage.

L'enthousiasme des garçons a quelque peu diminué : la nourriture devient plus frugale, les tranches de pain plus petites, il n'y a plus de beurre et personne ne parle plus d'indemnités. Un article de la *Volkszeitung* rend les gens attentifs à ces conditions. Cette semaine, il y a eu beaucoup de sucreries : cinq livres de sucre par personne plus du miel synthétique, et aussi de la farine pour compenser la réduction de la ration de pain : deux cents grammes.

10 juillet

En raison de la pluie, il n'y a pas de sortie en forêt. Les journaux accordent aujourd'hui une grande place à la démission de Kühlmann. Il aura donc fini par perdre son poste pour avoir trop parlé[2].

1. L'école cesse de fonctionner normalement jusqu'à l'été du fait du ramassage du feuillage.
2. C'est le 10 juillet que Ludendorff a obtenu le renvoi du ministre des Affaires étrangères, Kühlmann, parce qu'il préconisait des négociations. Philippe Husser saisit bien l'enjeu de cet événement : le parti nationaliste est décidé à prendre tous les risques au lieu de négocier en position de force.

Sans doute, le chancelier va-t-il s'en aller bientôt aussi. Le parti nationaliste a le vent en poupe. On ne sait pas si c'est bon ou mauvais signe. Bon, dans la mesure où une victoire allemande serait assurée ; mauvais, dans la mesure où le parti nationaliste prendrait le risque du tout ou rien. Tout l'après-midi, nouvel échange brutal de salves explosives.

13 juillet

Toute cette semaine a été placée sous le signe de la défense antiaérienne et des combats plus ou moins violents sur le front du Sud-Ouest. Une demoiselle a été tuée par un obus de défense. On a fait des prisonniers : parmi eux, des Américains. Le fracas de l'artillerie a été plutôt assourdissant par moments. L'engouement de la jeunesse pour le ramassage de feuilles disparaît progressivement. Ils se font dispenser en masse. D'autres vont à l'école ou font l'école buissonnière. Beaucoup viennent pieds nus. Il n'est pas juste que les enfants ne reçoivent pas d'indemnités. Ils déchirent leurs vêtements et leurs chaussures. À partir de lundi, les écoles secondaires devront aussi participer au ramassage. Cette semaine, il y a eu des pommes de terre et du miel synthétique.

21 juillet

La contre-offensive française se développe et les combats sont terribles sur la Marne. L'issue est très indécise et les pertes importantes dans les deux camps. C'est peut-être la bataille décisive[1].

22 juillet

C'est un jour de congé de chaleur. La récolte de feuillage continue, mais notre groupe, celui de l'école centrale, n'est plus concerné. Un ballon français lance encore des tracts avec les promesses habituelles de libération imminente.

---

1. Au cours de cette contre-offensive, les Français et les Américains ont rejeté les Allemands au-delà de la Marne (18 juillet). C'est le commencement de la fin pour le Reich.

3 août

La guerre entre dans sa cinquième année. Aucun espoir de paix ne se dessine. L'hiver est attendu avec angoisse. On craint une grande pénurie de nourriture. Quant au reste, c'est désormais l'indifférence. Si nous avions du pain, des vêtements et des chaussures, ils pourraient se bagarrer aussi longtemps qu'ils le voudraient, se disent la plupart des gens. Beaucoup s'imaginent aussi que l'Allemagne sera contrainte de signer la paix, si elle en vient à manquer du strict nécessaire. Ils prennent leurs désirs pour des réalités.

17 août

Ici, à Sundhoffen, nous sommes plutôt à l'aise. Nous avons du lait, des œufs, des fruits, des pommes de terre à volonté, mais pas de viande. Cette brusque abondance m'a rendu malade. Tout le monde est frappé de me voir si maigre.

25 août

... Le défaitisme et la morosité se manifestent de nouveau, au moment où l'on retire nos troupes des endroits les plus exposés du front occidental. Ce sont d'ailleurs les soldats qui croient de moins en moins à la victoire[1].

1er septembre

Des rumeurs incontrôlables circulent avec une insistance croissante concernant une offensive imminente sur Mulhouse et l'Alsace.

3 septembre

La ville connaît une grande agitation. La population devra-t-elle être évacuée ?

---

1. Dès le 8 août a lieu la percée décisive du front. Désormais, les troupes allemandes reculent sans trêve. Les civils, de même que les soldats, ne croient plus à la victoire du Reich.

30 septembre

Le chancelier Hertling démissionne. La *Volkszeitung* publie un article alarmiste.

4 octobre

La situation semble de plus en plus critique. La Bulgarie nous a lâchés. À Berlin, un gouvernement parlementaire a été constitué avec Max de Bade comme chancelier. Scheidemann et Erzberger obtiennent un poste ministériel. C'est le début d'une ère nouvelle. Où va l'Allemagne ? Que va-t-il advenir de l'Alsace-Lorraine [1] ?

5 octobre

Sur proposition du médecin du district, le président de la police a décrété la fermeture de toutes les écoles de Mulhouse, pour une durée de quinze jours pour commencer (du 6 au 22 octobre). L'influenza compliquée de pneumonie infectieuse a pris des proportions si inquiétantes ces derniers jours que cette décision s'imposait. Il y a beaucoup de cas mortels. Les cliniques et les hôpitaux sont bondés. Le Hasenrain est interdit aux bien portants [2]. Maman et Lucie partent aujourd'hui faire les vendanges à Sundhoffen et à Riquewihr.

6 octobre

La pension de notre vache est maintenant de 200 marks par mois. Les journaux publient le discours du chancelier, le texte d'une offre de paix adressée à Wilson, celui de l'édit impérial ; ils disent que la

1. Fin septembre 1918, Ludendorff annonce à l'empereur et au chancelier que la guerre est perdue. Il impose alors la formation d'un gouvernement parlementaire susceptible d'obtenir des conditions de paix plus acceptables. En fait, il compte surtout mettre la défaite et ses conséquences au débit des civils et plus particulièrement des partis politiques.
Le nouveau chancelier, Max de Bade, est un prince libéral ; Erzberger représente le Zentrum et Scheidemann est un des chefs du SPD. Le gouvernement repose sur une majorité au Reichstag.
2. Une terrible épidémie de grippe espagnole s'est déclarée à la fin de la guerre. Elle a emporté des dizaines de milliers de personnes dont l'organisme avait été fragilisé par les longues privations.

Turquie s'apprête également à faire des propositions de paix et que l'Autriche accepte toutes les conditions de Wilson [1]. La paix est en vue. Mais comment se présentera-t-elle ?

7 octobre

On attend la réponse de Wilson à l'offre de paix allemande.

10 octobre

Wilson adresse une réponse dilatoire à l'offre de paix [2].

11 octobre

La note de Wilson manque de précision. Dans les milieux de l'Entente, on craint de voir le président américain faire trop de concessions à l'Allemagne. Qui l'eût dit il y a un an à peine ? Il se vérifie que l'union fait la force.
Des alliés peu sûrs ou, plutôt, qui ne pouvaient se passer d'aide nous ont conduits à la catastrophe. Après tant de sacrifices, tant de victoires, tant d'actes héroïques, nous voilà dans une situation tragique. Pourtant le front tient bon ; la percée ne s'est toujours pas faite, même si la retraite progressive fait craindre le pire.
« Victoire sur toute la ligne », jubilent nos ennemis. La Turquie a formé un cabinet pacifiste ; l'Autriche-Hongrie prend une position analogue. Nos alliés vont-il changer de camp et nous montrer les dents ?
L'Alsace-Lorraine va accéder à l'autonomie. Le Statthalter a donné sa démission. Des hommes nouveaux, des responsables politiques, seraient placés à la tête du Reichsland. Il est question de Schwander, le maire de Strasbourg. Pourvu qu'il ne soit pas trop tard. Il semblerait que Wilson ait fait des promesses aux Français à propos de l'Alsace-Lorraine. En tout cas, c'en est fait du rêve d'une intégration à la Prusse ou d'un partage entre cet État, la Bavière et

1. Le gouvernement allemand demande à Wilson de prendre en main le rétablissement de la paix et propose l'instauration d'un armistice.
2. Dans sa note datée du 9 octobre, le président Wilson se borne à poser des questions à l'Allemagne : le gouvernement allemand accepte-t-il les quatorze points dans leur ensemble ? Consent-il à l'évacuation immédiate des régions occupées ?

le pays de Bade. L'Alsace-Lorraine sera soit un État confédéral allemand, soit un État-tampon neutre, soit une province française. Comment a-t-on pu en arriver là aussi subitement ? Il semblerait donc que l'on nous ait longtemps caché la gravité de la situation, que l'on ait feint d'être optimiste, alors qu'il y avait déjà de sérieux problèmes.
Ce que l'on peut lire aujourd'hui dans la presse à propos de la Belgique ne ressemble guère à ce qui s'y trouvait autrefois. On déclare sans ambages aujourd'hui que l'invasion de la Belgique a dressé les Anglais contre nous et que nous avons irrité les Américains en nous engageant sans retenue dans la guerre sous-marine[1].

13 octobre

Tôt le matin, nous partons pour Riquewihr, Jeanne et moi. Nous tombons mal : le pressoir s'est fendu chez les Bronner. L'ambiance est assez pénible. L'après-midi, nous allons à Ribeauvillé en passant par Hunawihr. Le contrôle n'est pas strict ; personne ne demande à voir nos papiers. À plusieurs reprises, nous goûtons le vin nouveau.

14 octobre

Au cours de la matinée, nous vendangeons trois cuves. L'après-midi, nous allons à la rencontre de Fritz, qui s'est rendu chez un fondeur à Barr. Mais entre-temps, un autre pressoir a pu être trouvé qui va être mis en place. L'« accidenté » est desserré à l'aide d'une barre de fer, d'une chaîne et d'un treuil. Maman Bronner est tombée malade à force de s'énerver.

16 octobre

Je parcours le journal. Les nouvelles sont déprimantes. L'Allemagne a perdu la guerre et cherche à sauver ce qui peut l'être encore. Elle a instauré un régime parlementaire. Les droits de la Couronne sont aussi réduits que possible ; les décisions du haut

1. À partir du mois d'octobre 1918, la censure a été totalement débordée par une presse de plus en plus audacieuse

commandement de l'armée sont soumises à l'autorité civile [1]. Tout cela afin d'obtenir des conditions favorables lors de la négociation avec Wilson. En vain ; sa note la plus récente est rédigée en des termes qui évoquent une reddition inconditionnelle. Wilson nous dicte une paix forcée [2].

Bien entendu, la question d'Alsace-Lorraine est au centre de nos préoccupations. Schwander a été nommé Statthalter [3] et Hauss secrétaire d'État [4]. Nous allons être autonomes. Tous le pensent ; la plupart espèrent — quelques-uns le craignent — que l'Alsace-Lorraine sera bientôt française. Déjà les prix des vins ont considérablement baissé.

17 octobre

... Un moment de calme. Mais la grippe continue de s'étendre. On ne peut pas encore envisager de rouvrir les écoles. Jeanne se sent grippée.

18 octobre

... À 9 h 36, je pars pour Sundhoffen. Correspondance à Colmar. Le vin nouveau est excellent.

21 octobre

... Les vacances, en raison de la grippe, sont prolongées de quinze jours. Il y a toujours beaucoup de décès... Les hôpitaux et les cliniques sont pleins à craquer. On n'admet plus que les cas graves.

---

1. Le Reichstag a élaboré les modifications indiquées sans en informer l'opinion. Le vote n'interviendra que le 28 octobre, date à laquelle l'Allemagne devient une monarchie parlementaire.
2. La deuxième note de Wilson du 14 octobre est plus nette que celle du 9. Le président américain parle en chef de la coalition qui exige la capitulation de l'Allemagne et la transformation des institutions politiques.
3. C'est un Alsacien qui est nommé gouverneur par Max de Bade. Les prédécesseurs avaient tous été d'éminents hauts fonctionnaires allemands. Rodolphe Schwander est né à Colmar en 1868. Juriste qualifié et administrateur compétent, il devient maire de Strasbourg en 1906, puis sous-secrétaire d'État du gouvernement du Reichsland en 1917.
4. Charles Hauss, qui forme le gouvernement, est le chef de la fraction du centre au Landtag.

On prend toutes les mesures possibles : les réunions publiques, les représentations théâtrales, tousser et cracher sont interdits.
La *Schulzeitung* publie un numéro réduit à quatre pages. Ensuite, il cessera provisoirement de paraître. On espère du moins que ce ne sera que provisoire. Je me défais donc de ma fonction de rédacteur. J'ai le sentiment que la vie de notre association va entrer, elle aussi, dans une phase nouvelle. Les événements de ces derniers jours, l'évacuation volontaire ou forcée du nord de la France et de la Belgique, laissent présager que nous allons être français.
On ne connaît pas encore la réponse adressée par l'Allemagne à Wilson.

24 octobre

La réponse allemande se contente de protester contre les accusations contenues dans la note de Wilson et de les réfuter. On n'en attend pas grand-chose. Au Reichstag, Ricklin se dit opposé à l'autonomie de l'Alsace-Lorraine. D'après lui, il est trop tard ; la question d'Alsace-Lorraine est de portée internationale et il faut donc l'inclure dans les négociations.
La réponse de Wilson est attendue pour aujourd'hui [1].

27 octobre

L'Allemagne et ses alliés ont perdu la guerre. Ludendorff a démissionné. Guillaume II est sur le point d'abdiquer. Le passé s'écroule, une ère nouvelle commence. L'ère du peuple. Qui l'eût dit, il y a peu de semaines encore ? Comment une débâcle aussi subite, aussi totale a-t-elle été possible ? Est-ce dû à la seule supériorité au plan militaire ? Sans doute pas. D'autres forces sont intervenues. Nous avons été trompés : trompés au sujet de la Belgique, au sujet de la guerre sous-marine, des responsabilités, de la volonté de négocier, de la « nature allemande ». On prétendait lutter contre le culte de Mammon, tout en s'y adonnant sans réserve. La preuve en a été donnée par les inconditionnels de l'annexion, les stockeurs, les

1. La réponse allemande du 20 octobre s'efforce d'éluder toute déclaration précise et souligne que c'est le Reichstag qui décide désormais à propos de la guerre et de la paix.
La troisième note de Wilson du 23 octobre précise que les conditions de paix ne pourront être négociées avec les maîtres actuels de l'Allemagne.

profiteurs, les chantres de la guerre. Ce sont ces derniers qui m'ont d'abord révélé que, dans le naturel allemand, tout ce qui brille n'est pas or, quand ils ont envoyé le procureur à mes trousses. Alors ma conviction a été ébranlée.

Tout ce que j'ai pu écrire et publier par la suite, je l'ai certes fait par devoir et par conscience professionnelle, mais ce n'était plus par conviction.

Voici donc la débâcle. Il y a deux ans, il aurait été possible de conclure une paix honorable. Mais à l'époque, notre gouvernement avait eu l'attitude que nos adversaires pourront prendre maintenant, s'ils le désirent. Organiser la défense au niveau national, si le pire arrivait, n'aurait aucun sens : ce ne serait que du sang versé pour rien, une fois de plus, et la situation ne ferait qu'empirer. Espérons que les Alliés seront plus indulgents envers l'Allemagne que celle-ci ne l'aurait été envers eux dans la situation inverse. On a laissé passer le moment favorable ; on a voulu tenter Dieu. Qu'adviendra-t-il de nous, de l'Alsace ? M. Ricklin a parlé ; Haegy a donné son avis[1]. Tous deux ont amorcé une retraite prudente. Il est trop tard pour l'autonomie. Le nouveau Statthalter a beau déclarer que nul ne nous reprendra l'indépendance acquise. C'est l'avenir, le proche avenir, qui en décidera. Que nous soyons neutres, ou autonomes, ou français (!), tout ce que nous demandons, c'est la paix. Le calme ! Quelque chose à manger ! Voilà ce que nous souhaitons tous. Ne pas être évacués, à la dernière minute.

J'éprouve le besoin de noter ici ce que je pense de la manière dont on traite l'Alsace-Lorraine. On sait bien que les régions frontalières sont toujours les plus exposées… Ceux de l'intérieur n'en ont aucune idée. Mais ce qui est impardonnable, c'est d'avoir traité l'Alsace *en pays ennemi*. À qui la faute si la sympathie pour l'Allemagne, qui était indéniable en Alsace-Lorraine au départ, s'est muée en son contraire pendant la guerre, sinon au manque d'égards des autorités militaires ? Quand les habitants de la zone évacuée du sud-ouest de l'Alsace vont rentrer chez eux, ils maudiront les soldats allemands à qui mieux mieux. Il paraît que les dégâts sont épouvantables.

1. Au Reichstag, le député catholique Haegy se prononce dès le 18 octobre en faveur du droit des peuples à disposer d'eux-mêmes. Le 25, il ajoute que le régime allemand constitue une « domination étrangère » sur le peuple alsacien.

2 novembre

Les titres de la *Volkszeitung* sont éloquents : « L'effondrement total des Quatre. L'Autriche-Hongrie se disloque. Capitulation sans conditions de la Turquie. République en Hongrie. République en Bulgarie. Abdication imminente de Guillaume II. »
Les conditions de l'armistice ne sont pas encore connues, mais il semble que les Alliés exigent l'abandon des territoires occupés, de l'Alsace-Lorraine, de Helgoland.
On procéderait à des enquêtes confidentielles sur l'opinion des Alsaciens-Lorrains et leurs vœux. Dans les villes, la joie prédomine à la perspective de devenir français. On entend aussi formuler toutes sortes de réserves, surtout à la campagne. La raison n'est pas prête à s'emballer sans réfléchir pour suivre les élans du cœur.
Les écoles resteront sans doute fermées jusqu'à nouvel ordre.

6 novembre

Changement de décor : les négociateurs sont partis pour le quartier général français. À Mulhouse, on prépare l'ère nouvelle, tantôt ouvertement, tantôt en secret. On confectionne des drapeaux et on prépare des hampes. Toutes sortes d'anecdotes et de petits gestes significatifs sont à l'ordre du jour. La police a retiré d'une colonne d'affichage un portrait des quatre monarques (Guillaume, Charles, Ferdinand et Muhamad VI) en chapeau haut de forme. Une femme qui sort d'une longue période de délire s'écrie, en voyant un verre de vin rouge : « Ils sont là ? » — Dans le tramway, quelqu'un tend un sou français pour payer son billet et s'excuse en disant : « C'est que j'aimerais tant être déjà français ! » — Un Allemand de souche, né en Alsace, veut se faire passer pour Alsacien et se fait répondre : « Figurez-vous que ma chatte vient de mettre bas dans le chenil ; et, tenez-vous bien, ce sont des chatons ! »
Une femme fait teindre des draps en bleu et en rouge…
Des familles d'Allemands de souche font leurs paquets et se préparent à partir. Il y a aussi des Alsaciens qui sentent le sol brûlant sous leurs semelles. Tout le monde est convaincu que *nous allons être français*.

9 novembre

Tout le monde attend avec impatience de connaître les conditions de Foch. Aujourd'hui, la *Volkszeitung* publie des articles intitulés « L'Allemagne en route vers la république. Proclamation de la république en Bavière[1]. L'armistice se décidera dans les 72 heures. Tumulte à Strasbourg, toujours pas d'abdication, Quousque tandem Imperator[2]. Ab nach Kassel[3]... »
Un télégramme du soir annonce que l'empereur et le prince héritier ont enfin abdiqué. Le social-démocrate Ebert est pressenti pour le poste de chancelier[4].
On signale de l'agitation dans la rue du Sauvage ; un officier est molesté.

10 novembre

Il y a beaucoup d'animation en ville. Dans la rue du Sauvage, la foule est dense comme lors du carnaval. Des jeunes, des enfants, des femmes aussi arborent des cocardes tricolores. Même des personnes à l'allure tout à fait sérieuse par ailleurs en sont pourvues. Un « conseil militaire » intime l'ordre aux soldats de procéder à l'enlèvement de ces cocardes de gré ou de force. Les manifestants grimpent sur les voitures et sur le tramway. Encore heureux que le vin coûte si cher, sinon il se produirait des excès. Cette nuit, des manifestations se seraient déroulées devant le domicile de gens mal vus : entre autres, des enseignants qui se sont rendus odieux par des dénonciations. Il paraît aussi que le docteur Wegelin a été molesté. En établissant sans ménagement des certificats d'aptitude au service armé, il s'est fait des ennemis acharnés. Au bureau des laissez-passer, on plie bagages. La Reichsbank a fermé dès vendredi. Sur les colonnes d'affichage, des appels du conseil de soldats et du conseil municipal invitent la population à ne pas mettre en danger la sécurité et l'ordre public[5].

1. La révolution a eu lieu le 3 novembre.
2. Jusques à quand, ô empereur !
3. Expression typique signifiant partir sans laisser d'adresse. Il est fait, ici, allusion à Napoléon III qui, après la défaite de Sedan en 1870, fut interné au château de Wilhelmshöhe près de Kassel.
4. Guillaume II abdique le 9 novembre avant midi. Max de Bade prend alors l'initiative de confier la chancellerie à Ebert, le président du SPD.
5. Comme toute l'Allemagne et les villes du Reichsland, Mulhouse a connu un conseil de soldats. Cependant, le maire, Cossmann, a cherché à former un conseil de bourgeois pour contrer leur activité de tendance social-démocrate.

11 novembre

C'est l'armistice à partir de 11 heures. Il n'y a plus de black-out. Toutes sortes de marchandises introuvables depuis longtemps réapparaissent dans les vitrines. On constate déjà une baisse des prix. Sur quarante-neuf élèves, trente et un sont présents. Ils se tiennent correctement et sont venus sans cocarde. On a retiré des murs de la classe les souvenirs de la guerre (cartes du front, images). L'allocation exceptionnelle de vie chère (660 et 350 marks pour chacune des filles) a été payée en bons de caisse municipaux. Deux collègues, allemands de souche (Weiss et Schillinger), ont fait valoir leurs droits à la retraite. Les conditions de l'armistice sont publiées. Elles dépassent les pires craintes, mais elles ont été acceptées. La défaite allemande est totale ; l'Allemagne anéantie est à la merci de ses vainqueurs. Après de tels sacrifices, il faut entendre de telles chansons [1].

12 novembre

Au front, on voit s'élever des fusées éclairantes bleues, blanches et rouges. Des scènes de fraternisation s'y dérouleraient.
On voit surgir de partout des véhicules de déménagement. Les soldats vendent divers produits à bon compte.
Dans les différents États allemands, les princes sont déposés et la république proclamée. Ici, Brogly a été libéré et le nouveau maire de la ville serait déjà en route.

13 novembre

La ville est calme. Il est interdit à toute personne de moins de dix-sept ans de circuler dans les rues après 6 heures du soir. Une milice civile a été constituée.
L'empereur serait interné en Hollande. Le docteur Schwander et le secrétaire d'État Hauss ont démissionné. Ricklin a pris la présidence d'un conseil national alsacien [2].

1. Référence à des articles de presse du jour qui décrivent les comportements répréhensibles des troupes allemandes en territoire occupé.
2. Le 11 novembre, la deuxième chambre du Landtag s'est transformée en Nationalrat (conseil national), lequel désigne une délégation administrative ; c'est l'ébauche de l'autonomie. Elle a été sans avenir.

La fréquentation scolaire est irrégulière ; les classes sont à moitié vides. Ici ou là, on commence déjà à enseigner le français. Je suis frappé par certains changements de caractère méprisables ou plutôt par la manière méprisable dont des gens sans caractère tournent leur veste : commerçants, journalistes et aussi... enseignants. Ils sont bien trop pressés de brûler ce qu'ils adoraient jusqu'à présent. J'attends toujours des instructions de Strasbourg à propos de la *Schulzeitung*.

14 novembre

Le conseil de soldats a cessé son activité. Sa dissolution est intervenue.
Une délégation s'est rendue dans le camp français pour demander que la sécurité de Mulhouse soit prise en charge, au plus vite, étant donné que toutes les troupes quittent la ville aujourd'hui.
Emmel a remis la rédaction de la *Volkszeitung* à Martin[1]. Quatre cyclistes français surgissent rue de Dornach au risque de se faire étouffer. Ils se retirent dans une maison et entonnent la Marseillaise depuis une fenêtre. Le public la reprend en chœur avec enthousiasme.
Un capitaine français annonce que ses troupes entreront en ville samedi ou au plus tard dimanche prochain. L'administration des chemins de fer est déjà prise en main par des fonctionnaires français.
L'ex-rue Gaede a été rebaptisée du jour au lendemain, mais pas officiellement, rue Maréchal-Foch[2].

15 novembre

À 10 heures, arrivent des télégrammes annonçant qu'une division française commandée par le général Vincent entrera en ville entre 10 et 11 heures. En peu de temps, toutes les maisons de la rue de Dornach et des rues adjacentes sont décorées de drapeaux alliés, et une foule dense se presse rue de Dornach. Des Alsaciennes en

---

1. Le député vieil-allemand est parti à Berlin pour chercher des instructions auprès de la direction du SPD. Le journal social-démocrate passe alors aux mains du francophile Martin.
2. Gaede, l'ancien chef de corps en résidence à Mulhouse, est mort au cours de la guerre.

costume, des professionnels de l'accueil, font leur apparition. Le tram est décoré de petits drapeaux tricolores. Les écoles ferment. Mais les troupes n'arrivent pas. Il paraît qu'elles sont parties à pied de Guewenheim à 6 heures. On nous informe à présent qu'elles ne seront pas là avant demain soir à 17 heures.
La *Landeszeitung* publie, à la une, son premier article en français : « À la veille de notre libération ». Il se termine par ces mots : « ... Et quand, dans quelques heures, nous aurons la satisfaction d'embrasser nos frères de France, ils sauront que leurs frères d'Alsace et de Lorraine, séparés pendant quarante-sept ans de la famille commune, ont conservé à la France absente de leurs foyers une affection fidèle jusqu'au jour où elle est revenue y reprendre sa place ! » Vive la France !
Vivent l'Alsace et la Lorraine françaises ! Vive l'armée française ! Vivent les Alliés, nos libérateurs !

16 novembre

Les écoles sont fermées jusqu'à mardi. L'entrée des troupes n'aura lieu que demain dimanche, dans l'après-midi. Les préparatifs pour l'accueil vont bon train. Le soir arrivent des gendarmes et des autos avec des officiers. Des cavaliers suivent. Tous sont reçus de manière extrêmement cordiale.
Les soldats alsaciens rentrent peu à peu. Notre concierge aussi est de retour.

DEUXIÈME PARTIE

MALAISE ET DÉCHIREMENTS

(1918-1924)

17 novembre

À midi et demi, les cloches se mettent à carillonner. Les troupes arrivent. En tête, le général et son état-major qui sont accueillis aux cris de « Vive la France ! Vivent nos libérateurs ! » « Vive l'Alsace » est la réponse. On distingue des silhouettes fringantes, mais beaucoup de militaires ont l'air las et indifférents. Se succèdent les cavaliers, les fantassins, les sections de mitrailleuses, des artilleurs, un clairon et deux fanfares. Entrecoupé de pauses, le défilé a duré jusqu'au soir. L'accueil officiel se fait devant l'hôtel de ville. Sur la place et rue du Sauvage, on ne passe plus. Les cafés sont bondés et les rues pleines de militaires.

Presque tous les passants portent la cocarde tricolore, même les personnes qui, quelques heures auparavant, arboraient encore le Verdienstkreuz[1]. Au milieu des troupes et des autos, en fin de cortège, avancent des jeunes filles en costume alsacien. D'autres, qui ne sont plus des jeunes filles, cherchent néanmoins à se faire remarquer en portant le costume alsacien.

Les soldats nous interrogent sur nos conditions de vie et se montrent très surpris des prix élevés et de l'état de notre approvisionnement. Ils étaient très heureux et très satisfaits de l'accueil qui leur a été réservé. Parmi eux, il y a aussi des Noirs. Le soir, des fusées ont été tirées à tort et à travers au point de provoquer un incendie.

1. La croix du mérite allemand.

Sur les colonnes d'affichage apparaissent des inscriptions contre les Allemands de souche et contre les dénonciateurs alsaciens. Tous sont invités à filer au plus vite.

18 novembre

Le curé Cetty est mort subitement hier, lors de la réception à l'hôtel de ville, terrassé par une crise cardiaque [1].
On vend désormais des journaux français comme le *Petit Parisien* et le *Journal*.
« Si seulement nous savions le français », gémissent les filles à soldats.
De grands chargements de pain blanc ont traversé la ville, assaillis par les petits et les grands, si bien qu'on a dû disperser à la lance d'incendie les amateurs de plus en plus nombreux.

19 novembre

Aujourd'hui, nous avons eu du pain correct pour la première fois. Des collègues se sont permis de critiquer le comportement de quelques enseignants qui avaient manifesté des sympathies pour l'Allemagne pendant la guerre. Ils visaient aussi bien des Allemands de souche que des Alsaciens. On leur a dit qu'ils pouvaient présenter leurs doléances au bureau scolaire ; la réaction obscurantiste relève la tête. Le vieux dicton se vérifie une fois de plus : le plus grand ennemi de l'instituteur, c'est l'instituteur. On dit que M. Hauptmann, notre inspecteur, est parti. La classe doit reprendre demain. Les absences seront sanctionnées.

---

1. Avec Henri Cetty disparaît l'une des figures les plus importantes de Mulhouse et de toute l'Alsace. Pour combattre la montée du socialisme dans la ville, il avait préconisé la rupture de l'alliance avec la bourgeoisie protestante, s'opposant ainsi à l'abbé Winterer. Cetty ne cherchait plus à résoudre le problème social par un hypothétique retour à l'harmonie entre le patron et les ouvriers, politique suivie jusque-là par Winterer. Cetty pensait que le libéralisme était à l'origine du mal et que l'État doit s'engager dans la voie des réformes. Il met en place un réseau d'associations afin d'encadrer la classe ouvrière catholique ainsi que des œuvres dans tous les domaines de la vie sociale. Puis il crée une sorte d'empire de presse dont l'*Oberelsässische Landeszeitung* pour Mulhouse.
Au plan politique, Cetty réussit à faire élire une fraction catholique au conseil municipal. Trahi par Winterer, il ne devint jamais député au Reichstag. Il est aussi l'un des artisans du développement du parti catholique alsacien.

21 novembre

Au cours d'une réunion, on nous fait savoir que, dans la mesure du possible, l'enseignement se fera dorénavant en français. Ceux qui ne peuvent ou ne veulent pas s'engager à cela devront se faire connaître au bureau. Sous peu, dès demain peut-être, la direction de l'enseignement sera mise en place et d'autres instructions nous parviendront.
Je vais donc, moi aussi, tirer un trait sur mon passé et me remettre entre les mains de la nouvelle autorité.
« Le roi est mort, vive le roi ! »

22 novembre

Le ravitaillement en pain, en viande, etc., continue à être bon. On revit, c'est-à-dire qu'on se remet à manger. Il y aurait bientôt du vin : un quart de litre par personne ; un rêve. L'abstinence a duré assez longtemps.
Il n'y a plus de courrier depuis huit jours. Les groupes de soldats alsaciens qui rentrent sont retenus dans une usine pour la vérification de leurs papiers. Les familles n'apprécient pas.
Les troupes françaises reçoivent partout un accueil solennel. Les journaux y consacrent des colonnes entières. On y lit des reportages en provenance des plus petites communes.

23 novembre

Les autorités prennent des mesures sévères pour maintenir l'ordre public. Les laissez-passer sont remis en vigueur. On sert du vin rouge français à 2 M 40.
Quel comportement indigne chez certains collègues ! C'est à qui sera le meilleur Français. Voilà qui transforme la haine en mépris. Celui qui dispose d'un vocabulaire de cent mots est persuadé d'être un Français parfait. C'est d'un ridicule... Et la soif de vengeance ! et la lâcheté ! Cacher sa croix du mérite sous une cocarde tricolore ! Je ne sais si je l'ai déjà relevé ; mais la répétition ne peut nuire. Non, l'Alsace ne mérite pas son indépendance. Il n'y a pas d'Alsaciens ; il n'y a que des pantins. Le caractère alsacien est

complètement pourri. La neutralité n'aurait aucun intérêt. Les instituteurs ! Ces instituteurs[1] !...

24 novembre

Une surprise : Fritz est rentré. Quelle joie ! Il annonce qu'il n'a pas l'intention de rester. Je ne peux pas lui en vouloir[2].

25 novembre

Peu à peu, on voit apparaître de la nourriture dans les magasins : du beurre, du fromage, du gruyère à 5 marks, du fromage frais. On trouve aussi du café. Les boulangers fabriquent de nouveau un pain noir assez bon, à base de farine franco-allemande. Dans les cafés, on sert du vin rouge. Il se vend bien, quoiqu'il reste cher : 2 M 40, 3 et 4 marks. Les rues sont remplies de militaires et d'autos rapides, peu bruyantes et pas très malodorantes. Un convoi de prisonniers russes campe près de l'ancienne station d'épuration.
Dans les écoles, on fait de la francisation à outrance. On entend chanter la Marseillaise dans toutes les classes. La nouvelle méthode d'enseignement est pénible. On s'épuise à parler, et le résultat est pour le moins douteux. Les élèves sont pour la plupart des phonographes aux disques défectueux. Tout le monde n'est pas capable d'apprendre à nager en se faisant jeter à l'eau. Il y en a qui se noient. À mon avis, on aurait dû appliquer encore l'ancienne méthode, du moins dans les grandes classes, jusqu'à l'arrivée des instructions et des directives de la nouvelle administration scolaire[3].

---

1. Il n'est plus question ni d'indépendance, ni d'autonomie, ni même de plébiscite. L'Allemagne souhaiterait une consultation populaire. La France rétorque que le Reich l'avait refusée en 1871 et que 1918 annule le traité de Francfort.
2. Partir en Allemagne : cette idée germe alors dans beaucoup de cerveaux alsaciens. Sont concernés surtout les enseignants et les fonctionnaires, tous ceux dont l'activité implique une bonne maîtrise de la langue. Pour ne pas subir un déclassement inévitable avec l'avènement de la langue française qu'ils ignorent ou connaissent mal, quelques milliers d'Alsaciens de souche se préparent à franchir le Rhin avec les immigrés chassés. Fritz Bronner est dans ce cas. Par une lettre du 17 mars 1919, il remet sa démission à l'inspecteur d'académie : il se déclare incapable de désavouer son propre cœur en enseignant patriotiquement à l'école française.
3. À l'école, la méthode directe est déjà entrée en vigueur. Le maître se sert exclusivement de la langue française pour s'adresser à ses élèves qui pourtant ne

On persécute toujours les Allemands de souche et certains Alsaciens mal vus.

27 novembre

Fritz est parti pour Strasbourg. Je suis curieux d'entendre ce qu'il racontera en rentrant. Un régiment défile rue du Sauvage avec clairon et fanfare (tambours et trompettes). Ces troupes évoluant avec grâce et souplesse offrent un charmant spectacle. Après tout, être français, ce n'est pas si mal. Il me revient toujours la même pensée : quel dommage que ces deux nations ne soient pas parvenues à s'entendre et à faire alliance ! Ensemble, elles auraient apporté au monde entier la paix, le bien-être, le bonheur, la civilisation.

29 novembre

En soirée a lieu l'assemblée de notre caisse de décès... Le déroulement de la séance, les discours, les opinions qui s'y expriment, m'incitent à quitter la séance avant la fin, tant j'étais écœuré.

30 novembre

Dans la nuit, les commerces tenus par des Allemands de souche sont pillés. La populace assouvit ses instincts. Elle saccage et dévalise. Sans vergogne, les pillards emportent chez eux les objets volés : lits, miroirs, tableaux, bicyclettes, tapis, chaises, armoires, bref tout ce qui peut s'emporter. Ils voulaient aussi saccager le Bürgerbräu, mais un détachement de militaires est arrivé à temps pour en assurer la protection. L'indignation est grande parmi les gens civilisés. C'est l'esprit bolchevik qui anime la populace et même une partie du corps enseignant.
Dans la *Landeszeitung*, une première attaque a été lancée contre la *Schulzeitung*. Je connais l'auteur agresseur. Il révèle ici sa véritable

---

connaissent pas le premier mot de cette langue. Les autorités françaises misent beaucoup sur cette méthode considérée comme la plus efficace pour franciser au plus vite les jeunes Alsaciens. Expert en matière d'enseignement du français, Philippe Husser n'est pas de cet avis.

nature. Sa moisson est florissante, son jour est arrivé [1]. D'autres agressions suivront. Je me prépare à y faire face. Pourvu que l'Administration et les militaires ne tardent pas à rétablir l'ordre.

1er décembre

À l'église, Stricker fait un sermon plein d'habileté diplomatique. Selon lui, on n'a pas su longtemps quel était le dessein de Dieu pour l'Alsace. Il vient de la conduire dans les bras de la France, le pays de sa nostalgie. Il fait aussi une brève allusion au sort des Vieux-Allemands et nous exhorte à respecter leur douleur dans ce qu'elle a de sacré... Il condamne enfin avec indignation la conduite des pillards.
Le soir, nous recevons la visite inopinée de l'ami Bœglin de Sainte-Croix-aux-Mines. Il a connu des moments difficiles. Sa famille est encore à Radolfzell [2]. Lui-même est resté seul à Sainte-Marie. Il compte maintenant retourner à Radolfzell pour récupérer femme et enfant. Nous vidons ensemble ma dernière bouteille.

2 décembre

Bœglin déjeune avec nous. Il est très pessimiste quant à notre avenir. Je crois qu'il envisage de partir outre-Rhin et de chercher du travail en Allemagne... Pour le moment, il est obligé de rester, car on ne peut passer ni dans un sens ni dans l'autre : la frontière française est entièrement fermée à cause du danger bolchevik. À part cela, il a bonne mine et n'a rien perdu de son humour. Nous allons boire quatre chopines d'adieu à la bourse aux vins (3 M 60), ce qui nous rend plutôt gais.

3 décembre

Fritz est parti pour Riquewihr ce matin. Notre argent va être changé à son cours normal : 1 mark = 1 F 25. À condition de le déclarer dans les délais, c'est-à-dire le 6 de ce mois. Les Vieux-Allemands ne bénéficieront pas de cet avantage.

---

1 L'organisation des instituteurs catholiques entame l'offensive contre celle des instituteurs libéraux par l'intermédiaire du journal catholique de haute Alsace. Avec l'arrivée des Français, elle se sent désormais plus forte.
2. Ville allemande située sur le lac de Constance.

4 décembre

La situation s'est nettement améliorée pour la nourriture. Le pain est bon et disponible en abondance. On trouve du riz et du café. On vend de la viande partout. À vrai dire, le lard est rance. Mais les gens l'apprécient tout de même. Le vin rouge français est bu à mesure qu'il arrive. Il commence déjà à se faire rare. Il coûte d'ailleurs toujours aussi cher ; de 2 M 80 à 4 marks. On trouve couramment du vin blanc à 3 M 60. En ville, on rencontre partout des militaires noirs. Mulhouse est gardée par des Nègres. On se prépare à accueillir le Président. Deux mille élèves chanteront la Marseillaise sous la direction de Gehin. J'ai déclaré 2 500 marks au service du change.

[À partir du 5 décembre, Philippe Husser rédige son journal en français.]

5 décembre

... Dès aujourd'hui, toute correspondance se fera en langue française. C'est l'ordre de notre nouveau chef. Ce n'est pas étonnant et l'on pouvait s'y attendre. Voilà pourquoi je commence ou je continue mon journal en français. C'est pour m'exercer. La langue allemande me sera toujours chère comme langue maternelle, comme langue dans laquelle j'ai été éduqué, dans laquelle j'ai été élevé et dans laquelle je pense, je prie. Il y a des gens et même des collègues qui la dévalorisent totalement. C'est honteux et c'est la preuve d'une certaine imbécillité. Enfin passons...
C'est à Bourtzwiller que nous avons eu l'occasion de nous régaler avec du vin rouge de France. Il était excellent et d'un prix moyen.

6 décembre

... Une liste de souscription circule dans les classes. Je donne 20 francs. On s'attend à une forte recette, qui va être remise à M. le président de la République Poincaré, lors de sa visite à Mulhouse, mardi 10. Il compte employer ce don pour la reconstruction d'un

village de la Meuse, son département natal[1]. Mes élèves m'ont promis un franc chacun dans ce but.
Après-midi : dans les rues beaucoup de militaires, des Nègres, des Marocains. On pavoise les maisons. Des arcs de triomphe s'élèvent. Partout des guirlandes. Une petite conférence à l'école. Un collègue français en uniforme, venu de Masevaux, nous a informés sur le nouveau système d'enseignement. Il ne sait pas l'allemand. Les élèves âgés de moins de dix ans auront des leçons en langue française. Dans les classes supérieures, on enseignera en français deux heures par jour. C'est la méthode directe qu'il faut employer, c'est-à-dire que le maître s'exprimera toujours en français, sans passer par l'allemand, incitant ainsi les enfants à en faire autant. Il recommande les petites chansons françaises comme des moyens sûrs pour surmonter les difficultés de prononciation et pour arriver à un accent passable. Qui vivra verra[2]...

---

1. Né à Bar-le-Duc, Poincaré possédait une villa à Sampigny, une commune détruite lors des combats. Président de la République, il s'est donné pour tâche de la reconstruire grâce à une souscription. La ville et la population de Mulhouse y souscrivent.
2. Dans la perspective d'une éventuelle désannexion du Reichsland, le gouvernement français institue la conférence d'Alsace-Lorraine en février 1915 à laquelle siègent des personnalités évadées tels Weill, Wetterlé et Helmer, déjà condamnées par Philippe Husser. Elle étudie la possibilité de franciser rapidement la population. C'est au début d'avril que l'on débat de l'école primaire. En juin 1917, un nouveau service voit le jour, qui compte notamment une sous-commission de l'enseignement primaire. Celle-ci considère qu'il faudra quatre ans pour mettre les Alsaciens au niveau des autres Français. En attendant, l'allemand ne devrait pas être enseigné avant le cours moyen. Cela indique la volonté de franciser au plus vite ; l'école paraissant le moyen le plus approprié.
Philippe Husser a procédé à une revue de presse. Les journaux parisiens débattent du problème, notamment le *Petit Parisien;* c'est dire la volonté d'effacer au plus vite l'empreinte des cinquante années allemandes. Les autorités académiques exposent leur programme pédagogique, dont l'ambition apparaît tout à fait démesurée et irréaliste.
D'emblée, c'est la méthode directe qui est imposée aux instituteurs, auxquels on demande d'enseigner le français sans passer par l'alsacien ou par l'allemand. Elle doit conduire à l'éradication rapide de la langue locale. La méthode exige la disposition d'un important matériel que le maître montre en énonçant le nom de chaque objet en français. Il doit aussi se servir du mouvement et de mimes pour qualifier les gestes et les actions. La grande difficulté réside dans la recherche de l'énoncé des idées. Finalement la méthode implique force répétitions. Elle laisse sceptique des instituteurs confirmés comme Philippe Husser.

7 décembre

… Les élèves de Mulhouse se sont rassemblés dans la cour de notre école centrale pour une répétition générale de la Marseillaise sous la direction de M. Gehin. Il a eu bien du mal à conserver l'attention de tout ce monde. Mais le résultat ne fut pas trop mauvais. Le Président en sera enchanté. Lucie et Marie sont parties pour Sundhoffen pour apporter des nouvelles et en chercher.

8 décembre

… À l'église de Dornach, le pasteur Scheer parle du nouveau et de l'ancien Vaterland. Il prie pour la France et son président. En ville, les rues sont pleines de monde. On y circule avec difficulté. Partout, on met la dernière main au pavoisement. La ville va remettre son habit de fête comme au jour de l'entrée des troupes françaises… Vers minuit, nos deux filles reviennent de Sundhoffen. Là aussi, les soldats français ont remplacé les troupes allemandes. Là aussi, on a pillé les baraques. Il paraît que la population de Sundhoffen n'est pas trop heureuse de la tournure prise par les événements[1]. Personne, sauf le pasteur ne parle le français ; le maire serait disposé à donner sa démission. Eugène, Henri, les trois frères Horrenberger sont de retour. Émile en revanche, toujours prisonnier, est cuisinier à Lourdes.

9 décembre

Grande répétition générale pour la Marseillaise devant la Bourse. Comme l'estrade menace de s'écrouler, les élèves se rangent sur le gazon du parc. M. Gehin donne ses instructions pour demain. Il se pourrait que je sois obligé d'y être aussi. La collecte auprès des maîtres et des élèves de l'école centrale a permis de réunir 700 francs. Ma classe y a contribué pour 55 F 50.
… Enfin j'ai mon petit fût de vin à la cave. Le soir, grande retraite

1. L'arrivée des troupes françaises a provoqué des incidents sans gravité dans un certain nombre de villages protestants. Les soldats français y ont fait preuve d'une certaine rudesse à l'égard de la population. Sans doute étaient-ils quelque peu excités par les catholiques qui redressent désormais la tête après le départ de l'Allemagne protestante. Une sorte de revanche par rapport à 1871 où les protestants avaient profité, eux aussi, de la situation.

aux flambeaux. L'hôtel de ville est magnifiquement illuminé. Tout Mulhouse est sur pied. Aujourd'hui, j'ai rempli une fiche de renseignements :

1. Nom et prénom : Husser Philippe
2. Fonction et résidence : instituteur à Mulhouse
3. Date et lieu de naissance : Sundhoffen 29 août 1862
4. Nationalité et lieu de naissance du père : Alsacien
5. Nationalité et lieu de naissance de la mère : Alsacienne
6. Si les parents sont étrangers, depuis combien de temps sont-ils en Alsace ?
7. Où le fonctionnaire a-t-il fait ses études ? École normale Colmar
8. Diplômes universitaires : erste Lehrerprüfung und Dienstprüfung.
9. Connaît-il le français ?
   Le parle-t-il couramment ? Non, pas assez.
   Est-il capable de l'enseigner ? Oui.
   L'a-t-il déjà enseigné ? Oui.
10. Est-il titulaire de son poste : oui.
    ou a-t-il été nommé pendant la guerre ? —
11. Demande-t-il à rester au service de la France ? Oui.
    a) au poste actuel ? Oui.
    b) à un autre poste : —

Signature

À retourner immédiatement à
l'inspecteur primaire ou au
chef d'établissement
F République française
Commissariat de la République en haute Alsace
Inspection académique[1].

1. Les nouveaux services de l'Instruction publique sont mis en place le 29 novembre 1918. Deux revenants, c'est-à-dire des Alsaciens ayant quitté leur pays entre 1871 et 1914 sont nommés inspecteurs d'académie. Ils sont assistés d'officiers et de soldats appartenant à l'enseignement dans la vie civile. Aussitôt sont installées des commissions de triage chargées de choisir les instituteurs qui pourront conserver leur poste. Sont révoqués quasi automatiquement les Vieux-Allemands. Les dossiers des instituteurs dont les parents sont allemands mais qui désireraient rester sont examinés sans indulgence. Sont menacés aussi les Alsaciens d'origine. En effet, les commissions se composent d'officiers français et de « revenants ». Les jugements sont sans appel, sans recours à un avocat. Les dénonciations fleurissent ; la chasse aux sorcières commence.

10 décembre

Il a fallu que j'assure un service de surveillance de mes élèves : ganté, un cylindre sur la tête, une cocarde tricolore à la boutonnière (pour la première fois). Il y avait foule devant la Bourse ; les Alsaciennes faisaient tapisserie. À 13 h 30, le train présidentiel entre en gare. Les cloches sonnent. Les cent coups de canon commencent à tonner. M. Poincaré, M. Clemenceau et les autres arrivent à pied, acclamés chaleureusement par la foule rangée le long du trottoir. Des hérauts et des clairons à cheval précèdent les illustres hôtes. Ils arrivent ; les deux mille élèves entonnent la Marseillaise. Tout le monde se découvre, les militaires saluent. Le Président et sa suite entrent dans la Bourse. Ils y restent environ quarante-cinq minutes. Dans ce temps de presse, on risque d'être étouffé. Des enfants se trouvent mal. Enfin le Président sort et prend place dans une auto. À côté de lui, M. Clemenceau, chaudement acclamé par la foule. Le général Foch et d'autres militaires suivent. L'enthousiasme de la foule augmente. Le cortège se met en route. La foule se disperse. Je regagne mon foyer. En route, j'ôte ma cocarde ; je ne sais pas pourquoi. Les autres membres de ma famille rentrent vers 17 heures. Ils ont vu le cortège et encore le défilé des troupes. La troupe des Nègres les a fort impressionnés, notamment leur musique [1].

14 décembre

... Jeanne et Lucie partent pour Strasbourg. Fritz arrive.
À 10 heures, l'assistant de l'école centrale nous a fait une conférence. Durant une heure, il nous a entretenus de la « noble France », de notre devoir envers elle, vis-à-vis de nos élèves, de la population. Il nous invite à ôter tout ce qui rappelle dans nos classes le régime allemand et à le remplacer par ce qui évoque la France et notamment par des cocardes tricolores. Ensuite, il parle de la méthode directe à employer dans nos classes. Il nous donne des

---

1. L'intégration de l'Alsace dans l'ensemble français se fait sans transition. Lors de leur présence à Strasbourg, le 9 décembre, Poincaré et Clemenceau ignorent totalement le conseil national qui s'était constitué à la fin de la guerre à partir du Landtag avec pour objectif de représenter la population lors des discussions de paix. Le conseil national a tenté en vain d'attirer l'attention sur les dangers d'une centralisation trop brutale. Il se disperse peu après.

exemples tout en nous avertissant de ne pas trop nous fatiguer par un excès de zèle. Il ne parle que le français et imagine que tout le monde le sait et le comprend, ce qui n'est pas le cas du tout [1]... Une affiche avertit que la quantité de pain quotidien sera réduite de cinq cents à trois cents grammes ; d'où la naissance d'une certaine agitation et de beaucoup de mécontentement.

15 décembre

... Visite de la famille Ortlieb. M. Heitzmann vient nous voir le soir. Il a bonne mine. Il nous raconte bien des choses sur les forfaits commis par nos troupes en Serbie. Vers minuit arrivent nos deux voyageuses par le train direct. Elles ont vu MM. Brücker, Koenig, Kuntz et Deviller. Par lettre et oralement, ce dernier me fait savoir que notre journal scolaire ne paraîtra pas, c'est-à-dire ne paraîtra plus... Il faut que je me résigne et que je m'incline [2].

16 décembre

... Cette nouvelle méthode d'enseignement du français me fatigue beaucoup. Parler sans arrêt et me tenir debout exige toute ma force physique et morale [3]. Le résultat est toujours maigre, bien que les enfants se donnent beaucoup de peine et montrent de la bonne volonté.

1. Soulignons la désinvolture des autorités françaises qui considèrent comme acquis que les instituteurs savent tous le français après cinquante années de présence allemande. Ajoutons que la présence d'un assistant français dans la classe d'un instituteur alsacien chevronné ne va pas sans blessure d'amour-propre si l'on sait qu'en plus le premier était mieux rémunéré et que le second devait s'astreindre à un effort énorme pour apprendre la langue qu'il est appelé à enseigner. Les conditions d'un grave malaise sont réunies.
2. Ancien responsable du journal syndical des instituteurs libéraux, personnalité en vue de la corporation, Philippe Husser voit son statut professionnel et social s'écrouler brutalement à cause du changement de nationalité. Encore ne subit-il pas la grave déqualification de beaucoup de ses collègues puisqu'il a la chance de maîtriser convenablement la nouvelle langue d'enseignement.
3. Davantage que le problème politique, c'est l'école qui accapare l'attention de l'instituteur confronté à un changement quasi total de sa vie. Philippe Husser parcourt l'ensemble de la presse régionale qui accorde au problème une attention prioritaire : elle laisse aussi entendre qu'en matière de francisation, tout n'est pas possible et que l'allemand ne peut être abandonné partout. Faute de livres français, l'histoire par exemple ne peut encore être enseignée.

17 décembre

... Environ deux mille Vieux-Allemands, agents de police, fonctionnaires, sont expulsés et conduits en auto de l'autre côté du Rhin. Parmi eux, le collègue Schillinger avec sa famille. Il paraît qu'il a dénoncé des gens. D'autres convois suivront. On a procédé à des fouilles. Il est permis d'emporter seulement une malle et une somme de 300 marks.
Ce soir, nous avons fêté Noël et distribué les cadeaux. Tout le monde fut surpris et content. Pour moi, des cigares, du tabac, un cendrier, un calendrier et un couteau. Marie est enchantée de son livre de cuisine et du cahier pour noter les recettes, qui porte en exergue :

« Auf dass sie ewig grünen bliebe
Die schöne Zeit der jungen Liebe[1]. »

Lucie et Jeanne étaient ravies de leurs pelisses et maman de sa quantité de savon.

19 décembre

... Les vacances de Noël durent du 23 décembre au 3 janvier. En cas de maladie dépassant trois jours, il faut désormais un certificat du médecin. Cette mesure a pour but d'éviter les maladies diplomatiques. Il y a de la bière française à l'Union pour 12 sous ; elle n'est pas mauvaise, meilleure du moins que la bière allemande d'avant l'armistice. La chopine de vin rouge à la bourse aux vins coûte 1 mark. Impossible de changer l'argent allemand à la poste de Dornach. Il y a trop de monde.

20 décembre

... Enterrement d'une jeune collègue, Marguerite Meistermann, morte de la grippe espagnole de façon soudaine. On chante un requiem et un chant latin. C'est l'air de « Selig sind die Toten[2] » qui est chanté. Nous l'avons chanté tant de fois aux enterrements.

1. Afin qu'il verdisse toujours,
Le beau temps des jeunes amours. (Vers de Schiller.)
2. Début du titre d'un cantique luthérien dont la traduction est : « Bienheureux ceux qui meurent dans le Seigneur. »

C'est avec émotion que j'ai écouté ce saisissant chœur, croyant toujours entendre les mots « Selig sind die Toten ». Le soir, un certain capitaine Caire fait une conférence sur l'Alsace-Lorraine accompagnée de projections de films. L'entrée est libre pour les civils et les militaires. Je me rends donc à la Bourse accompagné de Lucie. Des chaises remplissent la moitié de la grande salle : des places réservées sans doute. Elles n'étaient pas occupées. L'autre moitié de la salle, séparée par une corde, sans possibilité de s'asseoir, était vide. *Veni, vidi,* demi-tour et nous rentrons.
Dans le tramway, nous rencontrons un prisonnier de guerre alsacien en uniforme français. Venu de Paris à Colmar avec un millier de camarades, il est furieux contre les Français parce qu'ils ont dû voyager dans des wagons non chauffés, privés de la solde de 15 sous et en haillons, avec seulement un manteau pour cacher leurs hardes usées. Les « Vive la France ! » entendus à Colmar les ont choqués. Ce langage a produit une certaine sensation et nous a beaucoup étonnés.

22 décembre

... J'ai signé une déclaration de résidence et de séjour. Nom, prénom, profession, date de naissance, nationalité d'origine, nationalité actuelle, date et lieu de naissance du père et de la mère. Résidences successives depuis le 1er avril 1914, résidence actuelle[1]. Marie est partie pour Riquewihr. Trois soldats français qui logent en bas ont demandé mon violon pour donner un petit concert. Le soir chez Rehm ; il y a foule et du bon vin rouge à 3 F 60.

25 décembre

... On peut échanger son argent jusqu'au 28. Par la complaisance de Mlle Stierer, j'ai pu avoir mon argent sans avoir été obligé de faire la queue.

1. La nouvelle exigence de renseignements doit servir pour l'attribution des cartes d'identité. Les habitants de l'ex-Reichsland autorisés à demeurer sur place ne deviennent pas automatiquement des citoyens français ; ils sont juridiquement réintégrés, ce qui les obligera toujours à présenter un certificat de réintégration pour prouver leur qualité de Français. Qui plus est, des cartes d'identité différenciées sont instaurées en décembre 1918 : la carte A est attribuée à ceux dont les deux parents sont nés en Alsace, la carte B à ceux dont l'un des parents est né en Allemagne, la carte C à ceux dont les parents sont citoyens d'un pays allié ou neutre, la carte D enfin à ceux dont les deux parents sont Allemands.

26 décembre

... La question de mon argent déposé à la Rheinische Kreditbank me tourmente. J'irai demain le retirer ou bien m'en informer.

27 décembre

... Je retire 5 000 francs en argent français. Je les place à la Caisse d'épargne. Il paraît que la Rheinische Kreditbank subsistera en changeant de nom et en se dotant d'une direction française. L'échange se fera sans notre intervention. J'y détiens un reste d'environ 1 000 francs et 1 500 marks de souscriptions de guerre en dépôt[1].

28 décembre

... À Strasbourg, le camp des instituteurs catholiques a organisé une réunion. On tente sûrement de prendre les devants[2].

30 décembre

... Nous partons pour Sundhoffen à 6 h 34 du matin. Nous empruntons la grande ligne pour la première fois depuis quatre ans. Le collègue Siffert voyage avec nous. À l'entendre, tout le monde est content dans le pays occupé. À Colmar, Henri vient nous chercher en char à bancs. À Sundhoffen, il y a une garnison française. Georges Kopp fait fonction de maire. Le pasteur et son épouse donnent des leçons de français à qui le souhaite. M. Bern-

1. Après le statut moral dans la patrie nouvelle, c'est la question matérielle qui vient causer de graves soucis. Le fait d'avoir souscrit aux emprunts de guerre en faveur du Reich se retourne maintenant contre leurs auteurs.
2. Disqualifiée par son orientation germanophile et par la présence de la majorité des instituteurs vieux-allemands, l'organisation syndicale de Philippe Husser doit abandonner la place. Déçu, mais résigné, celui-ci constate que l'organisation rivale est déjà en mesure de se reconstituer et que ses adversaires vont pouvoir s'imposer dans le nouveau cadre. Il doit désormais se contenter d'observer.

heim fait des affaires ; il vend des bœufs avec le tapage qui lui est familier[1].

31 décembre

... Nous jouons aux cartes en buvant divers litres et du vin chaud. Au village, il y a bal à la musique d'harmonica.

1er janvier 1919

... Marie et Fritz arrivent vers 9 heures. On cause, on soupe, on boit et vers 18 heures, le jeune couple repart pour Riquewihr. La journée se termine par le jeu de cartes (scat).

2 janvier

... Jeanne part pour Mulhouse par le train de 5 h 22. La question de son examen la préoccupe beaucoup et elle veut être sur place. Je coupe du tabac et je le mouille dans la saumure. Puis je joue à la manille avec deux soldats français.

3 janvier

... Nous partons en voiture (à cheval) à 6 heures pour aller chercher du vin à Mittelwihr.
Nous sommes arrivés vers 9 heures. De là je suis allé à Riquewihr. On cause, on déjeune et je repars pour Mittelwihr. Nous sommes de retour vers 19 heures, après une petite halte à Andolsheim. Pendant ce temps, l'on a tué le cochon de la grand-mère. Il a été aussitôt coupé, à la grande satisfaction de maman qui ne repartira

---

1. M. Bernheim est l'un des membres de la communauté juive qui, traditionnellement, cumule le quasi-monopole du commerce des bestiaux et le prêt à intérêt. Le statut des juifs avant leur émancipation est à l'origine de cette activité. Il n'y a pas, au cours du XIXe siècle, d'autre système de crédit dans les campagnes. Accusés de pratiquer l'usure, les juifs sont l'objet d'une solide animosité dans les campagnes alsaciennes, notamment lors des crises agricoles, comme au cours des années 1880. Tout cela n'exclut pas une certaine connivence lors des interminables marchandages où le paysan n'apparaît pas toujours comme le moins roué. L'introduction du crédit mutuel rural autour de 1890 concurrence de plus en plus les activités des juifs, qui se replient sur les villes.

pas les mains vides. Pour souper, l'on nous sert du « surlaverla » c'est-à-dire le foie, les rognons du cochon, en sauce vinaigrée.

6 janvier

... C'est la rentrée des classes. Les collègues qui, depuis l'arrivée des Français, étaient atteints de maladie diplomatique sont là. Des regards étonnés se posent sur eux. Une lettre de Bœglin m'annonce sa mise en disponibilité par suite de ses opinions politiques, qu'il a eu le courage d'indiquer en remplissant sa fiche personnelle...
Le prix très élevé de la plupart de nos denrées commence à provoquer la colère des ouvriers. Ils s'attendaient à du vin rouge, à du pain blanc à bas prix. Et voilà que le vin se vend toujours 3 ou 4 francs le litre ; le pain devient plus noir et plus cher ; le fromage, le beurre, les œufs, coûtent très cher et les salaires ont beaucoup diminué. Si cela devait continuer, le mécontentement pourrait bien se généraliser.

7 janvier

Le matin, un convoi de sept cents Vieux-Allemands est parti[1]. La nouvelle selon laquelle un soldat alsacien de Mulhouse aurait été assassiné à Strasbourg par des Marocains pourrait bien se confirmer. L'on commence à avoir peur de ces Nègres.

8 janvier

On nous envoie deux nouvelles fiches à remplir. L'Administration veut savoir les noms et dates de naissance du père et de la mère maintenant.

10 janvier

... Notre assistant est venu pour la première fois dans ma classe. Il paraît qu'il en est sorti satisfait. À Colmar s'est tenue hier une

1. Au moment du recensement de 1910, un habitant de Mulhouse sur dix était un Allemand. Ce convoi de sept cents expulsés a été suivi de beaucoup d'autres qui vont franchir le Rhin. Néanmoins, de nombreux Allemands d'origine ont finalement obtenu de rester.

petite conférence pédagogique. Je n'y ai pas assisté, mais il paraît que la salle a été comble. L'inspecteur d'académie a salué l'assemblée, et son secrétaire a fait une conférence sur la méthode directe. Des conférences analogues seront organisées tous les jeudis dans toute la région : à Mulhouse, Ribeauvillé, Altkirch, etc. Des cours d'adultes vont avoir lieu dès lundi prochain et le corps enseignant devra les donner gratuitement. Le collègue Mack a été révoqué. Jeanne a fait aujourd'hui sa première leçon.

13 janvier

Je suis convoqué chez M. l'inspecteur à propos des leçons de religion que je dois assurer dans la diaspora protestante de Lutterbach et Pfastatt dépendant de Dornach où j'ai pris la succession de M. Jaegle. J'en profite pour m'informer auprès de l'inspecteur à propos d'une éventuelle enquête qui pourrait être menée en raison de mes fonctions de rédacteur en chef de la *Schulzeitung*. Mais celui-ci n'est au courant de rien. Il me demande de me mettre en relation avec les directeurs de l'école de Lutterbach et Pfastatt. Peut-être ai-je fait une sottise... Je suis dispensé de l'obligation d'assurer les cours d'adultes.

14 janvier

... Le petit peuple de Mulhouse a faim et manque d'argent. Il se révolte, prend d'assaut les boutiques des halles, dérobe les marchandises, des produits alimentaires surtout, et chante la *Wacht am Rhein*[1]. Et voilà... L'autre jour, un des journaux français exprimait des doutes à propos de l'enthousiasme patriotique des masses. Selon lui, il fallait traduire les cris de « Vive la France ! » par « Vive le ravitaillement ! » Il n'avait que trop raison. Ces gens-là ont hérité de tous les défauts des deux nations sans avoir été imprégnés de leurs vertus. Il semble aussi que la police ne soit plus à la hauteur.

16 janvier

... Premier cours pour le personnel enseignant alsacien à l'école centrale. On vient des alentours. Les cours pour les débutants

1. Chant national allemand et antifrançais composé par Schneckenburger lors de la crise franco-allemande de 1840 (La Garde du Rhin).

durent de 8 heures à 9 h 30 et pour les plus avancés de 10 heures à 11 h 30. Ils se poursuivront tous les jeudis et seront sanctionnés par une sorte d'examen.
La *Schulzeitung* subit de nouvelles attaques... J'attends toujours l'ouverture d'une enquête.

17 janvier

... On vient de réinstaller l'éclairage électrique dans les classes de l'école centrale. Il y a désormais trois lampes dans ma classe...

18 janvier

... Je suis obligé de garder la chambre à cause d'un refroidissement. Je passe mon temps à faire de la lecture et des exercices de traduction. Ce soir, Marie a donné son cours régulier de français destiné aux adultes, un groupe de cent quarante femmes âgées de plus de cinquante ans.

19 janvier

.. Mon neveu Émile vient nous surprendre dans l'après-midi. Il vient de Sundhoffen en costume de poilu. Il a bonne mine et garde de bons souvenirs de sa captivité en France où il a été bien nourri et bien vêtu. En revanche, il n'est pas édifié par l'attitude des Anglais qui l'ont fait prisonnier près d'Albert et l'ont ensuite étroitement surveillé.

25 janvier

... Visite du maître assistant. Les élèves le regardent assez stupidement et ne réagissent guère à ses questions posées exclusivement en français. Je remplis deux fiches au bénéfice de deux élèves qui pourraient recevoir une marraine ou un parrain français...
Un assez vilain article concernant Mlle Wendling paraît dans le *Rhin français* [1]. Nous recevons la visite de trois dames et de Doniat.

1. Quotidien catholique du Haut-Rhin, fondé en 1918 par l'abbé Wetterlé.

La soirée est très animée ; nous passons notre temps à prévoir l'avenir en consultant les cartes et en interrogeant la table tournante. Ce Hokuspocus nous amuse jusqu'à minuit.
Willy Werk ne me salue plus. En me voyant, il tourne la tête d'un mouvement brusque.

31 janvier

... Ehlinger me confie qu'il sera nommé administrateur de l'école centrale, à la place de M. Kuhlmann. C'est sûr, celui-ci va recevoir le coup demain. Nombre d'autres collègues seront révoqués demain aussi ; on le chuchote. Suis-je du nombre ?

1er février

... « Ont été relevés de leurs fonctions » à compter d'aujourd'hui, MM. Roell, Schmitz père et fils, puis les sœurs Neurohr, Mlle Gard, etc. La direction de l'école centrale revient dorénavant à M. Guignot, un maître soldat. M. Kuhlmann vient d'être révoqué, semble-t-il. Il paraît qu'il s'est compromis dans quelque vilaine affaire. Mais j'ignore tout. Mme Schlienger aussi est relevée de ses fonctions et attend le jour de son expulsion.

6 février

... Le nouvel inspecteur se présente lors du cours de perfectionnement et prend part à la conversation. C'est un homme instruit, plein d'esprit, très savant et parlant très bien l'allemand.

7 février

... Il neige toute la journée. Le soir j'apprends que M. B. a été jeté en prison. Pourquoi ? On n'en sait rien. De la même source, me parviennent des informations sur la rive gauche du Rhin où l'ordre se rétablirait peu à peu. Le gouvernement passe pour prendre soin des expulsés ; il s'occuperait même des fonctionnaires qui restent en Alsace après leur révocation.

8 février

... La rumeur dit que le 15 du mois, cinquante collègues seraient relevés de leurs fonctions. Mon tour est-il venu ? Qui vivra verra.

11 février

Grand froid ce matin ; on parle de moins 16 °C. Mack nous fait sa visite d'adieux. Il part demain avec sa famille pour le Wurtemberg avec le convoi des indésirables.

[La suite est rédigée en allemand.]

19 février

À l'école, les progrès sont lents. Une dizaine d'élèves suivent bien. Pour les autres, je fais toujours l'illusionniste. Ils sont tous présents, hormis deux qu'il est impossible de faire revenir (c'est-à-dire que l'on n'y met pas l'énergie nécessaire...). L'épée de Damoclès est encore suspendue au-dessus de ma tête. Et pourtant, on manque d'instituteurs. On accepte dans l'enseignement les personnages les plus louches. Cela n'en améliore pas la qualité. On dit que le traitement des enseignants sera maintenu à son niveau actuel. Une sorte de « Kulturkampf » s'organise [1]. Dans le *Rhin français*, Wetterlé part en guerre contre l'inspecteur d'académie Schlienger, soupçonné de malveillance envers les sœurs enseignantes. Selon les Wetterlé et consorts, il faudrait donner à l'Alsace un statut particulier en ce qui concerne l'Église et l'école. Pour ma part, j'espère et je souhaite que notre Alsace sera traitée à tous égards comme les provinces françaises, qu'elle sera une province française, avec séparation de l'Église et de l'État, avec l'école laïque ; nous devrions seulement conserver notre dialecte — et notre rémunération. Sinon, je pourrais me passer des Français.

1. Référence à l'affrontement entre Bismarck et les catholiques allemands entre 1871 et 1878.

22 février

J'apprends qu'une nouvelle association d'instituteurs est en voie de création et sur de nouvelles bases. M. Limacher aurait convoqué une assemblée pour en débattre. Ça bouge aussi à Colmar. Là-bas, on aurait décidé de créer un nouveau journal d'enseignants. Il s'agit de s'opposer avec énergie à l'administration actuelle du bureau scolaire. Il faut le faire ; mais on n'obtiendra sans doute pas grand-chose [1].

24 février

Fritz est parti. Notre maître militaire vient assister à la classe. Je calcule, je récite, je chante un peu pour lui, c'est-à-dire que je l'incite à faire de même. Après sa visite, il me fait parvenir deux livres.
Le vin est arrivé.

25 février

Les ouvriers de Dollfus-Mieg font grève. C'est un nouveau signe du mécontentement naissant, c'est-à-dire de la déception. Les plus déçus, c'est sans doute nous, les maîtres. Mais avant d'émettre un jugement définitif, je préfère encore attendre et voir.

---

1. Au lendemain de la désannexion, les organisations professionnelles traditionnelles sont en voie de disparition.
Jusque-là deux grandes organisations avaient coexisté dans le Reichsland. Dans chacun des trois districts, fonctionnait une association des instituteurs. Elle avait un caractère officieux. Proche du gouvernement, elle s'affirmait interconfessionnelle ; son orientation était nettement libérale. Elle militait activement en faveur de l'école simultanée (ou interconfessionnelle). En 1909, le Elsass-Lothringischer Lehrerverband s'est affilié au Allgemeine Deutsche Lehrerverband. La *Schulzeitung* en est l'organe de liaison.
Seconde organisation, l'association des instituteurs catholiques a vu le jour en 1892. Constituée définitivement en 1896 à Strasbourg, elle s'est affiliée au Katholischer Lehrerverband du Reich. Elle a notamment pour objectif de défendre l'école confessionnelle.
L'association des instituteurs protestants, fondée en réaction contre la création de celle des instituteurs catholiques, n'a qu'une influence très limitée.
Dès février 1919, une reconstruction se dessine.

26 février

Aujourd'hui paraît encore une longue liste de collègues révoqués. Les révocations vont toutes être signifiées d'ici le 1er mars. Les autorités vont-elles trouver des remplaçants ? Et des remplaçants de même valeur ? Nous le souhaitons, dans l'intérêt de l'école. Nous espérons aussi que les nominations intervenues ces derniers temps vont être revues avec attention.

27 février

Le cours a été plutôt minable aujourd'hui. Il s'est limité à un exercice de dictée suivi de quelques explications de vocabulaire et de fond. Le professeur habituel ayant eu un empêchement, c'est un autre maître militaire qui a assuré le cours.

28 février

Le collègue Guthmann a également été révoqué. Bientôt, tous les collègues vieux-allemands auront disparu des écoles. Mais des changements importants interviendront encore d'ici le 1er avril.

1er mars

C'est aujourd'hui l'anniversaire de la protestation solennelle des députés alsaciens à Bordeaux en 1871. L'heure de 9 à 10 est consacrée à sa commémoration. L'après-midi est libre.
Mlle Haubrich fait de la dépression nerveuse.

3 mars

On trouve maintenant des petits pains partout. Mais comme un prix maximum a été fixé (5 et 10 centimes), ils ne tarderont pas à disparaître des étalages. Marie nous a rapporté un délicieux kugelhopf de Riquewihr. Mlle Haubrich n'est toujours pas mieux. Litschgy (Lutterbach) est révoqué.

4 mars

On parle de la possibilité d'une grève générale. Il faut remplir une nouvelle fiche. Ils veulent maintenant connaître le lieu d'origine du grand-père.

L'on raconte aussi des anecdotes amusantes sur le « nouveau milieu enseignant ». Il paraît qu'à Heiteren le mari de la nouvelle institutrice française a demandé à des paysans de l'embaucher comme journalier ! Ailleurs, le nouvel instituteur qui s'était présenté au curé comme « sans religion » a trouvé sa classe vide.

5 mars

Plusieurs collègues s'en vont aujourd'hui par le « train des émigrés ».

Un nouveau journal des enseignants doit paraître à Colmar. Il sera intitulé *Revue scolaire-E.L. Schulzeitung* car il est prévu qu'il soit bilingue. L'intention est bonne, mais l'impossibilité de toucher à la question religieuse me paraît préparer des conflits futurs.

8 mars

On nous avertit par circulaire qu'il n'est plus question de rester à la maison sans nécessité absolue. Les petits malaises ne sont plus admis et seront considérés comme un manque de zèle ou de capacité. À partir de lundi, l'horaire complet sera mis en vigueur : de 8 heures à 11 heures et de 13 heures à 16 heures ou de 8 heures à midi et de 14 heures à 16 heures.

« Verdammi [1] », mais vive la France quand même !

9 mars

Le pasteur Schaffner se fait quémandeur. Sa longue prédication peut se résumer ainsi : « Mes chers Alsaciens, vous qui avez maintenant la chance d'être français, vous qui avez moins soufferts que d'autres, vous que nous avons épargnés : donnez, donnez, participez à la reconstruction du Nord dévasté et des églises protestantes démolies ! »

1. Le juron alsacien par excellence.

11 mars

Demain, un nouveau convoi va partir avec, entre autres, la famille Jægle. On dit que cette fois encore les critères ont été stricts[1].
Le *Rhin français* continue à tempêter contre les indésirables. Il voudrait aussi être débarrassé des Alsaciens qui ne lui conviennent pas. C'est un infâme brûlot. Pourvu qu'un traité de paix soit signé au plus vite, pour que cessent ces pratiques méprisables. On ne peut que regretter de voir des enseignants se laisser aller à de tels excès.

12 mars

Le *Rhin français* publie de nouveau un article tout à fait ignoble, écrit par un certain Lichtle. Il a l'air de ne pas digérer les instituteurs, ce Lichtle. Il est pire que le pire des « boches ». Je pense qu'en consultant son arbre généalogique on aurait des surprises. Un vrai Français ne se conduit pas ainsi, ni un vrai Alsacien non plus.

15 mars

Mulhouse célèbre l'anniversaire du rattachement de la cité à la France. La ville est pavoisée. Une cérémonie est organisée dans les écoles. L'après-midi est libre. MM. Jaeck et Gutknecht font une allocution. Le second présente cet événement si important de l'histoire de Mulhouse comme si tout n'avait été que pure félicité il y a cent vingt et un ans. On sait bien, pourtant, que si la ville a renoncé à son indépendance, c'était sous la pression des circonstances et pas de gaieté de cœur[2].
Ne faudrait-il pas (les Français ne devraient-ils pas) respecter strictement la vérité historique, une fois de plus ?

---

1. Environ cent mille personnes ont quitté l'Alsace, expulsées ou volontairement. Parmi eux, des Alsaciens de souche. Pour l'ensemble de l'ancien Reichsland, environ mille instituteurs auraient été révoqués. Des enseignants venus de France les ont remplacés.
2. C'est sous la pression d'impératifs économiques (la France entravait depuis 1792 les transactions) que la ville a rompu ses liens privilégiés avec les cantons suisses pour devenir française (1798).

Je trouve aussi que l'utilisation du dialecte pour des discours est d'une mesquinerie grotesque et puérile. Bien sûr, j'aime mon « Elsässerditsch[1] » et j'ai toujours été mécontent de voir que notre bourgeoisie avait honte du dialecte et ne se servait que du français ou du « Hochdeutsch[2] ». Mais afficher son mépris de l'Allemagne au point de s'abstenir de parler Hochdeutsch me paraît une attitude au moins aussi puérile que celle des Allemands face à l'emploi de la langue française en Alsace.
J'espère qu'une fois la paix retrouvée, nous aurons une Administration assez raisonnable pour donner des instructions moins étriquées, même en ce qui concerne les langues.
Au cours de la cérémonie proprement dite, qui s'est déroulée dans notre école de 10 à 11 heures (après deux heures de classe, de 8 à 10), les élèves ont interprété quelques chants et récité trois poèmes. L'un de ces chants était la traduction du texte de l'instituteur Schmitt, « An mein Elsass », mis en musique par Andres. Nous avions étudié ce chant tout l'été dernier, et pour pouvoir le garder au répertoire, j'en ai traduit les paroles. Les voici :

À mon Alsace

Je te salue, toi mon florissant pays, si bien,
Si gentiment casé au bord du Rhin.
Comme tu te pares au gai mois de mai
Quand la nature du sommeil renaît ·
(bis)
Je vois sur ton front luire l'aurore
Je vois tes flancs garnis de couronnes d'or.
Mon cœur vers toi s'enflamme en amour ardent :
Père céleste ! Protégez ma chère Alsace souriante.

Je te salue, toi mon florissant pays, charmant
Et ravissant, décoré au printemps.
D'un doux parfum il t'embaume les cheveux
Et te présente des trésors précieux :
(bis)
J'ai salué, en voyageant, plus d'une patrie :
Mais aucune égale à mon Alsace chérie :

1. Dialecte alsacien.
2. L'allemand littéraire.

Mon cœur vers toi s'enflamme en amour ardent !
Père céleste, protégez ma chère Alsace souriante.

Je te salue, toi mon florissant pays, sacré
Par tant de sang qu'on a pour toi versé.
C'est toi que je porte secrètement au cœur
Te restant fidèle en joies et en pleurs.
C'est toi qui m'a comblé d'un extrême bonheur.
Te quitter, ce serait ma plus grande douleur.
Mon cœur vers toi s'enflamme en amour ardent !
Père céleste ! protégez ma chère Alsace souriante.

16 mars

La lutte est engagée entre le *Républicain*[1] et le *Rhin français*. Le journal socialiste est d'un niveau cent fois supérieur à celui de la feuille de Wetterlé et consorts.

17 mars

Le nouvel emploi du temps comporte deux heures de gymnastique et deux heures de chant, soit vingt-six heures au total. L'une des trois heures de religion se fera en français[2].
Kuhlmann est nommé directeur de l'école Nessel. Il semblerait que sa nomination ait fait un peu de bruit là-bas. M. Werk, ce don Quichotte moderne, avait dû se bercer de douces illusions ; il paraît qu'il est très froissé maintenant. Acceptera-t-il de saluer son nouveau directeur ?

1. Le *Républicain* est le nouveau nom de l'ancien journal socialiste *Mülhauser Volkszeitung*.
2. Selon la législation scolaire en vigueur durant la période allemande, les élèves des écoles primaires suivent trois heures de religion, assurées à l'école même par l'instituteur. Ce qui, par ailleurs, explique la définition confessionnelle des postes. La prorogation de ce système, en contradiction flagrante avec celui en vigueur dans les autres départements, prouve que le gouvernement ne songe pas, dans l'immédiat, à laïciser l'école en Alsace. Au contraire, il accepte même qu'une partie de l'enseignement religieux à l'école continue de se faire en langue allemande.

19 mars

Certains journaux publient une lettre de protestation émanant de l'école Nessel contre la réintégration de Kuhlmann. Pourvu qu'elle reste sans effet. Il était tout à fait prévisible que le « célèbre esprit de corps » se manifesterait une fois de plus pour permettre de serrer les rangs. Du point de vue de l'union et de la solidarité, le corps enseignant, plus que tout autre, s'est hautement distingué. Je suis fier de mes collègues.

20 mars

Je reste à la maison au lieu d'aller au cours. Il fait trop mauvais [1]. Je me soigne près du poêle en lisant et en dormant. La presse dit que la paix ne va plus tarder. Elle donne aussi des informations sur l'homme pressenti pour diriger notre pays ; on avait d'abord parlé de Jonnart, le gouverneur de l'Algérie ; à présent, on dit que ce sera Millerand [2].

Je réfléchis à notre situation passée et présente dans le domaine économique, social et scolaire, à la déchéance morale de certains de nos concitoyens qui voudraient faire passer l'accomplissement du devoir pour un crime, l'hypocrisie et la lâcheté pour de l'héroïsme, au ravitaillement qui a fait des progrès incontestables par rapport au passé, en dépit de l'inflation.

21 mars

Il n'y aura pas de grève générale. De part et d'autre, on fait des concessions. Il paraît que dans les instructions données à nos maîtres militaires, on leur conseille de se comporter en collègues plutôt qu'en supérieurs hiérarchiques et en inspecteurs.

25 mars

J'ai acheté un vélo et un miroir provenant du ménage de Mlle Haubrich (280 francs le tout). J'ai eu du mal à rapporter à la

1. Il s'agit sans doute du cours, organisé le jeudi, destiné aux maîtres.
2. Décidé à centraliser au plus vite, le gouvernement a cependant nommé un commissaire général de la République à Strasbourg, dont les compétences s'étendent sur tout l'ancien Reichsland. Millerand est nommé le 21 mars.

maison le miroir plutôt lourd. La joie maternelle ne semble pas particulièrement débordante. Quoi qu'on fasse, on a tort.

26 mars

Dans une lettre de Strasbourg, *L'Express*[1] réclame que l'on tire un grand trait sur le passé. Il s'élève contre les Alsaciens fanatiques qui sont pires maintenant, la paix revenue, que les « boches » pendant la guerre. Ce correspondant a le cœur bien placé.
L'*Alsace* traite de la question scolaire, dans une optique cléricale, bien entendu. On y exprime le souhait qu'en matière de religion l'Alsace ne soit pas française, mais que la France se fasse alsacienne.

28 mars

On nous remet en mémoire le règlement scolaire allemand. Les préliminaires de paix doivent être signés d'ici à Pâques. L'électricité fait grève. Les ouvriers ont cessé le travail hier à 22 heures. Grève aussi chez les employés du tram. Même notre vache est en grève. La fièvre aphteuse sévit dans l'étable. C'est M. Kienz qui l'a introduite. Le lait va nous coûter plutôt cher. J'ai acheté un pneu pour le vélo (19 francs).

29 mars

Hurst, l'ancien manuel de français, est interdit à cause de quelques phrases sur l'empereur allemand. J'ai reçu une visite plutôt bizarre de notre directeur, M. Boulanger, entre 16 et 17 heures. Je fais étudier des chants choisis dans le Delcasso tel *Du Seigneur, c'est la loi suprême* sur la mélodie de *Es ist bestimmt in Gottes Rat*. M. Boulanger vient nous écouter. Un collègue bien intentionné lui aura sans doute signalé que « là-haut », on chantait des chansons allemandes ou, du moins, des airs allemands. Il monte, se fait donner des explications, écoute et ne trouve rien à redire. Il examine le Delcasso, apprécie l'éducation vocale des élèves et considère que le chant est un élément stimulant dans l'apprentis-

1. Quotidien de la bourgeoisie mulhousienne qui paraissait déjà sous le Reichsland.

sage de la langue. Il ajoute encore que M. Gehin, le professeur de musique, a bien de la chance d'être ainsi secondé, etc.

Moi, je me dis : tu as bien cherché, sans rien trouver. Mais, dans quelque temps, va paraître une circulaire interdisant de faire chanter des airs allemands. Moi, en tout cas, je ne ferai plus chanter qui que ce soit. Oh ! liberté [1] !

31 mars

Le soir à 16 h 30 est organisée une réunion à la salle de gymnastique de l'école moyenne, qui a pour but la création d'une nouvelle association d'enseignants. C'est M. Limacher qui a convoqué. Un comité est déjà formé car des assemblées analogues ont déjà eu lieu à Colmar. La gent féminine a répondu massivement à l'invitation. Ce ne fut pas suffisant pour faire élire M. Limacher. À la surprise générale, ce sont MM. Friedrich et Hertzog qui ont été élus aux postes de président et de vice-président de l'association mulhousienne. Le vote a eu lieu à bulletins secrets [2].

1er avril

Marie est nommée à l'école Nessel. Les distributions de soupe sont progressivement supprimées. Les élèves rendent leurs cartes de bonne grâce.

6 avril

À l'église, la prédication porte sur la punition subie par l'Allemagne ; une punition méritée. Évidemment, puisque Dieu est juste !

---

1. Tout ce dernier alinéa est barré et porte ces mots, écrits entre les lignes avec une encre différente : « Je m'étais trompé. M. Boulanger est un Français comme il faut. Je l'ai soupçonné à tort. »
Il s'agit de Lucien Boulanger, instituteur venu de l'intérieur de la France et futur fondateur du syndicat national des instituteurs dans le Haut-Rhin (voir plus loin).
2. Le processus de reconstitution des organisations d'instituteurs est en cours. Ce sont des membres de l'ancienne association des instituteurs catholiques qui prennent l'initiative les premiers, comme ici à Mulhouse… Fin avril 1919, est fondée à Colmar l'Association des instituteurs et institutrices du Haut-Rhin. La nouvelle association se dit neutre et exclut des débats les questions religieuses.
La vie de l'association sera très agitée car le corps des instituteurs est particulièrement concerné par la politique d'assimilation de l'État.
Membre de l'ancienne organisation libérale, Philippe Husser observe.

À la fin du culte, on nous fait entendre un chant nègre : à vous faire dresser les cheveux sur la tête.

8 avril

Depuis hier, M. Guillaume Werk, le Français enragé, le don Quichotte qui détourne la tête quand il nous croise, quelques autres et moi, enseigne à l'école centrale.
Les instituteurs et institutrices protestants sont invités à demander une mutation en basse Alsace.

9 avril

Marie est nommée institutrice titulaire provisoire. Mais elle ne sera pas augmentée. Bœglin donne signe de vie de Radolfzell. Il n'a pas encore de poste, mais son moral n'en souffre pas. Selon des rumeurs qui courent, Mlle Wendling va aussi être réintégrée. Cela serait tout à fait souhaitable.

10 avril

Avec Schneider, Boulanger [1], Lucie, Jeanne et Marthe Kuhlmann, nous sommes partis en excursion par le Drumont jusqu'à Kruth : une bonne journée, une grande aventure par les champs de neige de la Tête-de-Fellering. Par moments, nous avons de la neige jusqu'aux genoux. Nous sommes, malgré tout, bien arrivés à Kruth où nous avons pu nous remettre de nos émotions au *Café français*. La gentille aubergiste nous a fait du feu et nous avons pu sécher nos chaussettes trempées près du poêle.
Au-delà de Thann, la guerre a laissé peu de traces. La ville de Thann elle-même est détruite aux deux tiers. Le quartier de la cathédrale a beaucoup souffert ; l'édifice ne semble pas endommagé. Manifestement, on a voulu l'épargner ; il n'a été touché que par des projectiles égarés. Les trois quarts de Vieux-Thann sont en ruine et il ne reste pas grand-chose de Cernay.

---

1. Les relations amicales nouées ici par Philippe Husser avec Boulanger montrent bien que, s'il partage les préoccupations de ses collègues locaux sur la question des droits acquis, il n'est pas hostile à ceux de l'intérieur. N'est-il pas, comme eux, favorable à la laïcisation de l'école ?

13 avril

Il y a des troupes en cantonnement à Sundhoffen : Arabes et Français. Un Arabe a tranché la carotide à un soldat français, à la suite de quoi l'auberge Z. a été interdite aux militaires pour quinze jours.
À Beblenheim, on signale un vol à main armée chez un viticulteur par des soldats français.

14 avril

Une circulaire me parvient, par laquelle on m'invite à une réunion du comité de l'association des instituteurs d'Alsace-Lorraine[1] devant se tenir à Strasbourg le 24 avril prochain.

15 avril

Une première réunion de la nouvelle association des enseignants se tient à l'école moyenne. Un comité est mis en place pour examiner diverses questions dont notamment la défense de la valeur et du niveau de nos examens[2].

16 avril

M. Caron, notre inspecteur, nous tient un long discours-programme qui peut se résumer ainsi : puisque vous êtes français, ayez des idées françaises, des sentiments français, une pédagogie française. J'ai du mal à entendre. Il me semble qu'il a dit aussi ceci : ceux qui n'ont pas fait leur devoir sous l'ancien régime ont bien fait.

18 avril

M. Schreck revient de Munster. Il n'est pas très édifié par les perspectives actuelles. Il trouve qu'il n'y a pas assez d'ordre. Le vol

1. L'ancienne association libérale du temps du Reichsland.
2. Il s'agit notamment d'écarter de l'association les instituteurs titulaires du brevet seulement. La mesure vise un grand nombre d'instituteurs français.

est chose courante. Jeanne joue au ballon avec quelques poilus. Une bande agile et bruyante, ces poilus, gais, alertes comme un vin jeune. Ils n'ont rien à faire et tuent le temps en se livrant à toutes sortes de distractions. L'ambulancier loge chez la grand-mère. C'est un homme très agréable et gentil. Il s'empresse de me procurer quelques paquets de scaferlati (quarante grammes valent 80 centimes).

23 avril

Temps clair, ensoleillé, mais froid. Il gèle durant la nuit. Je termine mon travail au jardin. Grand-mère fait cuire du pain et des gâteaux. Dehors, les poilus exécutent une sorte de bourrée mauresque : des trépignements monotones et saccadés, accompagnés de rythmes de tam-tams frappés sur des gourdes. Un poilu fait des singeries ; il est plutôt sans gêne et joue au ballon avec sa miche de pain.

24 avril

Je me rends à Strasbourg pour assister à la séance du comité de l'association régionale[1]. Mulhousiens présents : Kuhlmann et Ortlieb. On discute de la situation d'ensemble. M. Deviller ouvre la séance par un « Vive la France ! ». M. Marco présente le bilan financier. La caisse de l'association est vide. Le fonds militaire est intact. On décide de convoquer les délégués pour le jeudi d'après la Pentecôte. Ils devront décider de la dissolution ou du maintien de l'association, ainsi que de la gestion des services créés par elle : assurance incendie, assurance responsabilité civile, fonds militaire, solidarité avec les anciens combattants.

26 avril

Une petite excursion avec Jeanne nous mène à Cernay, Steinbach et Thann. Les traces de la guerre sont visibles partout : Cernay est presque en ruine ; Steinbach complètement. Les travaux de déblaiement n'avancent pas vite. Ah ! si les militaires s'y mettaient,

1. L'ancienne association libérale n'a pas repris vie. Beaucoup de membres sont retournés en Allemagne. Les autres sont allés s'affilier, au début du moins, à la nouvelle organisation qui se veut neutre.

mais les poilus préfèrent jouer au football. Des abris, des câbles, des tranchées, des cimetières militaires, des forêts saccagées, des sapins et des hêtres décapités tout au long du chemin, jusqu'à Thann.

Nous croisons une mère française qui recherche la tombe de son fils[1].

La ville de Thann s'est déjà bien remise de ses épreuves. Le bourg reprend vie. Certains quartiers ont beaucoup souffert. La gare paraît en très mauvais état. Mais à part quelques traces d'éclats et l'orgue détruit, la cathédrale est presque intacte. Si tous les dommages de guerre étaient aussi faciles à réparer et à guérir que ceux de la cathédrale de Thann, tout serait bien vite oublié.

1er mai

Chez nous aussi, on commence à se révolter. Certains ont été choqués par l'indifférence manifestée à l'égard des tombes de soldats allemands, lors de la cérémonie commémorative au cimetière de Dornach. Il paraît qu'un officier français a déclaré que les Alsaciens « étaient pires que les boches ».

Au cours d'un match, les Mulhousiens et les Parisiens[2] se sont bagarrés; les insultes, « sales boches », pleuvaient à qui mieux mieux. M. Millerand aura du mal à contenter tout le monde. Le ravitaillement reste bon. Seul le lait est encore difficile à trouver. On a supprimé les cartes de viande. Mais on a distribué hier des cartes de sucre, de pain et de charbon, valables jusqu'au 30 juin. Tout le reste, on peut l'avoir sans cartes, même si les prix restent élevés.

4 mai

Fritz et Marie vont voir Mlle Wendling qui leur prodigue toutes sortes de recommandations et conseils.

---

1. Le plus souvent, les cadavres ont été enfouis rapidement à même le sol. Se fondant sur des descriptions provenant de combattants ayant survécu, les familles des tués sont venues sur place après 1918 afin de découvrir le lieu d'inhumation et de rapatrier le corps. L'Administration a fini par interdire aux familles de transporter elles-mêmes les corps.
2. Afin de marquer le retour de l'Alsace dans le giron français, plusieurs équipes de football de Paris ont tenu à venir rencontrer les principales équipes alsaciennes. Les incidents de Mulhouse se sont répétés à Strasbourg.

5 mai

Fritz va se faire délivrer des attestations de ses diplômes.
Il pleut des décorations sur l'Alsace : Wetterlé, Blumenthal, etc., ont eu la Légion d'honneur.

6 mai

On annonce, de Colmar, le décès subit de Gebel. Il a eu une attaque pendant une réunion de la mutuelle. On suppose que ce malheur est dû au fait qu'il avait pris trop à cœur sa mise en disponibilité.

9 mai

Dix élèves quittent l'école de leur propre gré. Les clauses du traité de paix sont connues. Elles sont dures, atrocement dures. Certains doutent que l'Allemagne puisse les accepter. C'est une réduction à l'esclavage, l'anéantissement. Il paraît que la réunion du comité à Colmar a été satisfaisante. On s'engage sur des voies plutôt extrémistes. Le collègue Erne est mort en Suisse. Ayant été révoqué parce qu'il était de nationalité suisse, il avait sombré dans la folie.

12 mai

L'après-midi, conférence à 17 heures au lycée de jeunes filles. Je n'ai pas compris un seul mot du long discours. L'orateur parlait trop vite pour ceux du fond. Nos oreilles ne sont pas habituées à de tels flots de paroles. On a mieux compris ce que disait l'amiral. Il s'agissait d'une réunion de propagande pour la marine marchande. Du point de vue de la mise en scène patriotique, ces deux manifestations n'avaient rien à envier à celles des Allemands, bien au contraire.

16 mai

Un article de *L'Humanité* fait sensation. Il se termine ainsi : « Autrefois, c'étaient les Prussiens qui avaient tous les avantages, maintenant ce sont les Français. »

17 mai

Notre inspecteur des écoles, M. Caron[1], ne fait pas preuve d'une amabilité bien française lorsqu'il écrit ces mots : « Les Alsaciennes défaillantes qu'on remplacera par des Françaises vaillantes. » Que voulez-vous, il est lui aussi capitaine.

21 mai

On procède à la sélection des candidats au certificat d'études[2]. Mlle Gross se plaint du manque d'application des élèves au cours d'histoire. Faire apprendre par cœur une page d'histoire de France, c'est beaucoup trop demander à nos « jeunes Français ».

22 mai

Forte participation à la rencontre des instituteurs à Colmar. Un télégramme d'allégeance est adressé à Poincaré. Sampy de Colmar est président de séance. L'assemblée examine les statuts et les adopte. Elle récuse aussi la participation de ceux qui sont seulement titulaires du brevet élémentaire. Un traitement minimal de 4 000 francs est exigé. Sampy, qui avait été pressenti pour la présidence, n'est pas élu. C'est Hertzog, de Mulhouse, qui est désigné à une majorité écrasante.

1er juin

L'après-midi, je reçois la visite de M. l'inspecteur Caron. Mes garçons présentent *Deux coqs se livrent bataille* ainsi qu'un dialogue. Puis M. Caron élucide le plan d'un texte… et s'en va.
Le soir a lieu une séance houleuse de l'amicale, à laquelle les collègues français étaient invités. Ceux-ci se vantent de leur dévouement et de leurs sentiments patriotiques. Ils laissent entendre que nous ne « possédons pas ces vertus ». Des propos plutôt

1. Le capitaine Caron est le successeur français de l'inspecteur allemand Hauptmann. Hauptmann = capitaine.
2. En raison du très bas niveau en français, très peu d'Alsaciens sont présentés au certificat. Un nombre très limité l'obtient. La situation s'améliore lentement après 1924.

aigres sont échangés. Manifestement, nous n'avons pas une très haute opinion les uns des autres.

7 juin

Les vacances débutent à 17 heures. Elles prendront fin vendredi matin, celles des écoles secondaires mardi : égalité ! Il paraît que le collègue Rossé [1] de Colmar, le rédacteur de la *Revue scolaire,* a été révoqué pour des articles qu'il y a fait paraître : « Liberté ! » Un article, ou plutôt une lettre, que publie le *Tagblatt* règle leur compte aux institutrices et instituteurs alsaciens en des termes blessants à cause de leur attitude dans l'affaire du brevet. L'auteur place la formation professionnelle française bien au-dessus de celle que l'on pouvait acquérir dans les « séminaires boches » : fraternité !

11 juin

Le fond de la vallée de Munster est horrible à voir : Stosswihr, Ampfersbach, Soultzeren, le Hohrodberg sont des monceaux de décombres. Au Barrenkopf, la forêt est desséchée. Les positions allemandes sur la face nord sont bien conservées. On les avait aménagées avec beaucoup de soin et d'intelligence. Au Hohrodberg, la veuve du collègue Rick a ouvert une auberge. La ville de Munster est aux trois quarts détruite. L'église paraît intacte. Nous avons pris le chemin de Stosswihr et d'Ampfersbach, puis, sur notre droite, par les fermes, vers le Sultzerer Eck et Soultzeren. Le Barrenkopf est la hauteur la plus proche de Soultzeren, dans le prolongement du Hohrodberg. L'ascension à travers des barbelés, des boyaux et des éboulis était un peu délicate.

---

1. Né en 1892, Joseph Rossé est muté dans le nord du Bas-Rhin dès juin 1919 pour attitude antifrançaise. Il devient alors président du Groupement professionnel des instituteurs du Bas-Rhin et secrétaire de la Fédération des fonctionnaires et des instituteurs de l'ancien Reichsland. Revenu à Colmar dès 1920, il entame parallèlement une carrière politique à l'UPR du Haut-Rhin, qui le conduira dans le camp des autonomistes et le mènera à la députation (voir plus loin). Emprisonné en 1939, il est libéré par les nazis et approuve l'annexion de l'Alsace. Après la Libération, il est condamné à quinze ans de travaux forcés et meurt en prison en 1951.

12 juin

Fritz ne pourra pas partir. Il lui faut d'abord un visa du consul de Berne. Cela mettra trois semaines. Les autorités françaises veulent bien lui donner un visa de sortie, mais la Suisse fait des difficultés inouïes...

21 juin

Pour aujourd'hui, on avait annoncé une nouvelle journée de congé de chaleur. Mais M. l'inspecteur a annulé la circulaire des directeurs : « Pas de vacances de chaleur sans mon ordre. » Jamais Hauptmann ne se serait permis une telle arrogance. Quelle est la différence entre un « Hauptmann » et un capitaine ? Aucune...

23 juin

Sec, dégagé, frais. Signeront-ils ? Ne signeront-ils pas ? Tout le monde se pose la question. Ils signeront. Le soir, plusieurs indices font supposer que la paix a été signée : on voit apparaître des drapeaux, on entend des salves, des avions. Lucie et Jeanne vont aux renseignements ; elles rapportent la nouvelle : *acceptation inconditionnelle de toutes les clauses*. À 22 heures, les cloches annoncent la paix.

24 juin

La ville est pavoisée. À 18 heures, nouvelle sonnerie pour annoncer la signature du traité de paix[1]. Un peu plus d'animation dans les rues ; les élèves de l'école de chimie font du chahut en promenant un mannequin de paille. De temps en temps, un ivrogne. Mais il n'y a pas d'explosion de joie à proprement parler, ni un enthousiasme délirant : c'est déjà trop refroidi.

27 juin

Enterrement de Zielinger, à 17 heures. Cette heure inhabituelle devait permettre la participation des collègues. L'Administration

1. Le traité de Versailles.

française n'est pas très coulante en matière d'enterrement. Il n'y a pas eu de chant. Notre répertoire ne comporte pas de chants funèbres en français et, en allemand, nous n'oserions pas. M. le pasteur Lickel a prononcé une belle allocution, décrivant Z. comme un de ces maîtres et de ces hommes de caractère qu'il nous faut actuellement. Qui avait des oreilles pour entendre, pouvait entendre toutes sortes de choses. Au cimetière, le directeur Limacher a fait un bref discours en français.

28 juin

À Versailles, la paix est signée à 14 heures. À dater de ce jour, la guerre est finie. 1784 jours, 255 semaines. Attendons de voir ce que nous apportera la paix. On ne note pas un enthousiasme excessif. Le mécontentement est général, à cause de l'inflation. Tout le monde réclame des augmentations. Tout le monde a envie de se mettre en grève.
On y pense aussi chez les instituteurs. Nous avons cherché et trouvé des contacts avec les grands syndicats de fonctionnaires, avec l'aide desquels nous espérons imposer nos exigences. Les employés municipaux sont toujours en grève. La ville est de plus en plus sale. Les salles de classe commencent à ressembler à des porcheries. Personne n'en est choqué... L'Administration ne s'en préoccupe pas. Quatre instituteurs et cinq institutrices vont être envoyés à Paris aux frais du gouvernement pour se perfectionner dans la langue française. Lucie est candidate.
L'allocation exceptionnelle de vie chère risque d'être remise en question pour nous autres instituteurs. Notre direction syndicale va entreprendre des démarches ; le collègue Hertzog verra M. Millerand mardi à Strasbourg. À la place des allocations actuelles, nous devrions toucher 5 francs par jour à partir du 1er juillet.

29 juin

Pour la première semaine de paix, il n'y a plus de tickets de pain. À part le sucre, tout est en vente libre maintenant. Mais tout est cher.

3 juillet

Je me rends à Strasbourg ce jeudi matin. Nous avons enterré le « Landesverband ». Une commission de sept membres est chargée de la liquidation. Le fonds militaire et celui des anciens combattants vont être versés aux amicales de secteur. La caisse d'assurance-incendie sera maintenue. M. Deviller profite de l'occasion pour remercier le directeur du bulletin de l'association de son travail en ces temps difficiles[1]. Le collègue Mœglin remercie M. Deviller d'avoir dirigé l'association avec tant d'habileté. Je remets mes comptes à M. Marco avec le solde de 106 F 56. On verse à M. Mertz père 6 F 56 d'honoraires dus à M. Richard Mertz, de Munich. Les numéros restants de la *Schulzeitung* iront au pilon. Voilà donc cette affaire réglée et mon service de membre actif achevé.

10 juillet

Le traité de paix a été ratifié hier soir par l'Assemblée nationale de Weimar. Ainsi, la tragédie a trouvé son dénouement. L'Allemagne vaincue courbe la tête sous le glaive du vainqueur. Elle a gagné bien des batailles, conquis bien des pays et des forteresses, mais elle a perdu la guerre. Comment est-ce possible, après les brillants succès des premiers temps ? « Voici que se réalise le rêve allemand[2]... » « Et c'est grâce au naturel allemand que le monde pourra un jour retrouver la santé[3]... »
« Habitants du Brandebourg ! Sous ma conduite, vous irez vers l'âge d'or[4]... » Et dire qu'aujourd'hui, l'auteur de ces fortes paroles se trouve en exil à Amerongen[5] et attend de se voir juger par ses ennemis acharnés. Quel va être son sort ? Et que deviendra l'orgueilleuse construction de Bismarck ?
On pouvait imaginer en effet que le naturel allemand rayonnerait sur le monde entier, que l'Allemagne avait une vocation d'universalité, que son rêve se réaliserait. Quatre années de victoires, quatre années de succès indéniables, quatre années de lutte sans merci

1. C'est-à-dire Philippe Husser.
2. Guillaume II.
3. Vers de Geibel souvent cité par Guillaume II.
4. Guillaume II.
5. Aux Pays-Bas.

contre un monde rempli d'ennemis acharnés, innombrables. Puis, au beau milieu de la marche triomphale, ce fut le choc, la débâcle. Une débâcle propre à surprendre autant les amis que les ennemis. Beaucoup prétendent, à vrai dire, que c'était prévisible : « Une meute de chiens vient à bout du lièvre, et à la longue, elle peut même être fatale à un lion[1]... » Ajoutez à cela la négligence et le manque de fiabilité des pays alliés qui ont plus souvent freiné que stimulé les initiatives allemandes... Certains cherchent aussi à rendre responsables de la défaite la diplomatie allemande, la guerre sous-marine qui nous a attiré l'hostilité de l'Amérique.

Pour d'autres, au contraire, le renforcement de la guerre sous-marine a trop tardé. Hindenburg a dit un jour : « Celui qui vaincra, ce sera celui dont les nerfs auront résisté le plus longtemps. » Et les nerfs du peuple allemand ont lâché en premier. En pleine marche triomphale, au milieu du territoire ennemi, ses forces l'ont abandonné. On a vu de plus en plus nettement que l'orgueilleux édifice allemand reposait sur des bases vermoulues.

Quand la Bulgarie se retira, suivie bientôt par l'Autriche et la Turquie, la construction se mit à vaciller. Le trône impérial et tous les petits trônes vassaux s'écroulèrent, et, soudain, l'Allemagne fut un conglomérat de républiques prêtes à enfanter la révolution et dont la cohésion sera de moins en moins évidente. Bien des chants et des discours enthousiastes ont célébré l'excellence du naturel allemand. Mais ce naturel allemand, si cher à Geibel, était très imparfait, tant du point de vue de la tête que des membres ; il vaut mieux sans doute, sans aucun doute même, que le peuple allemand n'ait pas gagné la guerre. Il n'était pas fait pour la gagner. La puissance militaire de l'Allemagne, associée à un naturel allemand authentique, commun à tout le peuple : voilà qui aurait permis de mériter la victoire. Sans cette composante éthique, l'Allemagne devait logiquement être écrasée. L'Allemagne a avancé trop vite. Sa floraison précoce a produit des fruits qui ne correspondaient en rien au naturel allemand : la folie des grandeurs, le goût du luxe.

Si l'Allemagne avait gagné, ces trait seraient devenus par trop envahissants. Comme le disait un bon Allemand dès 1915 : « Il vaut mieux, mon cher peuple allemand, que tu n'aies pas remporté la bataille de la Marne. » Le naturel allemand authentique et combatif aurait été étouffé. C'est pourquoi tout le peuple doit encore être soumis à un processus de purification.

---

1. Expression proverbiale.

C'est un problème difficile à résoudre. Mais ce peuple est encore assez sain de corps et d'esprit pour résister à la crise. De même qu'il a survécu jadis à la guerre de Trente Ans, il surmontera également cette guerre-ci. On lui a imposé de dures conditions, si dures que même certains signataires en ont des remords.
Et nous autres, Alsaciens et Lorrains ? Eh bien, nous nous adaptons à notre nouvelle situation. L'enthousiasme a baissé de façon considérable et on entend de plus en plus de voix qui réclament la neutralité. Les instituteurs ne sont pas les derniers à le faire. Le fait d'avoir imposé un corps enseignant, avec des collègues français bénéficiant d'avantages financiers, crée de plus en plus de mécontentement et pousse les instituteurs à se montrer hostiles. Mais dans d'autres milieux aussi, la grogne s'installe. On regrette l'ordre familier, la propreté, on se plaint des prix élevés et du laxisme dans la reconstruction.
On fait des comparaisons et le résultat n'est pas favorable au nouveau gouvernement. Il y a des pessimistes qui considèrent la France, malgré sa victoire, comme un État décadent et qui craignent que l'Alsace ne sombre avec elle. Les milieux cléricaux sont très inquiets de la menace de laïcisation des écoles et de séparation de l'Église et de l'État. Ils font circuler des pétitions. Les prochaines élections auront aussi une incidence sur cette décision. Des concessions sur ce point seraient regrettables ; puisque aussi bien nous sommes devenus français, nous voulons l'être à part entière, comme avant 1870, c'est-à-dire dans le respect et le maintien de notre langue dont la suppression aurait entraîné un appauvrissement culturel pour notre peuple.
Que l'on nous permette de conserver notre langue maternelle, et que l'on prenne le temps nécessaire pour introduire le français. Cela se fera le moment venu. Et je conclus donc ces réflexions en espérant que tout ira pour le mieux et que tous les Alsaciens finiront un jour par se sentir à l'aise dans notre patrie.

14 juillet

Par Sewen, nous montons au ballon d'Alsace. Que de myrtilles ! Le sommet est couvert d'installations militaires : tranchées, barbelés, abris. Apparemment, les Français avaient prévu une attaque allemande et préparé leurs défenses.
La fête nationale est relativement peu observée dans la vallée.

Beaucoup de gens vaquent à leurs occupations habituelles. En haut, tout est calme et désert. Deux poilus viennent à notre rencontre en sifflant le *Heil Dir im Siegerkranz*[1] ainsi qu'un chant militaire bavarois : d'anciens prisonniers de guerre sans doute.
Pour le 13 juillet, on avait promis la mise à disposition de billets d'excursion du dimanche. Mais rien n'est venu ; aujourd'hui non plus. Les Français ne sont pas si rapides que cela. Cependant, on ne nous a pas fait de difficultés pour nous admettre en troisième classe avec nos billets de quatrième classe.

15 juillet

Marie a été titularisée.
Les élèves sont très déçus de leur 14 Juillet. Ils s'attendaient à toutes sortes de surprises, de cadeaux. Rien ; seuls les sportifs ont eu droit à des récompenses. Mais ils ricanent devant leur « prix de valeur ».

21 juillet

Les cyclistes du tour de France sont aujourd'hui à Mulhouse.

22 juillet

Jeanne a touché son premier salaire : 25 francs pour le dessin d'un écran de poêle.
Nous avons enfin réussi à vendre notre vache : 1 100 francs. Elle nous aura coûté environ 2 000 francs en vingt-deux mois et nous a fourni en moyenne deux litres de lait à 1 F 50 par jour.

28 juillet

Lucie est retenue pour Saint-Germain-en-Laye.

30 juillet

Début des vacances : on renvoie les élèves sans tambour ni trompette. J'organise une petite fête dans ma classe, avec le

1. Hymne impérial allemand.

programme suivant : 1. *Que notre Alsace est belle!* (ch.). 2. *Le Corbeau et le Renard* (réc.). 3. *Quand tout renaît à l'espérance* (ch.). 4. *S'il fait beau temps* (réc.). 5. *Le Grand-Père* (réc.). *Je te salue* (ch.). 7. *Les Vosges* (réc.). 8. *Du Seigneur, c'est la loi suprême* (ch.). 9. Allocution. 10. Distribution des bulletins. 11. Allez donc en paix.

2 août

Lucie reste à la maison et fait ses valises. Qu'elle ait le droit d'aller à Saint-Germain scandalise beaucoup les Français enragés. On n'admet pas qu'elle bénéficie d'une telle faveur en tant que fille de son père et sœur de sa sœur.

3 août

Lucie part pour Saint-Germain.

4 août

Fritz est rentré de Suisse. Il parle d'émeutes et de grèves à Bâle et à Zurich. À part cela, l'ordre règne et tout semble bien organisé. Il y a encore des cartes de ravitaillement mais pas de pénurie. Fritz ramène du chocolat, un imperméable et une paire de chaussures très élégante.
On ne veut pas de lui à W., ni autre part en Allemagne. Ils ont trop de gens à caser, ceux venus de Pologne, de Silésie ou du Holstein. Il compte donc rester au pays et travailler éventuellement comme libraire.

9 août

Je fais mes préparatifs de voyage. Le vent tourne au sud. Je pourrai sans doute prendre la bicyclette. La grève n'est toujours pas terminée. Tous les ouvriers du textile sont en grève par solidarité avec ceux de Dollfus-Mieg. Les grévistes sont calmes ; ils organisent des meetings et des manifestations. Les ouvriers, grévistes malgré eux, sont mécontents ; les plus courageux chantent

« Deutschland, Deutschland über alles », et crient « Vive la Prusse ! ». Le peuple est ainsi fait [1].

Le moment est venu de conclure ce journal. La seconde moitié a été consacrée à la paix, comme je l'espérais dans mon introduction. Mais la paix n'est toujours pas vraiment réalisée. Il faudra des mois, voire des années, pour que tout revienne à la normale. Le peuple est plus rebelle et plus difficile à gouverner que jamais et il y a plus de mécontents qu'il ne serait souhaitable, malgré le changement de nationalité. Ce changement correspond-il à la volonté de la Providence ? D'ailleurs, y a-t-il une Providence, une puissance qui dirige le destin des peuples ? Existe-t-il un dieu qui s'intéresse aux conflits des hommes ? « Dieu avec nous… Jamais, Dieu n'abandonnera un Allemand »… Et voilà qu'il les a bel et bien abandonnés pour venir en aide aux Français, qui nient son existence. Mais peut-être voit-il les choses sous un autre angle ; peut-être les conçoit-il différemment. Et que savons-nous donc de la marche du monde, nous autres humains bornés et éphémères ?

Il n'est pas dit que toute victoire conduise forcément à l'essor, ni toute défaite à la faillite. Le contraire peut aussi se produire.

17 août

Marie et Fritz nous invitent à l'occasion de la visite officielle de Poincaré, mardi, à Riquewihr. Nous irons sans doute à bicyclette. À Mulhouse, le conflit entre les industriels et les ouvriers a pris une ampleur telle que, d'après le *Républicain*, la grève générale sera déclarée dans tout le Haut-Rhin à partir de demain. Cela risque de poser des problèmes, juste au moment où Poincaré se trouve dans le Haut-Rhin.

La garnison change constamment, à Sundhoffen. Chaque jour, de nouveaux groupes arrivent ; chaque jour, quelques-uns sont démobilisés et renvoyés dans leurs foyers. En tant que station de chemin de fer, Sundhoffen est un lieu de rassemblement idéal. Les villages

1. L'inflation, la vague révolutionnaire, qui déferlent sur l'Europe centrale provoquent une flambée de grèves dès le premier semestre 1919 ; le mouvement reprend en août dans le textile à Mulhouse, chez Dollfus-Mieg en particulier. Le général de Pouydraguin proclame l'état de siège, mais Millerand préfère traiter avec les dirigeants syndicaux comme Wicky pour apaiser le conflit.
Les cris hostiles à la France sont l'indice du malaise créé par les méthodes de la francisation.

des environs sont complètement démilitarisés. Il y a beaucoup d'Algériens, d'Arabes. Ces gaillards basanés secondent leurs camarades blancs dans le *farniente* et les frasques en tous genres. Leurs mélopées plaintives et monotones apportent un peu de variété dans le menu musical ordinaire.

19 août

À 7 heures, nous enfourchons nos bicyclettes, en route pour Riquewihr, par Andolsheim et Ostheim. Nous sommes arrivés peu après 9 heures. Ostheim, Beblenheim, Riquewihr étaient pavoisés, de même que Mittelwihr et Bennwihr. M. le Président s'est fait attendre. Vers 16 h 30 le maire a pris peur : les associations risquaient de disparaître dans les caves, et — telles les vierges folles — elles ne seraient pas en place au bon moment avec leur huile (l'allégorie est un peu bancale, en ce sens que les vierges folles étaient présentes, mais sans leur huile, alors que les pompiers, les musiciens et les chanteurs ressemblaient plutôt aux vierges sages qui avaient fait leurs provisions à l'avance). Bref, le maire a fait sonner les cloches, et tout le monde s'est précipité. Les personnalités n'arrivèrent qu'après 17 heures, dans une vingtaine d'automobiles : M. et Mme Poincaré, Millerand, Hirschauer, Gouraud [1], Wetterlé, Hansi, des cinéastes, etc. Le vin d'honneur fut servi sur la place de l'église, avec du kougelhopf. Mme Poincaré dégusta trois petits verres. On fit aussi honneur au kougelhopf. Après une petite promenade à travers le bourg, les personnalités remontèrent en voiture et reprirent la route aux accents de la musique et sous les applaudissements. M. le maire poussa un soupir de soulagement. Il était satisfait de ses administrés. Ils avaient suivi sa consigne de se conduire et de s'habiller correctement. Personne n'a été refoulé.

20 août

Scène dramatique pour un râteau de jardin. Grand-mère déclare catégoriquement que c'est une dépense inutile. J'insiste ; j'obtiens finalement gain de cause.

1. Les généraux Hirschauer et Gouraud ont participé à la libération du Reichsland.

21 août

Les poilus, basanés et blancs réunis, font tous les soirs un vacarme infernal dans la salle et aux abords de l'auberge *Zimmerlin*. Ils se fichent pas mal du besoin de sommeil des voisins.

22 août

J'aménage de nouvelles plates-bandes de fraisiers et nivelle les sentiers.
Les préparatifs pour la Kilbe[1] commencent. Chaque famille prépare ses gâteaux à part.
Nous n'avons pas de nouvelles de Lucie depuis huit jours. Maman commence à se faire du souci.

24 août

Kilbe : Jeanne et les deux Eugène vont à Colmar en voiture et à bicyclette pour accueillir et ramener les invités. Ils sont là vers 11 heures. Fritz apporte deux bouteilles de vin ainsi qu'une bouteille de marc. Jeanne m'offre le Larousse. Au menu : bouillon de poule, petit four, poulet, salade, pommes de terre puis tarte aux pommes, galette, kougelhopf, fruits, café arrosé. Après le repas, tous les convives réclament un cerclage auprès du tonnelier.
L'après-midi et le soir, la piste de danse est assez fréquentée. Les poilus sont heureux comme des enfants.

27 août

Les aubergistes sont allés à Strasbourg pour la journée. Nous devions les accompagner, Jeanne et moi, mais l'entreprise m'a paru trop coûteuse.
Strasbourg leur a plu. La circulation intense les a étonnés. Selon leurs dires, l'exposition n'avait rien d'extraordinaire. Ils ont rapporté *La Madelon* pour leur gramophone.

1. Nom de la fête du village en haute Alsace.

30 août

Avec Jeanne, nous partons en promenade à bicyclette au bord du Rhin, près de Vieux-Brisach. Le pont de bateaux est reconstruit, mais le passage est interdit. Sur l'autre rive, nous avons vu un homme qui nous faisait des signes avec son parapluie. Il nous a visiblement pris pour quelqu'un qu'il attendait. On communique fréquemment d'une rive à l'autre à l'aide d'un porte-voix.

9 septembre

Je me joins à Marie et à Fritz qui se rendent à Mulhouse. Le calme y est revenu. Fritz n'arrive pas à voir toutes les personnes qu'il avait prévu de rencontrer en vue de régler ses affaires.
Je découvre que *Le Paravent*, une œuvre de Jeanne, est exposé rue du Sauvage.

10 septembre

Un camarade d'études de l'école normale m'attend à Oberhergheim. Cela fait trente-cinq ans que nous ne nous sommes vus. Nous avons eu du mal à nous reconnaître. Hassenforder est en poste à Grenoble et séjourne ici pour les vacances.
Au cours de la conversation, il est question de Jeanne. Il lui semble qu'il existe en France des établissements qui forment des maîtresses de dessin. Il me conseille de me renseigner à la librairie Hachette à Paris ou auprès des instituts d'arts et métiers.

13 septembre

Lucie nous fait part d'une proposition pour Jeanne à Montrouge. Décidés à accepter, nous faisons les préparatifs pour le voyage à Paris.

15 septembre

Le grand événement de la semaine, la grève des cheminots lorrains, a connu un succès total. Toutes les revendications ont été satisfaites : licenciement des Nègres indésirables, pas d'embauche de Français de l'intérieur[1], nationalisation du réseau ferroviaire d'Alsace-Lorraine.

4 octobre

Il semble que Jeanne, ainsi que ses affaires, aille bien.

7 octobre

Finalement Fritz n'ira pas s'installer en Suisse. Il prend désormais des contacts outre-Rhin.

8 octobre

Il pleut des punitions en classe. Selon certaines rumeurs, il y aurait sept heures d'allemand[2], en plus des cours de religion.
Le collègue Roell a été repris à l'école moyenne. En revanche, Haberthur part pour Francfort à la fin du mois.
M. Brücker y est déjà, avec la promesse d'être nommé professeur d'école normale dès qu'un poste se libérera.

11 octobre

Aujourd'hui, notre inspecteur nous réunit. M. Caron fait un long discours au cours duquel il s'étend avec beaucoup d'éloquence sur l'organisation de la vie scolaire. Entre autres choses, il souligne et glorifie la volonté d'assimilation des Alsaciens et conclut sur toutes sortes de renseignements administratifs et non administratifs. Nous sommes satisfaits d'apprendre que les traitements des instituteurs alsaciens vont être alignés sur ceux de leurs collègues français.

---

1. Le directeur des ateliers de Metz-Sablons s'est opposé à la promotion de cadres locaux à des postes de responsabilité. Cet ingénieur, venu de l'intérieur, a également traité les ouvriers lorrains de « boches » et il les a invités à rejoindre l'Allemagne, s'ils n'étaient pas satisfaits du nouveau régime. La direction des chemins de fer a renvoyé l'ingénieur à son réseau d'origine.
2. Dans sa circulaire, le recteur Charléty autorise l'utilisation de l'allemand comme instrument d'enseignement « tant que le français sera insuffisamment connu des élèves ». Il annonce qu'une instruction précisera le nombre d'heures d'enseignement en allemand (27 septembre 1919).

14 octobre

... Une lettre de Jeanne. Il semble qu'elle soit bien. Elle a beaucoup de travail et fait des progrès dans la langue française.

[La suite est rédigée en français.]

26 octobre

... À Ribeauvillé. Je vais à l'église et j'ai le plaisir d'entendre une nouvelle fois le pasteur Wehrung, à l'occasion de la fête de la Réformation. Il m'apparaît comme un bon patriote, un bon protestant, un homme de cœur et de caractère. C'est avec une visible répulsion qu'il s'acquitte de la lecture en chaire de la lettre paroissiale imposée par le directoire, ce même directoire qui, neuf mois auparavant, avait conseillé aux pasteurs d'émigrer.

10 novembre

... Dans une carte à Lucie, Jeanne riposte énergiquement contre l'insinuation de ne pas se plaire à Montrouge. Une carte de Fritz : il va s'établir à Francfort et devenir étudiant.

11 novembre

Premier anniversaire de l'armistice. La ville est pavoisée mais les écoles restent ouvertes.

14 novembre

... Une lettre de Fritz nous rassure sur son sort. Il s'est établi à Francfort et suit déjà des cours... Les journaux de Mulhouse sont remplis de nouvelles et de proclamations électorales, c'est-à-dire de déclarations mensongères et d'insultes. Les attaques personnelles lancées par les leaders des deux partis font comprendre aux électeurs qu'aucune des deux listes en présence ne mérite de l'emporter et qu'aucun candidat ne mérite d'être élu [1].

1. Les élections législatives de novembre 1919.

17 novembre

... Les socialistes sont battus dans les trois départements. Pas un seul n'ira au Palais-Bourbon[1].
C'est aujourd'hui la célébration de l'anniversaire de l'entrée des troupes françaises à Mulhouse. La ville est pavoisée. Mais comme la dépêche annonçant le congé pour les écoles est arrivée trop tard (comme d'habitude) et comme les classes étaient chauffées, nous avons travaillé jusqu'à 11 heures avant de libérer les élèves. La demi-journée perdue sera récupérée ultérieurement.

18 novembre

... On signale une terrible catastrophe ferroviaire près de Dannemarie. Il y aurait cinq morts et de nombreux blessés qui avaient pris place dans l'express Nice-Strasbourg.
J'attends avec impatience l'arrivée de mon petit fût.

20 novembre

Assemblée générale de l'Union des instituteurs et institutrices du Haut-Rhin. La grande salle de la Walhalla est comble. Les débats deviennent par instant très orageux. M. Hertzog préside très énergiquement. Les Colmariens ne se montrent pas trop décidés ; on ne peut pas trop compter sur eux. M. Hertzog leur dit carrément : « On voit bien que vous ne voulez pas marcher avec nous. » Dans un discours très applaudi pour son style et sa forme, M. Neff leur dit de cruelles vérités en rappelant leurs conflits internes. Dès le début des débats à propos des questions de personnes, je me suis éclipsé pour dîner.

9 décembre

... C'était hier une journée historique. Les députés d'Alsace et de Lorraine ont fait leur entrée à la Chambre. M. François (Lorrain) a

1. En raison du type de scrutin en vigueur : liste départementale et proportionnelle, le bloc national a emporté les sept sièges. Malgré la présence de deux démocrates protestants sur la liste du bloc, les protestants ont généralement voté socialiste pour ne pas donner leur voix aux candidats du parti catholique, l'UPR.

lu une déclaration après le discours d'ouverture de M. Siegfried (Mulhousien d'origine)[1].
À Mulhouse, le nouveau conseil municipal s'est réuni. Il a élu M. Wolff au poste de maire ; Martin et Wicky sont les nouveaux adjoints.
On commence à s'inquiéter à propos de la crise du change. Le franc français ne vaut plus que 49 centimes suisses ; les monnaies américaine et anglaise montent de jour en jour. On en connaît les raisons : la France n'exporte pas ; son commerce et son industrie sont au plus bas. Chaque jour, on signale des accidents de chemin de fer, des vols de marchandise dans les wagons quand ce ne sont pas des wagons entiers. Il n'y a pas, dans les gares, dans les directions, au ministère, de chefs responsables sachant se faire obéir et faire exécuter les ordres. La situation allemande n'est pas meilleure ; le mark ne vaut plus que 11 centimes. Bien des gens se procurent de l'argent allemand avec l'espoir de faire une affaire le jour où sa valeur remontera, ce qui ne manquera pas de se produire.

20 décembre

... Une carte de Jeanne nous annonce son admission aux Beaux-Arts. Elle est au comble de la joie.

31 janvier 1920

... Ce qu'on raconte :
— Un train rapatriant des prisonniers de guerre stationne en gare de Colmar. Il s'agit d'officiers qui regagnent l'Allemagne. Entre alors le train ramenant les travailleurs auxiliaires de Munster. En voyant les officiers, quelques-uns se mirent à crier en allemand « Vive l'Allemagne ! ».
— Un ouvrier, probablement un peu gris, accoste deux dames qui s'entretiennent en français et s'exclame (en alsacien) : « Vous ne pouvez pas parler mulhousien, N. de D. ! Qu'est-ce que vous avez à parler comme cette racaille venue on ne sait d'où ! On est mulhousien, voyons ! »

1. Négociant, homme politique, J. Siegfried est né à Mulhouse en 1837. Maire du Havre, député et sénateur français, il participe durant la guerre au comité d'études chargé de préparer la réintégration de l'Alsace et de la Lorraine.

7 février

... C'est aujourd'hui, à 20 heures, qu'aura lieu à Strasbourg le grand meeting des employés et fonctionnaires d'Alsace et de Lorraine pour protester contre l'inégalité des traitements. Chaque école y envoie un délégué[1].

11 février

... Conférence à propos des leçons en langue allemande qui seront assurées à compter du 16 de ce mois et à raison de trois par semaine. Elles se substitueront à une leçon de géographie, une leçon d'histoire et une autre d'écriture. Nous reprendrons les anciens « Lesebücher » (livres de lecture) dont les chapitres au contenu germanophile seront collés[2].

14 mars

Je me rends à Riquewihr avec Marie pour prendre des nouvelles de Fritz. Sa sœur Lina est de retour depuis hier. Elle a bien maigri durant son séjour à Francfort. C'est facile à comprendre quand on sait la pénurie et la non-qualité des comestibles en Allemagne. Ils ont froid là-bas.
Lina a réussi à emporter quelques milliers de francs afin d'acheter une double maison dont Fritz sera le gérant tout en habitant dans une mansarde.

21 avril

... Cette première inspection par M. Caron se passe assez bien, c'est-à-dire pas trop mal. Il n'est pas trop exigeant ; il paraît qu'il a

1. Dès 1918, les instituteurs alsaciens font part de leurs craintes devant les conditions plus défavorables du système français en ce qui concerne le régime des retraites, de l'avancement (à l'ancienneté en Allemagne), le régime des congés (pas de retenue sur salaire en Allemagne) et le salaire. À cela s'ajoute la colère de voir les collègues venus de l'intérieur toucher des primes spéciales.
2. La circulaire rectorale du 15 janvier autorise l'enseignement de l'allemand à partir de la quatrième année de scolarité : une concession à la population locale. L'enseignement de la religion pourra se faire en allemand. La même circulaire préconise avec netteté la poursuite de la méthode directe pour les leçons données en français. L'exclusion de l'allemand lors des premières années démontre la volonté de francisation rapide.

été content et satisfait de ce qu'il a entendu. Aussi le rapport est-il rédigé en termes approbateurs, sans être flatteurs pour autant. Comment peut-il être satisfait ? Ne voit-il pas que les enfants ne savent absolument rien ? Qu'ils ne sont que des phonographes mal remontés ? Que cette manière d'instruire et d'enseigner n'est que de la jacasserie ? Rien de tangible, rien d'assimilé.

22 avril

... Une grève générale[1] est annoncée pour aujourd'hui, à la suite des événements survenus en Lorraine. La grève commence ; les usines restent fermées ; les ouvriers occupent la rue et encombrent les auberges.

23 avril

... La grève continue. Plus de trains, plus de tramways, plus de courrier, plus de journaux. L'approvisionnement est assuré par camions.

24 avril

... La situation est inchangée. Réunion des instituteurs. Une grève de solidarité de vingt-quatre heures est décidée pour lundi. Seules quelques jeunes institutrices qui appartiennent au cadre français se sont opposées à cette décision. M. Doniat a quitté son poste de surveillant à Besançon pour reprendre son service ici. Encore un qui a pu observer la France et les Français de près et qui en a tiré les conséquences.

1. La dernière et la plus importante vague de grèves commence. Elle éclate en Moselle, une fois encore, lorsque les maîtres de forge venus de l'intérieur entreprennent de remplacer des cadres et des ouvriers locaux au profit de gens de l'intérieur. C'est à la suite de la répression consécutive à des manifestations de protestation que la grève a débuté.

26 avril

... Pour la première fois de ma vie, je me vois contraint de faire grève [1] en même temps que le corps des instituteurs. Je vais en ville vers 11 heures. Il y a foule partout et beaucoup de collègues qui attendent le bulletin d'information des grévistes. Des nouvelles sont échangées ; il y a deux briseurs de grève, Miesch et Rudolf. Les directeurs sont avec nous dans le mouvement. Je rencontre les membres de notre comité. M. Hertzog annonce la fin de la grève pour l'après-midi. Nous reprendrons notre service demain.

27 avril

... J'attends en vain le roulement des trains, le sifflement des sirènes des usines. La grève se poursuivrait-elle ? C'est bien cela ; des affiches annoncent la prolongation du mouvement jusqu'à nouvel ordre. Les auberges restent fermées. Devant les écoles, les maîtres et les maîtresses se montrent indécis. Les chefs français font des efforts pour les faire entrer avec leurs élèves, mais les Alsaciens se montrent unis et décidés à suivre le mot d'ordre.
Du reste, il y a peu d'enfants sur place. 15 heures : réunion au *Saumon* des instituteurs et des institutrices syndiqués sous la présidence de MM. Weck et Hincky. La salle est trop petite pour contenir cette foule. La poursuite de la lutte est votée à la quasi-unanimité... On fait appel à des volontaires, cyclistes ou automobilistes pour acheminer les informations.
Au cours de la réunion, deux mots de notre inspecteur d'académie, M. Dantzer, sont cités : « Je suis l'ennemi acharné des instituteurs alsaciens » et « Je leur ai donné une pilule pour les endormir ». Un autre mot, attribué à un collègue de l'intérieur circule : « Je suis venu dans ce pays pour avoir une direction. » Voilà qui explique notre participation à la grève générale. Parmi les slogans qui nous mobilisent : « L'Alsace aux Alsaciens. Égalité avec nos collègues de

1. Gagnant l'Alsace, cette grève a pris une allure particulariste parce que le problème de l'introduction de la législation française n'est toujours pas réglé. Ouvriers et fonctionnaires pouvaient toujours craindre la perte des avantages acquis à l'époque allemande, et notamment les avantages sociaux de toute nature puisque la législation sociale française accusait un retard significatif.
À cela s'ajoutent les brimades et les humiliations imposées à une population maîtrisant mal la langue française.

l'intérieur. Que l'Alsace soit traitée comme n'importe quelle province de France et non comme une colonie. » On se sépare avec un vibrant « Vive la France d'avant 1870 ! ».

30 avril

... La grève est terminée ; nous retournons en classe. Le soir se tient une grande réunion au *Saumon*. La salle est comble. On explique et on s'explique sur la grève et ses conséquences. M. Hertzog, qui préside, donne des renseignements sur ses démarches auprès du conseil municipal à propos de notre traitement. M. Hincky expose les motifs de notre adhésion au mouvement. M. Boulanger nous a assurés de la sympathie de la grande majorité des collègues venus de l'intérieur. M. Pouillet propose une alliance avec les cégétistes, ce qui soulève des protestations de la part de Mme Karrer (jamais !), de M. Dussourd, etc., et, dans l'intérêt de notre Union, la question est repoussée ; elle n'est pas mûre pour l'instant.
Dans tous les discours, allusion est faite à l'attitude de quelques collègues non grévistes. Ce manque de discipline est très sévèrement condamné. M. Rudolf n'obtient pas la parole et il sort, jugé. Une délégation de Guebwiller annonce la révocation de M. Hosenlopp pour cause de grève. La lutte commence.

1er mai

... Les ouvriers fêtent le 1er Mai en arrêtant le travail dans presque toutes les usines. Les écoles ne chôment pas, au grand dépit des élèves, qui ont pris goût à ces jours de grève. Une circulaire de M. l'inspecteur demande communication du temps consacré à la classe pendant la récente grève et des efforts faits pour contrecarrer l'absence des élèves ainsi que des insultes endurées, du courage déployé, etc. Ma réponse : lundi, mardi, mercredi, je n'ai pas fait classe.

10 mai

. Une nouvelle assez grave : nos dirigeants syndicaux vont être suspendus de leurs fonctions comme meneurs de la grève, en dépit des assurances fournies par le ministre alsacien Jourdain. Il paraît que Wetterlé est pour cette mesure et Brogly contre.

11 mai

... La nouvelle de la révocation de nos chefs fait du bruit. Les journaux commentent très sévèrement cette mesure et parlent de manquement à la parole donnée. De fâcheuses conséquences sont prévisibles et annoncées.

14 mai

Réunion de notre syndicat au *Saumon*. La salle est comble, une fois encore. Des délégués des cheminots, des postes, des télégraphes, des ouvriers métallurgistes, Wicky, Mersch, Gross, y assistent. M. Dussourd préside à la place de M. Hertzog qui n'arrive qu'à 18 heures de Colmar, où il a conféré avec M. Rossé. On lui fait une ovation à son arrivée.
L'assemblée accepte et approuve à l'unanimité une résolution de solidarité avec les six collègues frappés par des mesures disciplinaires. La résolution sera publiée dans les journaux et soumise à l'assemblée des délégués de tous les syndicats grévistes. Ils se réuniront jeudi prochain et se prononceront pour la grève générale si les mesures prises contre nos collègues ne sont pas reportées.

19 mai

... Entre 17 et 18 heures, j'ai subi une scène éprouvante dans ma classe. L'écolier Haetty, un garçon coléreux, fainéant et méchant, a protesté avec furie et en termes odieux contre sa retenue. C'était à faire peur. Il a juré, maudit, menacé et trépigné, écumant de rage, essayant de s'enfuir. En vain ! je suis resté inébranlable, toujours sur mes gardes, mais sans le toucher. À 18 heures enfin, je lui permets de s'éloigner après avoir obtenu ses excuses. Il les a formulées à contrecœur et sans faire aucune promesse ; il est cependant parti assez tranquillement. Ce gamin promet. Il a quatorze ans. Ce sont sans doute les idées libertaires des temps nouveaux, le cinéma, etc., qui l'ont mis dans cette voie. Il ira loin. Je me demande s'il n'y a pas de l'atavisme là-dessous.

28 mai

... Avis de M. le recteur que les trois jours de grève ne seront pas payés... Marie arrive par l'express de 10 heures. Tout va bien à Francfort ; seule l'alimentation laisse à désirer.

11 juin

... Petite déception. Jeanne de retour de Strasbourg. Elle n'a pas réussi son examen. Aucune dame n'a été retenue et seulement cinq messieurs sur dix. Un petit accident et non un malheur. Jeanne commence déjà à s'en consoler.
Le bruit court que les poursuites contre nos collègues sont arrêtées par ordre de M. Alapetite[1].

21 juin

... Visite de M. Alapetite. Sont invités les quelques dames et les quelques messieurs qui n'ont pas fait la grève. Je n'aurais jamais cru que le gouvernement français puisse agir de façon aussi enfantine, mesquine et bornée.

24 juin

... Le journal annonce qu'une délégation d'instituteurs (Rossé, Mlle Maurer, etc.) qui s'est rendue à Paris a plaidé avec succès la cause alsacienne. Il semblerait que les interlocuteurs de nos délégués se soient montrés très étonnés de la tournure des événements en Alsace. M. l'inspecteur d'académie Dantzer a demandé son changement. La délégation est revenue de Paris pleine de confiance.

28 juin

Beau, très chaud, 28 °C à l'ombre et pas de congé pour cause de chaleur. Il paraît qu'en France on ignore les congés pour cause de chaleur. On ne s'y soucie guère de l'hygiène.

1. Successeur de Millerand.

6 juillet

... C'est le jour du certificat d'études. On observe que les élèves des maîtres alsaciens ont réussi en très grand nombre, alors que les maîtres français ont connu beaucoup d'échecs.

6 août

Marie part définitivement pour Francfort. Nous avons le cœur gros, en l'embrassant à la gare. Elle est heureuse et confiante. Jeanne l'accompagne jusqu'à Strasbourg. Marie laisse un grand vide. Jeanne a rencontré M. Kuntz à propos d'une nouvelle idée : devenir diaconesse.

11 août

... C'est aujourd'hui que la chambre disciplinaire juge Hertzog et les autres. Quelle en sera la sentence ?

13 août

... Télégramme de Fritz annonçant que le mariage est fixé au mardi 17 août et invitant Lucie et Jeanne à y assister.

14 août

... Les journaux publient la sentence contre les instituteurs grévistes. Elle est dure pour Hertzog et Weck, plus modérée pour les autres. Une gaffe politique en somme, peu propice à éliminer les doutes concernant la justice française[1].

17 août

... Jour de mariage à Francfort. J'envoie le télégramme suivant : « Sonniger Tag-Sonnige Zukunft » 2. Corinthiens 13, 11 et 12 (journée radieuse-avenir radieux).

1. En octobre 1919, l'association des instituteurs s'était transformée en Syndicat des instituteurs et institutrices du Haut-Rhin. Or, la loi allemande, toujours en vigueur, interdit les syndicats d'enseignants. Tels sont les attendus qui ont conduit à la condamnation des dirigeants.

22 août

... Le *Kurier*[1] publie un article d'adieux pour M. l'inspecteur d'académie Dantzer qui nous quitte pour Oran. Il n'est pas flatteur. Le journal le transforme en véritable bouc émissaire qui a bien mérité d'être envoyé au désert. Il lui reproche d'avoir saboté nos écoles, d'avoir préféré et favorisé les collègues venus de l'intérieur, bref d'être la cause de notre récente grève.

27 août

... Le *Républicain* annonce que M. Hertzog a reçu l'ordre de dissoudre le syndicat des instituteurs du Haut-Rhin[2]. Encore une preuve de liberté.

[La suite est rédigée en allemand.]

18 septembre

À 5 heures, Jeanne et Lucie m'accompagnent à Colmar, à pied. C'est le départ pour Francfort, avec un changement de train à Mayence. Le nouvel itinéraire me mène à Wissembourg où les formalités de douane se font en douceur des deux côtés. La traversée du Palatinat offre des aspects variés : tantôt des cultures ou des vignes, tantôt des pâturages. J'arrive à Francfort à 15 h 45. Fritz et Marie sont à la gare. Après avoir bu une bière de Munich à 1 M 50, nous partons pour la Höhenstrasse, 5, au quatrième étage. C'est un appartement confortable, bien meublé.

19 septembre

Une réunion de protestation se tient à la salle de la Bourse contre l'augmentation du nombre d'élèves par classe (soixante) avec pour argument les inconvénients archiconnus des classes surchargées. On ne se ressent guère ici de la défaite. On ne remarque rien dans la

1. *Elsässer Kurier,* journal de l'UPR du Haut-Rhin.
2. Le syndicat se transforme alors en Groupement professionnel des membres de l'enseignement public du Haut-Rhin.

rue non plus. Il est vrai que l'on voit beaucoup de gens, surtout des hommes, qui ont l'air d'avoir subi une cure d'amaigrissement trop efficace ; mais ils ne sont pas près de mourir de faim. C'est qu'ils mangent pour vivre. Vivre pour manger est totalement passé de mode.

Nous passons la soirée à Sachsenhausen avec Mme et M. Hering. Un monsieur bien aimable et gentil de même que sa famille. Sachsenhausen est le paradis du cidre. Quand on voit un bouquet accroché au-dessus d'une porte, c'est le signe que l'on vend du cidre : doux, bourru, décanté, 1 M 75 les 30 centilitres. Ces estaminets n'ouvrent que temporairement. Qui a envie de se débarrasser de son cidre ouvre un débit. Quand il a tout vendu, il ferme, et c'est son voisin qui accroche le bouquet. Actuellement, à l'époque de la récolte des fruits — qui est très abondante —, une maison sur trois arbore un bouquet. Dans le premier débit, nous venions de boire un verre lorsqu'on annonça que c'était terminé. Nous avons donc continué notre chemin. Dans deux estaminets, il n'y avait plus de place. Dans le troisième, nous nous sommes payé trois autres gobelets, accompagnés de bretzels salés : les trois pour 2 marks. Ce débit était lui aussi plein à craquer de buveurs des deux sexes. Les gens de Sachsenhausen aiment la vie et les chansons. Une tablée entonna soudain « Dies ist der Tag des Herrn[1] », c'était digne d'un concert, de même que le chant : « Seht, wie die Sonne schon sinket[2] ». Dans les rues aussi, on chante et on pince la guitare. Pas de disputes, de discussions, ni de politique. La devise est « Freut Euch des Leben[3] ».

20 septembre

À 9 heures, j'accompagne Fritz à la gare. Il se rend à Berlin pour chercher un emploi. L'inspecteur Fischer lui a signalé un poste à Berlin-Neukölln.

21 septembre

Petit déjeuner habituel : la soupe aux flocons d'avoine. C'est très nourrissant. Nous nous rendons au consulat français ; la lenteur

1. C'est le jour du Seigneur.
2. Voyez, déjà le soleil se couche.
3. Jouissez de la vie (au répertoire des chorales de l'époque).

administrative nous oblige à repartir bredouilles. Marie voudrait se faire établir un laissez-passer permanent pour l'Alsace. Là-bas, je vois un ancien fonctionnaire alsacien qui rampe et se lamente devant le secrétaire pour tenter d'obtenir sa réintégration[1]. Tristes personnages... L'après-midi, je vais voir Hildwein et Schæffer à Hanau. Je constate que les vieux militants n'ont rien perdu de leur combativité. Mme Hildwein paraît très éprouvée. Hanau se compose d'un centre ancien et d'un faubourg plus récent, avec un quartier huguenot. Hanau est un fief communiste, mais Hildwein et Schæffer sont des militants socialistes.

22 septembre

Nous partons au marché. Une fois encore, c'est une véritable « projection de billets[2] » : 13 marks pour la margarine, 16 M 90 pour deux filets à provisions, 15 marks pour un pot-au-feu, etc. On trouve de tout, mais à des prix élevés. Il faut des tickets pour une partie de la viande et des matières grasses et même pour le pain qui est noir, mais savoureux. Dans les vitrines, on voit aussi des vêtements et des chaussures, toutes sortes d'articles de consommation courante et de luxe à des prix correspondant au cours des devises, c'est-à-dire environ quatre fois plus chers que chez nous.

23 septembre

Fritz est de retour et va peut-être se décider pour Wiesbaden.
Nous sommes allés chercher le laissez-passer permanent au consulat. Coût de l'opération : 39 marks. On conseille à Fritz et à Marie de s'y inscrire afin de bénéficier de la protection particulière des autorités françaises. Fritz n'y tient pas.
Deux colis de vivres sont arrivés. Le nôtre et celui en provenance de Riquewihr, qu'il faut aller chercher dans un bureau de douane éloigné. Il est déconseillé d'envoyer du beurre et du fromage dans ce type de colis car ils mettent huit jours pour arriver ici. Les conserves, le salami et la farine s'y prêtent mieux.

---

1. Ce certificat permettait aux Alsaciens d'origine de devenir français en 1918-1919. La nationalité française ne leur était pas attribuée d'office.
2. Jeu de mots : Scheinwerfer = projecteur
Scheine = billets de banque
Werfen = jeter.

24 septembre

Wiesbaden est une très belle ville, bien équipée en hôtels, parcs et théâtres. Nous allons à la recherche d'une école primaire. Fritz se renseigne sur les conditions de travail. Elles ne sont pas défavorables. Provisoirement, il pourrait continuer d'habiter à Francfort. Il se décidera sans doute pour Wiesbaden. Marie s'y plaît aussi.
Nous goûtons l'eau chaude de la source thermale, directement à la fontaine (60 °C). Elle est fade, comme de l'eau savonneuse salée. Tous les trois, nous avons vidé nos gobelets sans sourciller.

[Le journal se poursuit en français.]

29 septembre

... Jeanne brigue une place comme auxiliaire à la poste... La demande est partie aujourd'hui. En attendant, elle repart pour Montrouge, accompagnée de Lucie, appelée à faire un stage d'un an en Charente...
J'ai appris que les briseurs de grève, Rudolf, Scheibel, Stierer et Landwehrlin, ont obtenu les Palmes académiques. Sans doute n'ont-ils pas osé les refuser. Que dire d'un gouvernement qui disqualifie à ce point cette distinction !

6 octobre

... On a distribué les Lavisse — *Histoire de France* — à mes élèves : dépense inutile. Lettre de Lucie annonçant son installation à Ruelle, près d'Angoulême. Il semble qu'elle soit arrivée là à la surprise générale. La directrice n'avait pas été avisée et ne sait que faire d'elle.

15 octobre

... Jeanne n'a pas réussi au concours des postes à cause de la faiblesse de ses connaissances en géographie. Je m'y attendais. Néanmoins, nous sommes tous un peu déçus.

22 octobre

... La réunion de mercredi a abouti à l'élection de Hertzog à la présidence de notre société mulhousienne. Il paraît que la séance a été houleuse parce que les collègues français avaient présenté un autre candidat, M. Frédéric. Ils récusent Hertzog car ils le considèrent comme un clérical. Peut-être sortiront-ils de notre société[1] !

23 octobre

... Lettre de Marie annonçant que les paquets successifs sont bien arrivés. La nomination de Fritz à Wiesbaden tarde à être légalisée par l'Administration française de la zone occupée. Va-t-elle faire des difficultés ?

4 novembre

... La *Revue scolaire* communique les taux de majoration des pensions... Une pension de 4 000 francs sera portée à 5 975 francs... C'est une belle augmentation qui fait espérer que la future loi sur le statut des fonctionnaires règlera notre pension d'une manière satisfaisante.

6 novembre

... Conférence obligatoire. M. Caron expose diverses questions pédagogiques. J'enregistre comme un progrès qu'il n'ait pas prononcé une seule fois le mot « boche »... Il nous fait part d'une circulaire de l'inspecteur d'académie à propos de l'emploi du temps qui va être adapté aux besoins spécifiques de nos écoles alsaciennes. Une commission est chargée de réorganiser les horaires et de prévoir quatre heures pour l'enseignement religieux et trois heures pour l'enseignement de l'allemand.

---

1. Le Groupement professionnel se préoccupe désormais presque exclusivement des droits acquis et ses membres craignent que leur incorporation dans le cadre général ne leur enlève la sécurité de l'emploi, l'indemnité de mutation et le maintien du traitement en cas de maladie. Enfin, les instituteurs locaux du Groupement s'alignent de plus en plus sur les positions de l'Église catholique sous l'influence de Joseph Rossé.

7 novembre

... Lettre en provenance de Karlsruhe relative à mon assurance sur la vie contractée avant 1914 auprès d'une maison allemande. En réponse à mes questions, celle-ci indique que le gouvernement français ne veut ou ne peut revaloriser la garantie, de sorte qu'en cas de décès l'ayant-droit recevrait des francs au taux de change actuel, c'est-à-dire 20 centimes pour 1 mark, ce qui est dérisoire. Or, les primes ont été versées à une époque où le mark valait 1 F 25.

18 novembre

... Lettre de Jeanne nous annonçant sa décision d'entrer à l'école des diaconesses de Paris. J'en suis tout à fait bouleversé.

20 novembre

... J'ai envoyé une lettre à Jeanne la priant de rentrer le 1er décembre. Une place est en vue à la maison Dollfus-Mieg. M. Cladé m'a dit qu'on était justement en train d'y créer une section broderie-dessin. ... Ainsi que tous les quelques jours, j'ai envoyé un paquet à Francfort : farine, sucre, lait, conserves.

Ce cahier est rempli. Il ne s'agit plus d'un journal de guerre puisque nous sommes en paix. Mais est-ce vraiment la paix ? On se bat toujours en Russie et en Asie. Les denrées demeurent chères et continuent d'augmenter. Le pain est gris, le lait rare, de même que le sucre, sans parler des vêtements. On peut tout acheter, mais à des prix exorbitants.

21 novembre

Quel va être le contenu de ce cinquième cahier ? Que nous réserve l'avenir, à ma famille et à moi ? À l'école et à l'Alsace ?
J'avais d'abord l'intention de rédiger ce journal de nouveau en allemand, sachant mieux exprimer mes pensées dans ma langue maternelle. Il y aurait gagné. Mais comme je suis toujours en fonction, il faut que je m'exerce en français. Ce moyen en vaut bien

un autre. En me lisant, un jour, mes descendants excuseront sûrement mes fautes de style et d'orthographe. En tout cas, ils imagineront les difficultés que la situation nouvelle nous a créées.

29 novembre

Nous autres Alsaciens, nous devrions agir toujours en fonction de ce mot d'ordre : « Soyez rusés comme les serpents. » Ceux-ci sont rusés, c'est écrit dans la Bible. Et ceux qui connaissent un peu mieux leurs caractéristiques biologiques savent que les serpents muent de temps en temps. Toute autre créature qui cherche à passer dans les ronces y laisse de la peau et des poils et en ressort toute griffée et écorchée. Mais lui, le serpent, réapparaît plus brillant, plus séduisant que jamais, ayant fait peau neuve.
Les quatre années de guerre ont été un tel fourré de ronces ! Et il a fallu ramper au travers, à plat ventre. Depuis Adam, les serpents sont condamnés à cela ; c'est écrit dans la Bible : « À plat ventre, tu ramperas. » Il en est de même pour nous, les Alsaciens.

14 décembre

Marie nous écrit qu'elle a obtenu la nationalité prussienne[1].
Marie a inséré dans la sienne une lettre de Raeppel. Celui-ci hésite à m'écrire directement, par crainte de me causer des ennuis.

18 décembre

... Envoyé trois paquets à Francfort : bougies pour arbre de Noël, farine, œufs, lard. Lucie envoie un paquet de Ruelle : laine blanche, chaussettes, bonbonnière.

20 décembre

... Jeanne débute aujourd'hui chez Dollfus-Mieg. Elle paraît assez satisfaite de sa nouvelle situation. J'ai envoyé un paquet de vieux livres à Francfort ainsi que deux paquets non recommandés : pain et pain d'épice.

---

1. Marie est devenue allemande ; comme la ville de Francfort fait partie de l'État fédéré de Prusse, elle est d'abord citoyenne de Prusse.

23 décembre

... Envoyé trois paquets à Francfort : pain, fromage, beurre...

29 décembre

J'ai envoyé deux paquets : des cerneaux de noix et du pain.

4 janvier 1921

... Envoyé trois paquets : saucisses, beurre, tabac (deux paquets de cent grammes) et deux tablettes de chocolat.

6 janvier

... Envoyé colis de cinq kilos : farine, canard en conserve, lait...

13 janvier

... Envoyé trois paquets : nouilles, lard, pain grillé.

20 janvier

... Envoyé trois paquets : fromage, pain d'épice, pain.

27 janvier

... Envoi d'un paquet de cinq kilos : farine, lait, confiture.

4 février

... Avec Jeanne à la Bourse pour une conférence sur le Japon. C'était assez intéressant, mais le conférencier, un professeur de Strasbourg, ne maniait l'allemand qu'imparfaitement.

7 février

... Impossible d'avoir des billets pour *Lohengrin,* dont la représentation aura lieu mercredi prochain. Maman a fait la queue de 8 heures à 11 heures, en vain.

8 février

... Une circulaire somme les collègues de l'intérieur de se mettre à l'étude de la langue allemande.

15 février

... Lettre de Francfort ; maman Bronner y a passé huit jours... Fritz n'aura pas de poste à Wiesbaden ; les autorités françaises font des difficultés. C'était à prévoir. Il espère pouvoir rester à Francfort [1].

21 février

... Envoyé paquets : fromage, viande, vermicelle. La Chambre a adopté le texte réglant le problème de nos traitements [2].

1er mars

... C'est aujourd'hui que commencent des jours critiques : je veux parler de la conférence de Londres. J'ai beau ne pas faire de politique, les résultats de cette conférence suscitent chez moi une attente anxieuse.

2 mars

... À Londres, on prévoit la rupture. Les contre-propositions de la délégation allemande (cinquante milliards-or en trente ans) sont

1. Wiesbaden se situe dans la tête de pont sur la rive droite du Rhin, que la France a ajoutée à la zone d'occupation de Mayence de la rive gauche.
2. Une augmentation pour tous les instituteurs du pays.

considérées comme insuffisantes et même provocatrices. Lloyd George aurait levé la première séance en disant : « Il est temps de lever cette séance car nous finirons par leur devoir de l'argent. »

3 mars

... Ultimatum des Alliés devant expirer lundi à midi. Le docteur Simons, président de la délégation allemande, parle de malentendu et promet une réponse avant lundi. Il ne pense pas que le recours aux représailles sera nécessaire.

8 mars

... Les pourparlers de Londres sont rompus. La délégation allemande quitte la Grande-Bretagne. Les sanctions entrent en vigueur. Les alliés occupent Duisbourg, Düsseldorf et Ruhrort sans incident.

10 mars

... Conférence syndicale pour les cantons de Mulhouse, Altkirch et Thann. Fréquentation médiocre. Le président Hertzog nous expose ses démarches faites auprès de la municipalité de Mulhouse relatives aux problèmes de pensions, à l'indemnité de logement, etc. M. Schneider rend compte de ses entrevues avec les autorités scolaires à propos des droits acquis, pensions, examens, etc., et M. Rossé rapporte ce qu'il a entendu à Paris sur la question du statut des fonctionnaires locaux. Il espère que celui-ci sera entériné par le Sénat dans un bref délai [1].

1. Sous l'impulsion de L. Boulanger (voir plus haut), la majorité des instituteurs de l'intérieur ont fini par quitter le Groupement professionnel. Boulanger reproche à Rossé et à Hertzog leur cléricalisme, leur attitude de plus en plus antifrançaise, ainsi que leurs liens avec l'UPR.
Le 16 janvier 1921, Boulanger fonde la Fraternelle, association des membres de l'enseignement public du Haut-Rhin, qui devient section départementale du syndicat national des instituteurs en juillet 1922.
Bien que très anticlérical, c'est-à-dire hostile au parti catholique, Philippe Husser resta membre du Groupement professionnel, mais ne milita plus.

16 mars

... Je retiens un bon mot de Clément Vautel dans le film de ce jour : « Il est grand temps que la Légion des gens honorés redevienne la Légion des gens honorables. »

21 mars

J'ai préparé deux paquets dont l'un, contenant du tabac, était destiné à notre maître militaire, en témoignage d'affection à l'occasion de son départ. Mais comme il n'est pas venu faire ses adieux, j'ai gardé la boîte et remboursé les élèves.

12 avril

... Ortlieb, le plus ancien et le meilleur de mes amis, vient de mourir. Souffrant depuis plus de dix ans, il avait pris sa retraite il y a quatre ans déjà... Âgé de soixante-trois ans, il n'a pas été épargné par la vie ; sa fiancée est morte ; sa première épouse est morte en lui laissant un nourrisson. Il s'est remarié et il a vécu heureux durant un quart de siècle. Nos deux ménages entretenaient les meilleures relations et nous avons passé ensemble de bien bonnes journées. Ortlieb est devenu le parrain de notre Lucie et moi celui d'Ernest. La guerre est venue ; Ernest a trouvé la mort dès les premiers combats. Le coup fut terrible. Puis, l'aîné, Jules, est mort de maladie en Amérique. C'en était trop pour le cœur d'un père. Il a dépéri lentement et maintenant il a rejoint ses fils...

14 avril

... Funérailles d'Ortlieb. Le pasteur Lickel a trouvé de belles paroles pour son oraison funèbre. Et pourtant, la cérémonie a quelque chose de froid. Ce n'est plus comme autrefois ; il manque notre ancienne société de chant. Pas de discours ; la participation est médiocre. L'indifférence des collègues est regrettable...

24 avril

... L'autorisation étant arrivée hier samedi, je prépare le paquet pour Francfort · beurre, cacao, savon, lait, sucre, cinq kilos au total. Ce soir, représentation de *S'Paulettl :* une ravissante opérette, bien interprétée, bien dirigée, avec de beaux décors et une belle musique, dont des passages réellement magnifiques. Le libretto n'est ni insignifiant ni immoral comme le laissaient entendre certains critiques, mus sans doute par une animosité personnelle. Mlle Kremmel a été une charmante Paulette. Une salle comble a applaudi chaleureusement les acteurs et les actrices qui ont récolté quantité de fleurs en bouquets et en corbeilles.

25 avril

... Envoyé le paquet à Francfort. Lucie annonce qu'elle enverra une bouteille de cognac pour le 1er Mai. Petite conférence pédagogique à l'école. Différentes interventions sur les leçons en langue allemande, sur le problème des collègues en surnombre dont les postes seront supprimés. Il faudra donner trente leçons par semaine. Sont évoquées aussi les prochaines fêtes de Jeanne d'Arc et du centenaire de la mort de Napoléon.

4 mai

... L'annonce de la mort de Mlle Wendling nous a beaucoup marqués. Mlle Wendling est morte victime de la guerre, c'est-à-dire de cette odieuse campagne menée par le Souvenir français et la commission de triage[1] contre les personnes supposées germanophiles. Mlle Wendling était une femme supérieure, une directrice hors pair, intelligente et travailleuse. Mieux valait la maintenir dans ses fonctions, au lieu de suivre les calomnies de ses ennemis. Elle a fait consciencieusement son devoir sous le régime allemand ; elle en aurait fait de même sous le nouveau régime.

5 mai

... Centenaire de la mort de Napoléon. L'enthousiasme fait défaut. La célébration est discrète ; c'est à peine si l'on a sorti quelques

1. Les commissions de triage avaient d'abord eu comme tâche de procéder au recensement des Vieux-Allemands indésirables. Elles ont fini par enquêter aussi sur les Alsaciens d'origine, provoquant ainsi des révocations d'enseignants et des condamnations.

drapeaux. Pas de revue, pas de cortège. En revanche, les cercles catholiques se préparent à fêter Jeanne d'Arc avec une grande solennité.

10 mai

... J'apprends qu'en son temps, ma révocation avait été sérieusement envisagée à Colmar et que c'est l'intervention de M. Hertzog auprès de M. l'inspecteur d'académie Dantzer qui a fait renoncer à cette mesure. Impossible, pour le moment, de contrôler la véracité de cette information. Il y a de quoi s'étonner, en effet, que le rédacteur de la *Schulzeitung* ait été épargné.

15 mai

... À Sundhoffen, M. Schreck me remet la médaille d'Argentine de la société des Alsaciens-Lorrains de Buenos Aires. Il est chargé de donner cette médaille à chaque patriote qu'il rencontre. La petite biographie que je lui ai dédiée, *Lebenstragödie* (destinée tragique) l'a persuadé que j'étais un patriote... Le contredire eût été vexant pour lui et imprudent, voire dangereux de ma part... On s'apprête à inaugurer le monument aux morts érigé en souvenir des soldats tombés sur le champ de bataille. Il comporte vingt-cinq noms.

27 mai

... Lettre de Francfort. Ils ont reçu tous les derniers paquets. Carte de Lucie qui est arrivée à Ruelle sans encombre.

4 juin

... Au cinéma... La *Revue scolaire* publie la nécrologie de Mlle Wendling. Très bien rédigée, elle traite les dénonciateurs de scélérats [1].

1. Revue du Groupement professionnel.

18 juin

... Conférence Buisson sur l'école laïque.

20 juin

... Le *Volksblatt*[1] se moque des conférences de Buisson sur l'école laïque ; il parle d'échec. Ce qui prouve que c'est le contraire qui est vrai.

27 juin

J'ai lu le livre de Marie Hart. Elle décrit ce qu'elle appelle la honte alsacienne. En somme, rien de nouveau pour nous qui avons vu de près et assisté à toutes les machinations et iniquités[2].

1er juillet

... La visite de Mgr Ruch, l'évêque de Strasbourg, à l'école secondaire de Mulhouse est largement commentée. Certains y voient un indice de l'influence croissante de l'Église sur nos écoles, et un défi à l'école laïque. Cette épreuve de force de Monseigneur ne manquera pas de susciter des protestations.

4 juillet

... Les journaux annoncent la défaite de Carpentier contre Dempsey[3].

7 juillet

... Assemblée générale du groupement des instituteurs du Haut-Rhin. M. Rossé fait un exposé de la situation, de nos revendica-

1. Quotidien de Mulhouse appartenant au groupe Alsatia de l'abbé Haegy (UPR).
2. Marie Hart est un pseudonyme de Marie Kürr, auteur de nombreuses nouvelles et de divers recueils de souvenirs portant sur la période allant des années 1860 à l'après-guerre.
3. Championnat du monde de boxe aux États-Unis.

tions, de nos déceptions. Il est plus d'une fois interrompu par des applaudissements. Une interpellation de M. Hincky a pour effet de provoquer une manifestation de confiance pour notre comité. M. Hincky quitte la salle. Tous ceux qui sont membres des deux sociétés sont invités à se décider en faveur de l'une ou de l'autre.

12 juillet

Chaleur torride... Et pas de vacances de chaleur...

25 juillet

Chaud. Il y a des grèves en ville. Les ouvriers des usines textiles, les typographes de l'Union, sont en désaccord avec leurs patrons, depuis quelques semaines déjà. Deux fois déjà, le conseil municipal (les quinze socialistes) a voté 50 000 francs en leur faveur. Les patrons se montrent intransigeants et refusent même les propositions de conciliation du préfet, qui blâme leur conduite... Les ouvriers en grève envahissent les Vosges pour y chercher des myrtilles qu'ils vendent ensuite à bon prix... Un malaise croissant s'empare de la population. On ne sait ce qui se serait produit si le conseil municipal n'avait pas voté l'aide de 50 000 francs. On annonce pour ce soir un nouvel essai de conciliation... La chaleur est torride. Et pas de vacances de chaleur ; c'est de la barbarie.

27 juillet

... La chaleur étouffante continue : de 35 à 40° C à l'ombre. Les jardins sont dans un état déplorable. Les fruits tombent, les haricots et les légumes périssent ; les pommes de terre meurent.

11 août

Couvert, il pleut, il tonne. Enfin de la pluie, après cette sécheresse qui menaçait de devenir catastrophique. C'est le plus heureux événement qui puisse arriver, plus intéressant et plus utile que les conférences de Paris, quel qu'en puisse être le résultat... Lettre à Francfort pour les prévenir de mon intention de venir les voir mardi prochain.

12 août

Il pleut. Sapristi ! que d'eau ! 13 heures : il pleut à torrent. Un vrai déluge. La cour est inondée. L'eau ruisselle dans la cave. Assez ! Assez ! Saint Pierre, ferme l'écluse !

13 août

Il pleut toujours. C'en est trop. Déjà l'on constate le pourrissement des tomates et même des raisins. Lucie nous bouleverse en annonçant son arrivée avec un fiancé. Elle nous met devant le fait accompli et nous demande de venir les rejoindre à Mulhouse. Devant ce cas de force majeure, je remets mon voyage à Francfort.

15 août

... Nous partons aujourd'hui pour Mulhouse. Le train de Paris doit nous amener les fiancés. Jeanne est avec moi. Ah ! comme il est brun ! Presque le type japonais. Une impression de malaise m'envahit. Mais je suis bientôt rassuré. Il est gentil. Il est protestant[1]. Il a bon caractère. Il est travailleur. Il aime Lucie. Il est de bonne famille. Je l'accepte ; maman aussi.

---

1. En Alsace, où cohabitent deux importantes communautés confessionnelles, les aires de recrutement des époux sont délimitées par la frontière religieuse. Les jeunes gens et les jeunes filles ne fréquentent les fêtes et les bals que des seuls villages de même confession, afin d'éviter les rencontres avec un partenaire de l'autre camp.
Il arrive que ce schéma ne soit plus respecté et qu'un couple mixte se forme. Celui-ci transgresse alors les règles de la solidarité culturelle et constitue une menace pour l'intégrité de la communauté. Aussitôt les parents, la famille élargie et même toute la communauté interviennent pour dissuader les jeunes de continuer à se fréquenter. Une véritable guerre est allumée qui menace la vie commune des futurs époux. Comme le mariage religieux n'est pas abandonné, il faut que l'un des deux partenaires cède et se rende dans l'église concurrente. Ce geste sanctionne une trahison pour son camp et un gain pour le camp rival qui s'en réjouit.
La tension est généralement extrême quand la partie protestante ne veut pas céder car le prêtre catholique exige dans tous les cas de bénir le mariage. Il use de tous les moyens d'exclusion pour y parvenir et notamment de l'excommunication, alors que le pasteur protestant ne dispose, lui, que de sa force de conviction. La question peut rebondir au moment de la première naissance. Qui l'emportera au moment du baptême ?
Toute la vie locale est ainsi émaillée d'incidents de ce type qui provoquent les passions et de petites guerres civiles, notamment dans les villages mixtes. Ils ne prennent même pas fin avec la mort de l'un des conjoints. Appliquant la loi à la lettre et l'interprétant en sa faveur, l'Église catholique refuse d'enterrer dans les rangs un protestant mort dans un village catholique ; elle procède à l'inhumation dans le coin réservé aux enfants non baptisés et aux suicidés. On devine les réactions des protestants ulcérés alors qu'eux-mêmes se montrent plus tolérants dans le cas inverse.
D'où le soulagement de Philippe Husser.

16 août

On se repose. On cherche à mieux se connaître. Des projets sont formulés. Nous parlons de mariage...

17 août

Premier anniversaire de mariage de Fritz et de Marie. Les fiancés se rendent à Strasbourg afin de s'informer des possibilités de trouver un poste en Alsace.

20 août

... Charles Ténot, le fiancé de Lucie, est professeur de sciences à l'école normale. Il est le fils d'un instituteur à la retraite. Il a déjà fait des démarches pour être nommé à Strasbourg. Mais comme cela apparaît impossible pour le moment, il faudrait que Lucie obtienne la prolongation de son stage à Angoulême, afin que les deux puissent se marier. Pour obtenir satisfaction, Charles va déposer personnellement sa demande au ministère, à Paris, jeudi prochain. La requête s'impose car Lucie ne devrait pas bénéficier d'un nouveau stage, puisque le rapport de sa directrice spécifiait qu'elle parlait désormais parfaitement le français.

22 août

... Départ de Colmar pour Francfort à 6 h 58 ; arrivée à Francfort à 16 h 20. Fritz et Marie m'attendent à la gare. Je reste dix jours. Il fait beau. Je dépense 100 marks par jour : excursions, vivres, tabac, etc. Nous visitons Hombourg, Sprendling, Sachsenhausen, Buchschlag. Les habitants de Francfort sont bien nourris, actifs et laborieux. Partout règne une grande activité ; le commerce y est florissant. On reconnaît beaucoup d'étrangers appelés Valutareisende (des voyageurs payant en devises). On change le franc pour 6 M 50 ou 6 M 70. J'achète des chaussures pour 300 marks, c'est-à-dire 45 francs, alors que chez nous, elles me seraient revenues à 100 francs. Je dépense aussi 200 marks pour des cadeaux : chaînette, ivoires, porte-cigarettes, porte-crayon.

À l'aller, le douanier français de Wissembourg a fait des histoires à cause d'une bouteille d'huile. Il a fouillé la valise à la recherche d'eau-de-vie, d'or et de graisse. À la douane allemande, une bouteille de vin a été taxée de 8 marks. Au retour, j'ai passé les deux douanes sans difficulté.

6 septembre

... Lucie part pour Francfort. Partage des champs. Notre héritage se monte à 299 ares 74. Tout le monde est content.

8 septembre

... Beau. Le matin frais. Excursion au Vieil-Armand. L'ascension n'est pas très commode ; les sentiers d'en haut sont peu praticables. La vue sur la plaine, qu'il domine, est splendide. Au sommet s'élèvent deux monuments, l'un construit par les Allemands pendant la guerre, l'autre érigé récemment par la France. On peut aisément constater que les Allemands ont toujours eu la maîtrise du versant est jusqu'au sommet. C'est aujourd'hui un grand cimetière : environ soixante mille soldats français et allemands reposent là.

12 septembre

... Le journal annonce le terrible accident de chemin de fer du rapide Lyon-Strasbourg : vingt-cinq morts et quarante blessés. Ou bien il se produit un petit accident tous les jours, ou bien un grand tous les quinze jours

15 septembre

... Je me rends à Colmar, à bicyclette, pour attendre Lucie. Elle ne vient pas. En revanche, je suis abordé par un jeune homme, Fritz Gyr, un ancien élève qui est venu spécialement de Cologne pour me voir. Il avait l'intention de me trouver à Sundhoffen. Le hasard a bien fait les choses. Il est très heureux de m'avoir rencontré. Plein de gratitude et même d'affection pour son ancien maître, il ne me quitte pas de l'après-midi, me retient jusqu'à 19 heures, paie toutes les consommations et même celles des collègues présents à la même table, malgré nos protestations. Finalement, il m'accompagne jusqu'aux portes de la ville. Cette rencontre m'a bien fait plaisir. Ce n'est pas la première fois qu'un élève de cette classe m'a témoigné son affection.

21 septembre

... Les fiancés rendent visite à M. Caron pour s'informer de leur chance d'être nommés tous les deux en Alsace ou alors d'obtenir un nouveau stage pour Lucie à Angoulême. M. Caron pense pouvoir trouver une solution pour tous les deux à Mulhouse : un poste de professeur de mathématiques à l'école supérieure pour lui, un poste d'institutrice pour elle à l'école primaire. Ils se mettent alors à la recherche d'un appartement. Ils vont s'installer pour un an dans le logement meublé du collègue Rudolf qui part à l'intérieur (250 francs par mois).

22 septembre

... Les fiancés se rendent à Strasbourg pour rencontrer les autorités auxquelles M. Caron les a recommandés. La nomination pour Mulhouse semble acquise... Une grande catastrophe a eu lieu ce matin, à 7 h 30, à Ludwigshaven. On signale des milliers de morts et de blessés ; le village d'Oppau est détruit. C'est une formidable explosion à l'intérieur des usines de la Badische Anilin qui a fait des dégâts évalués à plus d'un milliard de marks. C'était comme un tremblement de terre qu'on aurait ressenti jusqu'à Francfort. Jeanne aurait été secouée dans son lit dans la Höhenstrasse, chez sa sœur.

23 septembre

... Arrivée d'un fût de vin rouge (trente-trois litres). Lucie commence son service à l'école Oberkampf. Le soir, nous goûtons le vin nouveau chez Goetzmann.

25 septembre

... Jeanne arrive à 23 h 30. Charles Ténot part à 0 h 30. Cela se passe à la gare. Le fiancé reviendra dans une semaine, après avoir arrangé ses affaires et s'être préparé pour la noce qui doit être célébrée soit à Angoulême, soit à Mulhouse, selon les circonstances. Il souhaite un mariage civil et il a horreur du gibus. Je m'incline devant sa volonté.

3 octobre

... Petite réunion à l'école. Nous mettons au point un emploi du temps moins chargé. J'aurai un service de vingt-quatre leçons seulement. Deux leçons de chant, deux leçons de dessin et deux leçons de sciences seront données par des collègues en surnombre.
Un télégramme de Charles nous annonce sa nomination pour Mulhouse.

4 octobre

... Noces de Germaine (la fille de ma sœur). J'arrive à Colmar à 8 heures. Le mariage a lieu dans la plus stricte intimité : huit personnes ; à la mairie, puis à l'église. Dîner à Colmar à *la Maison des têtes*. C'était bien : potage, saumon, civet, nouilles, poulet, crème, puis vins, cigares, café. Le tout pour 240 francs.
Je rentre par l'express de 19 heures. Une lettre de Fritz m'attend, qui provoque mon mécontentement. Je la trouve un peu hautaine et même blessante à l'égard de Lucie [1].

5 octobre

... Charles Ténot est arrivé avec ses bagages. Il est allé s'installer dans le logement de la Buchenstrasse.

6 octobre

... Je me rends à la mairie pour la publication des bans.

1. Fritz désapprouve le mariage de Lucie avec un Français (en voir plus loin les conséquences).

22 octobre

... Reçu hier une lettre de Marie. Les paquets sont arrivés. Elle ne viendra pas pour le mariage car elle ne veut pas faire le déplacement sans Fritz.

23 octobre

... Le congé pour le jour du mariage, samedi, m'est accordé. On continue de faire des achats. Les billets s'en vont comme par enchantement.

24 octobre

... Hier a eu lieu une grande manifestation des employés de l'État à la Bourse contre la suppression des 720 francs d'indemnité de vie chère. Six orateurs ont pris la parole, dont M. Dussourd, qui a vivement attaqué le gouvernement à propos du statut des fonctionnaires et du problème du reclassement.
Lucie vient d'obtenir un jour de congé à l'occasion de son mariage. Charles et elle sont très déçus ; ils ne comprennent pas cette absence de générosité. Charles ira marchander avec M. Caron.

28 octobre

... Charles a changé 100 francs contre 1 200 marks. Il a acheté deux bouteilles de sauternes pour deux fois 10 francs. Demain viendront Émile et Eugène. Le frère de Charles est notre hôte depuis mercredi. Fritz a adressé une lettre à Lucie et à Charles où il explique sa conduite et son point de vue.

30 octobre

... Samedi 29, nous avons célébré le mariage de Lucie. Deux voitures nous ont conduits à la mairie, puis à l'église. Le fiancé était en chapeau mou. Tout s'est bien passé. La cérémonie était belle. M. Heitzmann a joué de l'orgue. Deux amies de Lucie ont chanté. Nous étions huit en tout. Repas chez *Goetzmann ;* superbe (310 francs). Nous sommes restés pour le souper (75 francs). Les

jeunes mariés sont partis à 18 heures pour Wiesbaden. Nous avons terminé la journée au café *Moll* où il y avait concert. Le menu (20 francs sans le vin) a été excellent : sole au gratin, vol-au-vent, poularde de Bresse, glace, fruits, café, cigares, scotch. Pour le souper, tête de veau.
Aujourd'hui, André[1] et Jeanne sont allés au théâtre voir *La Mascotte*.

31 octobre

... Promenade avec André au Tannenwald. L'après-midi, il donne suite à une invitation de M. Schlumberger. Il rentre tout heureux, avec en perspective un emploi comme ingénieur chez lui.

3 novembre

... Le jeune couple dîne avec nous. Ils ont fait une visite à Fritz et à Marie à Francfort. Je leur donne 187 francs de rentes en titres (Défense nationale) et 1 300 francs en billets, soit 5 000 francs au total.

6 novembre

... La Chambre a décidé que le 11 novembre sera exceptionnellement férié cette année. On ne comprend pas bien pourquoi elle a hésité à proclamer jour de fête nationale le jour de l'armistice et de la paix victorieuse. Dorénavant, on fêtera l'armistice le dimanche suivant le 11 novembre. À mon avis, la Chambre reconnaît par là que la victoire de 1918 doit être considérée comme une victoire à la Pyrrhus.

10 novembre

... Pas de congé demain. Le Sénat ayant rejeté la décision de la Chambre, la fête de l'armistice se déroulera dimanche.

1. Le frère de Charles Ténot.

12 novembre

... Le soir, au théâtre avec Jeanne, Charles et Lucie : *Le Cid*.

24 novembre

... Lettre de Marie ; pas très rassurante. Aux Alsaciens devenus fonctionnaires, le consulat ne délivre plus de passeport pour l'Alsace. La cherté de la vie augmente d'une façon inquiétante. Fritz a renoncé à son poste à l'institut alsacien-lorrain de Francfort[1].

28 novembre

... Jeanne a accompagné les Ténot au théâtre hier (*Manon*). J'ai acheté trois habits à un commerçant ambulant : 180 francs.

15 décembre

... On vient chercher le piano. C'était comme une partie de moi-même qui s'en allait. Mais enfin, c'est pour Marie. Je me rends à la gare du Nord où l'on décharge les meubles dans un wagon. Je revois encore le cher piano. Puis le wagon est fermé et scellé.

6 janvier 1922

Il neige ; paysage d'hiver. Enfin de la neige ! On l'attendait avec impatience... Nous avons un hôte depuis hier. André Ténot est venu rencontrer M. Schlumberger, qui l'avait fait venir par télégramme. Il est engagé comme ingénieur avec un traitement de 700 francs par mois qui sera augmenté de 50 francs tous les mois.

1. Das Wissenschaftliche Institut der E.-L. im Reich an der Universität Frankfurt am Main est l'un des nombreux organismes créés par des Alsaciens-Lorrains repliés en Allemagne après 1918 et animés par Robert Ernst, le fils d'un pasteur bas-rhinois. Leur objectif est de maintenir vivante l'idée d'une Alsace-Lorraine allemande. Bénéficiant d'une aide officielle, ces organismes soutiendront les autonomistes alsaciens. L'institut de Francfort vise à promouvoir des études sur l'ancien Reichsland. Ses membres ont publié de nombreux travaux de qualité sur l'histoire et la culture alsaciennes.

21 janvier

... Lettre de Marie. Les comestibles de la noce sont bien arrivés, occasionnant beaucoup de plaisir, cela va sans dire. Ils sont toujours heureux là-bas. Espérons que Poincaré n'arrivera pas à imposer ses idées hostiles à l'entente avec l'Allemagne et que la France comprendra de plus en plus que sa propre prospérité est étroitement liée à celle de l'Allemagne républicaine.

22 janvier

... Nous montons au Markstein pour assister au concours de ski. Le soir nous jouons aux cartes en famille.

16 mars

... Dans la *Revue scolaire*, M. Rossé traite M. Boulanger de lâche et de menteur.

26 mars

... Jeanne et André en excursion... Le franc est à 30 marks.

13 avril

... En attendant la visite des parents Ténot de Souhe[1], on discute des plans d'excursion, des menus, etc.

14 avril

... Très beau et chaud. Les cerisiers sont en fleur. La famille Ténot, arrivée de bonne heure le matin, déjeune chez nous. En tout, nous sommes neuf personnes à table... Nous passons l'après-midi au jardin zoologique.

1. Petite localité près de l'embouchure de la Seudre en Charente-Maritime.

15 avril

... Nous partons en excursion au Hartmannswillerkopf. Les jeunes sont montés tout au sommet.

16 avril

(Pâques)... À 9 h 51, nous partons pour Sundhoffen en omnibus. Notre visite prend l'express pour Strasbourg... Le soir, tout le monde se retrouve à Sundhoffen. La réception à l'auberge est magnifique. Tout le monde est content. On mange, on boit, on parle français, on rit, on boit des vins d'Alsace, qui sont bien appréciés.

17 avril

Que faire par ce temps avec notre visite ? Aller au bord du Rhin est impossible ; il fait trop mauvais. On déjeune chez grand-mère et ensuite nous nous rendons à Colmar. Nous faisons le tour des monuments de la ville et prenons une chope à l'*Hôtel central*. Puis nous nous séparons à 16 h 30. Ils rentrent à Mulhouse. Je retourne à Sundhoffen.

23 avril

... Petite fête au village. Le drapeau de l'ancienne société de musique a été remis à la nouvelle. Deux discours ont été prononcés par un vétéran et par le nouveau président. On a joué la Marseillaise, puis les musiciens ont défilé à travers le village derrière le drapeau qui date de 1873. En voyant le drapeau, grand-mère a été très émue. Elle s'est rappelée le temps où grand-père était le chef de la société.

1er mai

... J'ai touché 156 F 25 à la caisse municipale. Ainsi, on nous a d'ores et déjà enlevé tout le supplément, alors que nous ne touchons pas encore celui que l'État prendra en charge... Il paraît que la ville, c'est-à-dire son maire, M. Wolff, compte chaque centime qui revient à l'école primaire et à ses maîtres.

14 mai

... L'office de vérification et de compensation de Strasbourg m'annonce que l'office allemand a contesté la valorisation de mes 4 851 M 75 et que le litige sera porté devant le tribunal d'arbitrage mixte par ses soins.

19 mai

... Lettre de faire-part de décès de Mme Decharme, envoyée par son fils. Elle a été inhumée à Vaudrémont où j'ai exercé en tant que professeur d'allemand pendant les vacances des années 1888 et 1889. Cette attention, manifestée au bout de plus de trente ans, m'a profondément touché et m'a fait grand plaisir.

22 mai

... Médard Brogly est battu à Habsheim à l'issue des élections cantonales.

24 mai

Le thermomètre dépasse 30° C : le plus chaud mois de mai depuis un demi-siècle. Dans toute la France, la gauche a remporté de grands succès aux élections cantonales. Un désaccord naît entre André et Lucie à propos des élections.

27 mai

... André se brouille avec Charles et Lucie. Il se montre intransigeant et ne veut plus les voir.

30 mai

... Le soir, après explication entre les deux frères, on allume le calumet de la paix et tout rentre dans l'ordre. Ils ont de drôles de caractères, ces Français !

20 juin

... On a donné congé aux maîtres et aux maîtresses qui voudraient assister aux obsèques de M. Limacher. On insiste même pour que tout le monde y assiste. Encore une preuve d'égalité.

24 juin

... Le jeune ménage est à la recherche d'un logement ; il visite un appartement meublé situé rue des Abeilles ; le loyer en est de 100 francs... Charles est mécontent et songe à demander son changement pour l'intérieur... Une collecte est organisée dans les classes en vue d'ériger un monument au Vieil-Armand.

27 juin

... Lettre de Fritz annonçant son intention de préparer le doctorat.

3 juillet

... Envoyé à Fritz l'ouvrage de F. Eccard, *L'Alsace sous la domination allemande* (6 F 50.)

19 juillet

... Excursion scolaire : Lautenbach, le Grand Ballon, Moosch. Le temps est mauvais et froid... À Moosch, nous avons croisé un important convoi mortuaire en partance pour la « France ». Quelques parents de morts, venus de l'intérieur, ont assisté à la cérémonie de levée des corps.

29 juillet

... Nos vacances sont fixées à huit semaines, du 5 août au 2 octobre. Par l'intermédiaire de Marthe Kuhlmann, j'ai envoyé 1 200 francs à Francfort. Une lettre de Marie confirme qu'elle a reçu mon paquet.

6 août

... 6 h 14 : départ pour Francfort.

17 août

... Retour de Francfort à 1 heure. Le franc est à 100 marks.

15 septembre

... Le paquet envoyé le 13 à Marie nous est retourné parce qu'il contenait de la farine. Restée à Mulhouse, Jeanne me fait suivre une lettre et un télégramme de A. Schaeffer de Hanau [1], qui annoncent que sa sœur est gravement malade. Je pars aussitôt à Mulhouse pour m'informer. J'apprends au Hasenrain que Mme Blind-Schaeffer est décédée à la suite d'un accouchement. À la sous-préfecture, je suis informé qu'un prêtre a déjà fait les démarches pour que M. Schaeffer puisse obtenir son passeport pour l'Alsace.

19 septembre

... Beau temps. En voiture à Herrlisheim pour vendanger les vignes d'Émile le jeune. Nous travaillons jusqu'à 18 heures et récoltons sept bonnes cuves de raisin, en grande partie pourri et aigre.

20 septembre

... Récolté des noix.

1. Près de Francfort.

21 septembre

... Maman à Obermorschwihr dans les vignes. En voiture à Riquewihr pour voir les vignes. Elles sont assez belles et les raisins abondants. Je fais une visite aux dames Bronner. Elles sont très inquiètes à propos d'un colis de quatre-vingts œufs qui n'est pas arrivé à Francfort.

24 septembre

... À l'église, le pasteur prêche devant des bancs vides. En dehors de lui et de moi, sont présents M. le maire et Schuller Fritz du côté masculin. L'organiste s'est fait remplacer par son fils. Les femmes étaient au nombre de huit ; il y avait aussi deux bancs remplis de filles.

26 septembre

... À Riquewihr avec une colonie de vendangeurs et de vendangeuses. Nous avons récolté dix-sept grandes cuves entre 8 et 15 heures.

28 septembre

... En camion à Riquewihr (cinquante minutes). Récolté encore seize cuves

26 octobre

... C'est le moment de payer les 326 F 80 d'impôts à l'État. C'est une somme énorme. Je gagne 801 F 25 par mois et je dois payer annuellement 1 000 francs d'impôts. Du reste, tout le monde s'en plaint amèrement.

28 octobre

... Petite fête de famille en l'honneur de l'anniversaire de mariage des Ténot · soupe au riz, filet jardinière, poulet de Bresse, salade

Saint-Honoré, tarte et café. André, Mme et Mlle Ortlieb et la petite y participent

11 novembre

... Anniversaire de l'armistice. La ville est pavoisée. Prise d'armes à 11 heures et minute de silence... Ainsi, c'est un jour d'allégresse tandis que le franc baisse, que le mark s'écroule et que l'Europe court à la ruine. En Italie, les fascistes l'ont emporté. Il s'agit d'ultrapatriotes. Reste à savoir s'ils vont pouvoir sauver l'Italie.

16 novembre

... Les demandes d'autorisation pour l'expédition de colis en Allemagne doivent désormais être adressées à Paris. La commission de dérogation de Strasbourg est supprimée.

25 novembre

... Conférence pédagogique d'automne sur l'enseignement de l'histoire et de la géographie. En introduction, le général Tabouis a fait une intervention sur l'éducation physique. Il a motivé la nécessité de cette éducation en se référant aux efforts accomplis outre-Rhin. Il a souligné aussi que la méthode ancienne était mauvaise, très mauvaise. Puis M. Caron a parlé durant trois heures, sans relâche, à propos de l'histoire et de la géographie dans nos classes. Il connaît bien son histoire et c'est aussi un orateur de talent. Il est parvenu à nous persuader que, en 1898, Mulhouse s'est donnée de bon gré à la France. C'était, d'après lui, un mariage de raison et d'amour à la fois. Oui, on aurait pleuré comme chaque fiancée pleure en s'arrachant du sein de sa mère pour se jeter dans les bras de son mari.

14 décembre

... Sauf-conduit pour me rendre à Mayence. Le franc coûte de 500 à 600 marks. La politique ne m'intéresse plus. Je commence à croire que Poincaré est un sadique.

26 décembre

Départ pour Francfort.

27 décembre[1]

... Nous commençons par nous renseigner sur les voitures Opel dans une succursale. Pas moyen d'obtenir un catalogue : secret professionnel ! Henri devra se contenter de l'ouvrage de Loew, *L'Automobile*. Marie tentera d'insister ultérieurement. Au *Crocodile*, nous avons pris chacun deux bières à 198 marks soit 792 marks. La *Frankfurter Zeitung* coûte 25 marks.

28 décembre

... Marie m'accompagne en ville pendant que Fritz se rend à la bibliothèque pour travailler. Je change 70 francs à 540 marks le franc. J'obtiens 37 670 marks. Marie achète deux mètres de futaine rouge pour 5 400 marks. Une boîte de cinq paires de saucisses de Francfort revient à 1 050 marks. Quelques cartes postales illustrées me coûtent 205 marks, le tramway électrique 80 marks. On dépense des sommes épouvantables. Tout se chiffre en milliers de marks. Les billets de 1 000 sont de la menue monnaie ici. Je ne crois pas qu'il soit possible d'acquérir quoi que ce soit avec 1 mark. Un petit pois à la rigueur ou une graine de haricot, mais sûrement pas un grain de café. Partout l'on achète pourtant ; et il arrive que la liasse de billets soit plus lourde et plus volumineuse que la marchandise. Seuls les loyers sont ridiculement bas. Pour un appartement spacieux de quatre pièces, Fritz perçoit environ 800 marks, soit le prix de cinq verres de bière bavaroise[2].

---

1. En dépit d'une incompréhension naissante avec Fritz, Philippe Husser entreprend un nouveau voyage à Francfort du 26 décembre 1922 au 2 janvier 1923.
2. Le phénomène de l'inflation ne fait que commencer :
   juillet 1914 : 1 dollar = 4 M 2
   janvier 1919 : 1 dollar = 8 M 9
   juillet 1919 : 1 dollar = 14 M
   janvier 1920 : 1 dollar = 64 M 8
   janvier 1921 : 1 dollar = 76 M 7
   janvier 1922 : 1 dollar = 191 M 8
   juillet 1922 : 1 dollar = 493 M 2
   janvier 1923 : 1 dollar = 17 792 M

Ce dernier cours est consécutif à l'invasion de la Ruhr (voir plus loin).

31 décembre

... Nous avons obtenu de bonnes places assises pour un spectacle à l'opéra. Aux étrangers, on réclame leurs papiers d'identité. C'est pour leur faire payer l'entrée dix fois plus cher. Je suis passé sans problème. Belle représentation, belle musique. Des juives en grand décolleté. D'une manière générale, le peuple d'Israël était numériquement bien représenté... À notre retour, Marie a préparé un bon vin chaud accompagné de sardines, de tarte et de petits pains. Puis ce fut l'heure des pétards et des fusées. L'an dernier, le vacarme a été pire, me dit-on. Dans ce domaine aussi, les effets de l'inflation se font sentir.

3 janvier 1923

... Depuis mardi 2, les ministres de l'Entente sont réunis à Paris pour examiner la grave question des dettes et des réparations allemandes. M. Cuno, le chancelier allemand qui a remplacé Wirth il y a un mois, a fait des propositions. L'Entente les trouve insuffisantes. C'était à prévoir. Mais le plus grave, ce sont les désaccords entre les Alliés.

4 janvier

... La thèse britannique s'oppose à la thèse franco-belge. La France est décidée à agir seule, mais l'Angleterre n'ira pas jusqu'à la rupture. L'Italie cherchera un compromis.

8 janvier

... La France occupe la Ruhr.

9 janvier

... Lettre de Marie. On est inquiet à Francfort.

1923

10 janvier

... Nous vidons le tonneau de Charles pour mettre le vin en bouteilles. Mon gendre achète le foyer et les fourneaux à Saint-Louis. Le menuisier n'a pas encore commencé la fabrication des meubles : grande colère de Charles.
On voit passer des trains militaires. Les ponts sont surveillés comme en temps de guerre

15 janvier

... Les instituteurs sont considérés comme quantité négligeable : ils n'ont plus le droit de donner des autorisations d'absence au profit des élèves. C'est le directeur seul qui dispose désormais de cette prérogative. Parce qu'il connaît mieux les élèves ?
Le franc vaut 1 000 marks.

16 janvier

... L'occupation de la Ruhr s'étend jusqu'à Dortmund. L'Allemagne proteste. Ni l'Amérique ni l'Angleterre ne soufflent mot et abandonnent le Reich à ses ennemis.
Le soir, escarmouche entre André et Lucie à cause d'un mot mal compris.

17 janvier

... André vient le soir. Cherchant à se justifier à propos de l'incident de la veille, il entre dans une agitation presque alarmante. Il traite son frère et sa belle-sœur de cochons et nous autres d'Allemands. Il part en claquant la porte. Il revient peu après et s'excuse ; tout s'arrange.

22 janvier

... Des bruits alarmants circulent à propos de la Ruhr. Il y aurait grève générale dans les usines. La Reichswehr serait prête à intervenir sous le commandement de Ludendorff. Ainsi les difficultés s'aggravent.

Philippe Husser (quatrième à partir de la gauche)
dans un orchestre amateur, dans les années 1870.

L'une des dernières classes de Philippe Husser à Mulhouse, à la fin des années 1920.

La rue de Didenheim, à Mulhouse, après le bombardement du 19 août 1914.

Le champ de bataille du Vieil Armand où l'on compta plus de 60 000 victimes entre décembre 1914 et janvier 1916.

Philippe et Marie Husser et leurs trois filles dans l'immédiat après-guerre.
De gauche à droite : Marie, Jeanne et Lucie.

Philippe Husser et ses deux petits-enfants
Anne-Marie Bronner et Frank Ténot, le 7 octobre 1930.

Charles Ténot, prisonnier en Allemagne en 1916.

Fritz Bronner, sous l'uniforme allemand en 1914.

André Ténot, en 1919.

Scène d'évacuation de la population strasbourgeoise en septembre 1939.

Affiche de propagande nazie :
« Dehors le fatras français ! »

Le gauleiter d'Alsace, Robert Wagner,
passe en revue les troupes dans la cour de la préfecture de Strasbourg,
en compagnie de son conseiller Robert Ernst.

Le retour de Fritz Bronner en Alsace en 1940.

Cérémonie à l'occasion des noces d'or de Philippe et de Marie Husser.
De gauche à droite : Marie Bronner, Philippe et Marie Husser,
Fritz et Anne-Marie Bronner, le Maire de Mulhouse, deux voisins, le 25 août 1941.

Ammerschwihr en ruine
à l'issue de la bataille de la poche de Colmar, février 1945.

Dernière photographie de Marie et de Philippe Husser,
à Sundhoffen, novembre 1947.

Il y a deux siècles, un moine aurait prédit le début de la guerre mondiale pour 1914, ainsi que sa durée précise. Comme il l'avait annoncé, la paix a été signée le jour des trois onze : à 11 heures du onzième jour du onzième mois. Selon ce moine, la France allait aussi occuper la Ruhr, puis être obligée de retirer ses troupes pour combattre une révolution sur son sol. Celle-ci durerait jusqu'en 1929. La Bretagne serait épargnée, contrairement à la France méridionale. Du coup, un collègue de Hirsingue s'est fait muter en Bretagne. La monarchie serait restaurée.
La prophétie de ce moine ayant été juste jusqu'ici, il va sans doute être canonisé[1].

1er février

... Le franc est à 3 000 marks. Emménagement du jeune couple. Fiançailles d'André et de Jeanne.

16 février

... Une lettre alarmante de Marie. Les effets des sanctions se font sentir. On craint l'occupation de Francfort. Les denrées alimentaires atteignent des prix énormes. Fritz n'émet pas un mot pour Jeanne. Marie pleure tout en félicitant Jeanne.

18 février

... Le soir, au théâtre pour *Madame Butterfly :* très beau, très émouvant. Salle complète... Accident de chemin de fer à Épernay : soixante-cinq morts et trente blessés.

20 février

... Le paquet envoyé à Marie nous est retourné. La frontière est fermée pour tout envoi de marchandises.

---

1. Ces prédictions de moine annonçant des châtiments pour la France, le régime républicain, ainsi que le retour du roi, attestent la montée de l'animosité au sein du peuple catholique d'Alsace contre les fondements culturels et politiques de la France.

22 février

Il est possible d'envoyer des colis, mais d'une livre seulement.

25 février

... Jeanne et André vont participer au concours de ski au Steinlebach (Markstein).

27 février

... Lettre de Marie ; elle est plus rassurante. Fritz garde son point de vue : ces mariages avec des Français ne lui conviennent pas.

4 mars

... À Sundhoffen : je décide de mettre en vente quelques parcelles de mon patrimoine foncier pour constituer une dot de 12 000 francs en faveur de Jeanne. J'attends les offres.

19 mars

Lettre de Marie ; elle a reçu les trois paquets, mais nous prie de ne plus en envoyer. Une grande nouvelle : Fritz est nommé instituteur à Francfort. Si seulement la ville n'était pas occupée... Dans la Ruhr, on annonce des sabotages et des tueries à cause des séparatistes ou plutôt des autonomistes [1]. La situation actuelle ne peut se prolonger sans danger pour les deux peuples.

---

1. Les mouvements séparatistes de Rhénanie datent de 1920. Ils reprennent corps avec la crise et la misère provoquées par la politique de résistance passive ordonnée par Berlin lors de l'occupation franco-belge de janvier 1923. Les populations ont alors l'impression que le gouvernement abandonne la Rhénanie à son sort. Cela s'ajoute à l'aversion des populations catholiques à l'encontre de la domination de la Prusse protestante et socialiste.
Le mouvement ne débutera véritablement qu'à l'automne. Il aura plusieurs composantes ; l'une simplement autonomiste, l'autre résolument séparatiste caractérisée par la proclamation de républiques rhénanes. Adenauer, alors maire de Cologne, songe à un rapprochement économique avec les États voisins de l'Ouest.

24 mars

... Jeanne quitte Dolffus-Mieg. André a reçu 500 francs de son patron en guise de cadeau de noce. Il a acheté un canapé d'occasion pour 350 francs. Le soir, je vais au théâtre avec Charles et Lucie où nous assistons à une superbe *Carmen :* 3 francs pour une place au balcon de face.

26 mars

... Lettre de Souhe. Papa et maman Ténot s'excusent ; ils ne viendront pas au mariage.

31 mars

Jeanne se marie aujourd'hui. Trois voitures nous mènent à la mairie, puis à l'église. Le repas de midi chez Schieb me revient à 300 francs au total. Le soir, les jeunes vont au théâtre avec Henri et Marthe. Jeanne et André ont pris le chemin du Hohrodberg. Ils ont reçu des félicitations du ski-club et de Marie. De Fritz, rien.

Du 2 au 7 avril

Beau temps. La nature est en fleurs. Je travaille au jardin à Sundhoffen, racle les sentiers, pioche, sème, coupe les branches mortes, etc. Mercredi, j'aide Émile le jeune à tailler ses vignes de Herrlisheim. Après bien des négociations, j'ai réussi à vendre pour 9 000 francs à mon beau-frère Émile les champs qu'il avait en bail pour 100 francs par an. Il m'a versé un acompte de 5 000 francs.

8 avril

... En rentrant à Mulhouse, je trouve une lettre de l'office de vérification qui m'annonce que mes titres d'emprunts de guerre (1 500 francs) n'ont aucune chance d'être revalorisés. Je m'en étais douté.

10 avril

M. Bouillet cherche à s'informer auprès de moi à propos de l'attitude des cléricaux et du clergé à l'égard de notre association d'avant la guerre. Je ne peux que lui répondre qu'elle fut totalement hostile au « Deutsche Lehrerverein ».
J'ai donné une somme de 7000 francs à Jeanne et André.

5 mai

... Lettre de Souhe : les pommes de terre sont arrivées en bon état. Papa Ténot annonce l'expédition d'un fût de 230 litres destiné à nos trois familles.

7 mai

... Reçu le rapport d'inspection. C'est un document intéressant ; c'est pourquoi je note les passages principaux : « M. H., qui vient de marier deux de ses filles à un professeur et à un ingénieur de l'intérieur, ne manque pas d'occasions de parler notre langue qu'il connaissait mieux d'ailleurs que la plupart de ses collègues et il en profite... La qualité principale de M. H. est son assez grande maîtrise de la langue et celle du métier, qui est indéniable »

17 mai

... Le statut des fonctionnaires est voté. Le Sénat l'a aussi approuvé. Il entrera bientôt en vigueur.

24 mai

... À Sundhoffen, Émile me donne les 3500 francs restant dus. Il me roule de cent francs ainsi que du champ situé au Niedergritt : entre les juifs circoncis et les juifs non circoncis, il est difficile d'observer une différence... Le franc vaut 3800 marks.

31 mai

Un garçon de banque me présente la traite du mois de mai pour les meubles de Jeanne. Maman se rend chez elle et propose à André de lui en avancer le montant, en cas de besoin. Elle revient en larmes parce que André a décidé d'emprunter ailleurs les 2 000 francs qui lui manquaient. Humilié par notre proposition, il a interdit à Jeanne de venir nous voir. Cette décision brutale me conforte dans l'opinion que j'ai de l'amour possessif éprouvé par André pour Jeanne. J'ai bien du souci à cause de Fritz et de Marie. Je suis encore moins rassuré sur l'avenir de Jeanne.

1er juin

Jeanne et André viennent le soir. Je leur verse 2 000 francs. Tout est de nouveau pour le mieux. Le franc est à 4 900 marks.

13 juin

... À 7 h 55, départ pour Strasbourg en train spécial avec Lucie et Charles afin d'assister aux fêtes du centenaire de Pasteur. Il y avait foule ; environ cinq mille collègues étaient présents. Tous n'ont pas trouvé de place dans la salle des fêtes où MM. Blas, Batier et Rossé ont prononcé des discours sur Pasteur et sur l'hygiène scolaire. Rossé a été accueilli par un tonnerre d'applaudissements. Il s'est acquitté de sa tâche avec une étonnante maîtrise, parlant parfaitement le français. Il a terminé en formulant le vœu d'une prochaine fusion de nos deux cadres [1].
De retour à Mulhouse, j'ai trouvé une lettre de Fritz : toujours nationaliste intransigeant, sans concession pour ses beaux-frères... Marie se sent vieille femme. C'est à pleurer.

1. Le règlement de juillet 1923, qui fixe définitivement le statut des fonctionnaires, prévoit au contraire le maintien de deux cadres, le cadre général et le cadre local comprenant tous les employés de l'État d'Alsace en fonction avant 1918. Ces derniers conservent tous les avantages conférés par le statut allemand.

18 juin

... Le franc à 8 000 marks. Charles revient de son examen passé à Strasbourg. Il a abandonné car il s'est trouvé devant un problème insoluble.

8 juillet

Trois cléricaux sont élus au conseil municipal à l'issue du scrutin complémentaire d'aujourd'hui.

10 juillet

... La Banque du Rhin annonce la revalorisation de mes coupons de l'emprunt de guerre. J'aimerais bien que soient aussi revalorisés mes 5 000 marks encore déposés à la banque.

1er août

... Le franc est à 72 000 marks. Excursion scolaire : Trois-Épis, Hohrodberg, Munster et retour... Temps excellent. Nous ressentons mille impressions en passant aux Trois-Épis, au Linge dévasté et à Munster. Mme Graff, du restaurant de la gare, me reconnaît. Bien que très vieillie, elle est toujours là ; elle me rappelle mon séjour à Munster en tant que débutant, du 1er mai 1882 au 20 septembre 1885. Munster connaît une véritable renaissance. On ne reconnaît plus la ville ; sa physionomie est totalement changée. La reconstruction en a fait une autre cité, une cité moderne. Les vieux Munstériens détonent dans ce nouveau paysage.

5 au 19 août

... Grand voyage en Charente. Il s'agit d'un voyage d'abord dicté par le devoir. Mais c'est aussi un voyage d'agrément, devant satisfaire notre légitime curiosité. Ce que nous avons vu et appris nous a renseignés sur bien des particularités du caractère de mes deux gendres. Pour bien les connaître et les comprendre, il fallait les observer dans leur pays et dans leur famille. Nous avons trouvé des gens raisonnables, sérieux et laborieux.

5 août

Nous prenons le train de 6 h 50 pour Paris (69 F 95 pour l'aller et le retour). Il entre en gare de l'Est à 14 h 15. Charles et Lucie nous y attendent. Un taxi nous conduit à la gare Montparnasse pour nous permettre d'expédier la malle et pour prendre le billet Paris-Saujon (72 francs). Nous traversons ensuite Paris en métro jusqu'à l'Étoile. Une grande agitation règne autour du monument sous lequel repose le poilu inconnu. Les taxis tournent et se suivent sans trêve, formant un inépuisable carrousel. Nous descendons ensuite les Champs-Élysées vers la place de la Concorde et le jardin des Tuileries. Au cours du dîner au restaurant (5 francs tout compris), le beau chapeau de Charles trouve un amateur inconnu. Vers 22 heures, nous rentrons à l'hôtel, rue des Gobelins, non pour dormir, mais pour nourrir (à 6 francs la nuit) les punaises friandes de notre sang.

6 août

Le train roule à travers la Beauce et ses vastes champs de blé où la moisson bat son plein. Il y a beaucoup d'enfants dans le train, des enfants maladifs envoyés à la campagne ou à la mer. Au fur et à mesure, le pays devient plus pittoresque : beaucoup de vignes, plus ou moins bien soignées, des collines, des champs de carottes, d'oignons, de sarrasin, de fèves, de topinambours, etc. Les paysages varient beaucoup, mais dans l'ensemble, la campagne est très riche.
Les propriétés sont très souvent entourées de haies vives ou de murettes afin d'empêcher le voisin cupide de céder aux tentations criminelles[1]. Les villages prennent l'aspect méridional ; les toits sont en pente douce, couverts de tuiles ou d'ardoises, selon la contrée.
À Niort, beaucoup de nos petits compagnons quittent le train pour gagner La Rochelle. À Saintes, nous montons dans l'omnibus de Saujon. C'était jour de foire à Saintes ; aussi le train était-il bondé. Nous avons décidé de voyager en deuxième classe. À Saujon,

1. Les clôtures dans les régions bocagères traduisent en réalité une forme originale de civilisation agraire. Leur mise en place répond à des causes multiples.

MM. Ténot père et fils nous attendent avec une voiture à deux roues tirée par un vigoureux cheval qui, en cinquante minutes, nous conduit à Souhe où Mme Ténot et sa mère nous accueillent.
Souhe, un hameau de la commune du Gua, est un petit village d'environ trois cents habitants qui cultivent la vigne, le blé, le foin, quelques légumes et quelques pommes de terre. Il y a aussi des figuiers, des pommiers, des cerisiers. Les artichauts et les tomates sont cultivés dans les « îles », c'est-à-dire dans les terrains non marécageux.
Les marais constituent une véritable curiosité. Ce sont des fossés plus ou moins larges reliés à la mer qui est éloignée de dix kilomètres. À marée haute, c'est-à-dire tous les quinze jours, ces fossés se gonflent d'eau de mer qui amène la faune marine : anguilles, poissons divers, crevettes, moules, etc. C'est alors que les habitants vont faire leurs provisions.
Nous sommes installés assez confortablement dans la chambre de la grand-mère qui s'est elle-même retirée dans une cuisine abandonnée. Elle est la plus matinale ; très tôt, elle s'occupe de son porc, de ses neuf moutons et de ses poules.
Il fait chaud ici, mais la chaleur n'est pas étouffante, puisque le soir la brise de mer rafraîchit l'intérieur des maisons. On dort la fenêtre ouverte. Il n'y a pas de moustiques.
Souhe est aussi un pays de vin rouge et de vin blanc. Ces vins ont le goût du terroir ; ils sont bons tout de même. Comme on ne peut pas les écouler aisément, les agriculteurs sont forcés de les boire eux-mêmes, ce qu'ils font sans mauvaise grâce. Ici, le vin est à discrétion.
Les habitants du petit pays sont des protestants, descendants des huguenots qui se sont réfugiés ici après la révocation de l'édit de Nantes par Louis XIV. Ils ne sont pas des partisans de l'heure nouvelle, et leurs pendules marquent invariablement l'heure ancienne. On déjeune à midi, c'est-à-dire à 13 h 30. Le soleil se couche ici à 20 heures. La population comprend le français, mais parle un patois incompréhensible aux gens comme nous. Même leur français est difficile à comprendre ; ils parlent trop vite, surtout les femmes.
Leur cuisine aussi est différente de la nôtre. Ils ne connaissent pas les mets à base de farine, telles les pâtes. En revanche, on aime la daube dans la région, c'est-à-dire le bœuf cuit dans des carottes durant trois ou quatre heures, les poissons, les crustacés, les moules, les poulets, les huîtres, le lard et le jambon. Le porc n'est

pas fumé ; il est seulement salé et assaisonné, puis mis dans un sac et enfoncé sous la cendre.
Ancien instituteur à Souhe, M. Ténot y est devenu un peu agriculteur et vigneron. Pour ne pas trop se fatiguer, il a loué bon nombre de ses champs selon le système de la demi-récolte[1].

8 août

Nous embarquons pour Saint-Trojan-les-Bains (île d'Oléron). Nous traversons une magnifique forêt de pins, exploitée par l'État pour la résine. Chaque pin est incisé pour faire couler la résine dans des pots attachés sous les plaies. De loin, on perçoit le bruit de la mer, semblable au roulement d'un train. Le terrain sablonneux commence à un kilomètre de la plage. Bientôt le sable est fin comme de la poussière. Des dunes hautes de cinq à vingt mètres nous cachent encore la mer dont le bruit augmente. Enfin elle apparaît dans toute sa grandeur. Quel spectacle pour un néophyte ! Çà et là des petits groupes se baignent.
Le tram nous amène au Château, la capitale de l'île. C'est un vieux bourg ou plutôt une forteresse qui rappelle beaucoup Neuf-Brisach.

9 août

C'est encore le tram qui doit nous mener en direction de la Cotinière. À Saint-Pierre, nous prenons une voiture à cheval jusqu'à destination. À l'*Hôtel de l'horizon*, qui a la renommée de servir des repas opulents, on nous a servi des crevettes, des soles, des sardines, du beurre et des palourdes en entrée, puis des homards, des saucisses, de la purée, du fromage et des fruits ainsi qu'une bouteille de vin, le tout pour 8 F 50.

10 août

Le soir, Charles et son jeune frère Franck entrent dans la vase du marais et prennent des huîtres, des crabes et des palourdes avec leurs mains. Tous les deux s'en donnent à cœur joie... Au menu du

1. Le contrat de métayage.

soir, il y a des crabes et des huîtres grillées, ce qui a fort bon goût. Le pasteur Bourdery, qui est venu faire une visite à la famille Ténot, reste pour le dîner. Il s'exprime bien et la discussion avec papa Ténot sur la politique, la religion et la morale est intéressante. C'est un ancien prêtre catholique converti au protestantisme.

11 août

Qui n'a pas vu Royan ne peut imaginer ce beau spectacle. C'est une ville balnéaire de premier ordre. Elle a dix mille habitants en hiver et plus de cinquante mille en pleine saison. C'est le bain de mer des millionnaires, des richards français. Ça grouille de monde dans les rues, dans les magasins, sur la plage, dans les falaises et dans la mer. Ce monde est élégant et nonchalant.
Les plages sont couvertes d'une multitude de tentes sous lesquelles reposent les baigneurs qui, en regagnant l'hôtel, traversent la rue en costume de bain. Il y a toute une série de grèves blondes, l'une plus belle que l'autre, avec des falaises calcaires, curieusement trouées et crevassées. Le tram nous conduit à Saint-Palais où nous prenons un bain. La mer est plus calme ici que sur la Côte Sauvage. Une flotille de pêcheurs débarque des poissons frais ; nous achetons des soles pour le dîner. En vain, Charles et Lucie tentent-ils leur chance sur des billards japonais. Nous nous consolons avec une bouteille de vin doux de Gaillac.

12 août

J'accompagne M. Ténot au café du village. C'est un dimanche sans culte, qui n'a lieu que tous les quinze jours. Nous buvons de la bière et de la limonade mélangées. Les gens présents jouent à la manille ou au billard. La salle se remplit lentement. Il s'agit de paysans semblables à ceux de chez nous. Quelques-uns ressemblent même à des types de chez nous. Leur conversation porte sur la chaleur, la vigne, le vin, la marée, le marais et la pêche.

13 août

Le moment est venu de « faire boire » les marais. Les écluses sont ouvertes pour laisser pénétrer l'eau de mer amenée par la marée haute prévue pour demain.

M. Ténot me conduit dans sa vigne et à la laiterie, c'est-à-dire la coopérative très appréciée dans le pays. Elle paie 9 sous le litre de lait et vend le beurre 11 francs le kilo.

14 août

Pour aller à Taillebourg, nous traversons une grande plaine, d'anciens marais salants. À l'époque romaine, il y avait là un bras de mer et un camp romain s'avançait comme un cap dans la mer. Il subsiste quelques ruines dont une tour, prise et détruite partiellement jadis par Du Guesclin. Les alluvions de la Charente ont ensuite rempli les chenaux. Depuis, on cultive des artichauts expédiés à Pont-l'Abbé. À Port-d'Envaux, nous traversons la Charente en bateau, faute de pont, et nous arrivons aux Sorins où la famille Ténot possède une belle propriété habitée par la mère de papa Ténot, une vieille dame de soixante-dix-huit ans qui nous reçoit très gentiment. Elle élève quelques moutons et des poules. La maison est bien entretenue, mais le jardin est en friche. La vaisselle est ancienne et les armoires contiennent de vieux parchemins et des journaux d'avant 1870.

15 août

Un omnibus nous conduit à Saintes où nous jetons un coup d'œil rapide sur le monument dédié à Bernard Palissy, l'inventeur de l'émail, ainsi que sur l'arc de triomphe romain. Puis nous montons dans l'express qui va jusqu'à La Rochelle. La nouvelle gare fait bonne impression ainsi que le vieux port avec sa flottille de voiliers et de bateaux de pêche. Le port est bordé de bars et de cabarets. L'hôtel de ville est le joyau de La Rochelle. Dans une tourelle de ce monument mi-gothique, mi-renaissance, on reconnaît la statue de Henri IV. On prévoit de démolir les vieilles fortifications qui seront remplacées par une promenade circulaire.
Le marché aux poissons, près du port, est en train de se vider. Celui du centre regorge de crabes, de crevettes, d'anguilles, de soles, de langoustines et de homards. C'est la fête de l'Assomption. Quelques magasins sont fermés. L'ancien temple des huguenots, aujourd'hui église catholique, est comble. Ici, on travaille, comme lors des jours ouvrables. C'est bien différent de chez nous.

18 août

André et Jeanne filent au Gua à bicyclette afin de retirer un permis de transport pour le cognac. C'est aussi le pays du cognac ici. Le vin non vendu est distillé soit par les particuliers eux-mêmes, soit par les grandes distilleries des alentours. Mais il ne faut pas s'imaginer que l'on peut s'en procurer comme du vin. Une loi sévère, pour ne pas dire stupide, empêche les producteurs, les bouilleurs de cru, d'en jouir à leur guise. Un laissez-passer pour une seule bouteille coûte 9 F 20. Il n'est pas étonnant, dans ces conditions, qu'il faille payer 2 ou 3 francs un doigt de cognac dans une auberge. Il va sans dire que les anciens et les nouveaux riches ne s'en privent pas, alors que les anciens et les nouveaux pauvres se trouvent à sec, à l'image des Américains [1].

25 août

... Une lettre alarmante de Marie nous donne des détails relatifs à la cherté de la vie, de la pénurie des denrées alimentaires ainsi que des combustibles. Ils ont peur de l'hiver. Elle nous prie d'envoyer encore des paquets de lard, de savon, de chocolat et de gruyère, etc. Elle signale aussi quelques prix à Francfort : deux millions la livre de beurre, un million et demi de marks la livre de saindoux, un œuf vaut 100 000 marks et une livre de pommes de terre 70 000 marks, une paire de semelles six mille millions de marks.
Les magasins n'ouvrent que quelques heures par jour... Telles sont les souffrances du peuple allemand depuis des années déjà. Les gouvernements sont impuissants. Le nouveau chancelier, Stresemann, va-t-il améliorer la situation ?

6 septembre

... Persuadé qu'il est vain d'attendre du secours de l'Angleterre, le chancelier Stresemann, approuvé par le Zentrum et les socialistes, incline pour une entente avec la France. Il propose l'ouverture de négociations et l'arrêt de la résistance passive dans la Ruhr. Le

1. En 1919, la prohibition de la fabrication et de la vente de l'alcool est introduite aux États-Unis (18e amendement à la Constitution).

franc : un million quatre cent cinquante mille marks. Envoyé deux paquets à Francfort : lait et beurre.

14 septembre

... Le chancelier d'Allemagne a parlé. L'Allemagne s'avoue vaincue ; elle est prête à subir les conséquences, c'est-à-dire à payer. Stresemann joue sa vie car la droite est furieuse, les nationalistes lui réserveront le sort d'Erzberger et de Rathenau[1].

21 septembre

... Carte de Marie ; elle a coûté 120 000 marks. Aujourd'hui même, le tarif sera à nouveau augmenté. Un œuf revient à quatre millions et demi de marks. Envoyé deux paquets : langue fumée, gruyère. Le riz et la farine sont arrivés

27 septembre

L'Allemagne vient de perdre une seconde guerre. Elle se résigne à faire ce qu'elle aurait dû faire il y a cinq ans : s'avouer vaincu, payer et reconstruire.

1er octobre

... Le franc : vingt-trois millions sept cent mille marks.

22 octobre

Le franc : un milliard de marks. L'Allemagne, c'est-à-dire le Reich, se démembre. La Rhénanie s'en détache. La Bavière s'en retire.

1. Assassinés tous les deux par des nationalistes, respectivement en 1921 et en 1922. Erzberger avait dirigé la délégation allemande à Rethondes le 11 novembre 1918, puis fut ministre des Finances (Zentrum). Ministre des Affaires étrangères, Walter Rathenau était un dirigeant du parti démocrate.

24 octobre

Un franc égale cinq milliards de marks. J'ai envoyé deux paquets dont du fil DMC. Marie a demandé ce fil afin de pouvoir l'échanger contre des vivres. On prévoit la mise en circulation d'une nouvelle monnaie qui aurait cours en même temps que l'ancienne.

25 octobre

... M. Philippe, un collègue de l'intérieur en poste à Beblenheim, est nommé à Bergheim. Une vive campagne est engagée contre sa nomination dans ce village qui le déclare indésirable parce qu'il s'agit d'un instituteur laïque. Ameutée par le curé et le parti clérical, la population de Bergheim se montre hostile. L'Administration tient d'abord bon et M. Philippe s'installe. Il quittera finalement le village au 1er novembre pour un autre poste. Une fois de plus, le clergé a eu gain de cause.

6 novembre

Pluvieux ; le ciel pleure. On enterre Catherine. La terrible maladie, le cancer nous l'a enlevée. Le cancer ! point de remède ; rien à espérer. Le diagnostic est toujours trop tardif. On opère, mais on ne sauve pas. Un an, deux ans après l'opération la plus réussie, et le mal reprend : la victime succombe. Charles, Lucie et Jeanne assistent à l'enterrement ; André a un empêchement. Les obsèques de Catherine ont été un événement, à Sundhoffen. L'église était remplie de sympathisants, preuve de l'estime dont jouissait la défunte dans la commune.

8 novembre

... La guerre civile a éclaté en Allemagne. Hitler et Ludendorff ont pris le pouvoir en Bavière et s'apprêtent à marcher sur Berlin. La Reichswehr a ordre de leur barrer la route [1].

---

1. Depuis quelques semaines, le gouvernement de Bavière, dirigé par von Kahr, est en rébellion ouverte contre Berlin. Le soir du 8 novembre, Hitler et Ludendorff envahissent la brasserie où von Kahr et ses ministres tiennent une réunion publique et annoncent la révolution. Puis ils forment un gouvernement avec l'accord apparent de von Kahr. Ce dernier réagit dès le lendemain et la manifestation nazie est accueillie par des coups de feu. Hitler est arrêté.

10 novembre

Le franc vaut quatre cents milliards de marks [1]. Le coup d'État de Ludendorff et d'Hitler a échoué. Von Kahr, qui s'y était d'abord associé, déclare la guerre à Ludendorff et le fait prisonnier. Hitler s'enfuit. L'attitude de von Kahr paraît incohérente. C'est peut-être la question de la dynastie qui l'a séparé de Ludendorff.

14 décembre

... Lettre et journal de Marie. Tous les paquets sont arrivés. La lettre est affranchie à trente pfennigs. Les zéros ont disparu sur les billets allemands.

31 décembre

... Marie a reçu les deux cuisses d'oie, mais les paquets envoyés depuis la Suisse par mon ancien élève ne sont pas encore arrivés. Fritz est de nouveau souffrant. Envoyé un paquet de lard. Le soir, je joue au scat.

1er janvier 1924

J'espère que l'année 1924 va provoquer le départ du bloc national, le protecteur des profiteurs, des capitalistes, des monarchistes, du cléricalisme, l'ennemi des fonctionnaires, de l'école laïque, du progrès et de la paix. Les partis de gauche, *L'Œuvre, L'Ère nouvelle, Le Quotidien,* se donnent toutes les peines du monde pour le renverser. Réussiront-ils ? Qui vivra verra !

1. Cours du change du dollar à la Bourse de Berlin :
juillet 1923 : 1 dollar = 353 410 M
août 1923 : 1 dollar = 4 620 455 M
septembre 1923 : 1 dollar = 98 860 000 M
octobre 1923 : 1 dollar = 25 260 208 000 M
15 novembre 1923 : 1 dollar = 4 200 000 000 000 M
La nouvelle monnaie, le rentenmark, est mise en circulation.

2 janvier

... Froid, épaisse couche de neige. Retour à Mulhouse à 13 h 50. J'étais un peu inquiet à cause du schnaps. Il n'y a pas eu de contrôle...

10 janvier

... Déjeuner chez Jeanne. André a reçu le diplôme d'or de l'exposition Pasteur.

15 janvier

... Pour soutenir le franc, le ministre propose de revenir sur la loi de révision des pensions. D'abord on refuse aux fonctionnaires l'augmentation ; maintenant, on veut grignoter leur pain quotidien. Il paraît que le salut de la France passe par le délabrement de la situation des fonctionnaires.

16 janvier

... Enquête au Palatinat sur les événements séparatistes. Le chef du parti, Heintze, a été assassiné en même temps que cinq de ses partisans... La presse allemande, tout en condamnant le meurtre, est unanime à considérer que la responsabilité en incombe au général en chef des troupes françaises d'occupation, qui a pactisé avec les séparatistes.

27 janvier

Cent francs suisses valent 382 francs français... Lénine est mort, pour de bon cette fois.

2 février

... Lettre de Marie. Les pommes lui sont parvenues. La lettre se veut rassurante. Mais on peut lire tant de choses qui nous inquiètent entre les lignes. Fritz irait mieux ; mais pourquoi pas un seul mot de sa main ?

9 février

... La Chambre approuve les décrets-lois. Poincaré devient dictateur. Il l'a exigé pour redresser le franc. Le président Wilson meurt après une longue et douloureuse maladie.

24 février

Excursion en famille à Ribeauvillé et à Riquewihr. Billet : 7 F 95. Déjeuner chez Oberlin : 11 F 50. Avec vin, café, liqueur, pourboire : 16 francs. J'ai trouvé ma sœur bien souffrante. Elle tousse et a beaucoup maigri. Elle manque d'appétit, se nourrit exclusivement de lait et d'œufs, ne sort pas. Sigismond a déjeuné avec nous et nous a accompagnés jusqu'à Hunawihr. À Riquewihr, nous avons goûté le vin nouveau ainsi qu'une bouteille datant de 1921. J'ai réglé mes dettes envers Lina en lui remettant 57 F 50. J'ai vu des lettres de l'écriture de Fritz. Retour à Colmar à 6 h 34. Nous avons laissé l'omnibus pour l'express de 7 h 12. Bonne journée, belle promenade, bon déjeuner : 180 francs au total.

29 mars

... Aujourd'hui j'ai fait la bêtise de consulter le médecin à propos de mes problèmes de digestion. Et voilà que maintenant il me défend la pipe et le vin, sauf au repas. Ma tension est trop élevée et ma digestion est trop laborieuse. Il m'ordonne des drogues pour activer le tube digestif et me prescrit des bains carboniques...

1er mai

... Fête des ouvriers. Point de journaux. Quelques tramways seulement circulent sur la ligne nº 1. Il y a un meeting au Kursaal et un cortège à travers la ville. J'ai touché mon traitement : 792 F 28 + 212 F 50 = 1 004 F 78. André est content. Il a été augmenté et touche maintenant 1 850 francs par mois.

5 mai

... Les élections n'ont pas changé le rapport des forces en Allemagne. Les ultranationalistes n'ont pas connu de grand succès.

12 mai

... En Alsace et en Lorraine, le bloc national a remporté la victoire. Il s'agit du bloc noir qui s'est intitulé Alliance républicaine. À Mulhouse, la liste socialiste a obtenu davantage de voix que celle du bloc, mais la campagne a voté majoritairement pour ce dernier. Dans le Bas-Rhin, aucune liste n'ayant obtenu la majorité absolue, la proportionnelle a joué ; c'est ainsi que deux socialistes, Peirotes et Weill, et un communiste ont été élus. Ainsi, l'Alsace et la Lorraine ne sont pas exclusivement représentées par des « noirs [1] ». À l'intérieur, la victoire de la gauche est écrasante (cartel).

15 mai

... La victoire de la gauche est commentée généralement avec satisfaction. Enfin, dit-on, la France s'est retrouvée. Poincaré a annoncé sa démission pour le 1er juin. Mais on veut que Millerand s'en aille aussi.

22 mai

... Lettre de Marie : Fritz va mieux. Il est en congé pour six mois. Un médecin lui fait suivre un traitement pour les poumons. Ils veulent construire une maison à Bergen, non loin de Francfort.

1er juin

... Visite de Lina de retour de Francfort. Fritz est bien malade, mais Marie est toujours vaillante. Lina repart pour Colmar à 14 h 42. Elle compte se renseigner sur la station sanitaire, près du Titisee, où Fritz doit aller se faire soigner.

17 juin

... Visite de Mme Bœglin. Elle est bien portante et les nouvelles qu'elle apporte d'Allemagne sont assez rassurantes. Bœglin gagne

1. Parmi les six élus de la liste du Bas-Rhin qualifiée par Philippe Husser de bloc noir, figurent aussi deux démocrates protestants, le pasteur Altorffer et Frey. Parmi les sept du Haut-Rhin, deux sont protestants, le pasteur Scheer et Burger.

environ 400 marks par mois (1 800 francs), déduction faite des impôts et du loyer.

18 juin

Mme Bœglin dîne avec nous chez Lucie, en présence de Jeanne et d'André. Charles est à Strasbourg pour passer un examen. Marie nous apprend que Fritz est à Hinterzarten. Elle nous confie les angoisses qu'elle a éprouvées à cause de la santé de Fritz. Il va mieux maintenant et se trouve sur la voie de la guérison.

20 juin

Charles a été reçu à son examen avec la mention très bien.

30 juin

Marie a reçu ma lettre avec les 100 francs. Elle voudrait bien venir, mais sans l'intervention du consulat. Fritz est toujours à Hinterzarten ; il va mieux.

10 juillet

Lettre de Marie annonçant qu'elle a renoncé pour le moment à faire viser mon passeport. Pour un séjour de trois jours, il est demandé 56 marks, soit environ 250 francs. Dans ces conditions, un voyage en Allemagne devient presque impossible pour la classe moyenne.

11 juillet

... En Italie, il y a quelques semaines, les fascistes ont fait disparaître le député socialiste Matteotti. La situation politique résultant de ce meurtre demeure trouble. Mussolini est inquiet.

TROISIÈME PARTIE

OUI AU PARTICULARISME, NON AUX AUTONOMISTES CLÉRICAUX

1924-1932

13 juillet

... Les cléricaux se préparent en vue d'une grande manifestation contre l'école laïque et la séparation de l'Église et de l'État. Des tracts et des feuilles volantes ont été lancés et distribués parmi la population pour l'exciter contre Herriot et les projets qu'on lui attribue. Ces feuilles contiennent un langage qui, sans être germanophile, n'en est pas moins francophobe et d'une audace dépassant toute imagination [1].

---

1. Dans sa déclaration-programme du 17 juin 1924, le Président du Conseil, Édouard Herriot, avait annoncé la suppression du commissariat général ainsi que l'introduction de l'ensemble de la législation républicaine en Alsace.
Concrètement, cela pouvait signifier l'abrogation du Concordat, c'est-à-dire la fin du statut des membres du clergé, l'arrêt de leur rémunération par l'État et surtout l'introduction de l'école laïque avec ses conséquences préjudiciables pour le rôle du prêtre désormais interdit de séjour à l'école.
C'est avant tout contre ces menaces que se dresse l'Alsace catholique. Les députés de l'UPR protestent aussitôt, relayés par une campagne de presse locale virulente. Enfin, Mgr Ruch, l'évêque de Strasbourg, encourage la Ligue des catholiques à se mobiliser, à diffuser des tracts pour défendre le statut confessionnel local. La *Revue scolaire* de Rossé emboîte le pas.
Les autorités protestantes, sauf exception, ne s'associent pas à ces menées. Les protestants les plus libéraux se déclarent même prêts à accepter la séparation sous certaines conditions.

18 juillet

… Touché 33 francs pour deux articles dans la *Revue scolaire*[1].

29 juillet

… J'ai fait la demande pour obtenir un passeport en faveur de Marie. Le jeune employé qui remplaçait le commissaire s'est montré assez arrogant, au début. Il a fini par s'humaniser à la fin. À n'en pas douter, il s'agissait d'un Alsacien qui a cherché à se présenter comme un grand patriote, intransigeant vis-à-vis de ceux d'outre-Rhin.

2 août

… J'apprends que M. l'inspecteur Jeanty, celui-là même qui avait puni des élèves ayant parlé le dialecte, est déplacé et remplacé par M. Antric, un Alsacien.

15 août

… Lettre de Charles et de Lucie. Ils sont bien arrivés et bien installés. Jeanne et André les rejoindront aujourd'hui à Souhe. Il y fait chaud. Ils partiront à la Cotinière, dans l'île d'Oléron.

21 août

… En camion de livraison avec Henri et Jules Horrenberger à Ribeauvillé, Riquewihr et Kaysersberg. Nous avons bu un verre chez Oberlin, chez Bronner et chez Mendele ainsi que dans les différentes auberges clientes, de sorte qu'en rentrant j'étais… autrement qu'en partant.

1. Deux articles de la *Revue scolaire* semblent être de la plume de Philippe Husser. Le premier est intitulé « Cauchemar » (10 juin 1924). Le récit traduit les difficultés rencontrées par un instituteur vieillissant soumis à l'augmentation des obligations de service du système français et hanté par la retraite prochaine. Un second récit, paru l'année suivante (25 mars 1925), reprend le même thème.

24 août

... Fête à Sundhoffen. Carte de Lucie de la Cotinière. Là aussi il pleut beaucoup, plus qu'à l'ordinaire. Les pêcheurs ne peuvent pas sortir, de sorte que les homards sont rares.

26 septembre

Rentrée des classes. On me confie la sixième classe. Ma démission comme maître de l'école technique est acceptée : c'est le commencement de la fin. Je reçois de mon primus une bouteille de champagne, accompagnée d'une gentille lettre dans laquelle il exprime sa reconnaissance et le regret de me perdre comme maître. Lettre de Marie annonçant son arrivée pour jeudi 2 octobre.

29 septembre

... Les journaux publient la réponse de M. Herriot aux cardinaux français qui lui avaient adressé une lettre presque insolente (voir *L'Œuvre* du 28). À Colmar, le maire expulse le reporter du *Kurier*, M. Rossé.

2 octobre

... Marie arrive à 8 heures du soir. Maman exceptée, toute la famille se trouve à la gare. Marie a bonne mine. On s'embrasse. André est de bonne humeur. Le soir, après souper, Marie se met tout de suite à l'ouvrage et défait ses robes. On se couche à minuit.

3 octobre

... Marie travaille avec la couturière chez Charles. On déjeune en famille. André et Lucie y sont aussi. Jeanne est un peu souffrante. On s'entend à merveille. Lucie et Marie vont au théâtre le soir (*La Tosca*).

15 octobre

... Augst se suicide en se brûlant la cervelle... Le collègue Augst était un célibataire de cinquante-deux ans, toujours quelque peu original, mais en somme bon garçon, et même intelligent. Il occupait ses heures de loisir à la bibliothèque ou dans la rue. On le rencontrait partout et tout le monde prêtait attention à lui. Comme il maîtrisait mal le français, il fut obligé d'aller en stage à l'intérieur. À ce que l'on dit, il est revenu bredouille. Il y a un an, il est tombé malade : insomnie, nervosité. Il a pris des congés, des bains, etc. Il devait reprendre son service le 15 de ce mois. Du fait de la fragilité de sa santé et de la difficulté de cette reprise, il a dû être très angoissé. Il a mis fin à une existence qui l'accablait et qu'il détestait.

16 octobre

... Les journaux annoncent l'arrivée du Zeppelin 126 en Amérique. Parti de Friedrichshaven dimanche matin, il a atterri à Lakehurst mercredi à 9 heures, après un voyage de quatre-vingt-une heures. L'enthousiasme est grand en Amérique et en Allemagne.

5 novembre

... Conférence pédagogique dans la salle Schlumberger pour la moitié du personnel enseignant. Au programme : le problème de la résidence, les cours d'adultes, l'usage du français pendant la récréation, recours à la contrainte à ce propos. Sujets de la conférence : leçon de choses sur la pomme de terre, leçon de sciences sur la respiration (expérience). M. l'inspecteur d'académie y a assisté. Au total, une conférence ennuyeuse et fatigante par sa durée : trois heures trois quarts sans bouger. Nous sommes sortis avec un sentiment de malaise, en raison du ton autoritaire et des idées paradoxales.

6 novembre

... Réunion pour désigner les candidats à l'élection au conseil départemental [1].

1. Compte parmi ses membres des administratifs, des élus et des instituteurs, pour partie du cadre général, pour partie du cadre local (instituteurs alsaciens en poste avant 1918). Se prononce sur les mutations et l'avancement.

7 novembre

... La réunion d'hier a attiré peu de collègues de Mulhouse. Il paraît qu'ils étaient encore déprimés par la conférence pédagogique de mercredi. L'impression unanime qui se dégage est que le joug français commence à peser plus lourd que jadis la botte prussienne. Le mot de M. Baty selon lequel beaucoup de présents n'auraient pas su ce qu'était un pistil est commenté avec indignation. En réalité, les collègues sortis de nos écoles en savent plus long en botanique que les collègues de l'intérieur. Mais on nous considère comme des ignorants. Que dire de ce mot de M. Faivre : « Mieux vaut se taire que parler en dialecte » ? Et qui ajoute : « Faites parler le français à vos élèves pendant la récréation, usez de la contrainte. »... L'inspecteur d'académie a ajouté : « Le gouvernement est en train d'augmenter vos traitements, remerciez-le par une augmentation de votre zèle. » Comme si nous avions manqué de zèle jusque-là ! Les collègues de l'intérieur, ne sachant pas un mot d'allemand auraient obtenu des résultats merveilleux grâce à la méthode directe. Au total, une conférence humiliante pour nous, tuant le plaisir que nous pouvons retirer de notre métier.

14 novembre

... On distribue les bulletins pour l'élection de deux membres du conseil départemental. Le Groupement propose pour le cadre local M. Hertzog et Mlle Teichmann, pour le cadre général M. André Boulanger et Mme Weyrauch (de l'intérieur) et comme suppléants M. Vogeleisen et Mme Schmidt (Alsaciens). La Fraternelle présente naturellement d'autres candidats pour le cadre général. Pour le cadre local, elle propose à nous autres libéraux de voter blanc.

15 novembre

Nous avons enterré ce matin le collègue Frossard à Riedisheim... À qui le tour maintenant ? À chaque fois, je me pose cette question ! Sera-ce le mien ? Je ne crains pas la mort mais j'ai peur des souffrances. Je souhaite une mort foudroyante comme Schwander, comme mon oncle. J'ai davantage peur encore d'une vieillesse diminuée. Je commence à être inquiet quant à l'avenir. Je suis à la veille de prendre ma retraite. Où aller ? Que faire ? sans fortune et sans pension suffisante ? Enfin, qui vivra verra ; chassons ces noires pensées.

27 novembre

... La *Revue scolaire* publie un article hostile aux unions entre instituteurs et institutrices qui met les intéressés en fureur. L'auteur prétend qu'on ne peut pas servir deux maîtres, c'est-à-dire être à la fois une bonne ménagère et une bonne institutrice et que ces unions abaissent le niveau social de notre corporation. En effet, en préférant un salaire à une dot, les instituteurs renoncent à entrer dans de bonnes familles. C'est ce dernier argument surtout qui est blessant pour les institutrices.

1er décembre

... Nos propriétaires nous prient de chercher un autre logement. Ils ont besoin du nôtre pour y installer des bureaux. Ils nous accordent un délai d'un an. Il y a longtemps que je craignais cela. J'espérais qu'on nous laisserait tranquille pendant deux ans, jusqu'à la retraite. Le dernier mot n'est pas dit.

12 décembre

... Les députés alsaciens et lorrains quittent la commission d'Alsace et de Lorraine[1]. Seuls restent Weill et Peirotes[2]. C'était prévisible : nos députés actuels voudraient « alsacianiser » la France, ce qui les empêchent de rester en bonne intelligence avec leurs collègues de l'intérieur qui, de leur côté, veulent franciser l'Alsace et la Lorraine.
Le soir au théâtre : *Le Jongleur de Notre-Dame*.

---

1. Le conseil consultatif placé auprès du commissariat général.
2. Georges Weill a représenté Metz au Reichstag en 1912. Il est député de Strasbourg (SFIO) de 1924 à 1928 et de 1932 à 1936. Jacques Peirotes siège au Reichstag à partir de 1912. Maire de Strasbourg de 1919 à 1929, il a notamment développé de nombreux services sociaux et construit des logements sociaux de qualité. Député de Strasbourg : 1924-1932 (SFIO).

16 décembre

... Au cinéma : *Le Christ*. Un beau film mais sans caractère édifiant.

21 décembre

... On échange les cadeaux de Noël. André et Jeanne déjeunent avec nous. Cadeaux : du cherry-brandy, du papier à lettres de Jeanne et d'André. Pour maman : un balai et un tablier.

17 janvier 1925

... Dissolution de notre ancienne société de botanique. Des treize membres restants, six dont moi-même ont décidé la dissolution et la liquidation des biens.

22 janvier

... Grand débat à la Chambre. M. Herriot reproche aux députés d'Alsace et de Lorraine (Oberkirch, Pfleger) leur odieuse campagne contre lui et contre le gouvernement[1].

23 janvier

... Conclusion du rapport d'inspection de M. Faivre : « M. Husser travaille de façon très consciencieuse ; il est bon et familier avec les enfants ; aussi ceux-ci répondent-ils sans embarras aux questions qui leur sont posées. Résultats très satisfaisants. M. Husser n'a pas eu à faire de stage à l'intérieur ; il connaît bien le français. »
En somme, il n'y a pas de différence entre ce rapport et ceux de M. Caron. On ne critique pas trop ; mais on se garde bien de décerner des louanges.

31 janvier

... Nous avons liquidé notre société de botanique et vendu le stock : armoire, herbiers, livres, etc., pour environ 700 francs. Le

1. Députés de l'UPR depuis 1919, ils appartiennent tous les deux à l'aile nationale de ce parti. Venant de deux élus catholiques les moins particularistes, les attaques contre la politique de Herriot revêtent d'autant plus de signification.

passé s'écroule, les temps changent. « Kein neues Leben blüht aus den Ruinen » (aucune vie nouvelle ne fleurit dans les ruines — citation de Schiller mise à la forme négative).

1er février

... Belle journée, promenade au Rebberg. Le *Réveil*[1] publie une lettre de M. Neff où celui-ci explique les raisons de sa démission du groupement des instituteurs. Il reproche à M. Rossé son attitude cléricale, ce qui n'est pas compatible avec son mandat de président d'une organisation neutre.

5 février

... L'ambassade au Vatican est supprimée. L'Alsace seule y est représentée. Le Concordat est toujours en vigueur pour l'Alsace.

25 février

... Cinquantième anniversaire de la République.
L'Elsässer est saisi à cause de la publication d'un dessin injurieux pour Herriot, qui le montrait revolver au poing devant les cadavres de deux curés : une caricature des bagarres de Marseille lors de la manifestation cléricale dirigée par le général de Castelnau[2].

4 mars

J'adhère au syndicat des locataires (cinq francs). J'assiste à une réunion publique où interviennent Wicky, Birgy et Kuhn. L'organisation de Wicky est très mêlée et ne me convient pas tout à fait[3].

---

1. Éphémère hebdomadaire de gauche (1924-1926) édité à Strasbourg. Contient de nombreux articles en faveur de l'instauration de l'école laïque.
2. *L'Elsässer* est le principal journal catholique du Bas-Rhin. Le général de Castelnau préside la fédération nationale catholique fondée par la hiérarchie au niveau national. Elle vise à mobiliser les fidèles pour préserver les intérêts des catholiques.
3. Il s'agit d'une réunion du parti socialiste SFIO. Wicky en est le dirigeant le plus important pour le Haut-Rhin. Déjà conseiller municipal, il devient maire de Mulhouse en 1925.
Favorable au maintien du particularisme régional, mais hostile aux particularistes catholiques, Philippe Husser cherche toujours sa voie.

9 mars

... Lettre de Marie. Fritz a passé son doctorat[1]. Mention très bien. Quelle joie ! Mais que c'est cher le doctorat ! Deux cents marks plus un habit noir à cent vingt marks, soit trois cent vingt marks à quatre francs soixante.

11 mars

... L'introduction de l'école interconfessionnelle à Colmar déclenche la fureur des cléricaux. Les curés protestent parce qu'on va mêler dans les classes les enfants catholiques à des enfants juifs et protestants.

14 mars

... Le député Michel Walter et l'évêque Ruch ont déclaré la guerre au gouvernement. Au moyen d'appels publiés dans les journaux cléricaux, d'affiches et de tracts portés à domicile, ils invitent parents et élèves à faire la grève scolaire lundi dans toute l'Alsace, lundi, mardi et mercredi à Colmar, pour protester contre l'introduction de l'école interconfessionnelle à Colmar et à Strasbourg[2]. Dans sa revue, Rossé a conseillé aux maîtres de demeurer neutres. Demain, les curés prêcheront la grève dans les églises. Je suis curieux de voir les suites de cette affaire.

16 mars

... Le clergé a décrété trois jours de grève pour Colmar et un jour pour toute l'Alsace. Trois élèves de ma classe ne se sont pas présentés ; au total, il y a eu soixante absents pour trois cents élèves dans l'école. La grève n'était pas générale. À Dornach, le curé a

1. *Die Verfassunsbestrebungen des Landesausschusses für Elsass-Lothringen 1875-1911 ;* (l'activité constitutionnelle de la délégation). La thèse a été publiée à Heidelberg en 1926.

2. Dans sa lettre aux pères et aux mères catholiques publiée par l'*Elsässer,* Mgr Ruch déclare que l'école interconfessionnelle est « un attentat à la foi des parents catholiques ». Simultanément, le député UPR Michel Walter appelle à la résistance en tant que président du comité d'action pour la défense des libertés et des traditions religieuses de l'Alsace.

gardé les enfants à l'église au-delà de 8 heures pour les empêcher de regagner leurs classes. Dans la rue, on a tenté de barrer la route à ceux qui se rendaient à l'école.

17 mars

... Une enquête est en cours à propos de la fréquentation des classes hier. La presse publie des statistiques de grévistes pour la région. Dans certains villages, la grève était totale : là où le curé est le maître absolu. À Colmar, les grévistes n'étaient pas plus de 30 %, ce qui est considéré comme un échec[1].
Grand rassemblement au Casino pour manifester contre la grève des écoliers. Aulard[2], Grumbach et Sengel prennent la parole.

18 mars

... Le rassemblement d'hier au Casino a connu un plein succès. En même temps, un député clérical de l'intérieur, l'abbé Bogey, parlait à la Bourse.

19 mars

... On discute de la question d'Alsace-Lorraine à la Chambre. Un député reproche aux Alsaciens d'être plutôt Alsaciens que Français.

21 mars

... Grand débat hier à la Chambre. Herriot a admirablement défendu la laïcité. La droite, furieuse, et le centre opposent des violences inouïes et provoquent même un pugilat. Finalement l'ordre du jour de confiance est voté. Herriot : « Le laïcisme ne nie pas la collaboration qu'à certaines heures a apporté à la civilisation le christianisme, surtout dans ses formes primitives, quand il était

1. La grève fut totale ou quasi totale dans les petites communes rurales catholiques. Dans les villes, il y eut moins de 50 % de grévistes. Au lendemain de la grève, la guerre des chiffres a sévi. À Colmar, le taux a probablement dépassé 30 %. La grève fut nulle dans les villages protestants.
2. Il s'agit du grand historien de la Révolution.

le christianisme des catacombes et non pas le christianisme des banquiers. »

31 mars

... En Allemagne, Jarres, le candidat des nationalistes a obtenu onze millions de voix aux élections présidentielles contre quatorze à quinze millions pour les non-nationalistes. Le président ne sera donc pas issu de la droite.

7 avril

... À Francfort, mon ex-collègue Haberthur a été nommé directeur adjoint et gagne 530 marks soit 2 300 francs. Fritz gagne 330 marks soit 1 485 francs, et moi même pas 1 000 francs[1].

10 avril

... Nous déjeunons chez Eugène. Marie part pour Riquewihr. Je l'accompagne à Colmar. Maman Bronner et Lina l'y attendent. Elles achètent une montre en or (2 000 francs) et une chaîne (750 francs) pour Fritz. Les journaux annoncent la chute du ministère Herriot. C'était prévisible. Le Sénat lui était hostile ; le bloc national composé de cléricaux et de capitalistes a eu raison de Herriot qui osa attaquer ces deux funestes adversaires en même temps.

14 avril

... Je rentre avec Marie à Dornach pour prendre mon passeport. Je ne le trouve pas ; Charles accepte alors de nous accompagner ; il se rendra jusqu'à Kehl. Pour traverser le pont du Rhin, il faut un passeport. Un simple sauf-conduit ne suffit pas.

1. La comparaison des salaires n'est fondée que si elle est complétée par une mise en parallèle des pouvoirs d'achat.

15 avril

... Nous partons pour Strasbourg à 10 h 33. Arrivée à 12 h 05. Nous prenons le tramway jusqu'au pont du Rhin. Là je prends congé de Marie. Charles traverse le Rhin avec elle et revient au bout d'un quart d'heure débarrassé de son précieux fardeau (montre en or et chaîne)... Journée chère, mais bien remplie.
En rentrant, je trouve le prospectus pour la collection d'histoire Lavisse et une lettre de Bœglin. Il est en congé en attendant la retraite qui débutera au premier octobre avec une pension de 370 marks : l'Allemagne est bien plus généreuse avec ses fonctionnaires que la France.

16 avril

... Le *Kurier* mène grand bruit à propos de la création de l'école interconfessionnelle à Illkirch-Graffenstaden [1] où les sœurs seront remplacées par des institutrices laïques ainsi qu'à propos des amendes décrétées par l'adjoint Richard à Colmar pour les absences du 16 mars relatives à la grève scolaire.

22 avril

... Lettre de Marie ; Fritz va bien. Il commande sept volumes du grand Lavisse. Les menées cléricales se poursuivent. À Graffenstaden, les catholiques ont empêché les institutrices laïques de pénétrer dans l'école. La police et les gendarmes étaient impuissants. À Brinckheim, un village entièrement catholique, l'évêque a ordonné le boycott de l'école parce qu'elle est dirigée par un instituteur alsacien et catholique, mais laïque. Le nouveau ministère ne semble pas disposé à continuer la lutte. Il est prêt à faire des concessions. Le cléricalisme triomphe.

---

1. Ville industrielle de la banlieue sud de Strasbourg, de confession mixte.
Philippe Husser n'évoque pas le référendum scolaire organisé peu de semaines auparavant par les catholiques. Les adultes de plus de vingt et un ans ont été appelés à approuver l'école confessionnelle. Quoi qu'il en soit des conditions plutôt douteuses du déroulement du vote, il semble bien que des électeurs qui récusaient habituellement le parti catholique aient néanmoins opté pour le maintien de l'école confessionnelle.

27 avril

... Hindenburg élu président du Reich... J'ai envoyé deux volumes de R. Reuss[1] à Francfort (80 francs). Reçu une carte postale de Jeanne de Grenoble. Lucie obtient un congé d'un mois : elle est malade et doit changer d'air. Nous pensons à Riquewihr.

28 avril

... La presse commente l'élection de Hindenburg[2]. *La Gazette de Francfort* observe que le maréchal doit sa victoire à son nom glorieux, qui a séduit et conduit aux urnes de nombreux abstentionnistes traditionnels. De plus, beaucoup de protestants ont préféré Hindenburg au catholique Marx... « La question religieuse a joué un grand rôle », écrit le *Tagblatt*.

29 avril

... Jeanne et André de retour. Grave nouvelle : André a perdu son emploi. M. Koechlin l'a mis à la porte... Trop ambitieux, il a publié des articles sous son nom, sans le consentement de son patron. Il trouvera sans doute un autre emploi ; c'est tout de même ennuyeux et inquiétant pour l'avenir.

2 mai

... Conférence à 8 h 45 sur les sciences : la plus ennuyeuse de toute ma carrière. La levée de la séance vers 12 h 30 fut pour nous une véritable délivrance. Elle avait langui des heures durant. L'après-midi, déjeuner en famille. Jeanne et André sont moins abattus. Paul Schlumberger a rassuré André à propos de son avenir. Le dernier mot n'est pas encore dit.

4 mai

... Les élections d'hier traduisent une nette poussée vers la gauche. Les socialistes ont obtenu dix mille voix, les candidats du bloc

---

1. Grand historien alsacien, Rodolphe Reuss a rejoint Paris en 1896. Il a terminé sa carrière en tant que directeur d'études aux Hautes Études. Il s'agit peut-être de sa thèse sur *L'Alsace au XVIIe siècle* (2 vol.) mais plus probablement de son *Histoire de l'Alsace* (1920) et de son *Histoire de Strasbourg* (1922).
2. Présenté par la droite au second tour, le monarchiste protestant Hindenburg a battu Marx, du Zentrum et candidat des partis fondateurs de la République (SPD, démocrates et Zentrum).

national neuf mille, les radicaux-socialistes quatre mille et les communistes mille. Il n'y a aucun élu[1].

10 mai

... Scrutin de ballottage. Sont élus trente et un candidats du cartel et cinq de l'union républicaine. Ce résultat est une réponse aux machinations cléricales et particulièrement à la grève scolaire. Colmar, Strasbourg, Guebwiller, ont également voté pour le cartel. Dans toute l'Alsace, on note un magnifique élan vers la gauche[2].

12 mai

... Nous avons déjeuné chez Jeanne. Lucie n'a pas pu venir. Son état commence à nous inquiéter. Elle ne mange presque pas et rend ce qu'elle avale. Petits enfants, petits soucis ; grands enfants, grands soucis.
Un nouveau journal paraît pour défendre les « Heimatrechte[3] » : la *Zukunft* (l'avenir) de Saverne. Aura-t-elle une Zukunft, cette *Zukunft*[4] ?

---

1. Élections municipales.
2. Au second tour, les socialistes et les radicaux ont présenté une liste commune. La gauche a gagné aussi à Sélestat, Benfeld, Barr et Ribeauvillé. Ces résultats relativisent l'influence du clergé catholique en dehors des campagnes.
3. Les droits de la petite patrie. Expression utilisée communément par les régionalistes et les autonomistes pour désigner le contenu de leur programme revendicatif.
4. La parution, à Strasbourg, de l'hebdomadaire *Die Zukunft,* le 9 mai 1925, est un événement essentiel de l'histoire de l'Alsace de l'entre-deux-guerres. La *Zukunft* se propose de défendre la patrie alsacienne-lorraine ; elle réclame l'autonomie pour l'Alsace, l'utilisation de la langue allemande à l'école, dans l'Administration et la justice.
La parution de la *Zukunft* concrétise les inquiétudes suscitées par l'arrivée au pouvoir du cartel en 1924 et l'énoncé du programme de Herriot. Elle constitue l'acte de naissance officiel de l'autonomisme qui couvait depuis 1919.
On retrouve à la *Zukunft* le docteur Ricklin, l'imprimeur René Hauss, futur député, le journaliste Paul Schall, des catholiques et des protestants, notamment des pasteurs.
Le tirage atteint près de trente mille exemplaires au début de 1926. L'hebdomadaire mène alors un combat passionné en faveur de l'autonomie. Il se heurte à la presse nationale d'Alsace. Parmi les journaux catholiques, l'*Elsässer Kurier* manifeste une certaine sympathie. Son directeur, l'abbé Haegy, est déjà le chef le plus influent des régionalistes, avant de l'être de l'autonomisme.

16 mai

M. Wicky, premier maire socialiste de Mulhouse.

25 mai

... Maman commence à tricoter pour le bébé. Lucie reprend sa classe.

27 mai

... Conférence à la Bourse. Le duc de Broglie parle des rayons X : très compliqué, difficile à comprendre.

29 mai

... Les sociétés hyperpatriotiques protestent contre la venue de quelques sociétés allemandes pour la fête de la gymnastique de dimanche. De son côté, *Le Républicain* condamne cette hostilité à l'égard d'ouvriers allemands. « Ils viendront malgré vous et ils seront bien reçus », écrit-il.

30 mai

... Les journaux annoncent que nos députés (Jourdain) ont fait des démarches à Paris pour empêcher l'arrivée des gymnastes allemands. Et l'autorisation a été retirée. Les Allemands ne viendront pas. En voilà des manières, six ans après l'armistice ! Cette sorte de patriotes provoquerait volontiers une nouvelle guerre. En attendant, ils entretiennent la haine. « C'est une honte, proclament-ils, de tolérer en Alsace des pièces de théâtre allemandes, c'est une honte d'inviter des sociétés allemandes au moment du séjour de M. le président de la République à Strasbourg. » Ajoutons que c'est une honte de voir le gouvernement tolérer encore les agissements des militants du Souvenir français[1].

1. Association nationaliste, née en 1887, qui pénétra en Lorraine allemande à l'occasion de l'inauguration du monument commémoratif de Noisseville en l'honneur des soldats français tombés en 1870-1871.

31 mai

... La société de musique de Sundhoffen s'est rendue à Sundhouse avec le camion de Henri pour participer à un concours tandis que celle de gymnastique est partie cueillir des lauriers à Mulhouse.

10 juin

... André déménage, met son mobilier en garde-meubles. Le soir à 4 heures, la maison est vide. Nous dînons tous chez Charles.

11 juin

... Jeanne et André font leurs visites d'adieux. Ils partiront ce soir pour Souhe, *via* Paris. Ils partent pour une nouvelle destinée. Laquelle ? Nous espérons que ce sera pour le mieux.

14 juin

... Carte de Jeanne et d'André. Ils ont fait bon voyage. André va pouvoir publier son cours malgré l'animosité de Koechlin.

19 juin

... Charles a décroché la licence. Il est classé troisième sur douze. Il est heureux et fier.

7 juillet

... La Fraternelle entre à la CGT. MM. Braun et Lang en sont devenus des membres.

29 juillet

... Une grande offensive se prépare au Maroc. André écrit à Charles que Jeanne se porte bien et qu'il se décidera probablement pour un emploi d'hydraulicien à Grenoble.

31 juillet

... Nos propriétaires nous augmentent : 125 francs au lieu de 75 francs. Ils nous demandent de trouver un nouveau logement avant le 1er avril 1926.

16 août

... Lettre de Jeanne qui nous annonce qu'André a trouvé un emploi comme hydraulicien dans une entreprise de Grenoble avec un salaire de 1 400 francs par mois.

19 août

Lucie nous écrit que les meubles de Jeanne sont partis sous la surveillance de Charles. La banque du Rhin m'avertit qu'elle a encaissé à mon profit la somme de 2 744 francs à titre d'acompte sur mon avoir en marks à revaloriser. Une carte d'André postée à Lyon signale le départ pour Grenoble.

24 août

... Rien de nouveau, sauf l'inévitable accident de chemin de fer, à Sens, près de Dijon, cette fois.

25 septembre

Belle journée ; rentrée des classes : quinze élèves : sixième classe D. Goûté le nouveau.

27 septembre

À l'étage supérieur, les propriétaires font marcher le gramophone, chantent et font des pas cadencés. Ils cherchent à nous rendre la vie impossible dans le logement. Cela nous amuse au contraire.

3 octobre

Grave accident de chemin de fer à Hochfelden : deux morts et plusieurs blessés.

7 octobre

... Marie arrive de Riquewihr pour rester chez nous quelques jours... La récolte de vin a été mince cette année chez les Bronner : à peine quatorze fois cinquante litres.

19 octobre

Le 16 a été une journée historique. On a signé à Locarno les accords qui doivent assurer la paix du monde. C'est, paraît-il, la première conférence qui ait eu un résultat heureux... M. Briand a été chaudement félicité. Il s'est bien rattrapé de son échec de Cannes. C'est la paix, la vraie paix, disent les optimistes, le premier pas vers les « États unis de l'Europe ». Tout le monde est content : les Français, les Anglais, les Polonais, les Italiens et les Allemands qui ont renoncé pour toujours à l'Alsace et à la Lorraine, ce qui veut beaucoup dire. Enfin, pour la paix universelle, aucun sacrifice n'est trop grand [1].

31 octobre

... 4 heures : Lucie a accouché d'un garçon. Tout s'est bien passé. Je suis donc devenu grand-père, grand-père d'un joli petit-fils ; Frank Daniel est son prénom. Que le bonheur soit avec lui !
Il mesure cinquante-quatre centimètres et pèse sept livres.

3 novembre

... Je suis félicité de tous côtés pour mon nouveau statut de grand-père.

---

1. Par les accords de Locarno, l'Allemagne, représentée par son ministre des Affaires étrangères Stresemann, reconnaît librement les clauses du traité de Versailles et renonce ainsi à l'Alsace et à la Lorraine. La France s'engage à ne pas remilitariser la Rhénanie.
L'idée de la création des « États unis d'Europe » est de Briand, le ministre des Affaires étrangères français. Elle revient à l'ordre du jour en 1928-1929.

4 novembre

... Visite de marraine et de sa bru de Sundhoffen pour voir le bébé ; elles ont apporté une poule, un poulet, du beurre... Jeanne et André ont envoyé 100 francs pour le bébé. De Marie une carte. Mme Zelhan a donné une magnifique blouse en laine blanche pour le petit (valeur au moins 50 francs). D'autres visiteuses enfin sont venues voir le nouveau-né. Le fût de vin de Riquewihr est arrivé à la gare du Nord.

7 novembre

... Le petit Frank est bien portant et se développe admirablement bien. Les deux fûts de Taillebourg sont en gare du Nord.

25 novembre

... Le petit ne prospère pas assez, d'après les dires d'une infirmière venue le voir. Il n'a pris que cent grammes au bout de trois semaines. Et pourtant il tète et dort la nuit.

28 novembre

... Conférence à l'église de Dornach. MM. Heitzmann, Kopp et Jaquelet font des exposés respectivement sur la religion à l'école, l'organisation de l'église protestante d'Alsace et de Lorraine et sur les finances de l'Église. M. Heitzmann se montre partisan de l'école interconfessionnelle et de l'obligation de l'enseignement religieux ; M. Kopp nous entretient de l'évolution du protestantisme depuis la Réforme, tandis que M. Jaquelet peint la situation précaire de l'Église et surtout de celle des pasteurs dont le traitement se situerait au-dessous de celui des instituteurs et au même niveau que celui des gardes forestiers [1]...

1. Conformément au Concordat de 1801 et aux Articles organiques, le clergé alsacien garde le statut de fonctionnaire. Les prêtres touchent une rémunération équivalente à celle des instituteurs.

17 décembre

... Grande surprise. Jeanne est venue nous voir, profitant d'un déplacement de son mari à Reims. Lettre de Marie : elle a bien reçu les livres. Elle envoie cinq rentenmarks pour le petit Frank... Le petit Frank se porte bien en dépit d'une légère hernie ombilicale sans gravité. Il rit, boit, dort et digère.

18 décembre

... Chez le notaire, afin de faire établir une sorte de contrat de mariage complémentaire selon lequel le survivant héritera du défunt.

27 décembre

... La *Zukunft :* cette publication hebdomadaire défend les intérêts de nos deux provinces contre les assimilationnistes qui cherchent à en faire des départements entièrement francisés. Elle est soutenue par le clergé catholique et par un grand nombre de protestants. Elle lutte en faveur du bilinguisme à l'école et dans les tribunaux, combat le laïcisme et la séparation de l'Église et de l'État, ainsi que la tendance à substituer aux Alsaciens des fonctionnaires de l'intérieur dans les emplois supérieurs. Elle est également autonomiste et neutraliste et diffuse le mot d'ordre « l'Alsace aux Alsaciens ». Elle entend préserver les droits acquis et les concessions législatives avantageuses obtenues à la suite de luttes acharnées contre l'Ancien Régime. La *Zukunft* entend faire de l'Alsace et de la Lorraine une sorte de Bundesstaat (État confédéré) pour leur permettre de rester le bijou de la France[1]. Condamnant avec

1. La *Zukunft* propose la création d'un État fédéré dans le cadre français. Ricklin le confirme au début de 1926. Cependant, ces menées fédéralistes sont à mettre en relation avec les mouvements séparatistes rhénans des années 1920 et 1923 inspirés par des catholiques désireux de rompre avec la tutelle prussienne.
Beaucoup d'autonomistes alsaciens et de séparatistes rhénans ont plus ou moins confusément songé à un état rhénan englobant l'Alsace. Rossé reprit le projet au cours de la Seconde Guerre mondiale.
En attendant, pour éviter de se faire concurrencer sur son propre terrain par la *Zukunft*, l'UPR réclame du gouvernement l'instauration d'une véritable régionalisation en France dont l'Alsace profiterait pour conserver l'école confessionnelle, la langue allemande, etc.

virulence les fautes et les abus du gouvernement, la *Zukunft* s'est rapidement fait une clientèle parmi les milieux sceptiques, mécontents ou tout simplement curieux. Le gouvernement s'alarme. Excité par les « bons Français », il cherche à paralyser les efforts et les succès de la *Zukunft* en la qualifiant de feuille germanophile et ses rédacteurs d'agents allemands soutenus par l'argent d'outre-Rhin. La vente en a été interdite dans les kiosques des gares par le directeur des chemins de fer, Bauer. Dans une série d'articles, le *Journal d'Alsace-Lorraine* tente de miner la feuille exécrable en la déconsidérant par des moyens déloyaux qu'il justifie par le caractère sacré de l'entreprise.

Je viens de lire dans *L'Action française* que le banquier Pinck, l'un des bailleurs de fonds de la *Zukunft*, a été arrêté et que son gérant a cassé une bouteille sur le crâne d'un de ses adversaires, le professeur Heitz[1]. Dans le *Journal d'Alsace-Lorraine*, Matter, le gérant est traité d'escroc et son collègue Schall de pornographe.

7 janvier 1926

1926, c'est peut-être ma dernière année de service. En tout cas l'avant-dernière. Elle va nous apporter toutes les améliorations votées en 1925 : l'augmentation du traitement, soit 12 000 francs au lieu de 9 000 francs, avec un rappel à compter du 1er janvier 1925...

Je suis devenu grand-père d'un petit garçon très mignon, un événement non prévu au début de l'année ! L'année 1926 nous réserve-t-elle des surprises semblables ? Devrons-nous déménager le 1er avril comme l'attend notre propriétaire ? Y aura-t-il procès ? La loi nous autorise-t-elle à rester ? La France va-t-elle enfin sortir de ses difficultés financières ? Aura-t-elle un ministère fort et capable de soutenir le franc ? Ai-je eu tort d'avoir confiance et d'épargner quelques milliers de francs ou aurai-je mieux fait de les dépenser ?

---

1. Dès sa parution, la *Zukunft* est soupçonnée, comme l'ensemble du mouvement autonomiste, de bénéficier de subsides en provenance d'Allemagne. Les démonstrations se multiplient. Dans un article du 25 décembre 1925, évoqué ici, le *Journal d'Alsace-Lorraine* met nommément en cause Émile Pinck, qui est aussi un collaborateur de Robert Ernst, l'animateur en Allemagne de toutes les organisations qui visent à sauvegarder le caractère allemand de l'Alsace. C'est par l'intermédiaire de Pinck que l'argent privé et public serait parvenu à la *Zukunft*. Les attaques ont eu de l'effet, puisque dès janvier 1926, Ricklin s'empresse d'écarter Pinck du comité directeur.

27 février

... Une lettre de Souhe nous annonce que l'arrivée des parents Ténot pour le baptême est improbable : l'âge et la distance... Le petit est toujours mignon ; il prospère. Il a quatre mois.

28 février

... La *Zukunft* se prononce pour l'école confessionnelle dans son numéro du 20 février. Elle rejette même l'école simultanée telle qu'elle existe dans beaucoup de communes, car elle considère ce type d'établissement comme étant le tremplin de l'école laïque. La *Zukunft* se met ainsi du côté des curés et sous couleur de promouvoir les « Heimatrechte », elle défend en réalité les « Pfaffenrechte » (les droits des curés). C'est une nouvelle déception pour moi.

4 mars

... Nous avons loué un logement rue de l'Horticulture à compter du 1er mai [1]. Le loyer est de cent vingt francs. Voilà un événement tout à fait imprévu. Le logement et le quartier nous plaisent...

15 mars

... Il y a menace de rupture à Genève, où siège la Société des Nations. Les délégués allemands Luther et Stresemann bouclent leurs bagages. Si un arrangement de dernière minute n'intervient pas, le résultat de Locarno sera compromis. Tout sera à recommencer et les « États unis d'Europe » resteront une chimère.

3 avril

... Le repas de baptême du petit Daniel Frank a lieu à domicile. Il a comme parrains et marraines Émile Lang, Eugénie, Mme Bouglé et

1. Non loin de la gare, à la limite de Riedisheim.

moi-même, puisque Jeanne et André n'ont pu se déplacer. Le petit a été gentil. Étaient présents de Sundhoffen Caroline et Eugène, de Strasbourg la famille Gilbert, de Mulhouse la famille Beaumont ainsi que Mme et Mlle Ortlieb. En tout, nous étions vingt-trois personnes à table. Le menu était le suivant : hors-d'œuvre, homard, vol-au-vent, filet jardinière, aspic au foie, dame-blanche et dessert. Le tout arrosé de bordeaux blanc, bordeaux rouge, bourgogne, riquewihr et champagne Mercier.

3 mai

... Nous voilà installés dans notre nouvelle demeure, au 27, rue de l'Horticulture. Un rude travail. Mais tout est allé vite et bien. Les déménageurs ont fait de la bonne besogne. Hormis le grand fourneau qui est en réparation pour 320 francs, tous les objets sont à peu près casés. Le déménagement nous a coûté 190 francs. Pour le 1er Mai, Marie m'a envoyé le livre publié par Fritz, qui est très intéressant et fera sensation[1]...

18 mai

... À Strasbourg et à Mulhouse, l'UPR a tenu des réunions publiques retentissantes en faveur de l'autonomie. Haegy, Pfleger et Walter se sont prononcés nettement pour l'autonomie de l'Alsace. Ils n'ont pas ménagé leurs blâmes contre les dirigeants de notre pays. De 1918 à 1926, quel contraste ! Quel désenchantement ! Les paroles hostiles à l'égard de l'Allemagne avant la guerre furent des caresses en comparaison du rejet de la France aujourd'hui[2].

---

1. Il s'agit de sa thèse de doctorat.
2. Quelques jours après, un nouveau mouvement, le Heimatbund, publie un manifeste très nettement autonomiste. On peut y lire notamment : « ... la sauvegarde des droits... ne sera garantie que si, en tant que minorité nationale, nous obtenons l'autonomie complète... Cette autonomie, législative et administrative, trouvera son expression dans une représentation élue par le peuple, avec un budget et un pouvoir exécutif siégeant à Strasbourg. »
Cette autonomie devait permettre de maintenir ou d'établir l'ensemble des « Heimatrechte ».

2 juin

... J'ai envoyé le livre de Charles Spindler ainsi que deux numéros de la *Revue scolaire* à Francfort. En essayant de lire *L'Alsace pendant la guerre,* de Spindler, j'ai pu constater qu'il s'agissait d'un journal comme j'en ai tenu un. Mais Spindler est un artiste en vue et dispose de relations étendues ; en conséquence, ses notes sont d'un intérêt plus large que les miennes. Cependant, elles ne traduisent pas une totale franchise. Comme le journal a été rédigé en vue d'une publication, Spindler a pratiqué une sorte d'autocensure. Le livre n'aurait pas perdu de son intérêt si l'auteur avait évité d'y faire figurer des anecdotes triviales ou le mot « boches ». Je serais très curieux de connaître le contenu du journal pour la période 1918-1926.

11 juin

... M. le pasteur Scheer entre en campagne contre les autonomistes[1]. La lutte est bien engagée. Qui l'emportera ? Ce combat avait un sens sous le régime allemand, car le Reich était une confédération. Or, la France est un État centralisé ; lutter pour l'autonomie devient alors un non-sens. Je n'arrive pas à chasser de mon esprit l'idée que la lutte pour les « Heimatrechte » n'est qu'une lutte pour les « Pfaffenrechte ».

12 juin

... Le gouvernement prend des sanctions contre les signataires du manifeste du Heimatbund[2]. André nous envoie une dépêche pour nous annoncer qu'il a été reçu premier à l'examen des arts et métiers. Il va quitter son emploi pour devenir professeur à l'École des arts et métiers de Châlons-sur-Marne. Voilà une bonne nouvelle. C'est Jeanne qui doit être heureuse.

1. Député démocrate, élu sur la liste du bloc national, dans le cadre de l'alliance du parti catholique, l'UPR, avec la bourgeoisie protestante.
1. Cent personnes ont signé le manifeste. Les fonctionnaires ont immédiatement été suspendus (11 juin). En vertu des stipulations des « Articles organiques », une procédure disciplinaire est engagée contre les signataires membres du clergé.

27 juin

Notre petit fait la joie de son entourage. Il a maintenant huit mois, pèse dix-huit livres et mesure soixante-quinze centimètres. Il est sain et alerte. Il rit et chante ; il gazouille. Il s'intéresse à tout, entend tout, voit tout. Il boit son lait, sa soupe et grignote des croûtes. Il mangerait et boirait volontiers tous les aliments et liquides qu'il discerne autour de lui. Il les suit des yeux et tente de s'en saisir. Il connaît son entourage et manifeste sa joie en découvrant un visage connu. Du reste, il est gentil avec tout le monde. La nuit, il dort en serrant son oreiller. Il aime voir la lumière, les arbres, les drapeaux et adore jouer avec tout ce qui lui tombe sous la main. Il se méfie pourtant de la brosse, car les poils piquants lui paraissent suspects ; il est amusant de voir comme il hésite à les toucher. Il commence à s'appuyer sur ses jambes, se met sur son séant et fait balancer son landau. Il s'amuse beaucoup en entendant le bruit du briquet ; il le connaît et part d'un rire joyeux en voyant la flamme jaillir et allumer la pipe. Et son biberon ! Il trépigne d'impatience en le voyant. Il a l'oreille fine et tourne la tête au moindre bruit pour en chercher la provenance, car il est curieux. Et si le bruit vient du bas, il cherche à se pencher hors du landau. Et quels cris d'allégresse quand il m'arrive de le prendre à califourchon sur mes épaules, en serrant bien ses cuisses, sans me soucier d'une possible ondée. Il aime à se débarrasser de ses bas et de ses chaussures, qui gênent ses mouvements ; il réussit alors admirablement à sucer ses gros orteils. Tout nu, il est à son aise, et ses gardiennes ont le plus grand mal à l'habiller, car il s'agite comme un polichinelle. Sa nouvelle préoccupation consiste à attraper les mouches, dont l'apparition furtive l'étonne grandement. Il y a le moment où la fatigue vient. Il se frotte alors les yeux et la tête, se penche en avant et, docilement, bat en retraite.

25 août

... Hier, nous avons passé la soirée chez le pasteur pour voir comment fonctionnait sa radio. Il s'agit d'un appareil à sept lampes qui a coûté six mille francs. Hier soir il n'a pas bien fonctionné. Les sons émis par le gramophone sont de meilleure qualité. Il paraît que les mauvaises conditions atmosphériques en sont responsables.

31 août

... Lettre de Jeanne qui contient les félicitations de toute la famille Ténot à l'occasion de mon anniversaire ainsi qu'une belle description d'une ascension assez difficile réalisée avec André dans les Alpes. Celui-ci se trouve actuellement à Evergnecourt pour surveiller des essais.

13 septembre

... Baptême du jeune Henri. On a fait bombance. Le soir, nous sommes encore allés à Logelheim puis à Appenwihr pour la Kilbe. Le retour a eu lieu à 3 heures du matin.

18 septembre

... André m'envoie son manuel *Cours de résistance des matériaux*. C'est un beau volume, mais c'est de l'hébreu pour moi.

26 septembre

... Le petit Frank et ses parents viennent nous prendre à Sundhoffen. Il a pris du poids, mais il est toujours aussi gentil. Il se tient désormais sur ses jambes et en est tout fier. Nous déjeunons chez Émile à l'auberge et nous partons pour Mulhouse à 18 heures... Nous passons la nuit chez Charles. Un moment, maman a manqué de souffle, car nous étions tous chargés : deux poulets, une quantité énorme d'œufs, des fruits, du schnaps, du beurre, etc.

3 octobre

... Nous passons la nuit chez Lucie pour entendre la TSF. Mais le poste fonctionne mal.

9 octobre

... Lettre de Jeanne. Ils sont installés à Châlons, mais ont déjà des idées de déménagement dans la tête.

12 octobre

... Goûté le nouveau (5 francs le litre). *La Revue scolaire* publie un compte rendu du livre de Fritz et Rossé s'explique sur son procès[1]. Poincaré est à Strasbourg et rend visite à des écoles primaires. Il a un entretien secret avec l'évêque et avec l'abbé Muller[2].

13 octobre

... Poincaré se trouve à Colmar, puis à Mulhouse. Il se rend à l'école centrale et à l'école lorraine. Chez nous, il passe dans la classe de M. Kromer et de M. Biedermann accompagné par l'inspecteur d'académie, le recteur Charléty, le préfet, le sous-préfet, etc. Il s'intéresse aux leçons d'allemand.

20 octobre

... Poincaré adresse une lettre de félicitations au recteur Charléty et au corps enseignant. Il admet aussi la nécessité de l'enseignement de la langue allemande, de telle sorte qu'en quittant l'école les élèves la connaissent à fond.

23 octobre

... Conférence d'automne de 9 h 30 à 13 heures. M. Faivre nous présente le nouvel inspecteur d'académie. Celui-ci trouve quelques mots sympathiques en prenant contact avec le corps enseignant. Mais à la fin de la conférence, il se montre quelque peu irrité des protestations de l'assemblée à propos de l'enseignement de l'allemand. Il ne pratique pas la galanterie française. Une dame (française) qui, midi sonné, se lève pour sortir est rappelée et doit s'expliquer. Elle n'a pas eu le réflexe de recourir à la formule obligatoire : « Permettez-moi de sortir, s'il vous plaît, monsieur. » Jamais, sous la botte prussienne, il ne nous a été donné de voir cela.

---

1. Signataire du manifeste du Heimatbund, Rossé a été révoqué en août 1926. Il avait comparu devant la chambre de discipline du Haut-Rhin en juillet.
2. Le chanoine Muller, député UPR du Bas-Rhin, puis sénateur.

3 novembre

Frank est âgé d'un an. Il n'a pas encore de dent. Mais il mange beaucoup et « mâche » tout. Dans son parc, il s'exerce à se tenir debout et à marcher. Pourtant, il n'est pas encore propre.

17 décembre

... Il a maintenant quatre dents. Il marche si on lui donne la main ; il est même en passe de marcher tout seul. Il montre son nez et fait « non » en secouant la tête. Il sait dire papa, donne volontiers la main et me présente mes pantoufles.

3 janvier 1927

... Une année assez mouvementée a pris fin. Un déménagement sans procès, mais aussi sans adieux. Puis l'invalidité de mon beau-frère Sigismond. Enfin les sanctions contre Rossé et les amis de la *Zukunft*, les militants autonomistes, la crise au sein du *Quotidien* [1], les différents cabinets, la chèreté de la vie, M. Poincaré sauveur du franc, le rapprochement franco-allemand, l'admission de l'Allemagne à la SDN, constituent les événements majeurs de cette année écoulée. Ajoutons encore le silence obstiné de Fritz que je ne comprends pas et qui est devenu pour moi un véritable cauchemar. Certes, le bonheur de nos deux ménages français à Mulhouse et à Châlons-sur-Marne est une consolation, ce dont je suis reconnaissant à la Providence, mais l'indifférence de l'autre gendre me chagrine. Je souhaite qu'elle cesse un jour. Pourvu que le petit, actuellement malade, recouvre la santé.

4 janvier

... Le petit est malade. Il semble avoir pris froid. Où ? À Thann ? À Sundhoffen ? En venant chez nous ? La grippe sévit. Alors est-ce la grippe ? Il était chez nous cette nuit. C'est alors que la fièvre s'est

1. Journal lancé en mai 1922 grâce à des souscriptions venant des couches moyennes et notamment des instituteurs partisans de la laïcité. Le journal a soutenu le cartel. En crise latente, il devait échouer au bout de quelques années. Philippe Husser y avait souscrit dès l'origine.

déclarée. Il était tout brûlant. Il a retrouvé son calme vers le matin. Dans l'après-midi, il est pris par une toux caverneuse. Le médecin a constaté une légère inflammation du larynx et a relevé 39°2 de fièvre. Nous lui avons fait prendre un bain, posé une compresse. Un peu d'aspirine devait favoriser la sudation.

7 janvier

... Le petit va mieux maintenant. J'ai envoyé une lettre à Marie pour la remercier. Pour la première fois, le seul nom de Marie figure sur l'enveloppe : un choix douloureux pour moi.

12 janvier

... Aujourd'hui, mercredi, Marie a répondu à ma lettre. Elle n'a pas été trop surprise. Elle s'attendait à ce dénouement. Depuis longtemps, elle souffre de cette tragédie, dite tragédie alsacienne. Nous souffrons tous de l'état d'esprit de son mari. Un état d'esprit maladif que je déplore et dont j'entrevois l'issue pénible. Voilà une singulière façon d'aimer sa femme. Ou bien il s'aperçoit qu'il la fait souffrir et c'est de la cruauté ou alors il ne s'en aperçoit pas ; dans ce cas, c'est encore pis.

8 mars

... M. Pfister, né en 1857 à Beblenheim et ayant émigré après 1870, doyen de faculté à Strasbourg depuis 1918, est nommé recteur et successeur de M. Charléty. Voilà un Alsacien à la tête de l'instruction publique. Il a déclaré vouloir poursuivre sur les traces de Charléty, ce qui ne fera pas l'affaire des cléricaux. Au surplus, il est protestant et laïque. Attendons de le voir à l'œuvre.

11 mars

... Le rapport de l'inspecteur est à peu près le même que celui de l'an dernier. Voici la conclusion : M. Husser est un bon maître ; il se plaît avec les enfants et il leur inspire confiance ; il a le souci le plus vif de les amener à observer et à réfléchir. Bien. C'est peut-être ma dernière inspection, en tout cas l'avant-dernière.

24 mars

... André propose à Charles de préparer un examen qui ferait de lui un professeur des arts et métiers.

1er avril

... Charles est prié de se présenter pour un poste de directeur à Marennes. J'espère que cela ne marchera pas.

19 avril

... Mariage de Eugénie Lang avec Jean Ehrlacher. Une cinquantaine de convives. Jeanne et André venant de Chamonix nous surprennent. Ils viennent en compagnie de Lucie, Charles et le petit. Belle fête, long repas comme d'habitude en pareille circonstance. Musique, danse. On joue aux cartes.

30 avril

... Je fête le quarante-cinquième anniversaire de mon entrée en fonction en invitant mes collègues à la brasserie Walsheim : allocution du directeur, M. Kraehling ; nous avons bu quelques bières et mangé deux Wienerle (saucisses viennoises). J'ai reçu un bel arrangement floral. Cela m'est revenu à 82 francs.

10 mai

... Le pilote Nungesser a traversé l'Atlantique ; il est arrivé hier soir, lundi, à New York en compagnie de Coli.

11 mai

... Les deux pilotes français, Nungesser et Coli, ne sont pas encore arrivés à New York. La nouvelle de leur arrivée était fausse, du moins prématurée. Même Painlevé, le ministre de la Guerre, s'est laissé induire en erreur et a envoyé un télégramme de félicitations aux deux héros qui n'étaient pas là. On est désormais très inquiet sur leur sort ; on les cherche en mer

20 mai

... L'Américain Lindbergh quitte New York pour Paris en avion.

21 mai

... D'un coup d'aile, Lindbergh a traversé la distance (d'environ six mille kilomètres) qui sépare New York de Paris en trente-trois heures et demie. Il a atterri au Bourget, près de Paris, à 22 h 22.

25 mai

... Lindbergh est un héros mondial. L'argent lui arrive en abondance. On a trouvé l'épave d'un avion. Serait-ce l'avion de Nungesser ? Je viens de lire un numéro de la *Wahrheit* (la vérité), le journal de Zorn von Bulach[1]. Jamais je n'ai lu un langage pareil. La France et les Français sont traités d'une façon qui dépasse l'imagination. Et Zorn von Bulach, actuellement en détention, est sans doute plus excessif encore

1er juin

Le petit continue de bien se porter. Je le gâte avec du chocolat, qu'il aime tant. Il fait preuve de tempérament et d'entêtement. Si on le contrarie, il se jette par terre et se cogne la tête contre le sol. S'étant fait mal, il crie... Maintenant, il aime faire dodo avec moi, c'est-à-dire faire divers exercices à côté de moi et sur moi. Il commence à parler, à prononcer des mots : lune, chocolat, lait, l'eau, maman, viens, ab (parti). Il est propre ou peu s'en faut. Il devient câlin.

1. Hebdomadaire fondé en mai 1927 par Klaus Zorn von Bulach. Son père avait été élu député du Reichsland et nommé secrétaire d'État. Klaus Zorn tente de constituer une force autonomiste dès 1920, en relation avec des groupes allemands. Il refait brièvement surface en 1927

3 juin

... Anniversaire de Lucie. Elle s'est achetée un Lux, un appareil pour nettoyer (épousseter) les chambres, coûtant mille francs. Il est très pratique, plus pratique que la radio, qui ne fonctionne plus depuis longtemps car les lampes ont brûlé.

12 juin

... Je viens de recevoir un paquet contenant plusieurs numéros de la *Vossische Zeitung* à laquelle je me suis abonné pour deux mois [1]. J'ai pris l'habitude de lire ce journal sérieux et pacifique.

23 juin

... Une lettre de Jeanne nous fournit des détails sur sa maladie. C'était bien la diphtérie. Elle va mieux désormais. Maintenant, c'est André qui commence à donner des inquiétudes. Il crache du sang. Maman s'est décidée à aller les voir aujourd'hui jeudi. Elle va partir à 10 h 56 et arrivera à 19 heures, avec un arrêt de deux heures à Chaumont. Elle emporte quatre kilos de miel, des œufs et quelques pièces de vaisselle.

16 juillet

... J'apprends par les journaux que j'ai reçu les palmes académiques. À l'issue de quarante-cinq années de service, je suis cité pour la première fois. Aussi ma surprise est-elle aussi grande que ma reconnaissance.

26 août

... Nous partons pour Colmar. L'enterrement de ma sœur a lieu à 14 heures. Le service religieux se déroule dans une petite salle voisine du temple, en présence d'une vingtaine de personnes, des parents, amis et connaissances de la défunte, c'est-à-dire de son

1. Journal allemand proche du parti démocrate.

gendre. De Sundhoffen et d'Andolsheim, il n'y avait personne. Le cercueil est porté jusqu'à la place du Saumon. Une voiture des pompes funèbres prend ensuite le relais. Nous laissons là les amis et continuons en voiture jusqu'au cimetière. Le pasteur a formulé des paroles consolatrices, à l'hôpital et au cimetière. Ainsi, ma sœur, de trois ans ma cadette, est partie la première. La mort a été une délivrance pour elle, car elle souffrait d'une maladie qui ne laisse guère d'espoir : une espèce de phtisie. Elle souffrait également de la maladie de son mari, devenu invalide et dans l'incapacité d'exercer sa profession.

6 septembre

... J'accompagne Henri qui se rend à Orschwihr pour chercher de la chaux à l'usine. Les pierres calcaires extraites de la colline située entre Bergholtz et Orschwihr y sont chauffées et moulues. C'est une véritable galère pour les ouvriers qui travaillent durant des heures dans une poussière que l'on aperçoit de loin. Nous avons bu une chope à Bergholtz, puis de la bière à Sainte-Croix-en-Plaine. La rue principale y est tout à fait convenable. Lorsqu'on pénètre dans des ruelles adjacentes, on découvre une saleté répugnante, du purin et du fumier.

21 septembre

... Le camion nous conduit à Riquewihr où nous nous informons de l'état des vignes. Nous rencontrons partout des mines déconfites : la récolte s'annonce médiocre. Les vendanges commenceront déjà lundi prochain.

25 septembre

... C'est le jour de l'inauguration des monuments aux morts de Mulhouse, de Saint-Amarin et du Grand Ballon. Poincaré, Painlevé et Tardieu prennent la parole. Le matin, à Sundhoffen, nous avons expédié les malles et un sac de pommes de terre pour Jeanne. L'après-midi, Lucie et Charles, accompagnés du petit, sont venus nous chercher. Le petit a quelque peu changé mais il est toujours aussi mignon. Il parle plus et se tient mieux sur ses jambes.

26 septembre

C'est la rentrée des classes. J'entame ma dernière année de service à la tête d'une classe de sixième de treize élèves.

4 octobre

... Le petit a passé les vacances au bord de la mer. Il est revenu avec une entérite. Il suit un régime. Je ne crois pas qu'il soit réellement malade. Il est gentil, il bavarde, il prospère. Il parle de tramway, de bateau, de « cocolat, papapa et mamama ».

6 octobre

... À Strasbourg, un conflit a éclaté entre le maire et l'évêque à cause d'une certaine sœur enseignante Solange qui a été remplacée par une laïque. L'évêque s'est adressé à M. Poincaré au moyen d'une lettre ouverte. Selon le maire, cette lettre contient beaucoup d'inexactitudes.

7 octobre

... Le petit est toujours au régime. Je lui ai acheté un « tam » (38 francs).

10 octobre

... Le petit prend des vermifuges. Il est toujours gaillard. Je lui ai acheté une voiture auto-pompier qui ne l'intéresse que médiocrement ; ce n'est pas un « tam ». Il raffole de « coquilat » (chocolat) ; il se nomme « Cénot » ; veut de beaux « li » (livres) qu'il veut « oui » (ouvrir) et voit des choses qui sont « caquées » (cassées).

13 octobre

... Le rapport de M. l'inspecteur d'académie est fort commenté. Il nous reproche d'être trop occupés à militer, d'avoir un comportement trop matérialiste et de manquer de conscience professionnelle. Rossé, Kraehling, Hertzog annoncent une conférence à propos de la Sapart. La visite de Henri m'empêche d'y aller. Hertzog a donné sa démission. Qui le remplacera[1] ?

21 octobre

... Le soir, j'accompagne Lucie à la Bourse où M. Eglin, de Saint-Imier, fait une conférence sur le Jura bernois. M. Eglin est l'ancien directeur des cours de vacances à Saint-Imier, que Marie et Lucie ont fréquentés en 1913.

6 novembre

... Depuis le 31, le petit a deux ans. Son père lui a acheté un « tam » à remonter et qui marche sur des rails. Il a peur de la locomotive et se sauve quand on la remonte... Son répertoire de mots augmente de jour en jour. Il commence à faire de véritables phrases, surtout avec des non : bébé fait dodo non, maman « ab » non, soupe chaude non.

13 novembre

... La *Zukunft*, la *Wahrheit* et la *Volkstimme*[1] font l'objet d'une saisie sur ordre de Poincaré. Claus de Bulach est condamné à treize mois de prison.

14 novembre

... On nous annonce la mort du bébé d'Eugénie à Sundhoffen à l'âge de six semaines.

16 novembre

... Un envoi d'huîtres nous parvient de Souhe.

---

1. Rossé invite les instituteurs à souscrire à la Sapart, une société de crédit destinée à parer une quelconque attaque du gouvernement.
Hertzog donne sa démission du conseil départemental de l'enseignement.
2. Nouveau journal autonomiste, proche, par le ton, de la *Zukunft*.

18 novembre

... Avec maman nous avons été au *Casino* voir *Le Joueur d'échecs*, un film fantastique que l'on nous a recommandé. Malgré quelques belles scènes, je me suis un peu ennuyé.

19 novembre

... J'accompagne Lucie à la représentation de *Fidelio* au théâtre.

21 novembre

... Ce soir, la troupe de Bâle présente *Le Songe d'une nuit d'été*. Il n'y a plus de billets.

23 novembre

... La Fraternelle nous adresse des bulletins de vote pour les élections au conseil départemental et nous recommande les candidatures de MM. Dietsch et Herrmann (Munster) pour le cadre local.
Helsey [1] a repris sa campagne contre les autonomistes avec encore plus d'acharnement qu'avant le procès.

26 novembre

... C'est au dernier moment que le Groupement distribue les bulletins de vote. C'est Rossé qu'on nous propose pour remplacer Hertzog, démissionnaire. À mon avis, Rossé a tort de poser ainsi la question de confiance.

---

1. Rédacteur du *Journal*, une feuille nationale, Helsey avait accusé l'abbé Haegy d'être le véritable inspirateur du Heimatbund. Le chef du groupe de la presse catholique de Colmar décida alors de le traduire devant la cour d'assises. Le procès confirma ce que l'on savait déjà : Haegy ressentait de l'aversion envers la France, les autonomistes bénéficiaient de l'aide financière allemande. Mais, faute de preuves suffisantes, le procès finit en queue de poisson.
Il est de plus en plus avéré que l'abbé Haegy s'affirme être le véritable chef du mouvement autonomiste antifrançais en voie de formation.

27 novembre

... On a perquisitionné chez MM. Kraehling, Rossé, Hertzog et Pinck, ainsi que chez M. Fasshauer[1] sous prétexte que la Sapart a agi contre les intérêts financiers de la France.

2 décembre

... M. Poincaré a répondu à M. Seltz, député du Bas-Rhin, à propos de la suppression de la *Zukunft* et de la *Volkstimme* en concluant qu'il continuera de prendre des mesures sévères contre les autonomistes. À l'occasion des élections au conseil départemental, le préfet du Haut-Rhin a dit qu'il ne connaissait que deux partis : les bons et les mauvais Français. Il appliquera la loi dans toute sa rigueur contre ces derniers. Les journaux annoncent l'arrestation de Rossé. Au conseil départemental sont élus Boulanger et Mlle Noël pour le cadre général, Mlle Teichmann et Herrmann pour le cadre local. Rossé avait obtenu 299 voix, mais il a été déclaré non éligible. C'est ainsi que Herrmann avec seulement 81 voix venant des membres de la Fraternelle représentera le Groupement (s'il n'y a pas de protestation). Et nous sommes en République !

7 décembre

.. À partir du 1er janvier 1928, les instituteurs du cadre local obtiendront 16 % d'augmentation. Ainsi n'y aura-t-il plus de différence de traitement entre les deux cadres. On aurait dû commencer par là.

16 décembre

... Une lettre de Marie avec une photo. Elle souffre, la courageuse Marie, de l'attitude étrange de son mari vis-à-vis de ceux qu'elle aime. Elle cherche à l'excuser. C'est son droit et son devoir puisqu'elle l'aime. Mais lui, est-ce qu'il l'aime comme elle l'aime ?

---

1. L'abbé Fasshauer est un autonomiste notoire, lié à la *Zukunft*. Sa maîtresse, Agnès Eggemann, passe pour avoir été l'intermédiaire des bailleurs de fonds allemands et des dirigeants de la *Zukunft*.

J'en doute. On ne fait pas souffrir celle qu'on aime. Ainsi, l'émouvante lettre de Marie m'a incité une fois encore à parler de cet instigateur de drame.

21 décembre

... Dans l'affaire de la Sapart, on recherche toujours des indices prouvant la culpabilité mais sans rien trouver de sérieux. On veut à tout prix éliminer Rossé.

24 décembre

... Jeanne et André arrivent vers 17 heures munis de skis et d'équipements pour aller au Steinlebach. Pour le petit, ils apportent une petite auto (Citroën), pourvue de phares... Devant l'arbre de Noël, le petit est heureux. C'est le tram qui lui plaît le plus, ensuite l'auto, ensuite seulement les cubes et les images.

26 décembre

... À Sundhoffen, j'apprends la mort d'un camarade d'enfance : Eugène Schaeffer. Nous avons suivi une scolarité parallèle : les petites classes de l'école normale de Colmar, les classes préparatoires dans le même établissement, puis l'école normale d'instituteurs de Strasbourg. Il a accompli six mois de service militaire avant d'être nommé instituteur à Colmar. Il a choisi de s'engager dans la Légion étrangère. Douze années de campagnes en Afrique et en Asie ont fait de lui un officier. Ayant quitté l'armée, il est devenu employé à la Société de secours pour les Alsaciens. Marié à une postière, la demoiselle Kayser, originaire d'Andolsheim, il eut deux enfants dont l'un est mort à l'âge de dix ans. À la retraite, il est venu cette année encore à Sundhoffen, comme tous les ans. Il n'avait que soixante-quatre ans.

27 décembre

... La veille de Noël, la police a perquisitionné chez quelques dizaines de suspects des trois départements, notamment chez

Ricklin, Stintzi, Charpentier, Brogly, etc. [1]. Tomber ainsi au beau milieu des familles en train de fêter Noël me paraît être une méthode bien française.

1er janvier 1928

... Nouvel an. Que cache-t-il en son sein ? Telle est la question que l'on se pose chaque année à pareille époque. 1927 a été riche en événements d'ordre familial, professionnel, politique et atmosphérique... Dans ma propre famille, rien de changé. À Francfort, c'est toujours le même état d'esprit maladif de mon gendre. À Châlons, où la maladie de Jeanne au printemps avait occasionné un voyage de maman, tout va bien maintenant. À Mulhouse, le petit progresse et fait la joie de tous. Nous contribuons à la garde. Maman se rend tous les matins à la Chaussée de Dornach pour y rester jusqu'au soir. Nous y déjeunons ensemble. Mais le jeudi et le dimanche nous nous retrouvons tous chez nous, rue de l'Horticulture. Le petit passe la nuit chez nous, une ou deux fois par semaine. En ce qui me concerne, je pense prendre ma retraite à la fin de l'année 1928. J'aurai alors soixante-six ans et je commence à ressentir la fatigue.

15 janvier

... Le petit progresse. Il sait qu'il s'appelle Frank Ténot... Quand il passe la nuit chez nous, ce sont d'abord des gambades dans le lit de grand-papa, des culbutes, des boum. Il adore faire la navette entre les deux lits, au grand désespoir de grand-maman. Si ses demandes d'aller chez grand-papa restent vaines, il annonce brusquement : « grand caca, ou pipi ». Du coup, elle se précipite vers lui et la bataille est gagnée.

10 février

... Au *Casino* pour voir le film *Métropolis* [2] : grandiose, fantastique, merveilleux.

---

1. Des perquisitions ont lieu chez une vingtaine de personnalités autonomistes ; une dizaine furent incarcérées, dont Karl Roos.
2. Film de Fritz Lang (1928) qui annonce et dénonce à la fois les structures et les contradictions de l'univers concentrationnaire que constitue la société contemporaine.

12 février

Poincaré assiste au banquet des maires à Strasbourg. Il ne manquait que trois invités, excusés pour cause de maladie. Il a prononcé un grand discours et traita très durement les autonomistes. Selon lui, le juge d'instruction aurait découvert des éléments terriblement compromettants pour l'affaire en cours.

18 février

... Une lettre de Riquewihr nous informe que les dames Bronner ont été inquiétées à cause de Fritz. On est venu s'informer chez elles à propos de sa nationalité, etc. Dans une lettre ouverte adressée au Groupement, M. l'inspecteur d'académie demande clairement et nettement qu'il se désolidarise de Rossé, Bouillet, etc.

22 février

... J'ai vu *Les Trois Mousquetaires* au *Corso;* qui n'a pas lu le livre d'Alexandre Dumas ne peut pas comprendre le film. Le roi d'Afghanistan est venu à Mulhouse; il a rendu visite à l'école de chimie. Bouillet a répondu à l'inspecteur d'académie pour expliquer sa collaboration et sa conduite au sein du Groupement en mettant l'accent sur ses buts initiaux : la défense des droits acquis et des bons postes.

23 février

... J'entame des négociations en vue d'acheter environ huit ares de jardin au Dornacher Rebberg. Mlle Engel me propose de s'y associer. J'accepte. J'ai fait une visite à M. Kritter. Il est bien amaigri et bien déprimé. Voilà un collègue qui devrait se considérer comme un enfant gâté par la fortune : il est propriétaire d'une magnifique maison, admirablement située, etc., et il est jeune..

26 février

... Je fais un tour du côté de notre futur jardin. Après réflexion, je décide finalement de renoncer : je suis trop vieux et le champ est trop éloigné.

4 mars

... Mercredi soir, la section de Mulhouse a élu M. Germain Hoffmann président, en remplacement de M. Dussourd, démissionnaire. Il semble que le bureau du Groupement à Colmar ait peu de consistance. *La Revue scolaire* se montre sévère et condamne l'attitude de quelques arrivistes... Je reste à la maison pour composer une poésie en vue du concert de M. Hartmann.

5 mars

... Inspection ; probablement la dernière. Déroulement passable à mon avis.

7 mars

... Le rapport de l'inspecteur se termine par l'appréciation et la conclusion suivantes : M. Husser continue à faire du bon travail ; il sait faire réfléchir ses élèves et il se met bien à leur portée. Bien.

10 mars

Le petit tousse. Nous craignons qu'il ne s'agisse de la coqueluche qui sévit en ce moment. Il prononce désormais les « s » et ne dit plus caqué mais cassé. Il a une bonne mémoire et retient tous les mots. Il faut se méfier de ses indiscrétions.

13 mars

... La coqueluche ne s'est pas encore déclarée. Le médecin lui a prescrit une poudre en vue de l'en prémunir. J'ai reçu le diplôme d'officier d'académie.

17 mars

... On annonce que M. Ricklin a été arrêté. À quand le tour de M. le docteur Haegy ?

23 mars

... Le petit reçoit aujourd'hui sa sixième et dernière piqûre.

25 mars

... J'ai promené le petit. Le jour, on ne dirait pas qu'il est malade, mais le soir il a rendu et beaucoup toussé.

30 mars

... Une lettre de Marie m'informe que je serai une seconde fois grand-père.

31 mars

... Après une journée calme, le petit a vomi abondamment cette nuit.

6 avril

... Il semble guéri. Il marche, il mange, il bavarde de nouveau comme avant.

15 avril

... Recevons une carte de Charles et de Lucie qui séjournent au Hohrod. Ils rentrent aujourd'hui à Mulhouse. Le petit tousse encore, mais il va de mieux en mieux. À Sundhoffen, comme partout, la campagne électorale[1] bat son plein. Cinq et même six

1. Lors de ces élections législatives de 1928 (au scrutin d'arrondissement), le Haut-Rhin connaît d'importants changements politiques :
— rupture de l'alliance entre les démocrates et l'UPR. Les premiers reprochant aux seconds d'avoir désigné des candidats trop proches des autonomistes (Brogly à Mulhouse-campagne) ;
— rupture au sein même de l'UPR. Les partisans de la tendance nationale et ceux de la tendance autonomiste modérée cherchent à écarter les autonomistes radicaux ; à Altkirch, par exemple, où ils opposent un candidat à Ricklin. En revanche, ils ne réussissent pas à empêcher l'investiture de Rossé à Colmar, désormais autonomiste acharné. Ricklin et Rossé sont alors incarcérés.

candidats s'affrontent dans chaque circonscription : un démocrate, un clérical, un autonomiste, un socialiste, un radical-socialiste et un communiste.

16 avril

... Dans les journaux, les candidats continuent à s'insulter. Jamais, on n'a vu ni lu pareilles infamies. M. Kraehling et M. Stierer s'évitent, ne se parlent plus. Il paraît que M. Stierer a parlé défavorablement de la candidature et de la personne de M. Kraehling fils [1] et que les propos ont été rapportés au père.

23 avril

... Les résultats du premier tour ont apporté des surprises : les cléricaux-autonomistes sont presque partout très bien placés pour l'emporter au second tour.

28 avril

... Il y a ballottage à Mulhouse-ville entre Grumbach, Kraehling et Hornecker (communiste). Scheer a renoncé. Les chances des deux premiers paraissent égales.

29 avril

... Au retour de Thann, nous apprenons que Rossé, Ricklin, Brogly et Grumbach sont élus.

30 avril

... Ouverture du grand procès des autonomistes à Colmar [2].

1. Kraehling est le candidat de l'UPR à Mulhouse-ville.
2. Ont comparu vingt-deux accusés dont quinze étaient détenus depuis Noël 1927. Parmi eux, Ricklin, Hauss, Schall, Fasshauer, Agnès Eggemann, Rossé. Quelques-uns, tel Karl Roos, étaient en fuite. Tous étaient accusés de complot contre l'autorité de l'État.

4 mai

... Les regards du monde entier sont tournés vers Colmar où l'interrogatoire des inculpés se poursuit. C'est aujourd'hui le tour de Schall.

7 mai

... À Colmar, les inculpés prennent la parole l'un après l'autre. Ils protestent tous contre leur emprisonnement dont ils ignorent les motifs. Ils nient avoir connaissance d'un complot et avoir touché de l'argent étranger.

15 mai

... À Colmar, le procès se poursuit. L'audition des témoins commence. Le commissaire Becker est le premier à venir déposer à la barre. Il a espionné les séances des dirigeants du Heimatbund dans les toilettes. Ses dépositions n'ont guère d'intérêt. Ensuite apparaît l'agent provocateur Riehl, un des personnages les plus odieux d'Alsace.

19 mai

... À Colmar, les témoins venus parler en faveur des accusés ont succédé aux témoins à charge. Entre Rossé et l'inspecteur, il y a eu une vive empoignade au cours de laquelle le second n'a pas eu le dessus. Les plaidoiries débuteront lundi. Le procureur général Fachot arrivera-t-il à prouver qu'il y avait complot ? Les témoins à charge ont plutôt déchargé les accusés. Ils ont été tantôt ridicules, tantôt écœurants [1].

---

1. Parmi les témoins à charge, l'inspecteur d'académie, qui reproche à Rossé son activité subversive dans l'enseignement. Les trois fonctionnaires de police apportent des informations sur les multiples contacts de certains accusés avec l'Allemagne et sur l'aide financière de celle-ci.
Tout cela ne conforte pas sérieusement la thèse du complot contre le gouvernement. Du reste, les preuves concernant les transferts de fonds ne sont pas étayées par des documents concrets, les seuls irréfutables pour un tribunal.
Appréhendé par les nazis dans le sud de la France durant la Seconde Guerre mondiale, le commissaire Becker a été exécuté par eux dans le camp de concentration du Struthof.

25 mai

... Le procès de Colmar s'est achevé avec la condamnation de Ricklin, Rossé, Schall et Fasshauer à un an de prison et à cinq ans d'interdiction de séjour[1].

4 juin

... Je me rends au jardin d'hygiène naturelle avec mes élèves comme tous les lundis matin. C'est un peu ennuyeux mais la municipalité nous y encourage.

15 juin

... Le petit se développe normalement. Il prononce bien les « r » désormais. Il connaît le nom de chacun et reconnaît les objets. Il est gentil avec tout le monde. Ainsi, tout le monde l'aime et le gâte. L'autre jour, en procédant à l'énumération de ses jouets, il a terminé par « et un grand-papa ».

27 juin

... J'ai transmis ma demande d'admission à la retraite à M. le ministre de l'Instruction publique par la voie hiérarchique.

28 juillet

... Les parents Ténot sont partis à 1 heure du matin. La distribution des prix accompagnée d'une petite fête a lieu à 15 heures. Quelques bocks de bière à *la Porte haute :* et maintenant, je suis retraité. Ma carrière est finie. Et déjà la nostalgie du métier me saisit. Que vais-je faire ? Que vais-je devenir ?

---

1. Les autres accusés, sauf les contumax, sont acquittés. Vu le chef d'accusation — complot contre le gouvernement —, les condamnations sont trop sévères ou pas assez. Le jugement est cassé quelques mois plus tard et le procès reprit devant la cour de Besançon qui, finalement, acquitta tous les accusés.

1er août

En retraite. J'attends mes titres de pension. Ils peuvent arriver pour le 1er octobre, le 1er janvier ou même plus tard. Je ne reprendrai plus le service ; je suis effectivement à la retraite depuis le 1er août, à l'issue de quarante-six ans et trois mois de service. Il est loin le 1er mai 1882, date de ma nomination à mon premier poste, à Munster. Bien des changements sont intervenus depuis lors. La petite ville de Munster elle-même a bénéficié d'un sérieux rajeunissement. Moi, au contraire, j'ai bien soixante-six ans et je vais prendre ma retraite. À quoi bon ressasser les souvenirs ! à quoi bon me rappeler tant d'espoirs et de déceptions, faire revivre les gaffes commises, les maladresses, etc. ! Tel le chevalier[1] du lac de Constance, j'ai l'impression d'avoir parcouru comme inconscient la surface gelée d'un lac très profond. J'ai eu davantage de chance et je suis arrivé jusqu'au rivage. Voilà pourquoi je ne me plains pas et m'efforce d'avoir le courage de supporter mon statut de vieux. Mes enfants sont casés. La pension va nous suffire pour le reste de nos jours. Nous continuerons de nous rendre à Sundhoffen pour les vacances.

26 août

... Une lettre de Marie pour mon anniversaire. Elle est toujours aussi aimable et pleine de tendresse. Elle cherche à excuser l'attitude inexplicable et déplorable de son mari. Lucie nous envoie des nouvelles de Souhe. Le petit a été sérieusement indisposé ; à tel point qu'elle a pensé boucler les valises pour rentrer. Le petit envoie des « mutsalas » (bisous). Jeanne et André iront également à Souhe, après un crochet à Mulhouse et à Paris.

2 septembre

... L'après-midi, nous nous rendons à Riquewihr à la demande de Lina. Celle-ci est très nerveuse, ne peut pas voyager et se fait beaucoup de soucis pour Marie. Elle cherche à convaincre maman

1. Allusion à la légende du cavalier qui traversa, sans le savoir, le lac de Constance, alors gelé, et qui mourut brutalement en arrivant sur la rive et en prenant conscience du danger qu'il avait couru.

d'aller à Francfort à sa place ; mais maman ne peut pas se déplacer. Du reste, Marie n'est pas sans ressources, ni sans amis. Elle peut très bien se passer de nous tous.

10 septembre

... Une dépêche de Francfort : « Mère et fille en bonne santé », signé Bronner. Ainsi, Marie a accouché d'une fille.

15 septembre

... De Riquewihr nous parvient une lettre postée à Francfort : la petite Anne-Marie et sa mère vont bien. Je la fais suivre à l'adresse de Lucie.

22 septembre

... Nous enterrons aujourd'hui Kopp Georges. L'affluence est mince. Au cimetière, le pasteur s'est exprimé de manière assez intransigeante, provoquant l'étonnement de la famille. Celle-ci, ainsi que bien des assistants, en a été blessée. « Il a été un libre penseur, a vécu à l'écart de l'Église, etc., et ce n'est que sur l'insistance de la famille que je me suis décidé à faire mon devoir auprès du défunt. » Voilà ce que le pasteur a cru devoir dire en guise d'oraison funèbre. Il aurait au moins pu ajouter que Kopp Georges a eu quelques mérites à être conseiller municipal, puis maire, dans des conditions difficiles, après l'armistice de novembre 1918. Il aurait alors dit toute la vérité.

25 septembre

... Comme on pouvait s'y attendre, *Les Dernières Nouvelles* commentent les paroles du pasteur à l'enterrement de Kopp Georges. Selon le journal, elles auraient constitué une pénible surprise pour la famille et pour les assistants.

26 septembre

... Je me rends à l'école pour régler mes dernières affaires. M. Gutmann m'établit un congé de maladie de trois mois. Je l'adresse par la voie hiérarchique à l'inspecteur d'académie. Me voilà désormais complètement hors service. Se rendre compte qu'on n'a plus rien à faire provoque une étrange sensation. Il faut se résigner.

7 octobre

... L'après-midi, promenade au jardin zoologique avec le petit, puis visite d'une exposition.

9 octobre

... Promené le petit ; il est gentil.

10 octobre

... Dans sa lettre, Marie s'épanche sur sa nouvelle dignité de mère mais se plaint aussi de l'indifférence de ma part... Et pour cause... J'ai acheté vingt litres de beaujolais à 3 F 50 le litre. Mlle Fritsch vient prendre possession de la fourrure (renard) que Lucie lui a apportée de Royan au prix de 250 francs. À Colmar, elle l'aurait payée le double.
La pluie nous ayant surpris au cours de la promenade, le petit et moi, nous sommes rentrés trempés. Ce qui ne l'a pas empêché de chanter en route.

12 octobre

... À Colmar, une bagarre a éclaté lors d'une réunion électorale opposant les socialistes d'une part aux communistes et aux cléricaux d'autre part. Il paraît que le député Grumbach a été quelque peu malmené [1].

---

1. Le parti communiste avait toujours intégré les thèmes du malaise alsacien dans son programme et combattu l' « oppression de l'Alsace par l'impérialisme français ». Dès le début de 1928, à l'occasion du renouvellement du conseil municipal de Haguenau, l'alliance avec l'UPR trouve sa première concrétisation électorale. Le procès de Colmar scelle l'entente UPR-PC qui se confirme lors de cette élection cantonale d'octobre et surtout lors des élections municipales de 1929 à la suite desquelles le communiste Charles Hueber accède à la mairie de Strasbourg grâce à l'alliance avec l'UPR.
Cette alliance contre nature fondée sur l'autonomisme est bientôt suivie d'une double crise : les dirigeants communistes locaux sont exclus du parti par Paris et les catholiques nationaux quittent l'UPR pour fonder l'APNA.

22 octobre

... Je trouve une lettre de Marie avec les *Heimatstimmen* où figure l'annonce de la naissance d'Anne-Marie[1].

23 octobre

... J'envoie la poésie suivante à Marie :

Tragédie alsacienne
(À l'occasion du 10 septembre)

I

Le 10 septembre, je fus averti par câble : « Mère et fille en bonne santé toutes les deux. » Je ne saurais décrire à quel point mon cœur battait la chamade, tandis que maman m'interrogeait : « Alors ? Qu'est-ce que c'est ? Fille ou garçon ? Vas-tu me le dire enfin ! C'est un garçon, bien sûr, à te voir si rayonnant ! Quelle question ! »

II

Non, ce n'est pas un garçon : c'est une fille, Dieu merci !
Maintenant, notre Frank a une petite cousine. Et quand on lui annonça la nouvelle, le gentil bonhomme ne tarda pas à demander avec curiosité : « Comment elle s'appelle ? Comment donc, comment ? »
Depuis, il ne parle et ne rêve plus que d'Anne-Marie.

III

Et l'autre jour, il déclara : « Je voudrais la voir ! Grand-père, n'est-ce pas, nous y allons ce soir ? » — Bien sûr, mon chéri, mon petit Frankeli ! Ah ! si ce n'était pas aussi loin, ce Francfort, et si le pont, le bac de jadis, n'était pas barré pour toi aussi bien que pour moi.

---

1. *Elsass-Lothringen-Heimatstimmen*, mensuel des Alsaciens-Lorrains du Reich qui souligne le caractère germanique de l'ancien Reichsland. Fritz y collabore.

IV

Grand-père, n'est-ce pas à l'aide d'un pont tournant que j'ai vu
Au canal, que l'on barre la rue ?
Et lorsque le bateau a quitté les eaux,
Ne reprend-il pas sa place afin que l'on puisse passer à nouveau ?
Bien vrai, mon petit. De la même façon, le bon sens, peut-être,
Finira par réapparaître[1].

V

Pour le moment, il va falloir prendre ton mal en patience et attendre ici que la petite Anne-Marie puisse venir te voir. Et elle viendra : peut-être dès l'an prochain ; alors, vos deux grands-parents seront aussi heureux que toi : oubliant le chagrin qui les mine, ils vous serreront tous deux tendrement sur leur cœur.

22 décembre

… Les enseignants et les élèves de l'école centrale organisent, sous la direction de M. Kraehling, une fête d'adieux en l'honneur des deux retraités, M. Stierer et moi-même. C'est une très belle cérémonie jumelée avec la fête de Noël, accompagnée de chants, de récitations et de dialogues. M. Kraehling, qui avait préparé un beau discours, est si ému que la voix lui manque et il doit abréger son intervention. On nous offre un bouquet de roses et d'œillets ainsi qu'une canne. À titre de revanche, nous offrons des Tigerbocks à *l'Auberge de la porte haute*.

Dans mon discours de remerciement, j'ai dit ceci : « Mesdames et Messieurs, chers amis et collègues. Profondément touché de votre aimable attention, je vous remercie de tout mon cœur. Au vrai, ce ne fut pas une surprise ; nous nous doutions bien, mon collègue Stierer et moi, que vous tramiez quelque *kollegiale* conspiration afin de nous aider à franchir la pénible période transitoire qui mène de l'activité au *dolce farniente*. La retraite, la douce oisiveté, si enviables, si désirables, où l'on n'ambitionne plus rien d'autre que la résignation a pourtant ses inconvénients et ses revers. Ouvrez-lui la cage, rendez-lui la liberté, l'oiseau né et élevé en captivité n'en

1. La traduction en prose des diverses poésies n'a pas permis de préserver ni leur saveur, ni les rimes. La quatrième strophe est rédigée en français

saura que faire ; il sera désorienté. Combien de fois, pour ne pas me morfondre à cause de ce repos forcé, n'ai-je pas parcouru les rues de la ville comme une âme en peine, désireux de rencontrer l'un ou l'autre de mes collègues pour leur parler de l'école, pour rafraîchir mes anciennes amours. Aussi, je considère cette cérémonie d'adieux que vous avez si gentiment organisée non pas comme le point final dans nos relations, mais, au contraire, comme un nouveau trait d'union, solidement tracé pour l'avenir. Je remercie M. le directeur pour ses bonnes et amicales paroles. Trop flatteuses à mon endroit, elles lui seront pardonnées. Je vous remercie tous pour cet affectueux témoignage de sympathie, pour ce magnifique et symbolique présent. J'aurais pu dire utile. Mais le mot utile gâte souvent le charme des étrennes. Arrivé à l'âge où l'on ne vit plus que de souvenirs, cette canne en sera désormais l'un des plus précieux. Merci. »

À la retraite

1

J'aurais pu partir de mon plein gré : j'avais mes années de service ; mais l'amour de mon métier me tenait encore enchaîné.

2

Je me figurais aussi que là-haut, on serait consterné de me voir prendre cette décision, et que l'on se demanderait avec regret : « Pourquoi donc s'arrête-t-il déjà ?

3

» Il en a l'âge, il est vrai, mais il allie encore la force au courage et ce que nous avons entendu dire de lui prouve que son travail est encore efficace.

4

» Il faut avouer aussi, hélas ! que nous n'avons pas trop de maîtres cette année, et en voilà encore un qui demande à partir : nos ennuis ne sont pas finis ! »

5

Voilà ce que je croyais qu'ils allaient m'écrire, là-haut, en me priant peut-être : « Ne voudrais-tu pas rester encore quelques petites années ? » Mais non : ce n'est pas l'usage.

6

Ainsi, la seule prière que je vis arriver fut celle de m'en aller. J'ai longtemps étudié le message, mais il était sans équivoque.

7

Je l'ai ressenti comme un coup fatal, comme une blessure mortelle pour l'idéal que je portais en mon cœur.

8

Hier encore, j'enseignais avec flamme, aujourd'hui je me sens vieux ; hier encore, ma fonction m'était chère, aujourd'hui elle me laisse froid.

9

Mon cœur se remplit d'amertume, comme jadis celui du serviteur noir dans le poème[1] : lui aussi avait été prié de s'en aller après avoir accompli son devoir.

10

C'est pourquoi j'ai fait ma demande, sans plus chercher à me défendre, et j'ai pris la retraite que l'on daignait m'accorder.

11

Lors de la cérémonie, mes collègues et mes élèves vinrent me serrer la main en sanglotant ; ils m'offrirent des cadeaux symboliques et leurs vœux pour le temps qui me reste ici-bas.

1. Allusion à une réplique d'un drame de Schiller : « Der Mohr hat seine Arbeit getan, der Mohr kann gehn » (le serviteur noir a fait son travail, qu'il parte).

12

J'ai encore eu un sujet d'amertume pourtant : l'école m'a certes offert une fête, mais pas un seul de ces messieurs du conseil n'y a assisté.

13

Car ceux qui siègent au conseil, ceux qui ont en charge le bien-être de la cité, ne savent plus qui leur en a jadis ouvert le chemin.

14

Ils n'imaginent pas que celui-ci, ayant fait son devoir avec fidélité pendant quarante-trois ans, puisse être digne de quelque attention et mériter une petite croix.

15

Ressaisis-toi, mon cœur, sois modeste, si tu veux éviter l'ironie et les quolibets : au ciel, ton salaire est préparé ; c'est là-haut que t'attend ta récompense.

1er janvier 1929

... De l'année 1928, il faut déjà parler au passé ; elle a été bonne au total. Pas de maladie grave, point de décès dans la famille mais au contraire deux naissances : Jeanne Ehrlacher à Sundhoffen et Anne-Marie à Francfort. Les choses n'ont pas changé dans les relations avec Francfort ; une situation d'autant plus pénible qu'elle est incompréhensible. Il n'existe aucun fait qui puisse la justifier... L'année 1929 amènera-t-elle la détente ? Apportera-t-elle la brillante situation qu'on fait miroiter à André et à Jeanne ? À Mulhouse, le petit Frank prospère ; il fait ma joie et ma consolation.

21 janvier

... Deuxième tour de scrutin hier à Colmar pour l'élection partielle. L'autonomiste René Hauss a obtenu 10 251 voix contre 6 303 à l'abbé Hanser, catholique national. À Sundhoffen, le communiste a eu 46 voix, Hauss 48 et Hanser 70[1].

9 février

... La Chambre achève son débat sur l'Alsace par un vote de confiance au peuple alsacien. C'est du temps gaspillé ! On n'ose pas recourir aux remèdes efficaces, c'est-à-dire aux lois laïques[2].

26 mars

... Funérailles de Foch. Les écoles sont fermées pour toute la journée et les magasins de 14 heures à 15 heures. Les journaux publient la fin du discours de Poincaré. Il y est fait mention d'un article du docteur Fr. Brenner (*sic*) paru en 1927 dans *Volk und Reich*[3], sous le titre de « Die Geschichte Elsass-Lothringens » où l'on peut lire : « Comme l'a montré Locarno, une Alsace-Lorraine politiquement rattachée à la France est supportable pour l'Allemagne. En revanche, elle ne tolérera pas, à mon avis, le viol de l'Alsace-Lorraine dans son identité propre. »
Poincaré aurait ajouté : « Fr. Brenner est l'un de ces cent cinquante Alsaciens, qui ont volontairement quitté le pays (il les traite de " funestes gaillards "), qui font plus de tapage que les cent

1. Rossé et Ricklin ayant été invalidés, l'élection partielle a lieu à Colmar et à Altkirch. Les habitants protestants de Sundhoffen ont majoritairement voté pour l'abbé Hanser, le candidat catholique national, dans le but de battre le représentant des cléricaux-autonomistes, Hauss. Le parti démocrate a préconisé cette solution.
2. Philippe Husser confie sans cesse à son journal une position inadmissible pour le syndicat auquel il appartient toujours.
3. Ce 26 mars, *Le Républicain* publie en traduction allemande l'intégralité des interventions à la Chambre de Poincaré et de plusieurs députés à propos de la question alsacienne. Le débat avait eu lieu le 1er février.
Texte original : « Aux termes du pacte de Locarno, l'Allemagne a renoncé, une fois pour toutes, à l'Alsace-Lorraine. Pour l'Allemagne, la question d'Alsace-Lorraine ne peut être qu'un problème intérieur français. Cela n'empêche pas le docteur Fritz Brenner, dans un fascicule spécial sur l'Alsace-Lorraine, édité par le périodique *Volk und Reich*, d'interpréter le pacte de Locarno de la façon suivante :
» Si vraiment la France infligeait à l'Allemagne la honte de détruire une fraction du peuple allemand, une nouvelle situation serait créée. Locarno a démontré que l'Allemagne peut admettre une Alsace-Lorraine appartenant politiquement à la France, mais ce qui serait inadmissible pour l'Allemagne, ce serait une Alsace-Lorraine dont le caractère national serait violenté. »

cinquante mille Alsaciens ayant quitté le pays pour la France. » (En 1872.)
En généralisant, M. Poincaré va trop loin. Je connais Fr. Bronner mieux que lui. Ce n'est pas un gaillard, mais bien plutôt un ambitieux qui se mêle de choses qui ne le regardent plus puisqu'il a quitté son pays et qui sacrifie le bonheur de sa famille en cultivant et en propageant la tragédie alsacienne. Du reste, l'article de presse est mal traduit par les journaux locaux.

À propos de la tragédie alsacienne (A)[1]

Si notre gendre le voulait bien, là-bas, au bord du Main, nous pourrions jouir ici d'un bonheur sans limites. Mais il a fallu que, par fanfaronnade politique, il rompe ses relations avec nous dans un accès de mauvaise humeur.

Dans sa jeunesse, il était charmant, c'est indéniable ; il se montrait d'une politesse exquise à tous points de vue. Aujourd'hui, il n'est plus galant du tout, et il a cessé de nous saluer depuis des années.

Il demanda la main de notre Marie, qui lui fut accordée bien volontiers. Et les liens de l'hymen ne tardèrent pas à les attacher, embellis par la grâce des amours.
Emmenant sa jeune femme avec lui, il partit pour Francfort, au bord du Main. La conjoncture n'était pas très brillante, mais le jeune couple ne vivait pas trop mal.

En ces temps difficiles, il entreprit des études de lettres, puis s'essaya à la philosophie. Il passa son doctorat ; nous étions fiers de lui, nous admirions son entrain et la vivacité de son esprit.

Mais l'habit de diplômé ne sied pas à tous ceux qui le portent et, bientôt, notre nouveau docteur nous parut tout changé.
Car lorsque les temps furent meilleurs, une fois l'inflation passée, subitement, mon gendre des bords du Main se mit à me faire la tête. Montant sur ses grands chevaux, il se mit à faire de la

1. Expression désignant communément les multiples difficultés et épisodes dramatiques occasionnés par les changements de nationalité en Alsace entre 1870 et 1945.

politique. Pour moi, elle ne m'intéresse plus guère, j'en ai soupé depuis longtemps.

Mais lui se sentait appelé à intervenir dans ses rouages. Pour notre Alsace en particulier, il se fit activiste. Il ne voulait pas admettre que son engagement était incohérent et inutile, ni que les vaches seraient mieux gardées si chacun restait dans son métier.
Il refusa d'accepter ses deux beaux-frères, sous prétexte qu'ils étaient tous deux français. Cela ne lui était pas indifférent : il se voyait désavoué.

Sans doute m'en a-t-il voulu de ne pas me montrer enchanté quand l'autonomisme entreprit de faire le bonheur de l'Alsace.
Je ne me départis pas de mon calme lorsque retentirent les doux accents de la trompe : imitant Ulysse, je me bouchai les oreilles. Je compris les manœuvres de ces braves gens, et je ne tardai pas à reconnaître le but qu'ils s'étaient fixé[1].
Se servant avec habileté de la langue maternelle et de Dieu, ils provoquèrent bien des conflits et des cas de conscience.
Mais pour qui les connaît de longue date, leurs intentions sont claires : ils ne changeront pas leur cours, ils nous seront toujours hostiles.

Les enseignants libéraux ne leur feront jamais confiance, malgré leurs œillades et leurs grands airs.
Il suffit de se souvenir de la lettre d'Herder, parue à l'époque dans *Le Nouvelliste;* et les propos fameux d'un certain prélat restent aussi dans toutes les mémoires.
Aujourd'hui, leurs mobiles sont sans doute assez clairs : ce n'est pas l'amour de Dieu qui les animait, ni celui de la langue maternelle. C'est le spectre de la séparation de l'Église et de l'État qui les obsède et les excite. Ils craignent de voir leur influence disparaître peu à peu, tout comme le pouvoir sans limites qu'ils exerçaient jusqu'ici comme s'il était de droit divin. Voilà pourquoi, mon cher gendre, je n'ai jamais pu adhérer à ce mouvement : mes vieilles traditions ne m'y autorisaient pas. Les yeux de certains se sont déjà ouverts : plus d'un s'est arrêté et refuse de suivre, se disant : l'autonomie! Non merci, je ne veux pas de cet État! Je

1. Variante notée en marge : j'écoutai et je regardai de loin comme l'Ulysse d'Homère le fit jadis.

trouverais bien regrettable de livrer l'Alsace à une telle « haegymonie »[1] !

14 avril

... Avec le petit, je me rends au culte en langue française. C'était téméraire de ma part d'emmener un gamin de trois ans et demi à l'église. Mais il a tenu bon et n'a pas bougé. L'après-midi, je l'ai promené au jardin zoologique.

31 avril

Le grand-père et son petit-fils

1. Sans notre petit Frank, que ma vie serait devenue insipide ! Il lui a redonné un but, Dieu merci.
2. C'est un gentil petit bonhomme de trois ans et demi, mais qui porte déjà la culotte, nous nous en apercevons souvent.
3. C'est surtout le grand-papa qu'il mène par le bout du nez, la grand-maman aussi, d'ailleurs, malgré des escarmouches fréquentes :
4. S'il ne fait pas ce qu'elle veut, c'est bien souvent la rupture, et s'il n'accepte pas de se tenir tranquille, c'est tant pis pour lui...
5. Il le sait très bien, d'ailleurs, le petit homme, pour en avoir souvent fait l'expérience : chez grand-papa, il a le droit de se dépenser sans risquer de punition.
6. Il m'a été donné d'élever trois délicates fillettes, gentilles et douces comme des anges ; mais jamais je n'ai ressenti pour elles le même amour passionné que pour ce garnement.
7. « As-tu de beaux jouets, mon enfant ? », lui demanda M.H. l'autre jour. « Mais oui, monsieur, j'en ai déjà tout plein ! » Et il les énuméra bien vite : « Un train, un jeu de quilles, une arche de Noé, un harmonica, un livre d'images, une automobile, et puis un grand-papa. »
9. Le grave pédagogue aura beau affirmer que ce sont là des

1. Variante barrée : ... de transformer l'Alsace en colonie noire (les noirs = les prêtres). « Haegymonie » : jeu de mots pour évoquer l'hégémonie de l'abbé Haegy. Celui-ci passe alors pour le chef des autonomistes et même pour le véritable chef des catholiques d'Alsace.

faiblesses coupables ; que ce n'est pas ainsi qu'il faut élever les enfants, que nous le paierons plus tard...

10. Ne soyez donc pas si sévères pour moi, messieurs Herbart, Stroy, Richter, etc. ! L'amour de grand-père est un poème et il a droit à la liberté des poètes.

11. Et quand il accourt avec des cris de joie, qu'il m'enlace de ses petits bras, que sa joue tendre caresse mon visage barbu et que son babil ne tarit pas.

12. Alors, je vous en prends à témoin, messieurs les spécialistes, comment peut-on ne pas faiblir, et qui de vous résisterait en pareil cas !

13. Viens, mon Frank, bourreau des cœurs, viens vite me faire un bisou ! N'est-ce pas que tu l'aimes, ton grand-père, que tu l'aimes tout plein, et pas rien qu'un petit peu ?

14. Viens, allons dans les champs, parcourons les bois et les prés ; je veux te montrer combien le monde est beau, te faire connaître les merveilles de la nature.

15. Ah ! si je n'avais pas ce petit Frank.
Qui pourrait me reprocher de lui consacrer tout mon temps, du matin jusqu'au soir ?

1er mai

Il y a aujourd'hui quarante-sept ans que je suis arrivé à Munster pour prendre mon premier poste. C'était par un dimanche radieux, un 1er mai ensoleillé. Mais le soir même, le ciel s'assombrit et la pluie ne s'arrêta plus de tomber jusqu'à la fin du mois. Jamais depuis, le mois de mai n'a été aussi arrosé. La première pièce de mobilier que je dus me procurer fut un parapluie. Je l'ai payé 3 marks. Il me resta 17 marks en poche. C'était assez pour survivre. À l'époque, il n'y avait pas encore d'avance sur traitement. Puis vint la première paie : 86 M 66. Après déduction de 36 marks pour la pension, il me restait environ 50 marks ; une grosse somme. Les premiers mois, je fis des économies, si bien que je pus donner 100 marks à mon père. Plus tard, je n'ai plus réussi à mettre quoi que ce soit de côté. Même une pièce trouée de 5 pfennigs, que je voulais conserver comme relique de mon premier salaire, dut être sacrifiée. Et quand, au bout de deux ans et demi, en septembre 1885, je fus muté à Mulhouse, les seuls biens dont je m'étais enrichi étaient le parapluie et un tire-bottes.

19 mai

M. Hertzog, tête de liste des cléricaux autonomistes, est élu maire de Colmar.

26 mai

Jeanne et André arrivent par le train de Paris avec quinze élèves des arts et métiers de Châlons-sur-Marne. Ils vont visiter les mines de potasse d'Alsace avant de se rendre à Kaysersberg pour assister au banquet des ingénieurs.

27 mai

... Jeanne, André et le petit déjeunent chez nous. Puis nous partons pour Châlons par le train de 12 h 03. Il faudra changer de train à Chaumont. Sur le trajet de cette ville à Châlons, le paysage semble avoir souffert de l'hiver et de la sécheresse. Des villages aux habitations assez primitives se succèdent, alternant parfois avec des cités assez coquettes. Nous suivons le cours de la Marne et de son canal latéral. Le débit de la rivière est assez maigre d'abord, mais à partir de Châlons, elle devient navigable. À l'arrêt à Chaumont, nous avons à peine eu le temps de nous restaurer frugalement et de visiter le jardin public où s'élèvent un monument dédié aux morts de la guerre de 1870 et une statue de l'inventeur du gaz d'éclairage. Le petit s'est montré adorable. Il est un peu enrhumé et il faut le moucher fréquemment. Après Chaumont, il a dormi sur mes genoux.
Un fiacre nous a conduits chez Jeanne. Ils sont bien logés, dans un quartier nouveau et dans une maison neuve avec chauffage central, comprenant quatre chambres assez vastes, un grand corridor, une grande cuisine, une terrasse donnant sur le jardin.

28 mai

... Le matin, je me promène dans le jardin public et le long du canal avec le petit. L'après-midi, nous rendons visite à la famille de M. Roumageot, le directeur de l'école d'André ; une famille sympathique et aimable, très liée avec ma fille et mon gendre.

Au retour, nous avons pris quelques bocks. Le soir, le voisin, un professeur d'école normale en retraite, a passé en coup de vent.

29 mai

... André est parti pour Paris. Vers 11 heures, une pluie torrentielle rafraîchit tellement la température que nous allumons un bon feu de cheminée qui fascine le petit. Il va mieux, du reste. L'après-midi, nous allons en ville pour visiter le marché et la vieille cathédrale, très négligée, c'est-à-dire mal entretenue. Jeanne fait des achats pour un dîner le lendemain. Nous prenons ensemble du thé et des bocks dans une brasserie. Le soir, André revient de Paris avec quatre homards (25 francs) pour demain. Le petit observe avec intérêt les homards de couleur noire devenir rouges en cuisant.

30 mai

... En rentrant, nous tombons sur la visite annoncée de M. et Mme Jaquet qui sont venus en auto pour le déjeuner. Au menu : homard, petites pâtes, gigot, asperges, dessert, châteauneuf-du-pape, champagne. M. Jaquet est un gros bonhomme d'une cinquantaine d'années, un Strasbourgeois qui a fait fortune pendant la guerre et s'est établi à Sernon où il exploite un domaine de quatre cents hectares. Son épouse est timide, mais sympathique. Mme Roumageot est venue se joindre à nous.

1er juin

... Le petit a beaucoup toussé au cours de la nuit et vers le matin. Vers minuit, je l'ai pris près de moi. À 11 h 40, c'est le départ pour Reims. Le pays paraît assez fertile, mais on observe partout les conséquences de l'hiver rigoureux. Il y a néanmoins de beaux champs de seigle et d'orge. Reims est une grande ville en voie de reconstruction. On y voit encore des ruines ; sous peu, elle sera entièrement rebâtie et sûrement plus belle qu'avant la guerre. La cathédrale est un chef-d'œuvre. Elle a été fortement endommagée, menaçant ruine ; on est en train de la guérir tout à fait. En passant,

j'ai jeté un coup d'œil à la statue de la République, à celles de Colbert et de Louis XV. Au musée, nous avons consacré une visite à l'exposition sur la Révolution française qui comportait des portraits, des affiches, des décrets, des assignats et des monnaies du temps. Après avoir dîner au buffet de la gare, nous sommes rentrés à 19 heures.
Le petit a été adorable. Jeanne lui a acheté une canne. Au retour, il s'est endormi sur mes genoux. Puis il s'est amusé avec les fils de M. Roumageot jusqu'à l'heure du coucher.
On boit du bon vin à Reims, du champagne à 3 francs le verre, de la bonne bière du pays, de la Spatenbräu et même de la Tigre.
À Mourmelon, un important groupe de soldats algériens, des permissionnaires du camp de Châlons, sont montés dans le train. Le petit a observé avec intérêt leurs bonnets rouges

2 juin

... Vers 15 heures, l'auto de M. Jaquet vient nous chercher pour nous conduire à Sernon, un village situé à dix-sept kilomètres de Châlons. La voiture avance sur une route toute droite. Nous traversons deux ou trois villages dont les maisons n'ont presque jamais le pignon vers la rue. Vers 16 heures, nous sommes reçus par M. et Mme Jaquet dans une sorte de château blanc, long de 70 mètres et haut de 5 mètres. M. Jaquet possède un immense terrain d'environ 450 hectares, acheté après la guerre pour la modique somme de 200 000 francs. Il comprend un grand parc dont la flore est assez riche. Il est planté de sapins, de hêtres impressionnants, de platanes, de bouleaux et de peupliers. Le domaine comporte un ruisseau et sa source, un étang rempli de carpes et de truites, des forêts, des terres en friche, des terres labourables et cultivées, des pâturages, un jardin d'agrément et un potager, bref une véritable demeure de hobereau.
Nous avons visité la bergerie, une construction neuve qui abrite environ trois cents moutons gardés par un berger qui habite non loin avec son épouse. Après avoir pris le café et une Bénédictine, nous avons fait le tour du propriétaire. Vers 9 heures, tout le monde s'est mis à table pour déguster un menu aux truites arrosé de champagne, suivi de divers desserts les plus exquis préparés par Mme Jaquet elle-même. L'auto nous a déposés à Châlons après 22 heures.

3 juin

… Le facteur apporte une petite valise de bonbons pour Frank. Du coup, la nostalgie faillit le gagner. La femme de ménage cire nos chaussures couvertes de la poussière de craie des champs et des routes. André nous fait visiter les ateliers de l'école des arts et métiers. Cela m'intéresse beaucoup, ainsi que le petit d'ailleurs. C'est une école nationale qui forme les futurs ingénieurs. L'internat permet d'héberger de trois cents à quatre cents élèves. Ceux-ci suivent des cours théoriques le matin. L'après-midi, c'est au tour de la pratique dans les ateliers…
L'après-midi, nouvelle promenade avec le petit dans les environs de Châlons. Le canal de la Marne est fort animé. On y voit passer sans arrêt des embarcations à vapeur, à voile ou tirées par des chevaux.

6 juin

… Fin de notre séjour… Les malles sont prêtes. Un taxi vient nous prendre à 12 h 30. On se dit adieu et au revoir. 13 h 02, le train part pour Chaumont… Le petit dort un peu, mais il est frais et dispos à l'arrivée à Mulhouse où la famille entière nous attend.

13 juin

… Le procès contre l'autonomiste Karl Roos se déroule à Besançon.

14 juin

… Comme lors du procès de Colmar, les journaux diffusent des éditions spéciales. Cette fois, la vente en est plutôt mince.

23 juin

… Le procès de Besançon s'est terminé par l'acquittement de Roos, au grand étonnement et au mécontentement du *Journal d'Alsace-Lorraine*. Il y a de quoi être surpris ; Colmar, Besançon : à quoi bon ces deux procès ?

14 juillet

... Jeanne part aujourd'hui à Heidelberg avec André. Ils y resteront pendant trois semaines. Au retour, vers le 3 ou le 4 août, ils feront un crochet par Mulhouse. Une lettre à Marie dans laquelle ils l'invitaient à venir les voir à Heidelberg a eu pour seule réponse un blessant refus

19 août

... Nous nous rendons en auto avec maman à Beblenheim, puis à Mittelwihr chez Essig et à Riquewihr. Les dames Bronner souffrent aussi de l'intransigeance des Francfortois... À Beblenheim[1] nous rendons visite à M. Kuhlmann et à ses filles qui habitent l'ancienne maison de Jean Macé...

10 septembre

Tragédie alsacienne

Le 10 septembre de l'an vingt-huit,
la cigogne nous a apporté Anne-Marie ; et aujourd'hui elle a douze mois, elle sait rire et gazouiller et va bientôt marcher. Il est vrai que je ne l'ai encore vue qu'en photographie ; ceux à qui je le raconte ne me croient pas ; ils ne comprennent pas et ne comprendront jamais vraiment pourquoi le grand-père n'a pas pu aller voir sa petite-fille.

Comment se fait-il — c'est la question habituelle — que tu ne sois pas allé voir la petite ? Pourtant, autrefois, le trajet jusqu'au Main ne te faisait pas peur ! Le voyage serait-il plus difficile aujourd'hui ? Je ne dis pas oui, je ne dis pas non ; car j'ai du mal à en parler. Alors, il arrive que l'on me regarde avec surprise et que l'on se

1. C'est de Beblenheim, où il enseigna dans un pensionnat privé durant le second Empire, que Jean Macé lança le grand mouvement (la ligue de l'enseignement notamment) qui devait mener à l'école gratuite, obligatoire et laïque. Il fut l'initiateur de l'école neutre. Sa mémoire fut au centre de la lutte pour la laïcisation de l'école en Alsace après 1918. Jean Macé a été rejeté avec force par le catholicisme politique. Les nazis ont détruit son monument érigé en 1921 à Beblenheim.

demande en secret : qu'arrive-t-il donc à cet homme, lui qui a toujours passé pour l'enfant chéri de la Fortune ? Il vaut mieux que je garde mon avis pour moi. Ici comme ailleurs, les apparences sont trompeuses : cette pomme si belle me paraît attaquée par les vers.

Elle l'est en effet : elle a été piquée par une mouche venimeuse. C'est ainsi que l'on est en droit d'appeler la politique, sans doute. Endurcissant les cœurs et troublant les regards, elle détruit le bonheur familial le plus pur.
Elle n'a aucun égard pour la mère et l'enfant, elle sépare brutalement ceux qui s'aiment malgré tout. Elle appelle à se battre contre des moulins à vent, comme autrefois don Quichotte, le pauvre fou.

Et ce patriotisme fanatique, à qui la réconciliation entre les peuples apparaît comme une utopie, a été, est et restera toujours un ferment de guerre, un mycélium de la célèbre tragédie alsacienne. Et toute tragédie, comme chacun sait, recèle une douleur souvent secrète et brûlante, produit des larmes et des soupirs qui rendent la pièce plus dramatique encore.
La petite « Meiele » n'en souffre pas encore ; son adorable visage d'enfant me regarde avec un doux sourire et j'en ai la ferme conviction : Anne-Marie sera notre colombe de la paix.

28 septembre

... La sécheresse devient inquiétante. Il n'y a pas d'eau dans l'Ill, peu d'eau dans les puits. Dans les champs, les raves, le maïs et le trèfle se fanent. Il faut vendanger le raisin, déjà trop sec.
On commente et approuve un article paru dans *Les Dernières Nouvelles*. Certains devinent que j'en suis l'auteur. Il s'agit d'une histoire de chien trouble-sommeil[1].

---

1. Comme à son habitude, Philippe Husser dénonce un fléau sur le mode humoristique. Il s'attaque ici à un propriétaire de chien qui laisse aboyer son animal nuit et jour sans égard pour ses voisins.

11 décembre

… L'agence Havas a cherché un employé, de préférence instituteur ou fonctionnaire retraité, connaissant à fond la langue française et la langue allemande pour la correction d'épreuves d'imprimerie. L'on devait me prévenir en cas d'acceptation. Rien n'est venu ; on a dû me trouver trop vieux.

24 décembre

… Le petit est satisfait du père Noël qui lui a apporté beaucoup de cadeaux : un établi avec des outils, un jeu de construction, un jeu de patience, un livre, un mécano, un pommier, etc. Tout le monde a été gâté. J'ai eu des cigares, une bouteille de Malaga et une lavallière.
J'ai envoyé le manuscrit de mon conte, *La Vie de Schreck,* à Marie qui en avait fait la demande.

8 mars 1930

… La Chambre a voté un secours de cent millions en faveur des contrées dévastées par les inondations du bassin de la Garonne. Des villages entiers ont été détruits et l'on compte des centaines de morts. Des souscriptions sont ouvertes dans tout le pays. La Chambre a voté l'augmentation des pensions accompagnée d'une indexation sur la hausse des salaires.
Le conte de mon *Héros au quotidien* n'a pas trouvé grâce devant le jury ; pas la moindre mention. Que de preuves de mon déclin : pas de succès littéraire, j'ai perdu les clés, j'ai perdu ma pipe et cassé ma montre.

15 mars

… J'ai vu le collègue Ritter dans son jardin au Klettenberg. Je n'arrive pas à me décider à louer une parcelle ; c'est trop loin. Et je ne pourrai pas me consacrer entièrement au jardinage à cause de nos voyages et à cause du petit. Nous verrons l'année prochaine.

21 mars

... Un télégramme nous arrive de Sundhoffen : Eugénie a accouché d'une fille tandis que la grand-mère s'est encore affaiblie. Maman est appelée à l'aide.

25 mars

... Ma belle-mère est morte hier soir vers 17 heures.

26 mars

... Enterrement à 14 heures... On a trouvé dans la cachette de grand-mère 1 100 francs en billets, quatre pièces d'or, l'une de 20 marks, trois de 10 marks, ainsi qu'un billet de 100 marks datant de 1910.

30 mars

... Nous déjeunons en famille chez Eugénie. Le bavardage des femmes provoque un grand émoi. Nous nous partageons le peu de linge et l'or. Les meubles, les tableaux, etc., restent, ainsi qu'un lit pour nous durant les vacances. Nous retournons à Mulhouse avec des valises bien chargées.

1er avril

... Eugénie est tombée gravement malade. On nous téléphonera en cas d'aggravation. Dépenses du mois de mars : 694 F 25.

12 avril

... Je termine l'ensemencement du jardinet chez Charles. Une carte de Lina nous informe que Marie ne viendra pas pour Pâques ; la petite ne marche pas encore. André m'adresse une brochure rédigée en allemand, qu'il me demande de traduire. Jeanne envoie un œuf de Pâques à Frank. Charles et Lucie achètent un tapis algérien pour 2 450 francs. Je termine la confection du mien.

13 avril

... À Sundhoffen par le train de 14 h 28. Eugénie est dans un triste état. Elle tousse et souffre d'une phlébite qui l'oblige à se tenir immobile.

30 avril

... Touché ma pension : 1 223 F 60. Dépenses du mois d'avril : 852 F 90.

1er mai

... Le petit m'apporte six paquets de tabac. M. Ritter, en partant, fait semblant de vouloir les emporter. Le petit s'y oppose courageusement.

5 mai

... Nos deux préfets, Borromée et Susini, sont déplacés. Cela ne signifie pas qu'il y aura un changement politique. Les déplacements sont des avancements. En revanche, Michel Walter[1] est satisfait.

6 mai

... Au café *Bristol,* je tombe sur une réunion de nos directeurs. On devise notamment sur le départ de nos deux préfets. J'ai l'impression que l'on considère ces changements comme une concession aux autonomistes.

31 mai

... Dépenses du mois de mai : 1 544 F 15 (y compris 857 francs d'impôts). En caisse au premier juin : 4 938 F 50.

---

1. Chef de l'UPR du Bas-Rhin. Régionaliste, mais sans être hostile à la France comme les autonomistes. Pour préserver l'unité de son parti, il a souvent défendu des points de vue proches de ceux des autonomistes.

30 juin

... La Rhénanie est définitivement évacuée aujourd'hui ; les dernières troupes d'occupation quittent l'Allemagne. Au cours de son voyage à travers ce pays, André a fait un arrêt à Francfort pour rendre visite à Marie. Il a été reçu très cordialement par elle, semble-t-il. Il aura donc été le premier de nous tous à voir la petite « Annemei ». Cela m'a fait tellement plaisir que j'ai ressenti le besoin de le noter en allemand. D'ailleurs André a été bien reçu partout en Allemagne.
Dépenses du mois de juin : 1 184 F 70 (y compris le charbon et les cadeaux). Montant de la pension : 1 222 F 60. En caisse : 4 980 F 65.

Été 1930

Poésie : Dieu le Père fume aussi

Grand-père allume une petite pipe ; Frank, son petit-fils, accourt bien vite pour souffler la flamme en gonflant ses joues ; puis il regarde par la fenêtre, l'air pensif.

Dehors il fait mauvais, on voit des éclairs, il tonne, la tempête secoue violemment la croisée ; les nuages tourbillonnent dans le ciel, comme s'il se tenait là-haut une séance de tabagie.
« Le bon Dieu fume, n'est-ce pas, grand-père ? Comme toi, assis dans son fauteuil, il tire sur sa pipe ; parfois, comme la tienne, elle s'éteint : alors, comme toi, il sort son briquet. Et quand la mèche d'amiante se met à grésiller, c'est la foudre que l'on voit et que l'on entend sur la terre ; et quand les anges soufflent la flamme, nous entendons ici mugir la tempête. »

Grand-père, intrigué, regarde le petit homme ; un instant, la surprise l'empêche de parler. Mais quand le petit Fränkli l'interroge du regard, retirant sa pipe de sa bouche, il dit :
« Dieu le Père fume, oui, je crois que tu as raison. Sinon, le genre humain serait perdu. C'est dans un nuage de fumée qu'il a fait sortir son peuple de la servitude, autrefois, et c'est au travers de la fumée qu'il lui a parlé au mont Sinaï. »
Le Seigneur ne saurait être appelé le Dieu tout bon, s'il n'était pas un fumeur débonnaire !

5 juillet

... André est arrivé hier soir de son voyage à travers l'Allemagne. Il rapporte une bonne impression et une foule de souvenirs : livres, brochures, cartes, guides, etc. Il n'a pu rencontrer Raeppel, qui était parti en vacances. À Francfort, il a bavardé avec Marie durant près d'une heure. Marie et la petite Annemei l'ont enchanté. Marie n'est pas en mesure de venir, car elle éprouve des difficultés pour obtenir un passeport.

1er août

... L'après-midi, j'ai aidé à entasser les gerbes de blé dans les champs. Je suis rentré après cinq heures de travail qui m'ont fatigué sérieusement. La poliomyélite sévit toujours en Alsace et provoque l'angoisse dans la population. Les manœuvres d'automne ont été suspendues. La Suisse prend des précautions à propos de ses colonies de vacances.

11 septembre

... J'ai travaillé dans les fraises à l'auberge. Une épicerie nouvelle *Les Ecco* s'est installée à Sundhoffen au grand dépit des commerçants locaux. Ils épient sévèrement les clients de ce magasin concurrent, lequel ne peut que profiter aux ménagères.

17 septembre

... Les élections pour le Reichstag ont eu lieu dimanche en Allemagne. Le résultat a été surprenant et inquiétant. Les gens d'Hitler, c'est-à-dire les monarchistes, les ennemis de la République, les porteurs de croix gammées (antisémites), ont pris la seconde place. Leur parti est passé de douze à cent sept sièges.

22 septembre

... Nous prenons l'auto pour nous rendre dans les vignes à Turckheim, afin d'assister à une vente aux enchères de raisin. Les adjudications ont été lentes et ennuyeuses. Les hybrides ne marchaient pas. Il a fallu se contenter de 50 à 70 francs les 50 litres. Le bon vin au contraire est monté jusqu'à 100 francs. Nous avons dîné aux *Deux Clés*, la taverne alsacienne ; au menu, des « Surlaverla » à 10 francs. Puis nous avons joué au scat à Andolsheim.

23 septembre

... Nous nous rendons à Mulhouse avec Henri et la famille Pfau Jean afin d'y transporter des malles et des valises. Nous étions de retour à 13 heures. Le voyage s'est déroulé sans incident, sauf la perte d'une traverse de la remorque. L'après-midi, j'accompagne Henri dans sa livraison de bière : Widensohlen, Biesheim, Kuenheim, Durrenentzen, Urschenheim, Andolsheim. J'ai fait une visite à Albert Bœglin à Durrenentzen, un ancien collègue qui s'est converti au protestantisme pour obtenir son changement de poste.

25 septembre

... Enfin des lettres de Souhe et de Francfort. Marie viendra samedi avec la petite. Charles et Lucie rentreront au début de la semaine prochaine. Lucie souffre d'une entérite ; le petit va bien.

28 septembre

... Nous attendions la petite qui est à Riquewihr depuis hier en compagnie de sa mère. Fernand s'était proposé de les amener à Sundhoffen. Marie n'a pas voulu prendre l'auto à cause de la petite. C'est une cruelle déception pour moi.

29 septembre

... Pour me réchauffer, je fume le jardin. L'après-midi, c'est le départ en auto pour Beblenheim et Riquewihr. Je vois pour la première fois ma petite fille Anne-Marie. C'est une gentille et gracieuse fillette qui ressemble beaucoup à Frank. J'étais très ému. Elle m'appelle grand-papa. J'ai passé avec elle et avec sa mère trois heures délicieuses. Elles viendront nous voir vendredi à Mulhouse, car nous avons l'intention de rentrer la veille, jeudi. Lucie et

Charles sont de retour depuis dimanche. En rentrant par Andolsheim, nous avons vidé une bouteille datant de 1911.

1er octobre

... Nous vendangeons à Riquewihr. À quinze personnes, nous avons rentré quinze cuves de raisin. Une bonne affaire pour l'acquéreur. Le déjeuner a eu lieu chez les Bronner en présence de Marie et de la petite. Elle est mignonne ; tout le monde a été charmé par son bavardage. Le retour se fait par Beblenheim où nous goûtons le vin nouveau.

2 octobre

... Marie arrive pour faire acte de présence à Sundhoffen. Elle fait ses visites, déjeune en famille avec nous. Nous nous séparons à Colmar. À Mulhouse, nous sommes accueillis par le petit Frank qui commence aussitôt à raconter ses vacances. Il poursuit son récit au-delà même de l'heure du coucher, puisqu'il est autorisé à dormir dans son petit lit à côté de moi.

4 octobre

... J'accompagne Frank et André au cirque Hagenbeck. La tente n'était pas étanche. Il pleuvait sur nous. Les bancs étaient quasiment vides. Mais le spectacle était très intéressant, émerveillant littéralement les petits.

6 octobre

... Marie arrive avec la petite. Je l'attends à la gare avec Frank. Tout est bien et la petite est gentille.

7 octobre

... Marie et la petite viennent dès 8 heures. La petite s'amuse avec les jouets de Frank. Elle a l'air de se plaire chez grand-papa. Je lui fait cadeau d'un billet de 100 francs. Puis nous allons chez le photographe avec elle : 85 francs pour douze photos. À 23 h 30, la terre tremble légèrement.

8 octobre

... Sale temps ; toujours des bourrasques. L'Ill monte dangereusement. Le soir, Marie, les Ténot et moi, nous allons au *Casino* voir un film parlant. Cette capacité de savoir adapter la parole au geste sur l'écran est tout à fait extraordinaire. On se dirait au théâtre. Marie va passer la nuit chez nous afin d'être plus près de la gare en vue du voyage de demain. Elle prend un billet de deuxième classe qui lui revient à 154 francs. Puis elle achète encore des livres, du café, des bananes, etc.

9 octobre

... À 5 h 30, nous sommes tous à la gare. Marie prend le train de 6 heures qui vient de Marseille. Elle s'installe dans le wagon qui est direct jusqu'à Francfort.

Octobre

Enfin, Anne-Marie est arrivée : sa maman nous l'a amenée. Elle a conquis d'emblée tous les cœurs ; le petit Fränkli a été très heureux. Et grand-papa donc, quelle ne fut pas sa joie de pouvoir oublier sa douleur et serrer tendrement ses deux petits-enfants réunis sur son cœur battant !
Elle est repartie, mais j'en reste convaincu, un jour, malgré tout, elle reviendra pour être notre colombe de la paix.

15 octobre

... L'après-midi, nous emmenons Frank au *Corso*. Ce sont surtout les actualités qui intéressent le petit : les avions, les autos, etc. Vers 22 h 30, Mulhouse et sa région ont été à nouveau affectées par un fort séisme.

18 octobre

... Le petit refuse de se promener avec moi. Il préfère rester seul chez lui. Il commence à s'émanciper.

23 octobre

.. Je me rends au bureau des objets trouvés de la ville pour y déposer un Tom pouce trouvé la veille. Outre mon nom et mon adresse, l'employé voulait connaître mon âge, ainsi que le nom de mon père et celui de ma mère !

21 décembre

... Déjeuner et dîner chez Lucie : civet. L'après-midi je promène le petit. De 17 heures à 19 heures, j'écoute *l'Oratorio de Noël* de Bach exécuté par le Chant sacré de Mulhouse et retransmis par l'émetteur de Strasbourg.

27 décembre

... À 14 h 16, départ pour Sundhoffen ; arrivée à 17 heures. Tout le monde va bien, sauf Louise qui soigne sa phlébite. Les enfants Moser ont la coqueluche.

28 décembre

... Déjeuner chez Eugène. Je passe la soirée à l'auberge où une puissante TSF nouvellement installée nous divertit.

29 décembre

.. L'état de Louise s'aggrave. On craint une embolie.

31 décembre

... Nous sommes allés à Colmar, Henri et moi, pour nous informer de la santé d'Ernest Horrenberger qui se trouve depuis quelques semaines au diaconat, rue Roesselmann. Nous l'avons trouvé dans un état alarmant. Le pauvre garçon souffre beaucoup de sa tuberculose doublée d'une pleurésie ; il a peu d'espoir de s'en tirer. Sa mère est à son chevet et ne le quitte que pour la nuit. Voilà une famille particulièrement éprouvée.

Le soir nous avons fêté le réveillon en jouant aux cartes et en écoutant la TSF.

Dépenses du mois de décembre : 966 F 30.

Dépenses de l'année 1930 : 10346 F 10.

1er janvier 1931

Le nouvel an est de retour. Elles passent si vite, ces années, l'une après l'autre. À la retraite depuis deux ans, j'ai fini par prendre l'habitude du *dolce farniente* forcé ; à l'angoisse devant l'avenir a succédé la confiante certitude que ma pension peut suffire à pourvoir désormais à nos modestes besoins. Il y a lieu d'espérer, d'ailleurs, que les pensions seront revalorisées au fil des ans, ce qui répondrait à l'une de nos plus justes revendications et des plus défendables.

Je ne m'ennuie jamais, car je passe mon temps à m'occuper de mon petit-fils, le petit Frank ; les trajets quotidiens entre le Tivoli et l'Illberg nous procurent un mouvement tout à fait profitable à notre santé. Le petit fait des progrès remarquables. Il commence à lire et à épeler en chemin les enseignes des boutiques et des entreprises commerciales. Du point de vue de la santé, l'année écoulée a beaucoup laissé à désirer, moins chez nous toutefois qu'à Sundhoffen. Il est vrai que Eugénie est à peu près remise et aura bientôt retrouvé ses forces. Mais voilà que les mêmes problèmes se posent pour Louise ; pourvu que ce soit moins grave et moins long. — Nous avons été très heureux de la venue de notre petite-fille de Francfort, Anne-Marie, avec sa mère. C'est une petite fille très mignonne, et j'ai saisi l'occasion de retenir par l'image le moment où j'ai pu les serrer tendrement sur mon cœur, elle et Frank. Hélas !, leur séjour ici n'a été que de courte durée, et comme elle a eu la malchance d'attraper la coqueluche, elle n'aura sans doute pas le droit de revenir de sitôt.

Jeanne et André sont venus nous voir de temps à autre, faisant étape à Mulhouse au cours de leurs multiples voyages. Actuellement, ils séjournent à Pontresina, l'une des stations sportives les plus fréquentées et les plus *fashionables* de l'Engadine, en Suisse. Avec Charles et Lucie, nous avons eu et nous avons toujours de multiples contacts. Après les vacances, Lucie a été un peu souffrante, par suite de troubles digestifs contractés à l'hôtel. Maman a fait une septicémie pendant les vacances ; sa jambe gauche avait enflé de manière inquiétante et pris une teinte rouge vif. Puis la garde-malade a également dû se faire soigner pendant quelques jours. Pour ma part, je souffrais — et je souffre encore — de bronchite chronique, de malaises digestifs, de déchaussement des dents et de démangeaisons, ce qui ne m'empêche pas de bourrer ma pipe et d'aller passer de temps en temps une petite heure au *Pêcheur* pour une bière et un scat, en compagnie d'amis fidèles (Lang et Ritter).

Parmi les événements tristes de cette année, il faut noter tout d'abord le décès de la belle-mère, qui n'a pourtant pas apporté de changement notable dans nos relations avec Sundhoffen. Nous continuons à passer nos vacances dans le cercle de famille de mes deux beaux-frères, avec qui la bonne entente n'a été troublée en rien par les questions d'héritage.

Ensuite, il faut évoquer la tentative de suicide, due à la sénilité, de mon beau-frère Sigismond, qui a été admis depuis dans un hôpital.

En ce qui concerne la politique et les événements de portée mondiale, la politique de Briand en faveur de la paix a fait des progrès réjouissants, malgré les trublions Mussolini et Hitler. Dans les milieux pondérés, on condamne toute atteinte à la paix. Même sans guerre, l'humanité est ravagée par toutes sortes de catastrophes : tremblements de terre (Italie, Japon), éruptions volcaniques, chutes d'avions, inondations (Midi), tempêtes (Bretagne), effondrements et glissements de terrain (Lyon), etc.

La nouvelle année nous réserve encore des surprises, heureuses ou pénibles. Il vaut mieux ne pas connaître l'avenir. C'en serait fait de notre tranquillité. Mais ceci ne fait aucun doute : on va faire de nouveaux progrès techniques dans le domaine de l'électricité et de l'aviation. Des ministres et des ministères seront remplacés, le chômage s'installera chez nous aussi. Des hommes, grands ou petits, arriveront et s'en iront ; et moi, je serai peut-être parmi ces derniers...

5 janvier

... Mon beau-frère m'a remis 50 francs pour le petit Frank. Il voulait me donner 500 francs pour les champs qu'il cultive en bail. J'ai refusé, car je préfère que tout continue comme avant, c'est-à-dire qu'il nous livre du vin, des légumes, des pommes de terre, qu'il paie les impôts et que la chambre dans la maison paternelle soit toujours réservée pour nos vacances que nous souhaitons toujours passer à Sundhoffen en aidant aux différents travaux du ménage, du jardin et des champs.

16 janvier

... Au *Palace,* nous avons vu *À l'ouest rien de nouveau*[1]. Le film retrace les horreurs de la dernière guerre. Pourquoi l'a-t-on interdit en Allemagne ? Pourquoi cette méfiance ? Il n'y a pourtant rien de blessant pour l'Allemagne. Au contraire ; ce que le film flétrit, c'est le « Kadavergehorsam » (l'obéissance aveugle) et le patriotisme fanatique, les deux fauteurs de guerre les plus efficaces.

24 janvier

... Un nouveau poste de TSF est essayé chez Lucie.

7 mars

Il neige. Jeanne et André nous surprennent le matin à 6 h 30. Partis de Châlons à 23 heures, ils sont arrivés à 6 heures à Mulhouse. Ils ont pris un café avant de repartir pour le Markstein pour faire du ski.

---

1. Film réalisé par L. Milestone en 1930, à partir du roman d'Erich-Maria Remarque, *Im Westen nichts Neues (À l'ouest rien de nouveau).*
Depuis la fin des années 1920, la droite nationaliste d'Allemagne s'est beaucoup renforcée. Elle intensifie la chasse aux œuvres littéraires et artistiques d'inspiration moderne ou progressiste qu'elle qualifie de « Kulturbolschewismus ».

8 mars

C'est le jour du recensement de la population. Il neige. Depuis des années, on n'a vu tant de neige à Mulhouse. Il y a un mètre de neige, par endroits. Le Rebberg est peuplé de skieurs et de lugeurs. Jeanne et André sont revenus de Munster, vers 9 heures du soir, et sont repartis pour Châlons. Le petit s'est lui aussi amusé dans la neige.

4 mai

... Mort de Benjamin Schmitt, un camarade de classe (1877-1882). Modèle d'élégance, grand égoïste, comédien cynique, il a fait carrière grâce à sa philosophie pragmatique, qui l'a même conduit à se convertir au catholicisme.

6 mai

... À Paris, ouverture de l'exposition coloniale. Un farceur a répandu la nouvelle que l'ouverture allait être ajournée, le pavillon de l'Alsace et de la Lorraine n'étant pas encore achevé.

16 mai

... J'ai mis du vin en bouteilles. La petite poésie sur la bière Centenaire que j'ai remise à Ritter a fait de l'effet. Il s'agit d'une légère variante de la poésie sur la bière Tigerbock.

Et vive le Tigerbock !

I

Quand la vague de chaleur te submerge, qu'il n'y a pas le moindre petit nuage dans le ciel ; quand le soleil darde ses rayons brûlants et que même l'ombre n'apporte plus de fraîcheur : alors, installe-toi devant un Tigerbock, en bras de chemise, sans gilet ni veston.

II

Et quand la vache pousse des meuglements sourds, parce qu'elle a trop chaud, et que les essaims de mouches bourdonnent autour du cheval ; quand les feuilles pendent, flétries, le long des branches, et que la chaleur du jour dessèche le maïs : alors, c'est un régal de se rafraîchir avec un Tigerbock tout frais tiré.

III

Et quand la terre se fendille, que la charrue passe en cliquetant dans les sillons ; quand la taupe creuse des galeries plus profondes de deux pieds, parce que le ver de terre s'est réfugié si bas ; quand la chaîne du puits n'est plus assez longue et que les « anti » ont peur de ne plus trouver à boire : alors, n'attends plus, il est grand temps, viens chercher refuge auprès du Tigerbock. Tu verras, tu chanteras ses louanges. Vive la bière du Tigre !

IV

Et quand le rentier se hâte vers la plage et que, pour échapper à l'ardeur du soleil, le nouveau riche part en voyage vers le Nord, où il fait généralement moins chaud ; quand l'alpiniste grimpe sur les glaciers pour y trouver un peu de fraîcheur : alors prends, toi aussi, ton alpenstock et mets-toi en route vers le Tigerbock.

V

Et si le temps est froid et maussade, ce n'est pas une raison pour rester chez toi ; car pour le Tigerbock, peu importe, il se boit à tout moment, que l'on ait soif ou non. « Quand par l'hiver bois et forêts sont dépouillés de leurs attraits », il est aussi bon qu'en plein été. Gambrinus lui-même en convient : ce Tigerbock est un délice.

VI

Et si tu es fatigué, si tu te sens las, bois donc une Tigre de chez Hatt, brune ou blonde, selon ton goût ; un Tigerbock te guérira très vite : c'est le meilleur des médicaments ; il détruit tous les virus de la neurasthénie.

6 juin

... Nous prenons le train de midi pour Chaumont, le petit et moi. Billet d'aller-retour : 116 F 25, pour le petit 36 F 50. Total : 269 F. Durant l'arrêt à Chaumont, nous buvons une bière et un sirop au

buffet de la gare : 3 F 50. Nous arrivons à Châlons à 18 h 49. André est là avec sa bicyclette. Le voyage s'est déroulé sans incident, comme il y a deux ans. Le petit a été raisonnable, s'intéressant à tout. Ils sont bien installés, dans une construction nouvelle, une sorte de villa où ils habitent seuls. Le jardin est encore en friche, ainsi que la cour. Il n'y a pas de vis-à-vis. Il y a tout le confort : garage, chauffage central, salle de bains, téléphone. Les chambres sont décorées par les aquarelles et les peintures de Jeanne. Au rez-de-chaussée se trouvent le salon, la salle à manger et la cuisine ; le premier étage comporte une bibliothèque et deux chambres à coucher. Jeanne a fini de faire le dîner auquel sont également conviés M. Philipp, un collègue d'André, et son épouse. Celle-ci est une jolie femme aux cheveux blonds frisés ; elle a du rouge aux lèvres. Jeanne a préparé une soupe de légumes, du poisson, du poulet, de la purée, des fraises. Nous avons bu du champagne brut, du vin de Souhe et une bouteille de muscat que j'ai apportée.
La ville est animée par la foire appelée ici la braderie parce que les commerçants écoulent leur stock en s'en débarrassant à des prix plus bas que d'ordinaire.

7 juin

... La ville de Châlons fête aujourd'hui le cinquantenaire de l'école laïque. À l'hôtel de ville, le maire et l'inspecteur d'académie prononcent des allocutions de circonstance sur l'école de Jules Ferry en présence d'une nombreuse assistance de professeurs, de conseillers municipaux et de notables. Le maire offre ensuite un vin d'honneur aux invités. Sur les tables sont alignées environ trois cents coupes de champagne.

13 juin

... C'est le départ pour Paris à 8 h 08. André nous attend à la gare. Un taxi nous emmène à l'exposition coloniale. C'est un spectacle merveilleux mais fatigant. Divers pays exposent leurs réalisations coloniales. Il faudrait quinze jours pour parcourir tous les pavillons. C'est une belle réussite et il y a un monde fou. Le soir, l'illumination est féerique. Nous avons déjeuné et dîné à l'exposition : bien dans une auberge alsacienne qui servait de la bière Schutzenberger et de la choucroute, mal au *Robinson Crusoé* qui est

à déconseiller. En tout cas, les visiteurs feraient bien d'emporter un pique-nique, afin de ne pas se faire voler. Le métro nous a ramenés à l'hôtel du *Zénith*. J'ai bien dormi ; il n'y avait pas de punaises. Le matin à 9 heures, nous prenons le café dans une crémerie. Un taxi nous conduit ensuite à travers la ville, passant par les principales curiosités.
Ce qui m'a le plus frappé à Paris, c'est l'ouverture des magasins le dimanche et notamment des Halles, où la foule était tellement dense que l'on avait du mal à se frayer un chemin. Les rues de Paris ressemblent à des glaces, à cause des clous qui doivent permettre aux piétons de traverser. Les voitures sont obligées de s'arrêter devant ces clous, dès lors que des piétons s'apprêtent à passer.

1er juillet

... Beau et chaud le matin. Nous partons en excursion avec Lucie et ses élèves dans le but d'escalader le Grand Ballon. Le train nous dépose à Lautenbach. Grand-mère et le petit sont aussi là. De là, nous montons par le chemin des « Seebachfälle » qui mène au lac du Ballon. Nous franchissons le Gustikopf sous une chaleur torride. Dès lors, l'ascension devient plus aisée car le sentier conduisant au lac est presque plat. C'est là que nous pique-niquons. Les fillettes et le petit s'amusent après avoir dégusté leurs provisions. Tout à coup, au moment de monter vers le Ballon, le temps se gâte. L'orage éclate. Les arbres offrent un peu d'abri ; nous arrivons néanmoins en haut tout trempés. Nous attendons la fin de l'orage à la Hagerhütte, où les petites prennent un café tout en achevant de consommer leurs provisions. Puis elles se mettent à chanter ; ce qui leur vaut de recevoir 10 francs d'un monsieur qui a apprécié. Pour ne pas manquer le dernier train en partance de Saint-Amarin, à 20 h 42, il a fallu descendre malgré la pluie. Départ à 17 heures. À la hauteur de Geishouse, un nouvel orage éclate. La violente averse et le tonnerre n'entament pas la bonne humeur des jeunes. Le petit marche en chantant gaiement.

3 juillet

... Marie et sa petite arrivent à 13 h 36. Je les attends à la gare pour les conduire rue de l'Illberg. Elles se portent bien. La petite reconnaît son grand-papa, sa grand-maman et Frankala. Elle salue tante Lucie et oncle Charles en faisant la révérence.

7 juillet

... La famille au complet (à une exception près) part en excursion à Oderen. Nous déjeunons à *l'Aigle d'or* et dînons à Fellering. Retour à 20 heures. Tout s'est bien passé. Ce fut une belle et heureuse journée.

22 juillet

... Le Tour de France passe aujourd'hui par Mulhouse.

30 juillet

... La semaine sociale catholique a attiré une foule de curés et autres ecclésiastiques à Mulhouse. À Colmar se déroulent les obsèques de l'abbé Wetterlé.

9 septembre

... Extrait de la lettre écrite à Marie le 1er septembre :
J'ai pris connaissance du contenu (du numéro des *Heimatstimmen*) sans toutefois souhaiter prendre position au sujet de l'exposé, auquel il n'y a d'ailleurs rien à redire au plan général [1]. J'ai horreur de la politique. Depuis qu'elle m'a aliéné un gendre qui m'était cher, je ne veux plus en entendre parler. J'ai du mal à comprendre qu'un homme intelligent et l'auteur l'est, sans conteste, puisse se réclamer d'un état d'esprit semblable à celui exprimé de manière si saisissante par Heine dans les *Deux Grenadiers* [2]. Un homme de cœur se doit de prendre des égards pour sa femme et ses enfants et de ne pas sacrifier sa famille à la politique. Les puissants ne le font pas.

---

1. Il s'agit d'un article de Fritz Bronner sur la *Revue scolaire d'Alsace* paru dans le numéro de juillet-août 1931 des *Heimatstimmen*.
2. Ballade dans laquelle Heine met en scène deux grenadiers français revenant de captivité en Russie. Abattu par la défaite, l'un d'eux exprime sa volonté de reposer à tout prix en terre française.

Quelles que soient nos opinions politiques, l'esprit de famille ne devrait pas avoir à en souffrir. En tout cas, on ne devrait pas tolérer qu'il se dégrade et dépérisse au point de n'être plus bon qu'à illustrer le chapitre « Tragédie alsacienne ».

Poésie
L'homme atteint de folie politique

Si vous pensez que Sébastien Brant a embarqué tous les fous du pays dans sa *Nef des fous*[1] pour les déporter sur une falaise lointaine, vous faites grossièrement erreur :
Il n'a de loin pas pu se procurer tous les fous : son bateau se révéla bien trop petit pour cela ; il aurait dû être dix fois plus grand.
Ainsi il lui fallut laisser le fou atteint de délire politique. Il s'en est amèrement repenti par la suite, et on le regrette encore aujourd'hui.
De tout temps, le fou atteint de délire politique a été un des plus redoutables, et, si Brant l'avait noyé dans la mer, la paix régnerait aujourd'hui dans le monde.
Quel dommage qu'il ne l'ait pas fait, qu'il ne lui ait pas été possible de l'embarquer, l'empêchant ainsi de troubler l'entente nationale et familiale.

23 septembre

Mauvais temps ; pluie froide, grésil ; de la neige dans les Vosges. Les Japonais ont attaqué et bombardé quelques villes chinoises en Mandchourie. Carte d'André et de Jeanne de La Bérarde (Dauphiné).

28 septembre

... Laval et Briand sont très bien reçus à Berlin par les autorités et par la population allemandes.

---

1. *Das Narrenschiff* est un poème satirique dans lequel le grand humaniste strasbourgeois Sébastien Brant (1457 ou 1458-1522) décrit les travers et les vices de son temps. L'œuvre a obtenu un succès considérable dans l'Europe de la Renaissance. « Une seule nef ne suffirait jamais à contenir tous ceux qui sont de nos jours au nombre des fous. » (Extrait de l'avant-propos.)

1931

2 octobre

... Premier jour de classe pour le petit. Son père l'emmène à bicyclette. Je vais le chercher à 11 heures et à 16 heures. Il est satisfait d'avoir reçu trois bons points. Son camarade André a eu très peur. Lui ne s'en fait pas. Il a trouvé tout très facile. C'est moi qui lui ai acheté son sac d'école (60 francs).

26 octobre

Vent froid du nord ; il y a de la neige dans les Vosges. Nous passons la soirée à l'*Odéon* pour voir le film *Der blaue Engel*. C'est l'histoire de la déchéance d'un professeur [1].

21 décembre

André est à Toulouse pour soutenir sa thèse de doctorat ès sciences. Il obtient la mention honorable.

31 décembre

L'année 1931 a été passable dans l'ensemble. Le grand événement a été l'entrée à la grande école de notre petit. Il fréquente le lycée (l'ancienne école professionnelle devenue lycée de garçons). Son institutrice, Mme Hansberger, fait l'éloge de son application et de son attention et exprime sa satisfaction par des bien et des très bien (17, 18, 19). À 11 heures et à 16 heures, je vais en général le prendre à la sortie ; désormais, c'est là mon activité principale. À part cela, cette année ne nous a rien apporté d'important au plan familial. Comme toujours, nous avons passé les vacances à Sundhoffen où, vu l'état de santé précaire des deux jeunes mères de famille, mon aide et celle de maman est toujours appréciée dans le ménage, au jardin et aux champs. Du 6 au 16 juin, nous avons été avec Frank à Châlons, chez Jeanne et André, et nous avons profité de l'occasion pour faire un petit tour à Paris et pour visiter l'exposition coloniale. En juillet, à notre grande joie, nous avons eu la visite de Marie avec

1. Célèbre film de Sternberg, *L'Ange bleu* (1930), avec Marlène Dietrich.

Anne-Marie ; cette joie était un peu ternie par la « politicite » chronique de son mari.

Au plan politique, 1931 ne nous a pas permis de nous rapprocher sensiblement de la paix mondiale. La Société des Nations tente désespérément de conserver son prestige. Jusqu'ici, ses efforts n'ont guère eu de succès. Les Chinois et les Japonais s'étripent en Mandchourie. Tout en parlant de désarmement, on vote des milliards pour établir des fortifications le long des frontières et ailleurs [1]. Aucun progrès non plus dans les relations entre la France et l'Allemagne, malgré Briand, Brüning [2] et d'autres pacifistes, à Genève et à La Haye. Tantôt ce sont les hitlériens, tantôt les étudiants du Trocadéro qui s'emploient à éteindre la petite flamme de l'entente entre les peuples [3].

---

1. La ligne Maginot sur la frontière Nord-Est dont la construction a été commencée en 1930.
2. Chancelier d'Allemagne de 1930 à mai 1932.
3. Allusion aux éléments d'extrême droite nationaliste de Paris.

QUATRIÈME PARTIE

« TRAGÉDIE ALSACIENNE » : DERNIER ÉPISODE

(1932 - 1951)

1er janvier 1932

Que nous réserve cette nouvelle année ? Comme en 1931, il y aura sans doute des départs ; parmi eux peut-être le mien. Il est certain que cela viendra un jour prochain. Il y aura encore des changements de président et de ministres. La crise dans le commerce et dans l'industrie accroîtra le nombre des chômeurs...

4 janvier

... *L'Express* publie le résultat de la soutenance de thèse de doctorat d'André à Toulouse. Le journal cite également le nom du beau-père, c'est-à-dire le mien. C'est probablement André lui-même qui a inspiré ou rédigé cet article en se rappelant la parabole du Christ (Luc, XI, 33) concernant la lampe qu'il ne faut pas mettre sous le boisseau mais sur le chandelier.

28 janvier

... Des quêtes ont lieu en faveur des chômeurs. Le personnel enseignant a recueilli 54 000 francs.

7 mars

... Mort d'Aristide Briand à l'âge de soixante et onze ans.

8 mars

... Il y a huit jours, des bandits américains (gangsters) ont enlevé le jeune fils du colonel Lindbergh à New York. Ils exigent une rançon de cinquante mille dollars. On ne dispose d'aucuns éléments sur les ravisseurs.

14 mars

... Élection présidentielle en Allemagne, hier. Il y a ballottage, aucun candidat n'ayant obtenu la majorité absolue. Hindenburg : 18 millions de voix, Hitler : 11 millions, Thaelmann : 4 millions, Düsterberg : 2 millions.

23 mars

... Lucie et Charles partent pour l'Italie : Lausanne, Milan, Florence, Rome, Naples, etc. Ils nous laissent le petit.

23 avril

... J'emmène le petit au concert de la chorale à la Bourse. Sans être comble, la grande salle est convenablement remplie. Le concert est beau, les chœurs sont magnifiques, les solistes de qualité. On ne chante que des œuvres françaises. J'aurais bien aimé entendre aussi un beau chant populaire allemand. Le petit est très attentif. Nous rentrons après 23 heures.

24 avril

... Le petit m'accompagne au *Palace* pour voir un film sur le développement des arts et métiers en France. Il manifeste beaucoup d'intérêt.

6 mai

... Assassinat de M. Paul Doumer, président de la République, par un nommé Gorguloff, un réfugié russe [1].

1. Le crime semble être le fait d'un isolé, probablement d'un déséquilibré.

12 mai

... On annonce la mort de l'abbé Xavier Haegy, à l'âge de soixante ans. Avec lui disparaît l'un des principaux soutiens, pour ne pas dire le phare, de l'autonomisme en Alsace.

13 mai

... Les journaux racontent que l'on aurait trouvé l'enfant Lindbergh mort devant la maison de ses parents.

17 mai

... Au Japon, émeute de nazis. Mécontents de la conclusion de la paix avec les Chinois, ils tuent le chef du gouvernement [1].
Grandiose manifestation à Colmar pour les obsèques de l'abbé Haegy. Plus de dix mille personnes y assistent. Le corps sera transporté à Hirsingue.

4 juin

... Herriot présentera son ministère à la Chambre jeudi. Le Reichstag est dissous après l'arrivée à la chancellerie de von Papen. Les nouvelles élections auront lieu en juillet.

8 juin

Nous partons dans deux autos pour une excursion à Vieux-Brisach. Nous sommes obligés de patienter une demi-heure au pont du Rhin. Pour passer il faut acquitter 25 pfennigs c'est-à-dire 1 F 50. La douane n'est pas sévère; nous passons et repassons sans difficulté. J'achète quelques cigares et un paquet de tabac, le tout pour 1 M 66, soit 10 francs. La ville a gardé son aspect d'autrefois : propre au-dehors et les intérieurs demeurent confortables. C'est peut-être la dernière excursion de ce genre, Lang ayant déclaré ne plus vouloir être celui qui paie. S'il ne réussit pas à s'émanciper

1. Le Premier ministre Inukai, assassiné par de jeunes officiers nationalistes (15 mai).

« d'une certaine influence », notre « société » va subir le sort du Reichstag.

15 juin

... Marie revient de Paris, qu'elle a visité en compagnie de Jeanne et d'André. Elle a été charmée par eux. Une dépêche de Francfort lui annonce la mort d'Eugène Würtz [1] à Dorlisheim.

16 juin

... Marie s'est rendue à Dorlisheim pour assister à l'enterrement de Würtz, transformé en manifestation autonomiste.

11 juillet

... Distribution des prix à la Bourse.
C'est une fête solennelle avec chants, récitations, discours. Une fanfare militaire salue chaque prix d'excellence. Frank a eu quatre prix ; il en est très fier.

1er août

... Grand succès des nazis aux élections allemandes.

30 août

.. Départ pour Strasbourg par le train de 11 heures pour voir le petit André. Émile paie les billets et moi le déjeuner. Le petit André se trouve à l'hôpital Stéphanie au Neuhof. Le tram nous y conduit en trente minutes. André est couché dans une chambre comprenant quatre lits. Il est immobilisé à cause de son mal de Pott ; il conserve sa bonne humeur. Des petites filles atteintes de luxations sont immobilisées comme lui. Pour passer le temps, on leur donne divers jouets. Ils paraissent tous gais et contents. C'est tout de même navrant de les voir ainsi, comme abandonnés.

1. Ancien instituteur, fils d'un collègue de Philippe Husser qui a évoqué son nom le 20 août 1917, il diffuse les publications évangéliques allemandes et françaises en Alsace. Il est arrêté fin 1927 et comparaît devant le tribunal de Colmar en 1928.

12 septembre

... Nouvelle dissolution du Reichstag en Allemagne [1].

18 septembre

... Lucie et Charles arrivent le soir pour nous annoncer leur prochain départ pour Marennes. Mon gendre va être nommé directeur de l'EPS de cette ville. C'est pour nous une surprise pénible ; nous ne nous attendions plus à cette affectation. Elle va nous priver du petit Frank ainsi que de tout lien avec Mulhouse. Le coup est rude et difficile à digérer.

19 septembre

... Départ en auto pour Colmar avec Henri afin de chercher de la glace pour l'auberge. L'entreprise Straumann demande de 8 000 à 9 000 francs pour assurer le déménagement des Ténot, soit 835 kilomètres en trois jours par la route. Nous décidons de partir demain pour Mulhouse afin d'aider Lucie à déménager. Après son départ, nous reviendrons à Sundhoffen car nous sommes désormais libres d'y prolonger notre séjour.

21 septembre

... Je vide le fût de Charles et mets le vin en bouteilles. Il semble qu'il rencontre des difficultés pour obtenir sa nomination définitive. « Nomination douteuse », nous télégraphie-t-il. J'espère qu'elle sera réellement annulée et que le *statu quo* se poursuivra.

22 septembre

... Dépêche de Charles : « Nomination Marennes impossible. Suis maintenu à Mulhouse. J'irai chercher Frank à Souhe. » Bon.

1. Aucune majorité ne se dégage du Reichstag élu en juillet. Les nazis ont atteint leur apogée avec 37 % des voix.

25 septembre

... Charles et le petit arrivent. Au milieu de tant de troubles, il y a au moins deux heureux : Frank et moi. Et je ne le cache pas. Nous repartons pour Sundhoffen.

29 septembre

... La ville de Mulhouse a consacré 8 850 088 F 70 pour aider les chômeurs, dont le nombre a varié de 1 110 à 1 800[1] au cours des huit premiers mois de 1932.

9 octobre

... À l'occasion de l'inauguration de l'usine hydro-électrique du Rhin à Kembs, visite du président de la République et de M. Herriot. Ils viennent aussi à Mulhouse, avant de se rendre à Cernay et au Vieil-Armand.

31 octobre

Poésie pour le septième anniversaire de Frank.

Thème

Voilà sept ans que la cigogne nous l'a apporté ;
depuis, il ne nous a donné que de la joie.

I

Notre cher petit Frank a sept ans aujourd'hui. Depuis plus d'un an, il use les bancs de l'école, il est soumis à l'autorité scolaire.

II

Tôt le matin, vers 8 heures, il se met en route pour ne pas arriver en retard, comme il sied à un bon élève.

1. La population de Mulhouse s'élève à 99 534 habitants au recensement de 1931.

III

Au début, il fallait l'accompagner ; maintenant, il trouve son chemin tout seul. Mais il apprécie toujours, le petit homme, que son grand-papa vienne le prendre à la sortie.

IV

Il porte fièrement son sac de classe où il range toutes ses affaires . les cahiers et les livres, la plume, l'ardoise et les crayons.

V

Il lit, il écrit, il calcule très bien, et même en chant c'est à peu près passable. Pendant ses loisirs, il bricole et réalise des constructions de Meccano.
La maîtresse, Mme Hansberger, lui donne souvent des bons points, pour avoir fait et préparé les devoirs avec soin.

VI

Parfois aussi, il faut bien l'avouer, le petit homme s'est laissé aller, ce que la maîtresse n'a pas manqué de noter scrupuleusement dans le carnet.

VII

Alors, son visage était sombre quand il présentait son bulletin et que papa disait, le samedi soir : « Que se passe-t-il, gamin ?

IX

Un seize en application, alors que tu avais dix-neuf la dernière fois, et tu as aussi baissé en conduite ; ce n'est pas normal, dis-moi ! »

X

« Voyons, Papa, dit alors le garnement, ne faut pas tant s'en faire : j'aurai bien vite retrouvé mon dix-neuf, ce n'est pas une grande affaire. »

XI

Et il s'est vraiment appliqué, cela ne lui a pas donné trop de mal ; et le seize est redevenu un dix-neuf, comme avant.

XII

Il n'a pas eu le prix d'honneur, il ne s'est classé que second. Même s'il n'y est pas arrivé cette fois-ci, cela viendra un jour.

XIII

Car le petit homme a de l'ambition, et ce qu'il veut, il l'obtient. « Il faut toujours que je sois dans les premiers », c'est là le principe de notre petit Frank.

XIV

Souhaitons que la deuxième année soit à l'image de la première ; mais avant tout, espérons que notre Frank pourra rester auprès de nous.

XV

Récemment, nous avons vécu les affres d'une menace de séparation. Le sort n'a fait que nous mener par le bout du nez, mais c'était bien assez éprouvant.

XVI

En ces jours d'angoisse qui ne sont pas faciles à oublier, nous avons vraiment pris conscience de ce que le petit représente pour nous.

XVII

Et si l'heure de la séparation finissait par sonner malgré tout et si le petit Fränckli partait pour l'Ouest et si Marennes finissait par l'emporter, il ne faudrait pas en vouloir à la destinée.

XVIII

Me souvenant alors des mots qui, jadis, apaisèrent le personnage de Scheffel, le trompette des bords du Rhin, je dirais : « Dieu te bénisse, c'eût été trop beau... Dieu te bénisse, c'était impossible[1]. »

---

1. Allusion à l'épopée de Viktor von Scheffel, *Der Trompeter von Säckingen*, une œuvre qui a connu 175 éditions entre 1852 et le début du XXe siècle. Elle est caractéristique du romantisme bourgeois dans l'Allemagne d'après 1848.

12 novembre

... Roosevelt est élu président des États-Unis en remplacement de M. Hoover. Le régime sec va être remplacé par le régime humide. À Genève, résidence de la SDN, une petite révolution a lieu. Les gendarmes tirent sur la foule et tuent plusieurs personnes. En Allemagne rien de changé : le nouveau Reichstag ressemble à l'ancien, ou peu s'en faut[1].

31 décembre

... Dépenses en 1932 : 13 400 francs.
Revenus en 1932 : 16 400 francs, c'est-à-dire une économie de 3 000 francs.
Rétrospective : l'année 1932 a été placée sous le signe de la crise économique et de la menace qui pèse sur les traitements et les pensions. La nouvelle année aura du mal à améliorer la situation ; partout le chômage a plutôt augmenté que diminué. Parmi les événements politiques, il faut relever le changement de président en France et en Amérique, les conférences infructueuses de la Société des Nations au sujet de la paix et des réparations, le changement de gouvernement en France et en Allemagne. Il faut évoquer d'autre part la mise en service de la centrale de Kembs et l'inauguration de la gare de Mulhouse.
Dans le cercle de famille proche ou plus large, à part deux naissances, rien n'a changé du point de vue des finances, de la santé ou des liens de parenté. La mutation de nos deux Mulhousiens à Marennes, attendue depuis longtemps, a fort heureusement échoué. Ce n'était qu'une fausse alerte.

1er février 1933

... Le nouveau cabinet Daladier est formé ainsi que celui de Hitler. Le petit est enrhumé et garde la chambre.

1. Il n'y a toujours pas de majorité possible. Cependant les nazis passent de 37 % à seulement 32 % des voix. Ils ont perdu deux millions d'électeurs.

1933

8 février

... Un assez violent séisme, ayant pour épicentre le pays de Bade, est ressenti aussi en Alsace.

20 février

... Grève silencieuse d'une demi-heure des fonctionnaires pour protester contre la diminution des salaires.

27 février

... Second jour de carnaval sans véritable entrain. Le Reichstag flambe [1].

5 mars

... Les hitlériens remportent 52 % des voix [2].

30 mars

... La persécution des juifs en Allemagne déclenche partout de vives protestations. Des commerçants de Mulhouse ont résolu de boycotter les marchandises allemandes.

1er avril

... Boycott des juifs en Allemagne.

8 avril

... Frank roule désormais sur sa bicyclette.

---

1. Attribué au Néerlandais communiste van der Lubbe découvert sur les lieux, l'incendie du Reichstag survenant au milieu de la campagne électorale est très probablement le résultat d'une provocation nazie. Beaucoup considèrent Goering comme en étant le véritable instigateur. Dès le lendemain, un régime d'arbitraire est officiellement instauré dans le Reich.
2. Le NSDAP a obtenu 43 % des voix. Philippe Husser y ajoute les voix des nationaux-allemands.

6 mai

Avec la petite Anne-Marie au Tannenwald et au zoo... Pour la première fois, Frank vient tout seul en tramway.

7 mai

. . L'après-midi au musée avec les deux petits.

Poésie
Dieu le Père joue au yoyo

Le matin, le soleil se lève à l'est, et le soir on le voit achever sa course à l'ouest. En apparence, il décrit un cercle autour du globe terrestre ; mais chacun sait que la réalité est toute différente.
Tous les enfants d'aujourd'hui ont appris à l'école ce qu'il en est du mouvement des corps célestes, de la terre et du soleil. Fränkli a, lui aussi, déjà enrichi son vocabulaire de termes tels que rotation et révolution.
Ces concepts de l'astronomie faisaient travailler l'imagination du petit Frank. Il refusait obstinément de se mettre dans la tête les principes d'une telle rotation. Mais la lumière vient de jaillir dans son esprit ; l'autre jour, alors qu'il assistait au Concours de yoyo, tout fut clair soudain. Tout heureux, il s'écria : « Grand-père ! Au ciel, on joue aussi au yoyo ! Dieu le Père, dont le trône est au ciel, au-dessus des nuages, fait tournoyer dans l'univers le soleil, la terre et la lune ; attachés à des fils invisibles, dans l'éther, il les tient de sa main ferme et sûre. La troupe des angelots pratique aussi le jeu de yoyo ; mais ils ne sont pas aussi habiles que leur maître. Il arrive que l'un d'eux se montre si maladroit que les étoiles filantes s'envolent dans le ciel. Mais le bon Dieu ne leur en veut pas s'ils cassent une petite étoile de temps en temps. Il en tourne encore bien assez au firmament, et s'il en manque une, bien peu de gens s'en apercevront.
Alors, sans s'inquiéter outre mesure ni faire la grimace, l'angelot va tout simplement en chercher une autre et continue à jouer devant la porte du ciel. »
Ainsi, le petit s'est fait une image de l'univers qui, après tout, n'est pas si fausse que cela. Car, si on envisage l'aspect symbolique du problème, alors, petit Newton, tu es dans le vrai.

Poésie
La SDN en panne

L'autre jour, petit Frank assistait à de savantes discussions sur toutes sortes de sujets : la SDN, le règlement de la dette, les vols dans la stratosphère, la radio.
La TSF, expliqua M. X., ayant pour propriété d'attirer la foudre, il vaut mieux, en cas d'orage, se tenir éloigné du poste de radio
— Mais non, intervint M. A., ne soyez donc pas si peureux ! Je suis persuadé, M. X., qu'au contraire les radios repoussent la foudre.
— Je ne suis pas de votre avis, répliqua M. X. Comme la SDN, la radio est toujours sous tension électrique.
— Même si c'est vrai, cette tension est trop faible pour que le coup de foudre fasse de l'effet. La SDN, en particulier, n'a pas lieu de se vanter : elle est peut-être sous tension, mais son voltage est si faible qu'elle tombe en panne dès que l'orage éclate quelque part !
Le petit Frank écoute avec intérêt cette histoire de SDN marchant à l'électricité comme son circuit. Justement, le train s'immobilise, refusant d'avancer ou de reculer. Et il s'écrie, agacé : Encore une panne de SDN !
Quand papa, en riant, remit la motrice en marche d'un geste vif, le jeune homme déclara avec le plus grand sérieux : Papa, tu devrais aller à Genève et à Lausanne.

18 mai

... André m'envoie son livre sur les turbines [1].

24 mai

Lettre

Mon cher beau-frère,
Le petit vin que tu m'as fait parvenir l'autre jour ne se conserve pas trop bien dans notre cave. Ce n'est pas qu'il y fasse trop chaud ou trop froid ; mais non, la cause est tout autre !

1. André Ténot a publié de nombreuses études scientifiques ainsi que divers manuels.

Pour mettre le tonneau en perce, j'ai acheté un robinet tout neuf : j'aurais mieux fait d'y renoncer ! Car si l'ancien fuyait un peu, le nouveau en laisse écouler des litres...
Après avoir goûté un premier petit verre, je m'en offre un second aussitôt. J'étais un peu sceptique : mon palais est-il détraqué, ou cette marque est-elle vraiment d'une telle qualité ? Consulté en tant qu'expert et connaisseur, Charles fit claquer sa langue en souriant, et Lucie approuva : Ho ! ho ! Il est aussi bon que notre bordeaux !
Peux-tu comprendre, après cela, que le vin ne se conserve pas dans son tonneau, rue de l'Horticulture ? C'est toujours la même histoire : il n'existe pas de robinets parfaitement étanches.
Déjà, le tonnelet est à moitié vide ; ce qui suit, tu le devineras sans peine : je te prie, sans vergogne, de m'en envoyer un autre par l'intermédiaire d'Henri après la Pentecôte.
Bien sûr, ce sera aux frais de notre établissement, car ce petit vin est vraiment excellent. Et si tu en sers à tes maçons, tu cours le risque de voir s'allonger tes délais de construction. Surtout, ne leur verse pas de ce vin : ils n'auraient pas fini de sitôt. En conséquence, celui qui t'adresse cet avertissement espère que tu lui en réserveras encore un petit fût.

8 juillet

... Charles à Strasbourg pour une audience chez M. le recteur.

9 juillet

... Un grand changement est en vue : Charles va être nommé directeur de l'EPS de Saint-Louis.

11 juillet

... Distribution des prix : Frank est troisième.

15 juillet

... Retour des deux familles Ténot. Ils ont fait le tour de la Suisse en auto.

17 juillet

... En auto avec Frank et Maman à Sundhoffen, au Fechtwald et à Beblenheim. Partout c'est la grande surprise. Maman souffre du mal de mer.
Le grand voyage à Royan, Souhe et Taillebourg est décidé et la date en est fixée provisoirement.

18 juillet

... Charles est nommé directeur de l'EPS à Saint-Louis.

26 juillet

... Départ en auto en direction de Châlons sans le petit qui voyagera avec ses parents en train, dans une semaine, avec un billet de famille. Nous traversons Bussang, Épinal, Nancy où nous déjeunons (55 francs).
C'est une belle ville, un petit Paris en moins vaste, mais plus joli. Nous arrivons à Châlons vers 16 h 30. J'envoie lettre et carte à Sundhoffen et à Frank.

27 juillet

... Je travaille un peu au jardinet. André me montre ensuite son laboratoire aux arts et métiers. La rue Carnot est pavoisée en l'honneur de l'épreuve Paris-Strasbourg [1].

28 juillet

... Départ à 7 heures. Jusqu'à Troyes (79 kilomètres) les routes sont très droites et mamelonnées. Le monument de Danton s'élève dans cette ville. À perte de vue, d'immenses champs de froment, de seigle et d'avoine. La terre est crayeuse. Partout l'on moissonne à l'aide de voitures à deux roues hautes. Nous arrivons à Sens (55 kilomètres) à 10 h 30. Nous visitons la cathédrale, son trésor de

1. La célèbre épreuve Paris-Strasbourg à la marche.

reliques et ses gobelins, etc. Déjeuner au restaurant de Bourgogne (65 francs). À 17 heures, nous arrivons à Orléans et prenons un bock en face de la statue de la Pucelle (7 francs).
Après Orléans, on longe la Loire avant de la traverser. Elle est très large, mais n'a que peu d'eau. Très ensablée, elle n'est pas navigable. Tout au long de la route, des champs de haricots, d'asperges, de citrouilles et des vignes basses. Nous passons la nuit à Chambord après une étape longue de 340 kilomètres. L'*Hôtel Saint-Michel* se trouve en face du magnifique château, que nous contemplons avant de nous coucher (100 francs).

29 juillet

... J'ai mal dormi pour cause d'indigestion. Toujours en longeant la Loire, nous saluons de loin les châteaux de Blois, de Chaumont et d'Amboise. Nous marquons un arrêt pour visiter Chenonceaux, le plus beau d'entre eux. Situé sur le Cher, il a été successivement la résidence des Valois puis des Bourbons.
À Poitiers, nous prenons le déjeuner à l'*Hôtel de France*... Une petite promenade le long du Clain, qui arrose la ville, précède le départ vers Taillebourg et Sorrins, en passant par Lusignan, Melle, Saint-Jean-d'Angély. Jeanne fait des achats dans cette ville. Nous voyons enfin le bout de ce voyage de 1000 kilomètres. Après l'installation et le dîner, nous écoutons encore la TSF.

30 juillet

... J'écris une troisième carte à Frank. Départ à 10 heures pour Souhe où nous sommes accueillis à midi par maman Ténot, Franck et Hélène. Tout le monde s'embrasse. Papa Ténot arrive plus tard, retenu par une séance du conseil. Après le déjeuner et un bref repos, c'est le départ pour Royan. En longeant la plage, j'admire la mer et déguste un amer Picon (12 francs), tout en cherchant un hôtel. Nous retournons à Taillebourg en passant par Souhe. Nous visitons encore les environs immédiats du château.

31 juillet

André m'emmène aux provisions au village voisin de Port-d'Envaux. Il m'a montré son pré, qui est sa fierté. Nous avons passé et repassé la Charente avec le bac. Port-d'Envaux est un village de fermiers élevant de cinq à dix vaches. Après une partie de pêche ratée à cause de la pluie, nouveau départ en auto, cette fois pour Saint-Savinien et la Richardière pour faire de nouveaux achats.

1er août

... Visite du château de Taillebourg. L'après-midi, partie de pêche sur la Charente avec un voisin. Nous posons plusieurs lignes. Aux hameçons sont accrochés des morceaux de pommes de terre et des limaces rouges dans l'espoir d'attraper des carpes et des anguilles.

2 août

... À 15 heures, nous relevons les lignes avec le pêcheur, mais nous revenons bredouilles. Retour à la Charente en fin d'après-midi pour reposer des lignes. Le soir, tout le monde se retrouve autour de la TSF.

3 août

... Promenade dans le cimetière de Taillebourg où reposent les Ténot. Les tombes comportent une pierre ou un caveau.
Le pêcheur est encore rentré bredouille. La Charente refuse de livrer ses poissons.
Départ le soir pour Royan afin d'accueillir maman, Lucie, Charles et le petit qui souffre de la rougeole. Pour la nuit, nous nous installons avec Jeanne et André à l'*Hôtel Splendide* situé près de la plage.

4 août

... André nous conduit au-delà de Pontaillac en longeant la côte. Nous marchons dans les dunes, non sans marquer de fréquents arrêts. Les pêcheurs tirent leurs filets remplis de soles, de raies, de crabes et d'autres poissons. Les rochers sont noirs de moules. André et Jeanne en profitent pour se baigner.

5 août

… Voyage à Bordeaux dans un autorail très inconfortable à cause du bruit et des cahots. Un fiacre nous fait faire le tour de la ville. L'impression première n'est pas bonne. On voit que Bordeaux est un vieux port. Mais au fur et à mesure, on traverse des quartiers plus riches. Nous visitons des églises, la cathédrale, le monument des Girondins, le quai avec ses grues gigantesques, ses transatlantiques (comme le *Holstein* et le *Bremen*), ses grands ponts sur la Gironde. Le retour en train est plus agréable. Le soir, nous nous installons sur la plage pour scruter l'océan.

6 août

… Départ en train pour Saintes où André nous attend pour nous conduire aux Sorins, sa propriété près de Taillebourg… Le soir, nous retournons à Saintes pour assister à une représentation théâtrale dans les arènes. Que de monde, que d'autos ! Il y a dix mille entrées. C'est féerique ! On joue *La Couronne*, un drame de François Coppée.

7 août

… Retour à Souhe pour visiter le marais et les vignes. Le petit se porte assez bien.

8 août

… Départ de bonne heure pour Marennes. Les multiples canots de pêcheurs aux huîtres constituent un spectacle grandiose. Un bateau nous amène ensuite au Château-d'Oléron [1] d'où nous poursuivons notre route jusqu'à la Cotinière, à l'*Hôtel de l'horizon*. Le déjeuner se compose de produits de la mer : crevettes, moules, huîtres, soles et homards. Puis nous nous étendons sur la dune, le regard tourné vers le mer. De retour au Château, nous observons les pêcheurs en attendant l'arrivée du bateau. Ils enfilent des coquilles d'huîtres pour les poser au fond de la mer, rangent des fagots, des tuiles dans

1. Le Château-d'Oléron, ville portuaire de Charente-Maritime.

le même but. Partout des parcs à huîtres bornés de poteaux ou de simples branches.

8 août

Poésie adressée à ses compagnons de jeu :

La Cotinière, Ile-d'Oléron
Ph. H. — vieux compagnon —
Envoie à ses camarades
Qui, fidèles au « Jeudiscat »[1],
Se réunissent, selon l'usage,
À *la Taverne*, rue du Sauvage,
Dégustant cette fameuse bière
Que l'on appelle Centenaire,
Des saluts de sa balade
En attendant les accolades.

19 octobre

... Charles nous attend à la gare de Saint-Louis. Il faut une demi-heure de marche jusqu'à l'*Hôtel national* où les Ténot logent à titre provisoire. Frank vient à notre rencontre. Je fais aussitôt une première sortie avec le petit jusqu'à Bâle pour faire des provisions de tabac et de Stumpen (cigares). Pour cette fois, la douane se montre indulgente.

Poésie
Octobre 1933

Voici que la destinée a fini par m'enlever mon petit-fils, même si elle ne l'a pas emmené très loin. Dieu merci, il n'est pas parti pour Marennes, c'est à Saint-Louis qu'il se trouve en ce moment.

Il résidera désormais à Bourglibre ; la belle idylle a pris fin. Nous restons seuls, nous autres vieux ; tout est trop calme ici.

La séparation était prévisible ; elle s'annonçait depuis des années ; cependant, lorsqu'il a fallu se quitter, le coup a été bien dur.

1. La partie de cartes du jeudi.

Qu'il était donc beau, ce temps où nous pouvions nous promener, main dans la main, dans les musées, et dans bien d'autres lieux intéressants.

Au Rebberg et au zoo, et au-delà, tout au fond de la forêt, là où le chant du coucou et l'écho résonnent dans les cimes !

Aujourd'hui, les environs de la ville me paraissent déserts et vides. Même le Tannenwald n'a plus de charme, et le Rebberg m'ennuie.

Par bonheur, il n'est pas très éloigné, le lieu où habite maintenant notre garçon. On y est en vingt minutes, si on ne perd pas de temps en route.

Comme la distance n'est pas longue, il est possible — et nous trouvons cela très agréable — de prendre souvent la navette-express, qui est bien pratique.

Et si, comme cela risque de se produire parfois, on a passé des jours et des semaines sans se voir, la joie des retrouvailles en sera d'autant plus grande.

Saint-Louis, le 15.11.33
À mes compagnons de jeu

Veuillez m'excuser, messieurs : je serais bien volontiers allé vous rejoindre, mais je suis retenu ici à Saint-Louis, un petit trou bien agréable, et je suis en train de réfléchir à mon avenir ; en particulier, je me demande s'il serait rentable pour moi de changer de domicile. Cela demande à être bien pesé ; en effet, ce n'est pas sans risque. C'est que la taverne et sa Centenaire me manqueraient vraiment beaucoup. Il y a bien une rue du Sauvage ici, mais sans bière du Pêcheur, hélas !
Eh oui ! si j'étais sûr de trouver à tout moment des compagnons prêts à jouer au scat, comme Ritter Théophile et Lang Émile d'Illzach, J. Bapt. qui est bien gentil, lui aussi, sans oublier M. Anstett, alors, ma décision serait bientôt prise, je changerais de résidence.

Mais pour le moment, il n'y a pas de danger : bien souvent encore, j'irai sacrifier mes pièces à la table de marbre, là-bas, dans le coin où on joue le « Grand » avec entrain.
Aujourd'hui cependant, un autre devra se sacrifier pour perdre à la place de votre

Philippe

25 décembre

André et Jeanne nous invitent à venir les rejoindre à Arosa, la belle station de ski en Suisse.
Après le terrible accident de chemin de fer du 24 octobre dernier à Évreux, qui a fait 33 morts, une nouvelle tragédie s'est produite à Lagny, où le rapide Paris-Strasbourg a tamponné à pleine vitesse le Paris-Nancy. Cette terrible catastrophe a fait près de 200 morts et de 300 blessés.

[Philippe Husser poursuit sa rédaction en allemand.]

1er janvier 1934

Un nouveau cahier. Il tiendra quatre ans. Ce sera sans doute le dernier. Mais soyons optimiste ; quoi que nous fassions, tout ce qui doit arriver arrivera. Nous supporterons l'année 1934 comme les autres, malgré la crise, le chômage, les impôts, les attentats et les catastrophes qui ne l'épargneront pas. Cette année, de la même manière, passera au galop, fauchant tout sur son passage dans sa course désespérée d'amok [1] :

Le temps s'en va au pas de charge ;
Il fuit ; nous fuyons avec lui ;
Mais peu à peu, le souffle vient à nous manquer
Et nos rouages finissent par s'arrêter.

5 janvier

… Catastrophe au lac Noir et au lac Blanc. La conduite qui relie les deux en vue de faire fonctionner l'usine électrique a éclaté. Il y a neuf morts parmi les ouvriers de l'usine et des millions de francs de dégâts.

1. Folie meurtrière chez les Malais.

6 janvier

... On parle beaucoup dans les journaux d'un animal fantastique, d'un monstre de l'espèce des serpents de mer. Il a été vu par plusieurs personnes dans le loch Ness, un lac souterrain écossais. Est-ce de la fumisterie ?

8 janvier

... Je sens depuis quelque temps des malaises dans la région du cœur. La nuit, je ne dors pas ou fort peu. Les démangeaisons continuent. Est-ce le commencement de la fin ? Le ministre des Colonies a donné sa démission à la suite de l'affaire Stavisky [1], cette gigantesque escroquerie de Bayonne. Stavisky, qui se cachait à Chamonix, s'est brûlé la cervelle au moment de son arrestation.

6 février

... Des tumultes ont éclaté à Paris ; des émeutes [2] ont fait des blessés et des morts.

7 février

... À la suite des événements sanglants des rues de Paris, le cabinet Daladier est obligé de démissionner. M. Lebrun s'adresse à M. Doumergue, l'ancien président, et le prie de former un gouvernement viable. Après une courte hésitation, M. Doumergue accepte.

11 février

Carnaval. Les organisations ouvrières ont défilé dans les rues de la ville en guise de protestation. Il y avait peu de masques.

1. L'affaire Stavisky est le plus célèbre scandale de la fin de la troisième République. Escroc international ayant bénéficié longtemps de puissantes protections parmi les dirigeants de l'État, dont plusieurs sont contraints de démissionner, Stavisky est découvert mourant, une balle dans la tête. La presse rejette l'idée du suicide pour émettre l'hypothèse d'une exécution visant à étouffer l'affaire. Jamais éclaircie, celle-ci déconsidère le régime.
2. Les émeutes des organisations d'extrême-droite devant le Palais-Bourbon.

12 février

... La CGT lance une grève générale de vingt-quatre heures pour protester contre les tentatives fascistes.

13 février

... Sauf quelques bagarres sans importance, la journée d'hier s'est écoulée tranquillement. La plupart des magasins, les cinémas, le théâtre et les auberges sont restés fermés. Les journaux locaux n'ont pas paru. Aujourd'hui, ce sont les journaux parisiens qui font défaut. *Paris-Soir* ne sera là qu'à 19 heures. Il paraît que la grève générale a été un fiasco.

22 avril

... Promenade au jardin zoologique avec Frank. Je me réabonne. Frank, qui aurait préféré réserver ces 20 francs pour un autre type d'abonnement, manifeste son mécontentement en maugréant : 20 francs, pour voir des oies qui ne sont pas plus belles que celles de Sundhoffen visibles sans bourse délier !

1er juillet

Événement grave survenu en Allemagne. Le chancelier a fait arrêter et même exécuter plusieurs généraux et d'autres personnalités, soupçonnés d'avoir conspiré contre lui. Le capitaine Roehm ainsi que sept chefs de la SA ont été fusillés. Le général von Schleicher, ancien chancelier, et son épouse ont été tués par les policiers en tentant de s'opposer à leur arrestation [1].

1. Il s'agit des meurtres perpétrés par Hitler le 30 juin 1934, lors de la nuit des longs couteaux : liquidation des dirigeants SA, en désaccord avec la ligne du Führer et, surtout, exécution de sang-froid de tous ceux qui, comme l'ancien chancelier Schleicher, ont constitué à un moment un obstacle à sa prise de pouvoir.

14 juillet

Poésie
Grand-père et petit-fils

1. Depuis que notre Fränkli sait lire, c'est à peine s'il touche encore à ses jouets, et, ce qu'il considérait jadis comme désirable, est devenu plutôt négligeable.

2. La trottinette est abandonnée depuis longtemps ; c'est à peine s'il pratique encore le cyclisme ; sa grande passion, désormais, c'est la littérature pour la jeunesse.

3. Il faut bien dire que son grand-père n'a pas été tout à fait délaissé, car le petit homme a vaguement l'impression que grand-père pourra lui être encore utile.

4. Il sait que jamais il ne lui demandera en vain le *Cri-Cri*, le *Bon point, Les Pieds nickelés,* le *Pierrot* ou *L'Illustré.*

5. Il aimerait bien être abonné à *L'Épatant,* son préféré : « Grand-père, c'est 20 francs, toi qui as tant d'argent à la banque. »

6. Mais pour cette fois, grand-père fut d'un autre avis : « D'abord, nous allons monter au zoo, car la carte est arrivée à expiration et il faut la renouveler. »

7. Il ne suivit qu'avec réticence, et l'on put voir sa lutte intérieure, quand la demoiselle prit les 20 francs, avec des remerciements empressés.

8. Au bord de la mare aux canards, il s'arrêta : « Grand-père, je n'y comprends rien ; j'ai bien du mal à admettre que tu dépenses de l'argent pour regarder des vaches, des ânes, des canards, des oies, des pennes de poules et de pigeons, alors que tu peux voir tout cela en bien mieux, là où tu vas en vacances. »

10. Grand-père lui dit : « Sapristi, ton argument n'est pas mauvais. Mais pour aujourd'hui, c'est peine perdue ; que veux-tu, les 20 francs sont partis. »

28 octobre

J'ai assisté au culte. Je m'y rends de temps en temps, sans grand profit pour mon salut. Ces interminables prières et ces phrases pieuses commencent à m'ennuyer comme elles doivent ennuyer le bon Dieu lui-même, s'il daigne les écouter. J'ai, du reste, beaucoup de peine à suivre, car je comprends mal ce qui se dit, bien que je n'aie pas l'oreille dure.
L'après-midi je suis allé au cinéma. Ce ne fut guère intéressant, sauf les actualités sur le drame de Marseille [1] et le court métrage sur les scaphandriers.

31 décembre

L'année 1934 appartient au passé. À part les troubles en Amérique du Sud et en Chine, ce fut une année de paix. En Europe, le désir de paix est en progrès. Hitler lui-même tient des discours qui semblent tout à fait conciliants. Une « entente » avec la France n'est pas du tout exclue. La France a une attitude désintéressée et même généreuse dans la question de la Sarre, ce qui a fait bonne impression au troisième Reich. En revanche, cette année a été fertile en catastrophes naturelles, techniques et politiques. Elle s'est achevée par le mois de décembre le plus doux depuis des décennies. Espérons que ce sera de bon augure pour l'année qui vient. Dans le cercle restreint de notre famille et de nos relations, il n'y a rien de changé ; ce qui s'appelle rien. La mort de mon beau-frère Sigismond a été une délivrance pour lui-même et pour les siens. Comme d'habitude, nous avons passé les vacances de Pâques, de Pentecôte et d'automne à Sundhoffen, les jours de Noël et du nouvel an à Saint-Louis auprès de notre Frank et de ses parents. De temps à autre, nous avons fait un petit tour à Sundhoffen et à Saint-Louis et nous avons eu des visites de Francfort (Marie et Annemay), de Châlons (Jeanne et André), de Sundhoffen et de Saint-Louis. Notre santé n'a pas laissé et ne laisse toujours pas à désirer, à part quelques maux d'estomac et autres malaises digestifs. Le petit Frank va bien ; il se développe admirablement et fait de bons progrès à l'école. Maman s'est complètement remise de son accident.

1. Attentat de Marseille du 9 octobre qui coûta la vie au roi Alexandre de Yougoslavie et au ministre des Affaires étrangères de France, Barthou.

1er janvier 1935

Que nous réserve-t-elle ? Soyons optimistes ! Une année qui commence par un temps aussi doux ne peut pas être mauvaise. L'humanité aspire à la paix ; elle a besoin de paix, elle espère la paix. Tout le reste se résoudra de lui-même. Une chose est sûre : comme les autres, cette année aura douze mois et prendra fin le 31 décembre. Nous resterons sceptiques vis-à-vis de tout autre pronostic. L'avenir est trouble et caché. Et ce n'est pas un mal.

14 février

... Hauptmann, accusé d'avoir enlevé et tué le petit Lindbergh, est condamné à mort. Hier, le dirigeable américain *Macon*, le plus grand du monde, système Zeppelin (8 moteurs, 236 mètres de long) a sombré au large de la Californie.

16 mai

... Départ pour Saint-Louis avec André et Jeanne. Scat avec Biehler et Wiedemann chez Pfiffer. Je me retrouve dans une véritable réunion UPR : M. le maire, le docteur Rust et ses adjoints. Le député Brogly entre aussi pour boire un verre. En me voyant, il s'exclame : « Que fait-il ici celui-là ? »

20 mai

... Départ à 9 heures avec Jeanne et André pour Châlons : Colmar, col du Bonhomme, Saint-Dié, Raon-l'Étape, Lunéville, Nancy, Toul, Vaucouleurs, Saint-Dizier, Vitry-le-François. Nous avons déjeuné à Lunéville et visité la place Stanislas à Nancy. Les trois cent cinquante kilomètres ont été parcourus à une vitesse moyenne de 85 kilomètres à l'heure, ce qui a donné le mal d'auto à maman à trois reprises. Autrement, le voyage eût été magnifique. Il faisait un peu frais sur les hauteurs, car il y avait encore beaucoup de neige. Les villes et les villages traversés font preuve d'une grande activité. Quelques villages entre Baccarat et Saint-Dié se distinguent cependant par leur propreté douteuse : des tas de fumiers bordent la rue devant les maisons mal entretenues. Les routes sont en bon état et plusieurs fois nous avons croisé des équipes d'ouvriers en train d'asphalter.

24 mai

... Départ à 11 heures pour Paris, en train, avec André et Jeanne. La distance de cent soixante-treize kilomètres est bouclée en deux heures, malgré trois arrêts à Épernay, Vitry et Château-Thierry. Nous prenons un repas froid dans le train et un café à la gare de l'Est. Un autobus nous emmène à travers Paris vers les Champs-Élysées. Que de monde ! Que d'autos ! Que d'autobus ! Jeanne a voulu visiter l'exposition italienne (tableaux des vieux maîtres, sculptures) au Petit Palais. J'ai tâché d'en avoir pour mon argent (40 francs pour deux entrées) en regardant minutieusement tous les objets d'art exposés qui, du reste, ne m'intéressaient pas beaucoup. Puis nous nous sommes installés au café *Floriani* avec Jeanne et enfin au café *Marignan* où André, d'abord à son bureau, avait rendez-vous avec des amis du club alpin... Une journée onéreuse, mais intéressante et même impressionnante.

26 mai

... Promenade à travers le vignoble de Champagne. Que de vignes ! Propres et bien soignées. La plupart plantées très bas, tantôt en plants isolés, tantôt tirées en treilles. Comme il pleuvait sans arrêt, nous n'avons pu rentrer dans les vignes. La voiture a contourné la Montagne de Reims vers la direction d'Épernay, où nous avons fait une halte dans deux restaurants.

28 mai

... En nous rendant à Reims, nous avons visité, en passant, le fort Pombolle, imposant vestige de la Grande Guerre. À Reims, les caves Heidsick-Piper sont de vraies catacombes où s'entassent des milliers et des milliers de bouteilles de champagne ainsi que des centaines d'hectolitres de champagne brut. Cent vingt-sept ouvriers s'affairent à rincer, remplir, bouchonner, habiller, placer et transporter 14 000 bouteilles par jour. Le gérant nous conduit aimablement d'étage en étage, tout en nous expliquant les différentes manipulations, avant de nous offrir une bouteille de son meilleur cru.

30 mai

... Debout à 4 heures et départ de Châlons à 5 heures par le même chemin qu'à l'aller. L'auto de Charles, qui a été livrée hier, une belle Chenard décapotable, est pilotée par un chauffeur de M. Girard, le gérant de la maison Chenard-Walker. Petit déjeuner à Ligny. Arrêt à Nancy dans le garage de la maison Chenard pour s'assurer une dernière fois du bon fonctionnement de la machine. Les malaises auxquels maman est sujette occasionnent trois arrêts avant l'arrivée à Sundhoffen à 13 heures. Le voyage se termine à Saint-Louis à 17 heures.

11 août

... Lettres de Riquewihr et de Francfort avec la nouvelle d'une surprenante conversion : souffrant du mal du pays, Fritz veut venir se reposer en Alsace.

16 août

... À Riquewihr en auto, où l'on attend avec impatience les démarches entreprises pour obtenir un permis de séjour en faveur de Fritz.

29 août

... J'ai soixante-treize ans. Lettre et carte de Francfort et de Taillebourg. La reine Astrid de Belgique s'est tuée lors d'un accident d'auto en Suisse. Le roi, qui était au volant, n'est que légèrement blessé.

1er septembre

... Après *Mein Kampf* de Hitler, Marie m'envoie *An die Dunkelmänner unserer Zeit* de Rosenberg[1].

1. Alfred Rosenberg (1893-1946) faisait partie des grands dignitaires nazis. Il publia de nombreuses études relatives à la doctrine nazie. Le tribunal de Nuremberg le condamna à la pendaison.

14 novembre

... Un télégramme de Souhe nous annonce la mort de papa Ténot. Charles et Lucie s'étant absentés pour aller chercher les truites, j'ouvre la dépêche et reçois le choc le premier. Que faire ? Les invités vont arriver ; il s'agit de M. et Mme Trélat et de M. et Mme Bilois, deux collègues de Charles à Colmar et à Mulhouse. Nous gardons pour nous la mauvaise nouvelle. Le repas se passe assez gaiement : hors-d'œuvres variés, truites, civet, schifala, fromages, fruits, gâteaux, le tout arrosé de vin blanc, rose, rouge et mousseux. C'est seulement après le café que nous leur apprenons la triste nouvelle.
Charles et Lucie prennent le train de Paris vers 22 heures pour être à Souhe demain soir.

31 décembre

La terre a tremblé à l'aube du 31. Qu'est-ce à dire ? L'année qui vient lui fait-elle peur ? Sera-t-elle pire encore que celle qui vient de s'écouler ?... Nul n'ira prétendre que 1935 a été particulièrement calme : guerre et bruits de guerre, catastrophes naturelles, accidents sous terre, sur terre et dans les airs, crise économique et politique, affaires de gangsters, d'escrocs, d'enlèvements, ont été et sont encore à l'ordre du jour... La vie est de plus en plus démentielle, de plus en plus dans le style de Stavisky. Et pas seulement dans cette Amérique que l'affaire Lindbergh vient de démasquer avec éclat. Son enfant n'aurait pas forcément été plus en sécurité en Europe.

1er janvier 1936

Marie est venue à 10 heures ; toute seule, bien que son mari et la petite séjournent actuellement à Riquewihr[1]. Je lui ai donné son dû : 5 000 francs plus encore 100 francs. Le soir, elle est repartie. Sa visite m'a plus peiné que réjoui.

1. Selon sa fille, Anne-Marie, le visa accordé à Fritz Bronner ne l'autorisait pas à aller ailleurs qu'à Riquewihr. Il ne pouvait donc pas accompagner sa femme chez ses beaux-parents.

1er février

Marie m'envoie le *Mythe du XXe siècle* de Rosenberg[1].

10 mars

... L'occupation de la Rhénanie[2] par les troupes allemandes inquiète le monde entier et surtout la France qui, pour parer à tout danger éventuel et pour protester, dirige des troupes vers l'est par la route et par chemin de fer. Pour le moment, il n'y a pas de danger de guerre. Il est vrai que d'un côté on souffle sur le feu, mais que de l'autre on parle de paix.

31 juillet

... Nous partons à pied en direction de Colmar afin d'accueillir Marie qui doit arriver par le train vers 13 heures. Comme nous avons pris un petit retard, le train était déjà arrivé en gare et Marie s'est beaucoup inquiétée de ne pas nous voir. En nous voyant, elle a donné libre cours à sa joie... et nous a présenté son mari. Eh oui ! Fritz était là. On s'est serré la main comme si de rien n'était. Nous avons passé l'éponge. Et c'est très bien ainsi. Il paraît que Fritz a retrouvé de meilleures dispositions. Tout le monde en est satisfait. Ils viendront nous rendre visite jeudi à Sundhoffen.

13 septembre

... Frank et ses parents nous surprennent vers midi à Sundhoffen. Charles est nommé directeur de l'EPS à Mulhouse. Il leur faut maintenant trouver un logement.

17 octobre

... Lettre de Châlons ; André nous signale que depuis le 13, il est lauréat de l'Institut, ayant reçu de l'Académie des sciences le prix Fourneyron de mécanique.

---

1. Rosenberg y expose l'ensemble des idées sur le racisme et l'antisémitisme et les théories « Blut und Boden ».
2. En remilitarisant la Rhénanie, le 7 mars 1936, Hitler viole les clauses militaires du traité de Versailles. La France, alors en pleine campagne électorale, n'a pas réagi, autrement que par des protestations formelles.

29 avril 1937

... En auto avec toute la famille à Belfort. À soixante-quinze ans, et en dépit d'un séjour de cinquante-deux années à Mulhouse, j'ai l'occasion de voir pour la première fois le lion de Belfort. L'aspect de la ville m'a favorablement impressionné. Je ne m'attendais pas à trouver un petit Paris, mais les monuments, les places, les immeubles et les magasins m'ont rappelé la capitale. Et le lion ! Je croyais qu'il était taillé dans la roche. En fait, Bartholdi l'a entièrement sculpté dans la pierre de grès. Pour le voir, il faut payer 50 centimes.

11 septembre

... Faire-part en provenance d'Illzach : mon ami Émile Lang est mort... Je ne me sens pas très bien du coup. La mort de Lang m'impressionne douloureusement. Le vide se fait autour de moi : Kuhlmann, Ritter, Lang ; à quand mon tour ?

23 septembre

... Lettre d'Anne-Marie annonçant la nomination de son père comme professeur à Karlsruhe.

12 mars 1938

... De graves événements se déroulent en Autriche. Hitler a forcé la frontière et ses troupes sont entrées dans le pays [1].

19 juin

... Je me lève à 5 h 30 afin d'accompagner Frank à la gare. Il participe à une sortie des Éclaireurs... L'après-midi, nous partons en voiture à sa rencontre à Storchensohn où se déroule une grande fête protestante en présence de milliers de personnes, venues de tout le Haut-Rhin pour l'inauguration de la maison de vacances. Jules Horrenberger a fait partie de l'organisation de la journée.

---

1. Hitler procède à l'annexion de l'Autriche au Reich (Anschluss) le 11 mars 1938. 1938.

20 juin

... Un télégramme d'André nous annonce sa nomination comme professeur à l'École des arts et métiers de Paris, ce qui constitue un avancement important.

27 juin

... Charles revient de son voyage à Châlons. Grand-mère Ténot, sérieusement malade, va être transportée à Souhe (pour y mourir ?)

6 septembre

... Une carte de Charles nous annonce la mort de grand-mère Ténot, survenue le 27 août.

9 septembre

... Tout le monde parle d'une guerre prochaine. On l'attend avec anxiété. J'espère que tout le monde se trompe.

10 septembre

... La guerre ! On en parle toujours.

12 septembre

... Grand discours du « Führer » à Nuremberg [1].

14 septembre

... Les rumeurs inquiétantes qui ne cessent de circuler énervent les gens. Certains commencent à faire les malles pour être prêts à toute éventualité. La Suisse a déjà accueilli beaucoup d'émigrants, surtout des juifs.

---

1. Hitler appelle à une révolte des Allemands des Sudètes afin de disposer d'un prétexte pour intervenir en Tchécoslovaquie.

15 septembre

... Bien qu'on signale une certaine détente, les gens ont toujours la frousse. Chamberlain se rend à Berchtesgaden [1] pour conférer avec Hitler.

20 septembre

... Toujours les mêmes rumeurs, les mêmes discussions, la même crainte. Viendra-t-elle ? Ne viendra-t-elle pas ?

24 septembre

... Toujours sans nouvelles ; toujours dans les transes. On devrait ordonner la destruction de toutes les radios et faire couper les « langues funèbres ». C'est aujourd'hui un grand jour pour les bavardages de nature sinistre.

25 septembre

... Nous retournons à Mulhouse en camion avec Henri au volant. L'autorité militaire l'a convoqué à Thann avec son véhicule. En passant, il nous débarque rue de l'Horticulture, non sans avoir pris deux bocks chez *Bisel*. Ici, je me sens plus à mon aise. Il y a moins de radotage. Nous sommes tout surpris de trouver Frank et ses parents déjà de retour. Charles a été mobilisé comme garde à la gare. Il a bonne mine et paraît très content tout de même. Frank aussi est de bonne humeur. Lucie, au contraire, a un peu la frousse. Le séjour à Souhe ne leur a pas laissé de bons souvenirs à cause du décès de maman Ténot.

26 septembre

... Autorisé à rentrer, Henri repasse chez nous. Il a été obligé d'abandonner son camion contre un bon de 20 000 francs.

---

1. Résidence personnelle de Hitler.

28 septembre

.. Départ en pleine nuit[1] pour la Charente par le train. Un voyage long et riche en incidents. Impossible de dormir. Trop de voyageurs. Nous changeons de train à Limoges et passons la nuit à Angoulême à l'*Hôtel des trois piliers*. Nous occupons deux chambres à 30 francs et à 35 francs.

29 septembre

... Nous sommes attendus à Royan par André, Jeanne, Franck, Hélène et le petit Claude[2]. Nous roulons vers Souhe où Lucie restera afin de ranger ses effets. Elle nous rejoindra ensuite dans la belle propriété d'André, près de Taillebourg, les Sorrins, où nous sommes arrivés le soir même.

30 septembre

... J'accompagne André et Franck en bateau à moteur pour une partie de pêche sur la Charente, entre les Sorrins et Taillebourg. André a levé une demi-douzaine de nasses, toutes vides.
Journée historique : la paix est sauvée. Hier, à la conférence de Munich, est intervenu un accord de principe sur le problème germano-tchèque entre Hitler, Mussolini, Chamberlain et Daladier[3].

1er octobre

... Délivré du cauchemar de la guerre, tout le monde respire plus librement en ce week-end de la Paix. Partis avec André, Jeanne et Frank en bateau sur la Charente, nous revenons encore bredouilles. J'ai vu beaucoup de Nègres à Saintes. Il s'agit de tout un régiment en garnison dans la ville. Je n'en ai jamais vu d'aussi noirs. La ville connaît une grande animation, dans les brasseries, dans les rues bordées d'innombrables voitures.

1. Il s'agit d'un départ précipité avec Lucie et Frank afin de s'éloigner du théâtre de guerre éventuel.
2. Franck est le frère de Charles et d'André (ici en compagnie de son épouse Hélène et de son fils).
3. L'annexion du territoire des Sudètes au Reich est entérinée par les Anglais et les Français, les 29 et 30 septembre 1938.

3 octobre

... Nous partons rejoindre Lucie à Souhe. Une petite promenade apéritive nous mène dans les marais, ces prairies originales séparées séparées par des chenaux et des petits étangs d'eau salée où l'on élève des poissons, des moules, des palourdes, des huîtres, etc.

5 octobre

... Les vendanges débutent. Parapluie au dos, chaussés de grosses bottes, les hommes et les femmes vont dans les vignes, certains à bicyclette.

6 octobre

... Départ en gare de Royan pour Paris. Il y a foule et nous avons bien du mal à nous installer. Finalement nous trouvons quand même de bonnes places dans un coupé de deuxième classe. Le rapide doit nous conduire directement à Paris en huit heures.
André et Jeanne nous attendent à la gare. Heureusement ! Sans eux, nous nous serions trouvés dans le plus grand embarras. Jamais je n'ai vu sortir tant de voyageurs d'un train. Il s'agit du retour des fuyards de septembre. Cela ressemble à un peuple en mouvement. Nous avançons très lentement et il nous faut bien une demi-heure pour sortir de la gare. Il y a un tel encombrement de voitures devant la place qu'André a bien du mal à s'en extraire. Il nous amène vers sa belle villa de Vincennes.
Nous sommes très bien ici et je compte rester jusqu'à dimanche avec maman et Frank. Lucie a décidé de rentrer tout de suite.
La France que nous venons de traverser offre de beaux paysages, des villes riches et belles. Tours est un bijou. Entre Poitiers et Tours, le paysage très vallonné est admirablement cultivé : topinambours, citrouilles, vignes, choux, etc. Les épinards sont plantés autour de Blois, entre les chalets et les villas.

7 octobre

... L'après-midi est consacré à la visite de Paris : le *Coq d'or*, près de la Bourse, le *Colisée*, la Samaritaine. Chose curieuse, j'ai partout l'impression de me trouver à Jérusalem. Le *Coq d'or* et le *Colisée* sont des restaurants de premier ordre, d'une étendue, d'une propreté et d'une splendeur sans pareilles. À la Samaritaine, André achète des tapis et des rideaux. On peut tout s'y procurer, depuis la brique jusqu'au singe. Nous avons encore admiré les Champs-Élysées, l'Arc de triomphe, la tour Eiffel et le Trocadéro.

8 octobre

... Visite au jardin zoologique de Vincennes. Frank a été émerveillé par les singes, les girafes, les éléphants, les flamants, etc. L'après-midi, nous prenons le métro et l'autobus pour nous rendre au centre de Paris, afin d'y faire des achats. C'est toujours le même encombrement. À chaque instant, on risque d'être écrasé. Le danger de mort est permanent.

9 octobre

... Au bout de six heures de train, nous arrivons à Mulhouse, attendus par Charles et Lucie.

16 novembre

... Jeanne nous annonce qu'André vient d'être nommé chevalier de la Légion d'honneur.

26 novembre

... On annonce des grèves partout. Le goût de la paresse et de la destruction gagne de plus en plus la classe ouvrière ; il finira par ruiner le pays.

1er décembre

... La grève générale d'hier a été un fiasco. En ville, il y a encore quelques manifestations des ouvriers de DMC et des Fonderies. Elles sont rapidement réprimées par la police et les gardes mobiles. Lettre alarmante de Marie. Elle a été opérée du sein à la Maison des diaconesses de Karlsruhe, mais se trouve hors de danger. Fritz aussi nous rassure par quelques mots. Elle quitte la clinique demain.

4 décembre

... Nous fêtons le soixante-dixième anniversaire de maman. Jeanne a dessiné un joli album et illustré une poésie. C'est Frank qui a remis le cadeau à la jubilaire.

18 décembre

... Je rends visite à Marie, qui est venue se reposer à Riquewihr. Je l'ai trouvée assez bien, mais elle n'est pas encore complètement guérie. On lui a enlevé le sein gauche. Elle revient de loin.

31 décembre

... Dépensé en 1938 : 12700 francs. Encaissé : 17700 francs. Il reste 5000 francs.

6 février 1939

... En Espagne, la guerre touche à sa fin. Les troupes républicaines sont en fuite. Franco est vainqueur [1].

9 février

... À Strasbourg, le docteur Roos est arrêté ; il est accusé d'espionnage.

15 mars

... Hitler entre à Prague [2].

---

1. La guerre civile espagnole est provoquée par le pronunciamiento du général Franco, en juillet 1936, dirigé contre le gouvernement républicain issu des élections. En avril 1938, Franco, venu du sud et soutenu militairement par Mussolini et Hitler, réussit à couper Madrid de Barcelone. Le 28 mars 1939, Madrid est prise et Franco installe sa dictature d'extrême droite.
2. La seconde crise tchécoslovaque (mars 1939) est provoquée par l'appui donné par Hitler au mouvement de sécession slovaque de Mgr Tiso. Le président Hacha doit s'incliner devant les menaces nazies et les troupes allemandes entrent dans le pays. Le protectorat de Bohême-Moravie est créé.

1939

22 mars

Ciel pluvieux, neigeux, sombre en somme comme le ciel politique. Hitler occupe Memel[1].

12 avril

... On entrepose du matériel de défense aérienne dans tous les quartiers de la ville.

13 avril

... Situation sans changement : angoissante, menaçante.

16 juin

... Charles est à Paris pour solliciter sa mutation.

3 juillet

... L'horizon politique est moins rassurant. Des regards inquiets se tournent vers Dantzig qui va peut-être devenir la cause d'une guerre européenne.

10 juillet

... Charles est nommé directeur d'EPS à Bordeaux.

11 juillet

... Les adieux commencent. Lucie reçoit un magnifique tableau et des gerbes de fleurs.

11 août

... Les Ténot expédient leur mobilier. Cela provoque un intense remue-ménage dans les deux logements.

---

1. Hitler se fait céder la ville de Memel par la Lituanie.

12 août

... C'est aujourd'hui que Frank et ses parents partent pour Taillebourg. Nous voilà désormais seuls, isolés. Nous prenons le chemin de Sundhoffen.

23 août

... La tension est très forte au plan diplomatique... Marie s'annonce pour demain.

24 août

... Marie et la petite viennent nous voir. Elle m'apporte le *Lahrer*, la *Reichsgartenschau* et une bouteille de Riquewihr. Elles rendent visite à la parenté et repartent vers 18 heures... Tout le monde est inquiet. On considère la guerre comme étant très proche. Les réservistes sont rappelés.

25 août

... L'inquiétude augmente. On craint le pire. Le départ des réservistes continue. Notre neveu Émile aussi est rappelé.

26 août

... Même situation. Pas de détente, au contraire. La mobilisation se poursuit. Marie envoie une carte de Karlsruhe. Elle s'y trouve depuis hier, ce qui signifie qu'elle est partie précipitamment de Riquewihr. « Tout est tranquille ici », écrit-elle (?)

27 août

... Rien n'a changé. C'est toujours l'alerte. On procède à la réquisition des chevaux.

28 août

... Situation inchangée. Frank envoie une carte signée par Charles, Lucie, André et Jeanne pour nous inviter à venir à Taillebourg si les circonstances nous contraignent à partir.

29 août

... Soixante-dix-septième anniversaire... On est toujours sur le qui-vive.

1er septembre

La situation s'aggrave. La mobilisation générale est décrétée. Chacun se prépare à partir. Les villages le long du Rhin sont officiellement évacués vers l'intérieur de la France[1]. En revanche, les habitants de Dessenheim qui traversent aujourd'hui le village vont trouver refuge à Bärental.

2 septembre

L'anxiété règne. Tous ceux qui disposent d'un lieu de refuge bouclent leurs valises et s'en vont.

3 septembre

La guerre est là. La nervosité augmente.

4 septembre

Nous sommes prêts à toute éventualité.

1. Environ 180 communes alsaciennes situées près de la frontière, c'est-à-dire directement à l'arrière de la ligne Maginot, sont évacuées, soit 370 000 personnes. Les évacués sont accueillis en Dordogne, Haute-Vienne, Charente, dans les Landes.
En Moselle, l'évacuation concerne plus de 200 000 personnes.

6 septembre

Il semble que les habitants des villes de Huningue et Saint-Louis ont déjà été évacués. Le bruit court que ce sera bientôt le tour de ceux de Colmar. Henri est mobilisé à Bitschwiller. Il est rentré pour un court instant et nous a annoncé que l'évacuation de Mulhouse était imminente. De nos enfants, nous n'avons point de nouvelles Nous sommes totalement abandonnés.

7 septembre

Les évacuations se poursuivent. C'est maintenant le tour du bétail, transporté par tous les moyens disponibles. Les mobilisés sont partout : à l'auberge, à la gare, sur les routes.

8 septembre

Les militaires se chargent d'évacuer les bêtes. La nervosité augmente ; la tension s'installe à l'intérieur des familles

11 septembre

Grand brouhaha le matin : autos, camions, cavaliers, fantassins, vont et viennent. Certains prétendent avoir entendu des coups de feu.

12 septembre

Sundhoffen ressemble maintenant à un camp militaire. D'autres villages proches sont évacués : Wolfganzen et Weckolsheim.

13 septembre

Il est défendu désormais de circuler après 20 heures. Il faut montrer ses papiers pour sortir du village.

17 septembre

Nous partons dans l'auto de Kern pour conduire Henri à son unité stationnée maintenant à Sondersdorf, près de Ferrette. Ce qui aurait été une belle excursion en temps de paix s'est transformé en voyage oppressant malgré les beaux paysages traversés. Partout des militaires, des villages abandonnés, des maisons barricadées ou des gens éplorés le long des routes. Nous avons mis cinq heures pour aller et revenir, alors que nous nous sommes contentés d'un arrêt de quelques minutes pour prendre un bock à Ferrette et pour chercher quelques effets à Mulhouse. À plusieurs reprises, nous avons dû montrer nos papiers et nous extraire de multiples encombrements causés notamment par des troupeaux de vaches.

18 septembre

Les Russes sont entrés en Pologne[1]. Il paraît qu'ils cherchent à s'assurer leur quote-part du futur butin.

20 septembre

Les mobilisés traînent toujours dans les rues et les cours sans rien faire. Le soir, l'auberge est prise d'assaut. De longues colonnes passent.

21 septembre

Une carte de Frank nous signale qu'ils sont à Taillebourg.

22 septembre

La situation présente semble s'éterniser. Les lettres arrivent avec retard, mais la censure les laisse passer.

28 septembre

Une série de belles journées favorisent la récolte des pommes de terre. Tout va bien à Talence.

1. Le pacte germano-soviétique de non-agression du 23 août comportait des dispositions secrètes connues après 1945 et qui reconnaissaient les droits de l'URSS sur la Finlande, les pays baltes et la Bessarabie ; elles prévoyaient le partage de la Pologne.

1er octobre

Une lettre de Talence nous invite à venir immédiatement à Taillebourg pour nous y installer. Nous décidons de rester en Alsace. L'auto de Kern nous mène à Mulhouse. C'est l'occasion de faire une partie de cartes avec M. Hans chez *Bisel* qui a encore de la bonne bière Schutzenberger. La ville est calme mais beaucoup de magasins sont fermés. Partout on construit des abris. Les familles Hans, Daessle et d'autres encore, qui avaient quitté précipitamment la ville, sont revenues.

2 octobre

Nous retournons à Sundhoffen avec Kern.

12 octobre

Le temps est à l'image de l'atmosphère générale : troublé, menaçant, énervant et chargé. Une carte de Jeanne nous apprend que André est mobilisé à Paris et qu'il rentre tous les soirs. Lina Bronner se fait du souci pour nous. Elle nous croit en Charente.

16 octobre

Le village est toujours plein de poilus qui mangent, boivent, fument, flânent, entament des conversations ou fredonnent les airs à la mode. Ils repartent le soir.

17 octobre

On entend le bruit d'un avion. Trois coups de canon sont tirés dans sa direction.

18 octobre

Frank nous écrit. Jeanne nous supplie de plier bagage et de venir les rejoindre au plus vite à Paris. Sans doute a-t-elle lu la fausse nouvelle de l'évacuation de Mulhouse.

24 octobre

Nous voilà installés à Mulhouse après plus de deux mois d'absence.

25 octobre

L'espion Roos est condamné à mort en compagnie de Lobstein. Marco, Hanauer et Kauffmann écopent de cinq ans de travaux forcés [1].

3 novembre

Ils sont heureux à Talence, si l'on en croit la lettre de Frank et de Lucie qui, pour une fois, a daigné écrire deux pages. Charles n'est pas mobilisé.
Deux mois de guerre se sont écoulés sans effusion de sang. On a l'air de vouloir se ménager [2].
C'est aujourd'hui seulement la rentrée des classes élémentaires.

6 novembre

Vers 20 heures, alerte aérienne. Les sirènes hurlent et provoquent une véritable panique. Tout le monde se précipite hors des cafés pour rentrer et pour se réfugier dans un abri. Sous peu, les nerfs vont lâcher.

9 novembre

Il y a eu un attentat contre Hitler à Munich. Ce dernier en est sorti indemne, mais six personnes ont été tuées et une soixantaine blessées [3]

1. Par le tribunal militaire de Nancy.
2. La période de calme sur le front Ouest qui s'étend de septembre 1939 à mai 1940 est appelée communément la Drôle de Guerre.
3. L'attentat est le fait d'un isolé, Georg Elser, qui avait déposé une bombe dans le Bürgerbräukeller de Munich à l'occasion de la cérémonie annuelle durant laquelle Hitler commémore le putsch de novembre 1923 avec ses plus anciens compagnons. Parti plus tôt que d'ordinaire des lieux, Hitler sauve ainsi sa vie. L'attentat a fait 8 morts et 63 blessés.

11 novembre

La guerre se poursuit sans que l'on s'en aperçoive chez nous. Pourtant, dans les environs de Forbach, en Lorraine, des attaques plus ou moins sérieuses se produisent. S'il n'y avait pas les masques à gaz portés obligatoirement par les promeneurs ou le camouflage, on pourrait se croire en pleine paix.

24 novembre

La clarté matinale a tenté un aviateur ennemi. La sirène a hurlé pour annoncer un danger aérien vers 11 heures. On a entendu quelques coups au loin et ce fut tout.

30 novembre

Les troupes russes attaquent la Finlande[1].

1er janvier 1940

La nouvelle année débute sous de mauvais auspices. Nous sommes en guerre avec un ennemi redoutable, avec l'Allemagne de Hitler. Celui-ci affronte le monde entier et se croit invincible... Les Alliés, la France et l'Angleterre, auront-ils le dessus ? Réussiront-ils à donner la paix à l'Europe ? Cette guerre sera désastreuse, aussi bien pour le vainqueur que pour le vaincu. C'est une guerre éprouvante qui ménage le sang, mais ruine les finances et la résistance nerveuse. En attendant, on vit dans l'inquiétude, dans la crainte d'une évacuation, de la pénurie et de la mort.
Cette guerre nous a imposé une drôle de vie dans notre chère Alsace si belle ; mais si mal située que déjà de nombreuses familles ainsi que des entreprises ont plié bagage pour aller s'installer dans des contrées moins menacées. Ont-ils bien fait ? On ne sait. Quoi qu'il en soit, il est prématuré de critiquer ceux qui partent ou ceux qui restent. Éternelle alternative des Alsaciens[2]. Et maintenant, allons de l'avant.

1. L'URSS déclare la guerre à la Finlande qui tient, seule, les troupes russes en échec jusqu'en mars 1940.
2. Depuis 1871, une polémique s'est développée au sein de la population alsacienne. Elle oppose les partisans de ceux qui sont restés sur place lors de la première annexion à ceux qui ont choisi de partir ; chaque camp estime que son choix servait le mieux les intérêts de l'Alsace et de la France. Le problème se repose en 1939-1940.

29 janvier

Nous sommes toujours en guerre. On ne le dirait pas. Chaque jour, le bulletin des armées annonce : « À l'ouest, rien de nouveau. »

16 mars

Nous voici à Sundhoffen pour la confirmation du jeune Henri.

21 mars

C'est le printemps ; le cabinet Daladier démissionne[1]. Dans les auberges, les rues, les nombreux poilus boivent, fument et braillent.

23 mars

On commence à trouver cette guerre ridicule. Les rives de l'Ill comportent maintenant des tranchées et des lignes de barbelés. Bien protégé, le village semble en sûreté.

30 mars

Les mobilisés font bombance dans les auberges et mènent joyeuse vie. Une drôle de guerre qui semble expressément faite pour leur agrément.

10 avril

Les Allemands occupent le Danemark. La Norvège déclare la guerre à l'Allemagne. La danse commence.

1. L'inaction militaire tourne la Chambre contre Daladier, qui démissionne le 20 mars, laissant la place à Paul Reynaud qui décide l'intervention en Norvège (épisode de Narvik) avec les Anglais.

15 avril

La guerre se poursuit à son rythme, sans événement marquant. On dirait vraiment qu'on se ménage réciproquement. On signale tout au plus des escarmouches dans le secteur entre Rhin et Moselle. Dans l'air et sur les eaux, c'est autre chose : on abat des avions et l'on coule des navires sans relâche. La bataille de Narvik s'est terminée par une grande défaite allemande[1].

10 mai

Le matin entre 3 heures et 5 heures, une escadrille ennemie a survolé notre région. Les sirènes se sont mises à hurler et la défense aérienne s'est déchaînée.

11 mai

Hier, 10 mai, les troupes allemandes ont pénétré aux Pays-Bas, en Belgique et au Luxembourg, précédées par une préparation aérienne de grande ampleur. L'attaque aérienne a été repoussée par l'aviation française qui a abattu quarante-quatre avions ennemis sur notre territoire (?). Les sirènes ne cessent de hurler.

15 mai

Par lettre, André nous invite et nous adjure presque de quitter Mulhouse et d'aller nous installer à Taillebourg, *via* Paris. Nous hésitons à prendre la décision

16 mai

Lorsque je me décide à partir, je me sens oppressé. Lorsque je décide de rester, je ressens un soulagement.

---

1. Au début d'avril 1940, les Allemands avaient conquis ce port situé au nord-ouest de la Norvège par où la Suède exportait le minerai de fer de Kiruna. Le 13 avril, la flotte britannique réussit à couler des navires allemands devant le port. Les Alliés purent même débarquer et s'emparer du port à la fin de mai. La défaite de juin 1940 imposa l'évacuation.

18 mai

La bataille décisive continue à la frontière belge. Dans notre région, le bombardement d'un train, près d'Illfurth, a fait plusieurs morts.

19 mai

Ayant décidé de partir, nous nous sommes rendus chez le commissaire afin d'obtenir les laissez-passer. S'il nous les avait délivrés sur-le-champ, nous aurions probablement pris le train de 17 heures pour Paris. En nous convoquant pour aujourd'hui, il nous a laissé le temps de revenir sur notre décision. Finalement nous restons.

25 mai

Jeanne est prête pour rejoindre Taillebourg en cas d'évacuation de la capitale. André la rejoint tous les soirs.

29 mai

Le roi Léopold de Belgique a trahi son pays en capitulant [1].

31 mai

Jeanne nous implore de venir les rejoindre.

8 juin

Le bruit court que les villages à l'est de l'Ill ont été évacués (Andolsheim, Horbourg).

1. L'offensive allemande débute le 10 mai par une réédition quelque peu modifiée de celle de 1914. Les Pays-Bas et la Belgique sont envahis. Alors qu'Albert Ier, le roi des Belges, s'était replié avec ses troupes pour continuer de combattre, Léopold III capitule.

10 juin

Des tirs nourris se font entendre à l'est de la ville. Ma promenade a été abrégée, car les forêts sont truffées de militaires. Dans le Nord, la bataille s'est étendue jusqu'à l'Argonne.

11 juin

Des bombes font quatre morts en ville. L'Italie déclare la guerre à la France et à l'Angleterre [1].

13 juin

J'ai fait ma promenade habituelle. Les militaires ont quitté le Tannenwald. Puis des avions sont venus lâcher des bombes.

14 juin

Depuis lundi 10, les écoles sont fermées.

15 juin

Les Allemands sont à Paris. La journée est agitée et très angoissante à cause des bombardements incessants. Les auberges du voisinage du pont de Riedisheim sont fermées en prévision de sa destruction.

16 juin

Coupés durant quelques heures, le gaz et l'électricité fonctionnent de nouveau. Je suis rentré bredouille de la gare : le débit de tabac et la librairie ne sont plus approvisionnés. De temps en temps, on entend de violentes détonations. Vers minuit, une formidable explosion nous chasse pour quelques heures à la cave.

---

1. Profitant de la débâcle franco-anglaise, Mussolini, lié à Hitler par le pacte d'acier de mai 1939, déclare la guerre à la France et envahit le Sud-Est.

17 juin

Un nouveau cabinet est formé sous la présidence du maréchal Pétain. Nouvelle alerte : le pont de Riedisheim devait sauter à 18 heures. Alors que nous nous étions réfugiés à la cave, rien n'est venu.

18 juin

La nuit a été particulièrement agitée. Nous l'avons passée à la cave ; une nuit blanche. Les autorités ont fait sauter les ponts, les uns après les autres et à intervalles réguliers. Ce matin, point de gaz, point d'eau et pas de journaux. Les ravages causés par ces opérations de destruction laissent une impression pénible.
Les troupes allemandes ont fait leur entrée à Mulhouse. Le drapeau à la croix gammée flotte sur l'hôtel de ville[1].

19 juin

Musique en tête, de nouvelles troupes entrent à Mulhouse en chantant.

20 juin

Il n'y a toujours pas de gaz. Le mark vaut 20 francs. À l'issue de ma promenade habituelle, j'entre chez *Bisel* pour prendre quelques bocks.

21 juin

Je passe une mauvaise journée. Je me sens tellement fatigué, abattu, indifférent, découragé, inquiet et morose que je crains de sombrer dans la dépression. La soupe au lait me répugne et la pipe me dégoûte. Je vais tout de même aller boire mes bocks ; la bière m'a toujours été salutaire.

---

1. Le maréchal Pétain, qui a remplacé Paul Reynaud le 16 juin, ne veut pas poursuivre la lutte et demande les conditions d'un armistice (17 juin). Celui-ci est signé le 22 juin. Il ne contient aucune mention du statut futur de l'Alsace.

24 juin

Comme les jours précédents, d'interminables convois militaires croisent les colonnes de prisonniers. Les deux tiers des magasins sont fermés ; il n'y a pas de tabac, pas de journaux locaux. De la bière, il en reste, heureusement.

25 juin

La cherté augmente. Le pain commence à manquer.

26 juin

D'interminables convois militaires passent comme les journées précédentes. Le *Tagblatt* reparaît, sa physionomie ayant quelque peu changé.

29 juin

En me rendant en ville pour chercher ma pension ainsi que du tabac, je trouve partout porte close. Partout les ménagères font de longues queues devant les épiceries, afin de se procurer des pommes de terre.

30 juin

Le Führer visite l'Alsace : Strasbourg, Sélestat, les Vosges, Neuf-Brisach et Mulhouse.

5 juillet

J'ai touché ma pension : 1 460 francs. Durant mon absence, mon vieil ami Bongartz est venu de Paris dans une belle auto pour nous annoncer la prochaine visite de Fritz et de sa famille.

6 juillet

Je reviens encore bredouille de la ville : point de tabac. Mais à Riedisheim, chez Stoessel, un militaire charitable me donne

200 grammes d'un excellent tabac allemand contre quelques bocks. Me voilà approvisionné pour trois semaines.

8 juillet

La France a rompu définitivement avec l'Angleterre qu'elle accuse de trahison. Les Anglais ont attaqué la flotte française d'Oran et tué ou blessé un millier de marins (Mers el-Kébir)[1].

10 juillet

C'est dans une magnifique auto que Fritz est venu nous rendre visite. Il a bonne mine et son uniforme de lieutenant lui sied très bien. Il nous transmet une lettre de Marie comportant quelques lignes d'Anne-Marie. Elles se portent bien.

19 juillet

Le spectacle ne varie guère en ville : des convois militaires, musique en tête, des colonnes de prisonniers, des évacués qui rentrent.

25 juillet

Ordre est donné de faire disparaître les inscriptions et les enseignes en français. Déjà l'affiche appartement à louer est remplacée par Wohnung zu vermieten.

1er août

Maman part à la « chasse ». Elle revient bredouille. La situation devient de plus en plus critique.

1. Une disposition de l'armistice exige que la flotte française retourne à ses bases. Craignant qu'elle ne finisse par tomber aux mains des Allemands, la Grande-Bretagne demande à l'amiral Gensoul de conduire ses navires de Mers el-Kébir dans un port britannique ou vers les Antilles. Celui-ci ayant refusé, les Britanniques coulent les bâtiments, tuant ainsi 1 800 marins français.

3 août

Arrivée d'une avalanche de cartes et de lettres de Talence, sans doute restées en panne. Les quelques lignes de Lucie me sont particulièrement chères et précieuses.

8 août

Marie vient nous faire une visite. Elle a offert ses services à une institution charitable qui a son siège à la gare pour quelque temps.

9 août

Marie est fière de ce qui arrive, pleine de bonheur et d'espoir.

11 août

Le culte de ce dimanche est assuré par le jeune pasteur Peter. Venant de Beaune pour se rendre à Strasbourg, Fritz nous fait une courte visite. Il m'apporte deux litres d'un excellent bourgogne.

12 août

Après avoir été échangée à 5 pfennigs pour 1 franc, la monnaie française cesse d'avoir cours [1]. Désormais, le bock de bière coûtera 12 pfennigs au lieu de 2 F 40, le paquet de 40 grammes de tabac 40 pfennigs au lieu de 8 francs. Il n'y a pas de bière chez *Bisel*.

15 août

Le même spectacle se reproduit de jour en jour : passage de militaires, des trains bondés ramenant les évacués en provenance de France. Il faut s'habituer à la vie chère. Une carte datée du 22 juillet nous indique que Frank était alors à Taillebourg.

---

1. À cette date, l'annexion de fait est une réalité. Le 20 juin déjà, Robert Wagner est nommé chef de l'administration civile en Alsace. Hitler fait une tournée dans le pays le 28 juin. Le 4 juillet, c'est la frontière douanière des Vosges qui est mise en place. Mais rien ne viendra confirmer officiellement l'annexion.

17 août

Fritz arrive de Strasbourg. Il dîne en ville, à l'*Union*, et restera jusqu'à demain.

20 août

Marie revient de Belfort vers 20 heures, lourdement chargée. Elle y a fait de nombreux achats, dont deux litres de rhum.

23 août

Tous les jours, il règne une très grande animation à la gare. Le bruit est intense. On y accueille trois ou quatre trains ramenant les évacués au milieu des chants et de la musique de gramophone [1].

2 septembre

Publication des ordonnances contre l'usage de la langue française et contre les « mendiants ».

8 septembre

Une carte d'André nous apprend qu'ils sont en bonne santé ainsi que Frank et ses parents. Ils ont passé de bonnes vacances dans leur propriété à Taillebourg. Jeanne y restera jusqu'en octobre ; lui-même reprendra ses cours à Paris.

9 septembre

L'Allemagne prend sa revanche en bombardant Londres et ses environs avec efficacité.

---

1. Les nazis ont incité les évacués de 1939 à rentrer en Alsace. Les retours ont été accompagnés d'une mise en scène organisée par les services de la propagande. Quelques milliers d'Alsaciens ont néanmoins choisi de rester en France.

11 septembre

Accident dans notre cuisine. Maman a oublié de mettre de l'eau dans la chaudière où elle voulait stériliser de la sauce tomate. Il s'en est ensuivi une petite explosion qui a éclaboussé les murs, le plafond mais aussi les mains et la figure de l'expérimentatrice. Les dégâts sont minimes.

12 septembre

Je suis tout à fait éreinté à la suite de travaux à la cave où j'ai rangé le bois, les bûchettes, les briquettes et les pommes de terre. Puis je suis rentré bredouille de ville où j'ai tenté de me procurer des cartes de charbon. M. Schneider va arranger l'affaire.

16 septembre

Le lait se fait rare. Des cartes vont être mises en circulation.

18 septembre

Je suis allé chercher les cartes d'alimentation valables du 23 septembre au 20 octobre.

19 septembre

D'autres trains d'évacués rentrent en gare.

1er octobre

La rentrée des classes est ajournée, faute de charbon.

15 octobre

Les expulsions de personnes de nationalité française se poursuivent[1].

---

1. Les nazis ont expulsé immédiatement environ 33 000 Alsaciens sur la base de critères politiques et raciaux.

26 octobre

L'Allemagne et la Grande-Bretagne continuent de se harceler dans les airs, sur mer et sous la mer. L'entrevue Hitler-Pétain a fait sensation et bonne impression[1].

3 novembre

Grande vente, dans les rues, de bombes et grenades miniatures au profit du Winterhilfswerk (WHW)[2].

5 novembre

Je vais chercher nos cartes d'achat de vêtements (Kleiderkarten).

22 novembre

Mme Hoffmann nous fait une petite visite. Elle nous demande s'il ne nous reste pas un ticket de viande. Hélas non ! Peu à peu les aliments se font plus rares. L'on s'attend à une disette générale.

23 novembre

Il faut désormais chercher la carte pour le charbon à la mairie en indiquant les réserves de combustible encore disponibles. J'ai indiqué : 60 kilos de boulettes et un demi-stère de bois.

1er décembre

Une lettre nous arrive de Talence. Frank l'a rédigée en allemand.

1. L'entrevue de Montoire.
2. Le secours d'hiver.

8 décembre

Grande démonstration patriotique dans la halle du canal couvert. Le Gauleiter Robert Wagner parle du rôle de l'Alsace dans le cadre du Reich devant une foule nombreuse [1].

15 décembre

On procédera à l'inspection et au « nettoyage » des bibliothèques [2].

31 décembre

Cela vaut-il la peine de passer en revue l'année écoulée ? Il n'y a pas grand-chose d'agréable à retenir. Guerre et victoire d'un côté, guerre et défaite de l'autre. Au cours d'une dictée intitulée « Nun ruhen alle Wälder », un élève m'a écrit un jour : « Viehmenschen », au lieu de « Vieh, Menschen ». Aujourd'hui je ne lui compterais plus de faute car le monde paraît effectivement peuplé d'hommes-bestiaux, bien plus qu'il ne serait souhaitable [3]. Et ils ne sont pas calmes du tout : avalanches de bombes, hurlements de sirènes, batailles sur terre, dans les airs, sur mer et sous la mer, cartes de ravitaillement, hausse des prix de tous les produits de première nécessité...

« Un nouveau cahier. Il tiendra quatre ans. Ce sera sans doute le dernier. » C'est ce que j'inscrivais il y a sept ans dans mon journal nº 8. C'est fou ce que l'on peut se tromper. D'abord, il a tenu sept ans ; ensuite, le dernier sera celui-ci, c'est-à-dire le neuvième.

1er janvier 1941

Qui eût dit, il y a un an, que les événements prendraient cette tournure, avec une victoire aussi rapide de l'Allemagne et un

1. Robert Wagner est Gauleiter et chef de l'administration civile de l'Alsace annexée de fait, mais non de droit. En tant que tel, il dépend directement de Hitler. Il fut un véritable satrape.
2. Élimination obligatoire de tous les livres français ou non conformes à l'idéologie nouvelle.
3. Cet élève a écrit : des hommes de nature bestiale au lieu de : hommes, bestiaux.

effondrement aussi total de la France ? Le sort de l'Angleterre sera-t-il différent ? Pour le moment, elle se bat avec une énergie farouche et stoppe l'offensive. Mais la victoire de Hitler ne fait pas de doute ; du moins Hitler ne la met-il pas en doute. Et l'Alsace ? Officiellement nous sommes toujours français ; mais, en pratique, nous sommes allemands depuis l'armistice et il est probable que nous le resterons[1]. Me voilà donc redevenu allemand. Français de 1862 à 1870, Allemand de 1870 à 1918, Français de 1918 à 1940 et de nouveau Allemand. Ce sera sans doute mon dernier changement de nationalité.

Et notre vie de famille ! Eh oui ! elle a changé du tout au tout. Ah ! c'était le bon temps, quand notre petit-fils, notre cher Frank, et ses parents étaient encore ici. Ils ont eu la chance de pouvoir se replier à temps dans leur patrie. Là-bas, ils vivent au calme et en sécurité. Mais pour nous, c'est la séparation. En contrepartie, ceux de Karlsruhe se sont rapprochés de nous. Anne-Marie et ses parents peuvent passer le Rhin à tout moment pour venir égayer notre solitude par leur présence. Mais bien souvent, nous sommes à Talence en pensée et nous ressentons douloureusement l'absence de nouvelles de Jeanne et d'André.

5 février

Lettre de Jeanne. Ils vont aussi bien que possible et s'adaptent avec philosophie et résignation à ces temps difficiles. La lettre a été ouverte ; écrite le 6 décembre, elle a mis deux mois pour arriver à destination.

13 mars

C'est toujours la guerre, mais on ne s'en aperçoit pas, si ce n'est par la pénurie des denrées alimentaires qui ne sont distribuées que sur tickets. J'ai rencontré le collègue Barthel, qui a très mauvaise mine. Il a été surveillé en tant que suspect et a failli se faire arrêter. Maintenant, l'affaire est réglée au mieux.

---

1. Aucun traité n'a sanctionné l'annexion et Hitler ne l'a jamais officiellement proclamée.

18 mars

Rien de nouveau ni à l'est ni à l'ouest. Le calme avant la tempête ? Marie passe un moment avec nous et repart. L'argent français n'est plus reconnu comme moyen de paiement légal. 1 mark = 20 francs.

7 avril

Les troupes allemandes ont envahi la Yougoslavie et la Grèce hier [1]. Ainsi, les Balkans deviennent zone de guerre. Belgrade serait en flammes.

20 avril

C'est l'anniversaire du Führer. La ville n'est pas pavoisée ! On ne trouve pas de drapeaux.

10 mai

Les sirènes hurlent durant la nuit. De Karlsruhe nous arrive un petit paquet de biscottes avec une lettre de Marie dans laquelle elle raconte que lors de son séjour en Alsace, Fritz et Anne-Marie ont dû passer une nuit à la cave. Des avions auraient bombardé Mannheim.

19 mai

M. Gustave Mann, qui habite au 12, rue des Orphelins, nous apporte des nouvelles de Jeanne et d'André. Il emportera demain une lettre pour eux. Son fils est un élève ou un collègue d'André.

15 juin

Grande manifestation patriotique à la maison du peuple au canal couvert, en présence du docteur Robert Ley qui a fait un grand

1. Hitler envahit la Yougoslavie et la Grèce pour secourir Mussolini, enlisé dans sa guerre contre les Grecs.
2. Grand dignitaire du régime, chef du front du travail, le syndicat officiel.

jeune Émile nous a fait une courte visite ; il séjourne à Mulhouse en qualité de Zellenleiter [1]. Fernand Birkel était aussi présent.

22 juin

L'Amérique de Roosevelt semble vouloir s'engager à fond en faveur de l'Angleterre. Elle vient de fermer les consulats allemands et italiens et de geler les valeurs mobilières de l'Axe. La guerre va sans doute durer longtemps encore, car les Américains ont envie d'en profiter [2].

23 juin

L'Allemagne et la Russie se font la guerre depuis hier. Dès aujourd'hui, on annonce les premiers succès de l'offensive allemande [3].

25 août

Nous fêtons nos noces d'or. Une journée animée en perspective. À 10 heures, nous nous rendons à la gare pour accueillir Fritz et Anne-Marie. Puis la fête commence. Les visiteurs se succèdent sans discontinuer pour venir nous féliciter, apportant des fleurs et des bouteilles de vin. En plus des amis et des relations, arrive aussi M. le maire accompagné d'un photographe et de M. H. Meyer. Nous faisons les photos les plus variées, à l'intérieur et au-dehors. Nous servons des gâteaux et du champagne. C'est magnifique ! Le soir, la maison retrouve son calme. Des télégrammes nous arrivent

1. Structures d'encadrement de la population :

Gauleiter : chef du parti	dans une région
Kreisleiter : chef du parti	d'un district
Ortsgruppenleiter : chef du parti	de la commune
Zellenleiter : chef du parti	du quartier
Blockleiter : chef du parti	de l'immeuble.

2. Le président Roosevelt apporte une aide grandissante à la Grande-Bretagne. Il prépare progressivement son pays à une guerre inéluctable contre les dictatures. Mais c'est l'attaque japonaise à Pearl Harbour, le 7 décembre 1941, qui conduit l'Allemagne et l'Italie à prendre l'initiative de déclarer la guerre aux États-Unis (11 décembre).

3. Décidé dès l'origine à abattre la puissance soviétique, Hitler envahit l'URSS le 22 juin à l'aube.

encore de Sundhoffen, des Eugène et des Émile. Germaine du Fechtwald a envoyé une superbe plante verte, les familles Huber, Bieler, Bouglé, Sperri des gâteaux, des bouteilles, des fleurs. Et maintenant, l'usage exige que je me répande en courbettes. Je vais essayer.

26 août

Weller, un ancien élève, m'adresse aussi des vœux pour mes noces d'or, de même que M. Ludmann, qui me fait parvenir une épître pleine d'humour.

27 août

Il arrive encore des cartes et des lettres. Les journaux publient des articles, quelquefois une photo ou une poésie. Tout le monde nous félicite. J'en envoie aussitôt à la famille et aux amis éloignés de Mulhouse. Dix journaux sont prêts à l'expédition. La table croule sous les fleurs. À l'instant, Mlle Perrot vient encore de nous livrer un magnifique bouquet. Le docteur Gutmann nous salue de la part de sa famille et nous apporte une bouteille de mirabelle. Tard dans la soirée, M. et Mme Wick nous offrent également des fleurs ainsi qu'une bouteille. Un ouvrier des Ponts et Chaussées qui travaille actuellement à Sundhoffen revient chargé d'œufs, de pommes et de lard.

30 août

Les visites se poursuivent encore. Je me fais aussi aborder dans la rue par beaucoup de personnes qui tiennent à me féliciter.

10 septembre

La guerre se poursuit en Russie. Il paraît que Saint-Pétersbourg est encerclé. Le soir, je me rends chez Stoessel, comme de coutume : il n'y a pas de vin.

3 octobre

Les troupes progressent toujours en Russie. Il y a eu des combats durs, mais victorieux à l'est de Kiev. La presse annonce 665 000 prisonniers russes ainsi que la capture de 1 044 chars et de 302 canons.

5 octobre

Kreistag à Mulhouse[1] : la ville est décorée de drapeaux et de guirlandes. Je fais un petit tour en ville, qui est envahie par une marée humaine. Je croise un cortège interminable précédé de tambours et de joueurs de trompettes. Würtz Jean, Greninger et Vinot, un ami de Ténot, sont aussi là.

10 octobre

Marie repart pour Riquewihr. La campagne est terminée à l'est. L'Union soviétique est liquidée et le bolchevisme frappé à mort.

11 octobre

Je ressens toujours cette oppression à la poitrine. Je retourne néanmoins chez Stoessel, le soir, pour le Stammtisch habituel. Un monsieur nous apporte des nouvelles de nos enfants de France. Les Russes ont été anéantis. La campagne est pratiquement terminée (?).

4 novembre

J'ai repris pour la première fois mon itinéraire traditionnel de promenade en forêt. La guerre se poursuit ; ici on ne s'en aperçoit guère à vrai dire, si ce n'est par la pénurie alimentaire.

9 novembre

En ville, on commémore le mouvement du 9 novembre 1923[1].

1. Fête du parti dans le chef-lieu du district (Kreis).
2. À l'occasion de l'anniversaire du putsch de Munich en 1923.

12 novembre

Une carte de Sundhoffen nous annonce la visite du beau-frère Eugène qui va venir jusqu'ici en voiture à cheval.

1er janvier 1942

Rétrospective

1941 : la troisième année de la guerre est derrière nous. Mis à part le manque de denrées alimentaires, nous sommes assez peu touchés en Alsace par les effets secondaires de la guerre. « À l'ouest rien de nouveau », serait-on tenté de dire. À l'est, en revanche, il y a de la vie, ou plutôt des morts. Et la fin du conflit n'est toujours pas en vue. L'ours russe a la peau dure, et il n'est pas facile à mater. Hitler y arrivera-t-il ? Réussira-t-il là où Napoléon a échoué ? Espérons que tout ira pour le mieux. Espérons que l'Europe retrouvera enfin son calme et que la paix viendra rendre à nouveau notre existence digne d'être vécue.

Il y a deux fins que j'attends : la mienne (j'ai quatre-vingts ans) et celle de la guerre. Laquelle des deux viendra la première ? J'aurais souhaité une fin de vie plus heureuse. Passer la fin de ma vie entouré de mes enfants. De tous mes enfants à la fois. Mais les circonstances actuelles nous ont séparés, ma femme et moi, de ceux avec qui nous avions vécu si longtemps. Nous avons la chance de pouvoir entretenir maintenant des relations plus étroites avec nos autres enfants, mais cela ne nous console qu'à demi. Ah ! si mon rêve de jeunesse pouvait se réaliser, si l'Allemagne et la France pouvaient s'entendre, et si aucune frontière ne séparait plus ces deux peuples à la civilisation raffinée et à l'économie florissante, si je pouvais voir et embrasser sans restriction mes deux petits-enfants, ma gracieuse Annemay et mon Frank chéri.

Cette joie me sera-t-elle encore accordée ? J'ose à peine l'espérer. Il faudrait pour cela que se réalisent des miracles et des prodiges. Il faudrait qu'un sursaut de raison chasse la vague actuelle de haine et de rage destructrices.

2 janvier

Marie arrive à l'heure du déjeuner. Elle s'éclipse à la fin de l'après-midi, après avoir fait des achats dans les quincailleries pour équiper son nouveau logement : Fritz est nommé directeur de l'école normale de Colmar.

7 janvier

Les collectes de lainages se poursuivent.

9 mai

M. Sutter apporte des nouvelles de Sundhoffen ainsi que des asperges, du lait, etc. La guerre continue ; on n'en voit plus la fin. Les restrictions empirent de jour en jour. De plus en plus de gens disent souffrir de la faim.

20 juin

É. Ziegler vient nous troquer du beurre contre des pommes de terre.

21 juin

Rendez-vous chez Stoessel, le soir, comme d'habitude. Il n'y a plus de vin, pas même du blanc. La bière est fade et sans bouquet.

2 juillet

Je reçois la lettre de faire-part de décès de mon vieil ami Ernst Bœglin, directeur d'école en retraite, retiré à Krotzingen. Il avait quatre-vingts ans. L'incinération a eu lieu dans l'intimité. C'est ainsi qu'ils disparaissent les uns après les autres. Il me faudra bientôt céder la place, moi aussi.

4 juillet

En Russie, nos troupes continuent leur progression victorieuse. On annonce la chute de Sébastopol.

26 juillet

Une bonne nouvelle nous arrive de Talence : Frank a passé ses examens avec succès. Les sirènes hurlent au cours de la nuit.

7 août

Le cafard m'envahit. Je me suis rendu en ville pour des prunes car je n'ai pas réussi à me débarrasser de l'impôt pour l'Église[1].

8 août

À quoi bon publier dans le journal ces multiples articles sur les mesures de protection contre les bombardements ? Au lieu de calmer les esprits, on ne réussit qu'à les échauffer.

14 août

On prépare du matériel pour percer les murs des caves. De nouvelles cartes d'alimentation sont mises en circulation. Les restrictions empirent encore. On voit de plus en plus de silhouettes amaigries, faméliques.

15 août

On aménage des abris antiaériens sous notre maison. Les perce-murailles sont à l'ouvrage. En ville, s'est ouverte l'exposition Das Sowjetparadies[2].

29 août

Je fête mes quatre-vingts ans. À minuit les sirènes se mettent à hurler. La fin d'alerte suit aussitôt.

---

1. En Allemagne, les Églises ne sont pas séparées de l'État. Chaque citoyen verse un impôt spécial qui est ensuite reversé, soit à l'Église catholique, soit à l'Église protestante. Pour en être dispensé, le citoyen doit faire une déclaration officielle de sortie de son Église.
2. Elle circule dans tout le Reich. Par les horreurs qu'elle montre, elle vise à renforcer l'anticommunisme.

5 septembre

Il est à nouveau question de masques à gaz. Ils coûteront 5 marks pièce.

6 septembre

La rumeur dit que Karlsruhe serait en feu à la suite d'un bombardement.

11 novembre

On signale une offensive brutale des États-Unis et de l'Angleterre en Algérien, en Tunisie et au Maroc[1].

20 décembre

Mon collègue et ami Doniat est incarcéré depuis plusieurs jours à Schirmeck[2] pour avoir dit ceci à une femme enceinte : « Dépêchez-vous d'accoucher, sinon vous allez mettre un Français au monde. »

1er janvier 1943

La quatrième année de guerre est passée, elle aussi. La cinquième commence. Sera-t-elle la dernière ? Espérons-le ! Le monde entier le souhaite. Tout le monde s'écrie : « Ah ! Seigneur, fais arrêter ce jeu cruel. » Ou est-ce peut-être intentionnel de sa part ? Veut-il laisser l'humanité pécheresse se détruire elle-même, plutôt que d'envoyer un déluge ? Je vais être bref et dire en conclusion que l'année écoulée ne mérite pas d'éloge funèbre. Voyons ce que la prochaine va nous apporter.

28 janvier

La sensation de cafard persiste ainsi que mes troubles cardiaques. Maman rend visite au collègue Fritsch. Le pauvre malheureux est

1. Il s'agit du débarquement allié en Afrique du Nord.
2. Camp de redressement (Bas-Rhin) où séjournent temporairement des auteurs de délits politiques mineurs. Environ 1 500 Alsaciens y ont transité ; quelques-uns y ont laissé leur vie en raison de la dureté de la discipline.

couché dans un lit à barreaux au diaconat. Son état est désespéré. Nous étions déjà au lit quand un coup de sonnette nous en a tirés : devant notre maison se trouvait un postier avec un paquet de Germaine contenant du beurre et des côtelettes.

30 janvier

Hitler est chancelier depuis dix ans. Il n'y a pourtant aucune cérémonie.

2 février

Le *Tagblatt* communique que l'aile sud de la VIe armée a été submergée par les forces ennemies à Stalingrad[1].

17 février

Je vais un peu mieux après la nouvelle alerte cardiaque d'hier. Quatorze jeunes gens originaires de diverses localités de l'arrondissement d'Altkirch ont été condamnés à mort pour constitution de bande armée et tentative de franchissement illégal de la frontière[2].

24 février

Les autorités rappellent qu'il est interdit de parler français.

10 mars

Hurlement de sirène la nuit. On a pu entendre nettement le bruit d'une escadrille d'avions.

14 mars

Parmi les faire-part de décès, on relève aujourd'hui les noms de trois soldats alsaciens morts au front de l'Est[3]

1. Grande défaite de Stalingrad des troupes allemandes.
2. L'incorporation des jeunes Alsaciens dans les armées allemandes a été décrétée en août 1942. Aussitôt, les évasions se sont multipliées. Treize jeunes du village de Ballersdorf ont été repris avant le franchissement de la frontière suisse. Ils ont été fusillés au Struthof.
3. Dans ces annonces, les familles sont obligées d'indiquer que le soldat est mort pour le Führer. Aussi préfèrent-elles souvent informer les amis à l'aide d'une simple missive et par la poste.

31 mars

Une dame de Ribeauvillé nous apporte des nouvelles de Frank et de ses parents qu'elle a vus à Bordeaux.

6 avril

Le journal communique : « Des assassins US sur Paris » : une attaque aérienne criminelle a été dirigée contre la population civile. Elle a fait plusieurs centaines de morts. Incompréhensible !

26 juillet

De bonnes nouvelles nous arrivent de Talence. Au dire des journaux, Mussolini aurait abdiqué [1].

6 août

Le soir a lieu un rassemblement dans la cour de l'immeuble. L'on diffuse des informations sur la protection civile aérienne. Je me suis contenté d'écouter depuis ma fenêtre. Tous les voisins étaient présents et ils ont émargé une liste de présence. Ridicule.

7 août

On se bat avec acharnement à l'est. La bataille d'Orel est considérée comme la plus importante de cette guerre. En Sicile aussi, les combats font rage. Une attaque terroriste britannique a fait d'importants dégâts à Naples [2].

19 août

Frank a réussi son baccalauréat. Il va maintenant étudier les mathématiques.

---

1. Ses propres partisans ont contribué à mettre fin à son pouvoir. Mussolini est enfermé au Gran Sasso.
2. Après la Sicile, les troupes alliées débarquent sur la péninsule italienne.

8 septembre

Hier, des bombes terroristes anglo-américaines sont tombées sur Mannheim et Ludwigshafen. Strasbourg aussi a subi de dures épreuves ces jours-ci. Des avions survolant la ville ont été mitraillés par des chasseurs et par la DCA ; ils ont lâché des bombes qui ont dévasté une rue entière[1].

9 septembre

L'Italie, das Land der Feigen[2], a décroché et s'est rendue sans conditions aux ennemis de l'Axe.

28 septembre

Une lettre nous arrive de Henri Lang qui est aux armées. On lui a fait quitter l'école pour le mobiliser[3].

2 octobre

La sirène retentit au cours de l'après-midi. Pas pour longtemps. De Sundhoffen nous parvient un paquet contenant du raisin passablement écrasé. On en fera du vin nouveau. Germaine vient nous apporter du raisin, du beurre, une bouteille de vin, du fromage blanc, du miel.

14 décembre

Germaine nous a fait parvenir des biscuits secs, un petit faisan. Marie passe nous voir également. Le beau-frère Eugène nous apporte toutes sortes de bonnes choses : un tonnelet de vin, deux sacs de pommes de terre et une valise bien garnie : une journée fructueuse.

---

1. Les bombardements de Strasbourg ont coûté la vie à environ mille personnes à partir de septembre 1943.
2. Jeu de mots : le pays des figues (die Feige)... ou des lâches (der Feige).
3. Né en 1926, il a dix-sept ans. Il est d'abord incorporé dans le Reichsarbeitsdienst (RAD), une sorte de préparation militaire, puis dans la Wehrmacht, à l'âge de dix-huit ans.

1er janvier 1944

C'est la sixième année de guerre qui commence. Il ne m'est pas possible de chanter les louanges de l'année écoulée. Elle a été dépourvue de toute joie ; j'avais la toux, des douleurs au ventre, et constamment le cœur serré. Pourvu que tout cela s'arrange, et que la paix revienne bientôt sur la terre. Sinon, la vie ne sera plus supportable, en particulier pour les vieux qui aiment bien être tranquilles ; j'en fais partie, moi aussi...

7 janvier

Je suis dans un état physique lamentable. La grippe ne me quitte plus. Une toux pénible m'ôte le sommeil. Elle provoque des douleurs dans la poitrine et le ventre. Ma main tremble.

8 janvier

État stationnaire selon le médecin. C'est plutôt pire. Quel plaisir, la vie !

27 avril

Au cours de la nuit précédente, la sirène a retenti deux fois. À 11 h 40, cela recommence. La fin d'alerte n'intervient qu'à midi. Le manège reprend l'après-midi, puis le soir. Je tente enfin de me rendre chez Stoessel. Des hurlements de sirène m'obligent à battre en retraite.

5 mai

Pour la première fois depuis longtemps, j'ai entrepris une assez longue promenade au fond du Tannenwald. Le coucou chante. Malheureusement, je n'ai pas un sou en poche : mauvais présage pour toute l'année.

11 mai

Mon paquet de tabac s'est évaporé. Il a été échangé contre une savonnette. Il va falloir que je mette les prochains sous clé. Après le hurlement de la sirène, on entend des bourdonnements, puis des mugissements et des crépitements : une escadrille ennemie survole la ville et lâche des bombes : autour de la poste et de la gare, c'est un champ de ruines. Il y a de nombreux morts : c'est la consternation.

12 mai

Germaine arrive lourdement chargée comme d'habitude. Elle aimerait nous emmener au Fechtwald. Nous ne parvenons pas à nous décider. Divoux, Mme Bouglé, viennent nous faire une petite visite.

13 mai

En allant saluer la famille Jäger, je croise beaucoup de gens portant des valises. La peur pousse les poltrons et les pessimistes à décamper.

14 mai

J'éprouve une sensation de cafard dans l'attente des événements futurs. Le *Tagblatt* publie les faire-part de décès de trente et une victimes du bombardement de l'autre jour. Parmi elles, il y a une de nos voisines demeurant au 21, rue de l'Horticulture.

15 mai

Le journal publie les noms de trente et une autres victimes de l'attaque aérienne. On continue de sortir des morts de l'abri. À ce qu'on dit, l'on entend encore frapper des coups sous les décombres.

16 mai

Seize corps sont encore dégagés des ruines, autour de la gare. On craint de nouveaux actes de terrorisme. Notre parenté nous conseille de nous réfugier à Sundhoffen. Je n'arrive pas à me décider :

« Si tu es bien assis, ne cherche pas ailleurs :
Ta place habituelle est toujours la meilleure ! »

Marie vient nous voir avec une bouteille de riquewihr. Elle s'est fait du souci pour nous.

17 mai

Le *Tagblatt* publie encore vingt-trois faire-part de décès dus au bombardement. C'est M. Hirle qui nous fait la gentillesse d'aller faire la queue pour retirer les cartes de ravitaillement, M. Hoffmann étant malade.
Une lettre expédiée de Bordeaux nous arrive au bout de vingt jours. Tout va bien.

18 mai

Le bombardement a fait encore quinze victimes supplémentaires [1].

23 mai

L'alerte a duré toute la matinée. On a entendu exploser des bombes du côté de Colmar ou peut-être de Fribourg-en-Brisgau. Le soir, je me rends chez Stoessel après une longue absence. Je me retrouve tout seul !

25 mai

Une escadrille a lâché des bombes. C'est la gare du Nord et l'usine électrique qui ont été touchées. Il y a le feu en ville. Le courant est coupé. À 11 heures, la fin d'alerte est annoncée par des autos, puis par la sirène. La vie est de plus en plus agréable. Une heureuse surprise nous attend l'après-midi : c'est la visite de deux vieux amis et collègues de l'époque où j'ai exercé la fonction de rédacteur de revue : MM. Raeppel et Bongartz. J'ai eu du mal à les reconnaître.

1. Les bombardements coûtèrent la vie à plusieurs centaines de Mulhousiens.

27 mai

Nous partons pour Colmar en compagnie de Marie, qui est venue spécialement pour nous chercher. Après avoir salué Fritz, nous prenons aussitôt le train pour Sundhoffen.

4 juin

Mon beau-frère Eugène nous emmène au Fechtwald en char à bancs ; nous arrivons à midi, accueillis par Germaine et Mathis. Il fait bon vivre ici ; l'ambiance est agréable et chaleureuse. Nous pensons rester huit jours.

7 juin

D'après les journaux, l'invasion anglo-américaine a commencé. Il paraît que de violents combats sont en cours [1].

8 juin

Il n'y a pas de nouvelles informations sur le déroulement de l'invasion.

14 juin

Maman part pour Mulhouse. Elle revient le soir, en compagnie de Marie. Elle a constaté que tout était en ordre dans notre logement. Nous pouvons rester ici.

9 juillet

Le beau-frère Eugène vient nous chercher pour nous conduire à Sundhoffen. Nous y resterons encore quelque temps.

25 juillet

Au milieu de la nuit, des escadrilles d'avions survolent le village pendant une bonne heure. D'où viennent-ils ? Où vont-ils ?

---

1. Le débarquement de Normandie (6 juin).

26 juillet

Nouveau passage d'avions, à la même heure que la veille et pour une durée identique.

29 juillet

Troisième passage consécutif des bombardiers.

4 août

Mulhouse a, semble-t-il, subi de nouveaux bombardements. On aurait dénombré de nouvelles victimes. L'immeuble abritant le *Tagblatt* aurait été touché.

5 août

Il y aurait eu beaucoup de dégâts à Mulhouse hier. Les trains ne vont plus au-delà de Dornach. Il circule des rumeurs inquiétantes à propos de Mulhouse.

7 août

Aux dires de M. Ludwig, la maison de notre voisin Hans a été touchée de plein fouet. Notre appartement aussi aurait eu quelques problèmes. Cela nous inquiète fort. Maman se rend chez Marie, à Colmar, pour s'informer.

8 août

Fritz est parti pour Mulhouse à 4 heures du matin. Il revient le soir, en compagnie de Marie et d'Anne-Marie, ramenant nos meubles en camion. On les installe dans notre futur logis, la maison Houin, route de Colmar. Je n'ai pas eu à bouger un doigt. Tout le travail a été fait à la perfection sans moi. Pour nous deux, c'est le début d'une nouvelle existence [1].

1. À Sundhoffen.

9 août

Nous faisons un tour dans notre nouveau logement. Ce n'est pas trop mal ; il sera possible d'y vivre. Malgré tout, je n'arrive plus à me débarrasser du cafard.

11 août

Aux alentours de midi, plusieurs escadrilles ont survolé le ban communal en direction du sud : un beau spectacle, mais pas réjouissant du tout.

12 août

Hier après-midi, une attaque aérienne a semé la terreur à Strasbourg. La cathédrale a été touchée. Il y a eu aussi des dégâts à Mulhouse et à Riedisheim.

16 août

M. Steinmetz a installé notre nouveau logement. Il nous en coûtera 20 marks par mois. Nous ne sommes pas encore sûrs de pouvoir y y entrer pour de bon ; d'ailleurs nous ne savons pas quand. Tout cela m'est indifférent, du reste. Je suis de plus en plus apathique et, de jour en jour, plus détaché. Je passe le soir à décapsuler le pavot [1].

4 septembre

J'égrène des baies de sureau [2].

9 septembre

Des avions mitraillent le train de Fribourg. Le suivant ne passe en gare de Sundhoffen que le soir à 20 heures.

---

1. Culture du pavot alors encouragée par les autorités.
2. En vue de distiller les baies, ce qui donne un alcool ayant les qualités d'un médicament.

21 septembre

Les hommes de moins de soixante-cinq ans sont réquisitionnés pour creuser des tranchées au Kastenwald.

24 septembre

Nous assistons tous au service funèbre en souvenir du jeune Zaeh, tué au front.

7 octobre

Comme tous les jours, des avions de chasse sèment la terreur, malgré la réaction furieuse de la DCA.

17 octobre

Un avion se fait mitrailler et s'abat en flammes dans un vacarme épouvantable. Les murs tremblent et les portes s'ouvrent brusquement en raison de la violence du souffle.

21 novembre

Des rumeurs de toute nature circulent à propos d'une hypothétique entrée des Américains et des Français en Alsace[1].

23 novembre

On véhicule les rumeurs les plus folles. Les Américains et les Français seraient déjà arrivés à Colmar et même au-delà du Rhin.

25 novembre

Un grondement incessant se fait entendre le long de la ligne de défense des Vosges. Marie et Fritz quittent Colmar : pour aller où[2] ?

1. Libération de Mulhouse et de Strasbourg.
2. Particulièrement exposé en raison de ses fonctions, Fritz Bronner retourne en Allemagne avec sa famille.

26 novembre

Le souci de mes enfants m'obsède toute la journée.

2 décembre

Tous les hommes non enrôlés de quinze à soixante-cinq ans sont réquisitionnés pour des travaux de défense.

6 décembre

Le village grouille de militaires en cantonnement. On vit au jour le jour, entre la crainte, l'angoisse et l'espoir. Il n'y a plus de courrier, ni de journaux. Il n'y a plus de lumière. Ma pension n'arrive plus non plus.

9 décembre

Les villages du vignoble seraient en flammes [1]. Le Fechtwald serait détruit. Des avions sillonnent le ciel, comme d'habitude, avant de piquer sur les servants de la DCA. Pourvu que le Sauveur arrive bientôt.

11 décembre

Des obus sifflent, hurlent, éclatent en tombant tout près d'ici. Les choses sérieuses commencent. Il n'est pas question de sortir.

18 décembre

Tout le village est en alerte. La situation devient plus critique. Les caves sont prêtes, c'est-à-dire équipées afin de pouvoir servir d'abris. Le couvre-feu est imposé à 18 heures.

1. Durant quelques semaines, on s'est battu dans le vignoble : Bennwihr, Mittelwihr, Ammerschwihr et Sigolsheim ont été totalement détruits.

19 décembre

Jean continue de se rendre à Colmar pour livrer une nouvelle pièce de bétail

25 décembre

Au milieu du culte de Noël, retentissent de fortes explosions : des bombes et les réactions de la DCA. À 13 heures, en guise de vœux de Noël, une déflagration ébranle tout et casse les vitres de notre logement

27 décembre

Les hommes réquisitionnés creusent des tranchées. De fortes explosions se produisent au nord du village.

28 décembre

Fritz nous fait une visite tout à fait inattendue.

29 décembre

Vers 15 heures, un avion ennemi lâche des bombes. Nous étions justement à la gare ; l'une d'elles est tombée sur l'auberge et l'a détruite. On a retrouvé des éclats dans tout le village, y compris chez nous

30 décembre

Émile et toute la famille quittent leur domicile de la gare pour s'installer en plein village, chez Émile junior.

31 décembre

Le culte a été supprimé. Tout au long de la nuit, on a entendu des tirs et des détonations. Pendant ce temps, les soldats allemands ont fêté la Saint-Sylvestre en s'enivrant consciencieusement.

5 janvier 1945

Nous emménageons dans notre nouveau logement chez les Nonnenmacher

8 janvier

Nous commençons lentement à nous sentir plus à l'aise. Nous sommes cependant un peu à l'étroit, avec toutes nos affaires.

24 janvier

La nuit, on tire de tous côtés. Il paraît que les Américains sont entrés dans Colmar. Les crépitements incessants de la DCA contre les nuées d'avions sont éprouvants pour les nerfs.

26 janvier

Il a neigé au cours de la nuit et il neige encore. Il y a au moins un pied de neige. Non sans mal, armés de balais, de râteaux et de pelles, civils et militaires tentent de tracer un chemin dans la neige profonde

28 janvier

Nous avons connu une nuit de terreur de samedi à dimanche : des explosions d'obus, de bombes, des vitres qui tintent, des éclats de verre partout, mon bureau souillé, le buvard déchiqueté. J'ai ramassé un éclat à l'intérieur même du logement. Après une brève incursion à la cave de l'auberge d'en face, nous avons regagné nos lits. Il y a de sérieux dégâts au village. La situation devient critique ; les tirs se rapprochent. Durant la journée, nous sommes obligés de nous réfugier une seconde fois à la cave.

30 janvier

Les voisins décident de se réfugier à la cave. Nous deux, nous restons dans nos lits.

31 janvier

Nous avons été contraints de passer la nuit à la cave des Eugène avec quatre autres familles. Cela ne nous a pas empêchés de dormir malgré tout. Les tirs en direction du village se poursuivent.

1er février

Les tirs sont désormais incessants. Nous restons toute la journée et la nuit chez les Eugène.

6 février

Durant cinq jours, je n'ai pu tenir mon journal. Nous sommes restés quasiment sans arrêt à la cave en raison des tirs et des obus qui explosaient sur nos têtes. Dans la cave d'à côté, la famille Jost a été déchiquetée par un obus qui est rentré par un soupirail ou par le portail.

La situation a bien changé. Les Allemands sont partis. Les Américains et les Français sont arrivés [1]. Une nouvelle ère commence pour l'Alsace. Changement de nationalité ! Pour la combientième fois ? Et pour combien de temps ? N'anticipons pas. Du moins le calme est revenu et les tirs énervants ont pris fin.

7 février

La nuit a été calme et nous avons enfin retrouvé notre lit. On entend désormais les tirs de mines, qui visent à déblayer le pont de l'Ill qui a sauté le 1er février.

14 février

Les Américains s'en vont.

1. Sundhoffen fut l'un des derniers villages d'Alsace à connaître la Libération. Les Allemands ont tenu la poche de Colmar jusqu'au début de février 1945. Himmler lui-même vint participer à sa défense.

17 février

Des militaires français s'installent dans le village. Beaucoup de maisons sont pavoisées. Nous sommes redevenus français. Pourvu que ce soit mon dernier changement de nationalité ! À moins que je ne devienne centenaire.

23 février

Une formidable détonation ébranle l'air. Ce sont les tirs de mines au pont de l'Ill. Il n'y a toujours pas de courant. Nous nous contentons de petites lampes à huile que notre esprit inventif cherche à réaliser avec plus ou moins de bonheur.

25 février

Le village grouille de poilus, des Marocains pour la plupart. On leur a installé un harem en vue de la sécurité de la population.

27 février

J'écris une lettre à Talence qui pourra être acheminée par la Croix-Rouge.

28 février

Une lettre de Lina nous parvient. Son contenu est difficile à comprendre. Je ne sais quoi lui répondre. De toute manière, la mémoire, le courage et l'énergie me font défaut.

4 mars

Le premier enrôlé qui rentre chez lui, c'est Robert Moser. Durant quatre ans, on l'a cru disparu alors qu'il était prisonnier en Italie.

10 mars

La procédure de changement de monnaie commence. Je dépose 2 100 marks d'argent allemand ; en contrepartie, j'obtiens une quittance.

19 mars

Les pensions pour les mois de février et mars me sont versées en argent français, soit 10 120 francs. Le pont de l'Ill est achevé et ouvert à la circulation.

23 mars

Je reprends ma vieille habitude en me rendant au restaurant de la gare chez Émile. Il n'y a toujours pas de bière. L'éclairage n'est pas rétabli.

17 avril

Ce jour nous apporte une heureuse surprise. Après une séparation de près de cinq années, Lucie et Jeanne viennent nous rendre visite à Sundhoffen.

3 mai

Hitler est mort. L'amiral Dönitz lui succède. Il veut continuer la lutte.

5 mai

La nuit est agitée. On entend des tirs ; des fusées illuminent le ciel. L'armistice et la paix sont-ils vraiment imminents ?

7 mai

À 20 h 30, les cloches sonnent : c'est la paix !

8 mai

Les journées d'aujourd'hui et de demain sont décrétées jours fériés. Les maisons sont pavoisées. Les cloches sonnent à 18 heures De Gaulle a gagné. L'Allemagne est anéantie.

9 mai

C'est la fête de la victoire : partout des drapeaux et des guirlandes. Un culte d'action de grâce a lieu à 16 heures. Puis c'est le défilé triomphal à travers le village.

[Le journal reprend en français jusqu'à la fin]

2 juin

C'est le jour des retrouvailles avec André, qui est venu à pied de Colmar.

15 juin

Nous connaissons aujourd'hui une grande joie : Frank est venu en compagnie de sa maman. Frank couchera dans le lit de Henri junior, à l'auberge. Incorporé dans l'armée, ce dernier n'est toujours pas rentré.

24 juin

Le village fête aujourd'hui solennellement sa libération. L'auberge connaît une grande joie : le jeune Henri rentre d'Allemagne. Il a échappé à la mort en participant aux derniers combats autour de Berlin.

27 octobre

Henri senior est transporté à Colmar pour être opéré. Une lettre de Frank nous informe qu'il est maintenant en classe de mathématiques spéciales au collège Chaptal à Paris. Il n'est pas très enchanté de son logement, ni de la nourriture.

31 octobre

Henri[1] est mort.

4 novembre

Une foule énorme, musique en tête, a suivi le cercueil de Henri. Jeanne et André sont venus de Grenoble pour les obsèques. D'innombrables télégrammes de condoléances ont afflué. Après les funérailles, les membres de la famille se sont réunis à l'auberge pour le repas funèbre traditionnel.

1er janvier 1946

Une année terrible, qui n'a apporté que des catastrophes, vient de s'achever. Nous avons maintenant la paix et la tranquillité. Il reste que la vie est chère, le ravitaillement encore difficile. Une fois encore, il faut bien s'y adapter.

2 mai

Nous recevons des nouvelles de Marie ; elle nous envoie une carte postée à Steisslingen am Hohentwiel.

2 juillet

Lina Bronner nous communique des nouvelles peu rassurantes à propos de la santé de notre Marie qui se trouve depuis quelque temps dans une clinique.

7 juillet

Un seul homme a assisté au culte aujourd'hui : c'est moi.

14 août

Ce matin, on a fusillé l'ancien Gauleiter d'Alsace, Robert Wagner, ainsi que ses compagnons.

---

1. Il s'agit de Henri Senior.

3 septembre

Jeanne et André nous écrivent qu'ils ont vu Marie sur son lit d'hôpital en Allemagne. Elle souffrirait d'une maladie incurable.

6 janvier 1947

Une douloureuse nouvelle nous parvient : notre fille aînée est décédée à Radolfzell à l'âge de cinquante-cinq ans après une douloureuse maladie. Qu'elle repose en paix !

8 août

Maman tombe et se fracture la jambe ; elle souffre beaucoup et doit rester couchée

8 septembre

Nous partons pour un temps indéterminé au diaconat de Colmar où nous serons bien soignés.

16 novembre

Nous voilà de nouveau dans notre « Heim » où la parenté nous accueille chaleureusement.

21 juillet 1948

Toute la journée, je regarde passer les coureurs du tour de France et surtout la caravane publicitaire. Que de monde ! Et quelles acclamations au passage de chaque coureur.

22 septembre

Mon beau-frère Émile est décédé ; une nouvelle page est tournée.

18 mars 1949

Je fais une visite à l'auberge auprès de la marraine qui est très malade. Elle meurt dans la journée.

6 novembre

Maman n'est pas bien ; elle se couche.

30 novembre

Maman est décédée au diaconat. Je suis abattu. Que faire maintenant ? Lucie et Charles sont venus, ainsi que Jeanne et André.

1er décembre

Il y a beaucoup de monde aux obsèques. Me voilà seul. J'attends le Sauveur. Charles s'occupe de tout.

8 décembre

Lucie prend les affaires en main. Elle s'arrange avec Mme Dietschy qui m'apportera mes repas.

28 août 1950

À l'occasion de mes quatre-vingt-huit ans, j'ai la joie de revoir ma petite-fille Anne-Marie.

9 septembre

Frank passe me voir.

12 octobre

Mon beau-frère Eugène est décédé. Je suis le seul survivant.

1951

14 avril 1951

J'ai touché la pension du mois d'avril : 16765 francs.

16 mai 1951

Décès de Philippe Husser.

ANNEXES

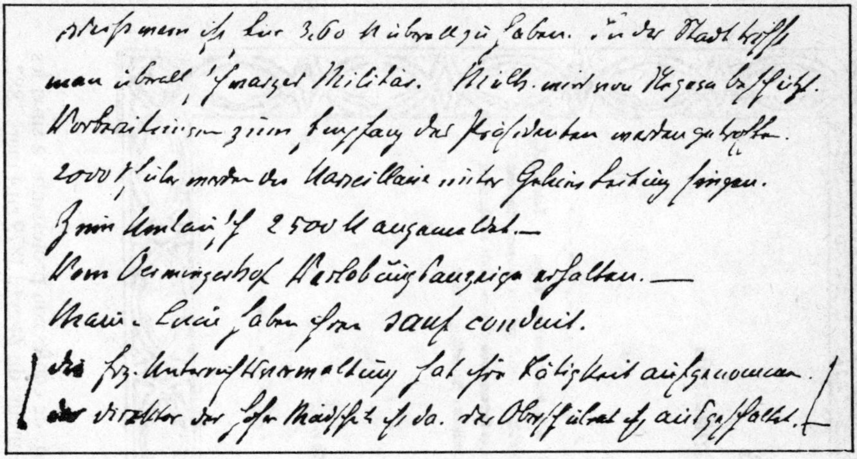

[illegible] wenn ich hier 3.60 M überall zu haben. In der Stadt trifft
man überall schwarzes Militär. Milch wird vom Hagosa beschafft.
Vorbereitungen zum Empfang des Präsidenten werden getroffen.
2000 Schüler werden die Marseillaise unter [illegible] singen.
Zum Umtausch 2500 M angemeldet. —
Vom Oermingerhof Verlobungsanzeige erhalten. —
Marie-Lucie haben ihren sauf conduit.
Die frz. Unterrichtsverwaltung hat ihre Tätigkeit aufgenommen.
Der Direktor der höher Mädchenschule ist da. Der Oberschulrat ist aufgehoben.

Page du journal du mercredi 4 décembre 1918,
rédigée en allemand.

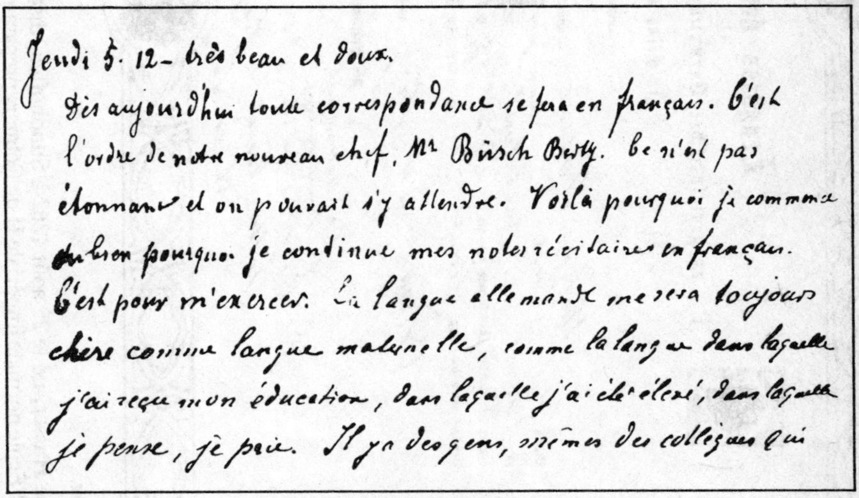

Jeudi 5. 12 – très beau et doux.
Dès aujourd'hui toute correspondance se fera en français. C'est l'ordre de notre nouveau chef, Mr Bürck Betz. Ce n'est pas étonnant et on pouvait s'y attendre. Voilà pourquoi je commence ou bien pourquoi je continue mes notes [illegible] en français. C'est pour m'exercer. La langue allemande me sera toujours chère comme langue maternelle, comme la langue dans laquelle j'ai reçu mon éducation, dans laquelle j'ai été élevé, dans laquelle je pense, je prie. Il y a des gens, mêmes des collègues qui

Page du journal du jeudi 5 décembre 1918,
Philippe Husser commence sa rédaction en français.

ANNEXE II

Zeugniss der Befähigung

zu provisorischer Verwaltung eines Elementarschulamts

in Elsaß-Lothringen.

Philipp Husser, geboren am 29. August 1862 zu Sundhofen, Bezirk Ober Elsass, evangelischer Confession, ist in dem Kaiserlichen Lehrer-Seminar II zu Colmar vom 23. April 1879 bis zum 4. März 1882 auf das Elementarschulamt vorbereitet worden. Auf Grund der am 13. Febr. u. 18. / 27. Febr. 3. März 1882 nach Maaßgabe der Prüfungs-Ordnung vom 4. Januar 1874 abgehaltenen Prüfung wird der pp. Husser zu provisorischer Verwaltung eines Elementarschulamts für befähigt erklärt.

Colmar, den 4. März 1882

Die Prüfungs-Commission:

Schollenbruch, Ministerialrath; Menet, Regierungs- und Schulrath

Der Director und die Lehrer des Seminars: Vetter, Wagner, Ziegler, Wolf, Luthmann, Ehretsmann, Bertram.

Traduction

« Philippe Husser, né le 29 août 1862 à Sundhoffen, district du Haut-Rhin, de confession protestante, a suivi les cours de l'École normale impériale II de Colmar, préparant au métier d'instituteur, du 24 avril 1879 au 4 mars 1882. Conformément au règlement de l'examen daté du 4 janvier 1874, il a subi les épreuves du 13 au 18 février 1882 et du 2 au 3 avril 1882 qui l'autorisent à enseigner provisoirement dans une école élémentaire.

« Colmar, le 4 mars 1882 »

ANNEXE III

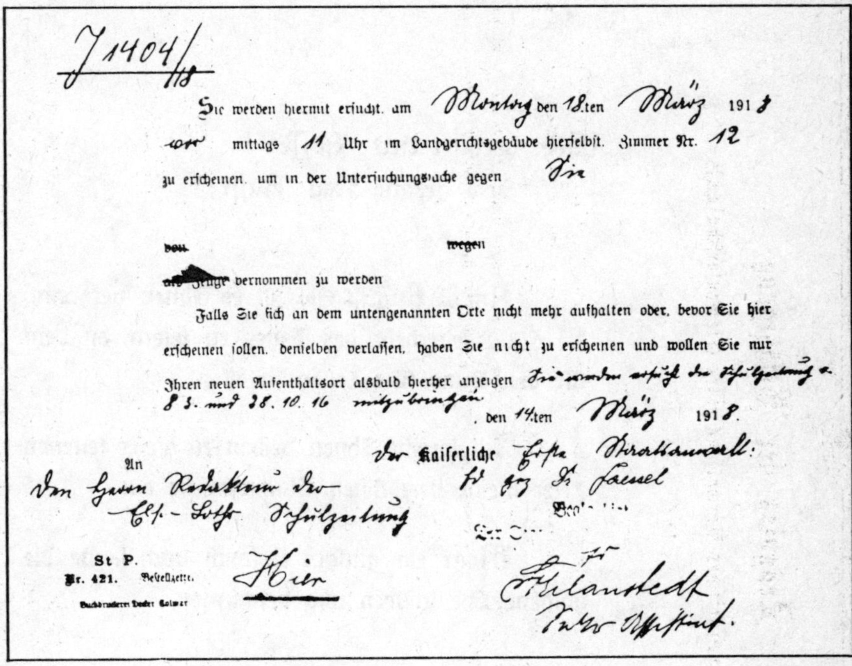

J 1404/18

Sie werden hiermit ersucht, am Montag den 18.ten März 1918

~~vor~~ mittags 11 Uhr im Landgerichtsgebäude hierselbst, Zimmer Nr. 12

zu erscheinen, um in der Untersuchungssache gegen Sie

~~von~~ wegen

~~als Zeuge~~ vernommen zu werden.

Falls Sie sich an dem untengenannten Orte nicht mehr aufhalten oder, bevor Sie hier erscheinen sollen, denselben verlassen, haben Sie nicht zu erscheinen und wollen Sie nur Ihren neuen Aufenthaltsort alsbald hierher anzeigen. Sie werden ersucht die Schulzeitung v. 8.3. und 28.10.16 mitzubringen.

, den 14.ten März 1918.

Der Kaiserliche Erste Staatsanwalt.

I.V. gez. Dr. Faesel

An

Den Herrn Redakteur der Els.-Lothr. Schulzeitung

St P.

Nr. 421. Bestellzettel.

Kier

Traduction

« Vous êtes invité à vous présenter lundi, le 18 mars 1918 à 11 heures du matin au tribunal du district, chambre 12, dans le cadre de l'enquête menée sur votre compte, afin d'être interrogé.

Si vous n'habitez plus dans la commune ci-dessus, veuillez nous indiquer votre nouveau domicile.

[note manuscrite] Vous êtes prié d'apporter la *Schulzeitung* du 8 mars et du 28 octobre 1916 au rédacteur de la *E.L. Schulzeitung*. »

ANNEXE IV

Der Oberbürgermeister der Stadt Mülhausen (Elsaß)

Sehr geehrter Herr Husser!
Sehr geehrte Frau Husser!

Am 25. August 1941 ist es Ihnen vergönnt, die 50. Wiederkehr des Tages zu feiern, an dem Sie den Bund fürs Leben schlossen.

Ich spreche Ihnen beiden zu dieser seltenen Feier meine herzlichsten Glückwünsche aus.

Möge ein gütiges Geschick noch lange die goldene Ehe schützen und beschirmen.

Heil Hitler!

An Herrn und Frau Philipp Husser
Hier
Gartenbaustraße 27

Traduction

« Le Maire de la ville de Mulhouse

Très honoré M. Husser !
Très honorée Mme Husser !

Le 25 août 1941, il vous a été donné de fêter le cinquantième anniversaire de votre mariage.

À cette occasion rare, je vous transmets mes vœux de bonheur les plus sincères

Qu'un destin favorable continue de protéger longtemps encore votre noce d'or.

Heil Hitler ! »

ANNEXE V

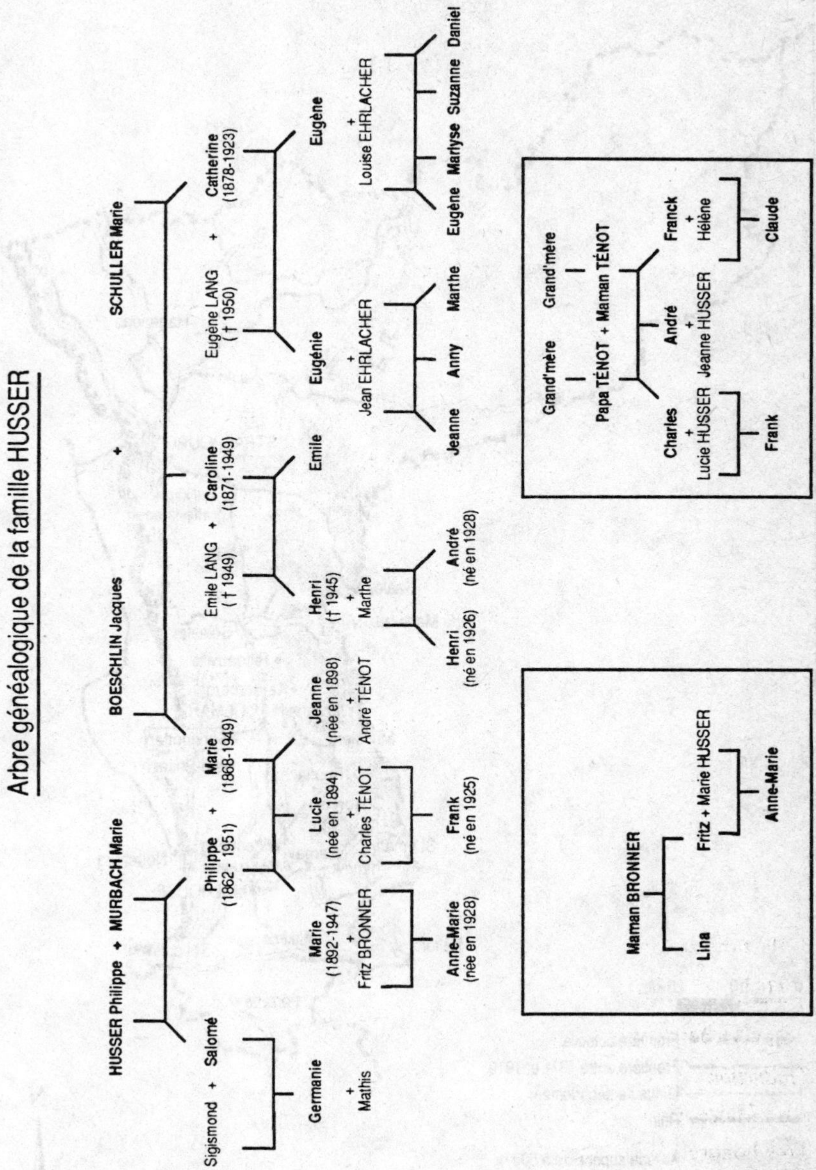

Arbre généalogique de la famille HUSSER
HUSSER Philippe + MURBACH Marie
BOESCHLIN Jacques + SCHULLER Marie
Sigismond + Salomé
Philippe (1862 - 1951) + Marie (1868-1949)
Emile LANG († 1949) + Caroline (1871-1949)
Eugène LANG († 1950) + Catherine (1878-1923)
Germanie + Mathis
Marie (1892-1947) + Fritz BRONNER
Lucie (née en 1894) + Charles TÉNOT
Jeanne (née en 1898) + André TÉNOT
Henri († 1945) + Marthe
Emile
Eugénie + Jean EHRLACHER
Eugène + Louise EHRLACHER
Anne-Marie (née en 1928)
Frank (né en 1925)
Henri (né en 1926)
André (né en 1928)
Jeanne
Anny
Marthe
Eugène
Marlyse
Suzanne
Daniel
Maman BRONNER
Lina
Fritz + Marie HUSSER
Anne-Marie
Grand'mère
Grand'mère
Papa TÉNOT + Maman TÉNOT
Charles + Lucie HUSSER
André + Jeanne HUSSER
Franck + Hélène
Frank
Claude

Annexe VI

L'Alsace entre 1914 et 1951

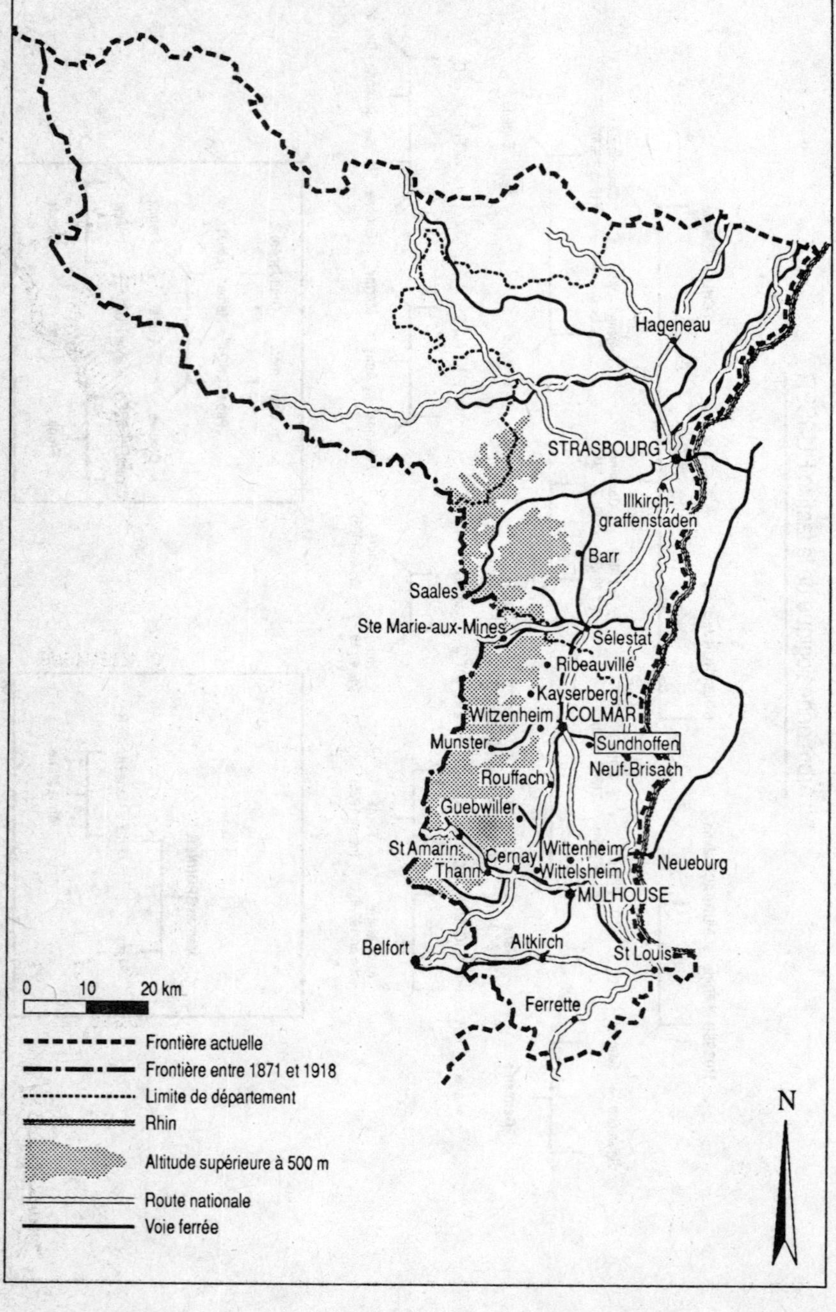

Annexe VII

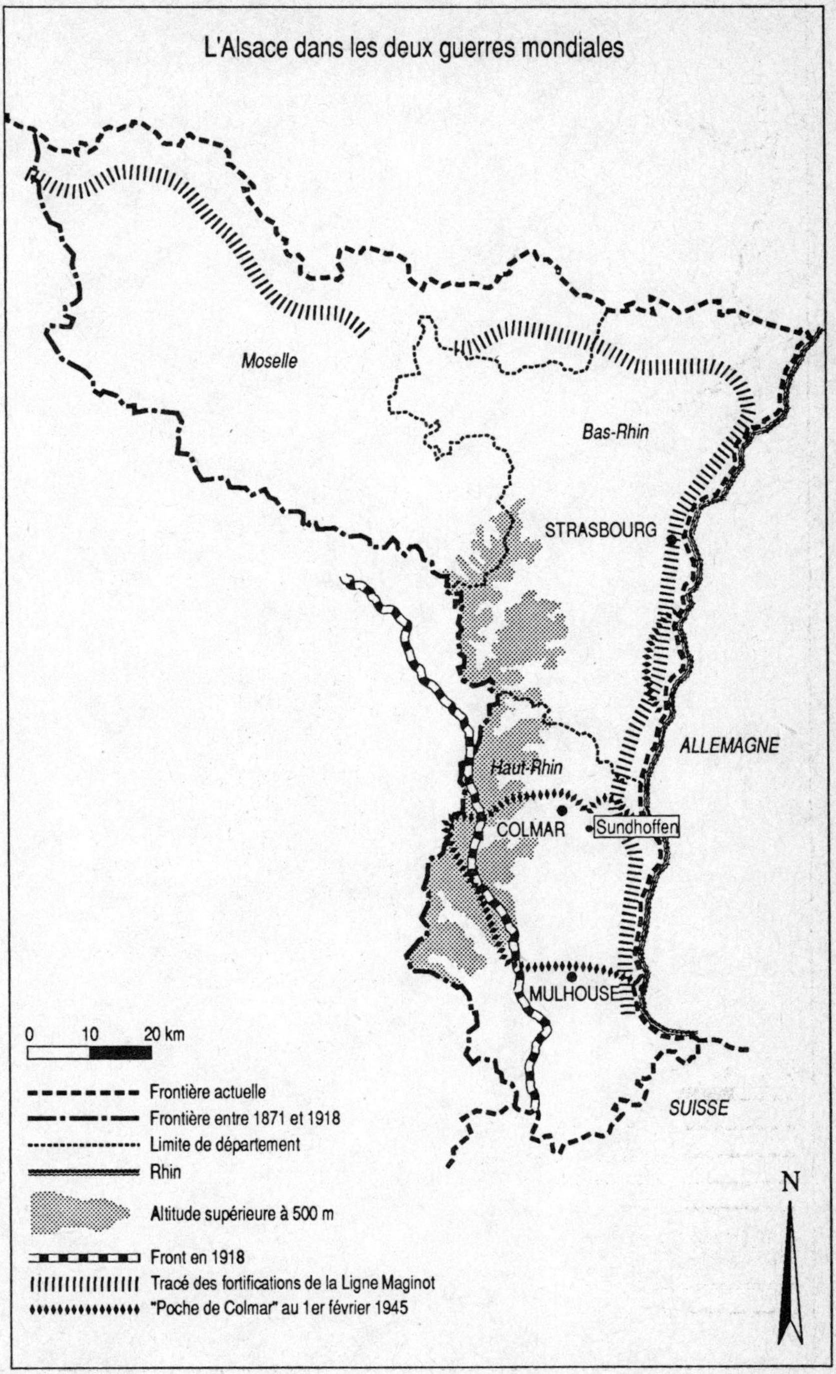
L'Alsace dans les deux guerres mondiales
Moselle
Bas-Rhin
STRASBOURG
ALLEMAGNE
Haut-Rhin
COLMAR
Sundhoffen
MULHOUSE
SUISSE
0
10
20 km
Frontière actuelle
Frontière entre 1871 et 1918
Limite de département
Rhin
Altitude supérieure à 500 m
Front en 1918
Tracé des fortifications de la Ligne Maginot
"Poche de Colmar" au 1er février 1945
N

CHRONOLOGIE

3 août 1914 :	L'Allemagne déclare la guerre à la France.
8 août :	Première entrée des Français à Mulhouse.
16 août :	Deuxième entrée des Français à Mulhouse.
Décembre 1914 -janvier 1916 :	Combat du Vieil-Armand.
Mars-novembre 1917 :	Révolutions russes.
11 novembre 1918 :	Armistice, l'Alsace est à nouveau française.
17 novembre 1918 :	Entrée des troupes françaises à Mulhouse.
10 décembre 1918 :	Poincaré et Clemenceau à Mulhouse.
Avril 1919 :	Création de l'association des instituteurs, futur Groupement professionnel.
3 juillet 1919 :	Dissolution de l'association des instituteurs libéraux d'avant 1918.
26 avril 1920 :	Grève des instituteurs pour la défense des droits acquis.
17 août 1920 :	Mariage de Marie Husser avec Fritz Bronner à Francfort.
16 janvier 1921 :	Création de la Fraternelle, organisation des instituteurs de l'intérieur.
29 octobre 1921 :	Mariage de Lucie Husser avec Charles Ténot.
31 mars 1923 :	Mariage de Jeanne Husser avec André Ténot.
Mai 1924 :	Victoire électorale du cartel des gauches.
16 mars 1925 :	Le clergé catholique alsacien ordonne la grève scolaire.
Mars 1925 :	Fritz Bronner soutient son doctorat d'histoire à Francfort.
9 mai 1925 :	Parution de la *Zukunft*, début de l'autonomisme.
31 octobre 1925 :	Naissance de Frank Ténot.

30 avril 1928 :	Ouverture du procès des autonomistes à Colmar.
10 septembre 1928 :	Naissance d'Anne-Marie Bronner.
31 janvier 1933 :	Hitler chancelier d'Allemagne.
9 juillet 1933 :	Charles Ténot, directeur de l'EPS de Saint-Louis.
13 septembre 1936 :	Charles Ténot, directeur de l'EPS de Mulhouse.
Septembre 1938 :	Crise des Sudètes.
28 septembre 1938 :	Départ précipité de Philippe Husser en Charente-Maritime.
30 septembre 1938 :	Accords de Munich.
10 juillet 1938 :	Charles Ténot, directeur de l'EPS à Talence.
3 septembre 1939 :	Début de la Seconde Guerre mondiale.
18 juin 1940 :	Entrée des troupes allemandes à Mulhouse, annexion de l'Alsace.
Mai 1944 :	Bombardements alliés sur Mulhouse.
9 juillet 1944 :	Philippe Husser quitte Mulhouse pour Sundhoffen.
25 novembre 1944 :	Fritz et Marie Bronner se replient en Allemagne.
5 février 1945 :	Libération de Sundhoffen.
17 avril 1945 :	Retrouvailles à Sundhoffen de Lucie et de Jeanne.
8 mai 1945 :	Capitulation de l'Allemagne, l'Alsace redevient française.

BIBLIOGRAPHIE SOMMAIRE

1. Histoire de l'Alsace après 1871

Ph. Dollinger *et alii*, *L'Histoire de l'Alsace,* Toulouse, Privat, 1972. (La période postérieure à 1871 est traitée par F. L'Huillier.)

P. Klein (sous la dir. de), *L'Alsace,* Paris, Éditions d'organisation, 1981.

F. Igersheim, *L'Alsace des notables 1870-1914,* Strasbourg, BF, 1981.

Ph. Dollinger *et alii, L'Alsace de 1900 à nos jours,* Toulouse, Privat, 1979.

A. Wahl, *L'Alsace contemporaine 1871-1939,* Wettolsheim, Mars et Mercure, 1977.

Ph. Dollinger et Henri Nonn, *L'Alsace actuelle 1939-1977,* Wettolsheim, Mars et Mercure, 1978.

F. G. Dreyfus, *La Vie politique en Alsace 1919-1936,* Paris, A. Colin, 1969.

K. H. Rothenberger, *Die Elsass-Lothrngische Heimat und Autonomiebewegung zwischen den beiden Weltkriegen,* Berne, Peter Lang, 1976.

L. Kettenacker *Nationalsozialistische Volkstumspolitik im Elsass,* Stuttgart, 1973. Trad. franç., « La Politique de nazification en Alsace », *Saisons d'Alsace,* 65 et 68, 1978.

F. L'Huillier, *Libération de l'Alsace,* Paris, Hachette, 1975.

2. Histoire de Mulhouse

G. Livet et R. Oberlé (sous la dir. de), *Histoire de Mulhouse des origines à nos jours,* Strasbourg, *DNA* et Istra, 1977. (La période de 1871 à 1939 est traitée par A. Wahl, celle d'après 1939 par Ph. Brandt, au chapitre « Politique ».)

R. Wagner, *La Vie politique à Mulhouse de 1870 à nos jours*, Mulhouse, 1976.
J. Hincker, « Les Catholiques et les Élections à Mulhouse », mémoire de maîtrise, Faculté de théologie catholique, Strasbourg, 1973.
E. Riedweg, « Mulhouse et la crise de l'industrie », mémoire de maîtrise, Strasbourg, 1971.

3. Les guerres (dans les secteurs évoqués dans le Journal)

A. de Pouydraguin, *La Bataille des Hautes Vosges*, Paris, 1937.
A. Durlawanger, *Les Grands Orages sur les Vosges en 1914-1918*, Strasbourg, 1969.
« La Bataille et la libération de Colmar », *Annuaire de la société historique et littéraire de Colmar*, rééd. 1975.

4. Particularisme alsacien, confessions, mentalité

E. Baas, *Situation de l'Alsace*, Strasbourg, rééd. 1973.
F. Hoffet, *Psychanalyse de l'Alsace*, Paris, 1951.
A. Wahl, *Confession et comportement dans les campagnes d'Alsace et de Bade 1871-1939*, Strasbourg, Coprur (Thèse), 1982.
E. Philipps, *Les Luttes linguistiques en Alsace jusqu'en 1945*, Strasbourg, 1975.
E. Philipps, *L'Alsace face à son destin : la crise d'identité*, Strasbourg, 1978.

CRÉDITS PHOTOGRAPHIQUES

Page 1 : D.R. archives familiales.
Page 2 : clichés Musée historique de la ville de Mulhouse.
Page 3 : D.R. archives familiales.
Page 4 : D.R. archives familiales.
Page 5 : clichés Archives municipales de Strasbourg.
Page 6 : haut : cliché Archives municipales de Strasbourg.
bas : D.R. archives familiales.
Page 7 : haut : D.R. archives familiales.
bas : cliché secrétariat d'État aux Anciens Combattants.
Page 8 : D.R. archives familiales.

TABLE DES MATIÈRES

Annexes

Cet ouvrage a été composé
par l'Imprimerie BUSSIÈRE
et imprimé sur presse CAMERON
dans les ateliers de la S.E.P.C.
à Saint-Amand-Montrond (Cher)
en octobre 1989

ISBN : 2.01.014357.4

N° d'édit. : 89087/13548. N° d'imp. . 9427-1824.
Dépôt légal : 5127, octobre 1989.

Imprimé en France

23.61.4404.01

23.4404.2